国家出版基金项目
"十三五"国家重点图书出版规划项目

朱庆葆 主编

中国禁毒史

国民政府卷
上

朱庆葆　杨长年　刘霆　著

南京大学出版社

图书在版编目(CIP)数据

中国禁毒史. 国民政府卷. 上 / 朱庆葆主编；朱庆葆，杨长年，刘霆著. —南京：南京大学出版社，2023.12
 ISBN 978-7-305-27591-3

Ⅰ. ①中… Ⅱ. ①朱… ②杨… ③刘… Ⅲ. ①禁毒—历史—中国—国民 Ⅳ. ①D669.8

中国国家版本馆 CIP 数据核字(2023)第 246303 号

出版发行	南京大学出版社	
社　　址	南京市汉口路 22 号　　邮　编　210093	
	ZHONGGUO JINDU SHI	
书　　名	中 国 禁 毒 史	
主　　编	朱庆葆	
著　　者	清代卷　刘霆	
	北洋政府卷　刘霆	
	国民政府卷（上）　朱庆葆　杨长年　刘霆	
	国民政府卷（下）　朱庆葆　杨长年　刘霆	
	共和国卷　张楠	
责任编辑	清代卷　臧利娟　　　　　　北洋政府卷　谭天	
	国民政府卷（上）　张淑文　　国民政府卷（下）　张倩倩	
	共和国卷　黄睿	
照　　排	南京南琳图文制作有限公司	
印　　刷	南京爱德印刷有限公司	
开　　本	718 mm×1000 mm　1/16 开	
总 印 张	105.75	
总 字 数	1752 千	
版　　次	2023 年 12 月第 1 版	
印　　次	2023 年 12 月第 1 次印刷	
ISBN 978-7-305-27591-3		
总 定 价	998.00 元	

网　址：http://www.njupco.com
官方微博：http://weibo.com/njupco
官方微信号：njupress
销售咨询热线：(025) 83594756

* 版权所有，侵权必究
* 凡购买南大版图书，如有印装质量问题，请与所购
　图书销售部门联系调换

目 录

清代卷

第一章 古代中国的鸦片输入与服用问题 / 1

第一节 古代西方鸦片种植与传播 / 1
  一、何谓鸦片？/ 1
  二、鸦片的原产地问题及词源演变 / 2
  三、希腊、罗马及阿拉伯的鸦片使用情况 / 3

第二节 鸦片合剂流入中国 / 5
  一、东汉时期的"苏合香"：一种可能含有鸦片的合剂 / 5
  二、"底也伽"的传播时间及路线 / 5

第三节 古代中国的鸦片输入、种植与服用 / 7
  一、唐宋至元时期 / 7
  二、明清时期 / 9
  三、古代中国的鸦片提炼技术 / 11

第四节 鸦片吸食方式的形成与演变 / 13
  一、烧吸"碗药" / 13
  二、混合吸食法 / 13
  三、直接吸食烟膏的时间问题 / 18

第二章　1840年之前的鸦片贸易 / 21

第一节　1840年之前的中西贸易格局 / 21
一、中英茶叶贸易 / 21
二、中国的货币体制与白银依赖 / 23

第二节　早期的鸦片贸易 / 26
一、葡萄牙与荷兰的鸦片贸易 / 26
二、英国霸权地位的取得及对华鸦片走私的开始 / 28
三、从澳门到伶仃洋：英、葡之间的贸易战 / 31
四、其他国家鸦片走私概况 / 35

第三节　1840年之前的"白银漏卮"问题 / 36
一、鸦片输入的数量与价值问题 / 36
二、清廷关于"白银漏卮"的讨论 / 42
三、白银外流的数量问题及银贵钱贱之原因分析 / 52
四、鸦片贸易对于印度、英国、中国之影响 / 60

第三章　雍正、乾隆、嘉庆三朝的禁烟 / 63

第一节　雍正与乾隆时期 / 63
一、雍正时期：中国历史上的第一个禁毒令 / 63
二、乾隆朝：禁烟令的重申与扩展 / 68

第二节　嘉庆朝的禁烟 / 70
一、鸦片烟外禁的时间问题 / 70
二、禁止吸食法令 / 87
三、嘉庆年间禁烟效果之分析 / 88

第四章　道光朝的禁烟 / 91

第一节　道光朝前期的禁烟 / 91
一、叶恒澍事件及其影响 / 91
二、"广东立场"与《酌定失察鸦片烟条例》的出台 / 94
三、"广东立场"的持续发酵："内禁优先"与"弛禁"论的酝酿 / 97

第二节　鸦片战争之前的严禁 / 118
　　一、罂粟种植及《严禁内地种卖鸦片烟章程》/ 118
　　二、进口鸦片的贩运与清政府的查禁行动 / 125
　　三、鸦片战争前的吸食问题 / 134
　　四、林则徐的广东禁烟 / 150

第五章　鸦片贸易的合法化与全面弛禁(上) / 162
　第一节　鸦片贸易合法化的交涉 / 162
　　一、英方致力于鸦片贸易合法化的原因 / 162
　　二、璞鼎查的交涉 / 164
　　三、德庇时的交涉 / 165
　　四、战后的鸦片走私问题 / 168
　　五、《通商章程善后条款》：鸦片贸易合法化的开端 / 174
　第二节　税厘并征体制的形成 / 183
　　一、税厘分征体制下中央与地方之关系 / 183
　　二、税厘并征：《烟台条约》及《烟台条约续增专条》/ 187
　第三节　洋药进口数量与关税统计 / 194
　　一、洋药的进口数量 / 194
　　二、洋药的税厘统计 / 200

第六章　鸦片贸易的合法化与全面弛禁(下) / 213
　第一节　土产鸦片的全面弛禁 / 213
　　一、朝野弛禁之论 / 214
　　二、土产鸦片弛禁的开始 / 221
　　三、土产鸦片的种植与产量 / 222
　　四、土药的税厘征收 / 248
　　五、"以土抵洋"之成功 / 263
　　六、鸦片弛禁之影响 / 267
　第二节　弛禁时期的严禁思想与实践 / 287

一、同治至光绪初的禁种措施 / 287
二、洋务派中的严禁主张及实践 / 288
三、维新派的禁烟主张 / 297
四、太平天国的禁烟政策及实践 / 299

第七章　清末禁烟运动 / 305

第一节　清末禁烟运动之背景 / 305
一、清末民族主义与禁烟舆论之形成 / 306
二、有利的外部环境 / 312
三、民间禁烟团体及禁烟运动的推动 / 317

第二节　禁烟法令与禁烟机构 / 323
一、相关禁烟法令的颁布 / 324
二、禁烟机构的设立 / 332

第三节　中英禁烟交涉 / 339
一、禁烟条约的初步签订 / 340
二、英方的调查 / 342
三、《中英禁烟条约》的最终确定 / 355

第四节　禁烟运动的措施及成效 / 356
一、禁种植的措施及成效 / 356
二、禁贩售的措施及成效 / 366
三、禁吸食的措施及成效 / 370
四、万国禁烟会 / 377

第五节　禁烟运动中的财政抵补 / 382
一、禁烟与财政之两难 / 382
二、抵补措施 / 383
三、抵补政策之评析 / 389
四、清廷灭亡与禁烟运动的中断 / 390

北洋政府卷

第八章　民初禁政之延续 / 393

第一节　禁政持续之原因 / 393
一、中英条约的束缚 / 393
二、国际禁烟形势的制约 / 394
三、民众禁烟力量的推动 / 395

第二节　禁烟法令的颁布与执行 / 396
一、南京临时政府的禁烟令 / 396
二、北洋政府的禁烟法令与饬令 / 397
三、司法实践中的诸多细节问题 / 405
四、各地禁政之举措 / 410

第三节　民初禁政与外交纠纷 / 430
一、纠纷之条约渊源 / 430
二、浙江省的交涉 / 432
三、安徽省的交涉 / 436
四、广东省与江苏省的交涉 / 438

第四节　民初禁政之成效 / 440
一、中英联合会勘与印药禁止输华 / 440
二、存土焚毁之始末 / 452

第九章　军阀时代烟禁的废弛 / 466

第一节　烟禁废弛之原因 / 466
一、政局动荡 / 466
二、麻醉类毒品使用的增加 / 468
三、财政短缺 / 470
四、租界庇护与外人贩毒 / 473

第二节　全国烟毒泛滥之情形 / 483

一、禁烟法令的存续与影响 / 484

　　二、军阀获取鸦片利益之一般概况 / 488

　　三、各地烟禁废弛之具体情形 / 498

第三节　罂粟种植与吸食人口的数量问题 / 610

　　一、目前关于20年代烟土产量及吸食人口的几种估算 / 611

　　二、吸食人口数的估计 / 612

　　三、年消费量的估算 / 614

　　四、烟土年产量的估算 / 617

　　五、罂粟种植面积的估算 / 622

第十章　禁烟外交与海外华人所受之毒祸 / 626

第一节　英国的责难 / 626

第二节　国际禁烟会议 / 630

　　一、"国联禁烟委员会"的成立 / 630

　　二、中国参会之情形 / 631

第三节　世界毒品生产与中国之关系 / 638

第四节　海外华人所受之毒祸 / 641

　　一、英属殖民之毒祸状况 / 641

　　二、荷属东印度之毒祸状况 / 646

　　三、葡属澳门之毒祸状况 / 648

第十一章　民间禁烟运动的继续发展 / 650

第一节　传统政治之转型与禁烟运动之关系 / 650

第二节　各禁烟团体的成立及活动 / 653

　　一、全国禁烟联合会 / 653

　　二、万国拒土会 / 657

　　三、中华基督教协进会拒毒委员会 / 660

　　四、中华国民拒毒会 / 661

　　五、各地方禁烟组织概述 / 668

国民政府卷（上）

第十二章 南京国民政府初期的禁毒 / 673

第一节 禁毒法律体系的初步建立 / 674
一、《禁烟暂行章程》/ 675
二、《修正禁烟条例》/ 677
三、《禁烟法》与《修正禁烟法》/ 678

第二节 "断禁"政策的实施 / 681
一、"断禁"举措与成效 / 681
二、层出不穷的烟毒大案 / 683
三、"断禁"政策的失败 / 684
四、"渐禁"之议再起 / 687

第三节 军委会腹地省份禁烟 / 688
一、四省禁烟 / 689
二、腹地省份禁烟 / 691

第四节 南京国民政府初期禁毒的失败 / 696
一、中央政府政令不畅，地方禁烟各自为政 / 696
二、各级官员贪腐成风，烟毒势力盘根错节 / 704
三、中国对外主权丧失，外来毒祸难以遏制 / 706

第十三章 南京国民政府时期的民间禁毒运动 / 714

第一节 中华国民拒毒会与民间禁毒领袖 / 715
一、中华国民拒毒会的组织构成及其管理制度 / 715
二、民间拒毒运动精英 / 724

第二节 中华国民拒毒会的禁毒努力 / 731
一、唤起与鼓动民众拒毒 / 731
二、接洽与监督政府 / 747

第三节 海外华侨禁毒 / 762

一、菲律宾华侨清毒《宣言》/ 762

二、清毒委员会及各股办事细则 / 768

第四节　民间禁毒运动的衰落 / 770

一、民间禁毒力量的妥协 / 770

二、政府对民间禁毒力量的管控 / 776

第十四章　"两年禁毒、六年禁烟"运动(上) / 779

第一节　六年禁政的规划、法令、组织及其调整 / 779

一、六年禁政的基本规划 / 779

二、六年禁政的相关法令法规 / 786

三、禁烟组织 / 795

第二节　六年禁政的实施环节 / 801

一、施禁思路概述 / 801

二、具体实施措施及变通 / 802

三、禁烟经费与烟土税收 / 818

第十五章　"两年禁毒、六年禁烟"运动(中) / 827

第一节　分期禁烟区域 / 827

一、完全分期禁烟区域 / 827

二、绝对禁种分期禁运禁售禁吸区域 / 885

第二节　绝对禁烟区域 / 948

一、南京市 / 948

二、浙江省 / 949

三、山东省 / 953

四、青海省 / 956

第十六章　"两年禁毒、六年禁烟"运动(下) / 958

第一节　禁种成效考察 / 958

一、各省禁种成绩概况 / 958

二、存在问题分析 / 962

第二节　禁吸成效考察 / 967

　　一、烟民登记 / 967

　　二、施戒工作 / 971

第三节　禁运与禁售 / 979

　　一、禁运 / 979

　　二、禁售 / 989

第四节　禁毒工作成效 / 996

　　一、禁毒成绩之分析 / 996

　　二、禁毒工作问题之分析 / 999

第五节　六年禁政的若干缺失 / 1005

　　一、禁政计划不尽符合实际 / 1005

　　二、"禁税兼顾"导致重税不重禁 / 1007

　　三、法律执行宽严不一 / 1009

　　四、腐败导致禁政受阻 / 1011

国民政府卷（下）

第十七章　全面抗战前国民政府的禁烟运动与政权建设 / 1019

第一节　禁烟与国家政权建设的合法性问题 / 1019

　　一、"总理拒毒遗训"与国民党的政治遗产 / 1019

　　二、民族国家建构的诉求与政权建设的历史契合 / 1021

　　三、"六三纪念日"与"新生活运动" / 1024

第二节　禁烟运动与国民政府中央政权的巩固 / 1028

　　一、财政的中央集权：鸦片税基的扩大与重新分配 / 1028

　　二、中央政权的延伸：禁烟机构的膨胀 / 1038

　　三、基层的抵制与较量 / 1049

　　四、禁烟与社会管控 / 1059

第三节　全面抗战前的禁毒外交 / 1064

一、对于禁毒外交的认识 / 1064

二、国联多边禁毒框架与禁毒交涉与合作 / 1067

第十八章　全面抗战前日本对华毒害政策 / 1077

第一节　日本对华早期毒品走私 / 1077

一、数额巨大的毒品走私 / 1077

二、日本对华走私毒品的主要口岸 / 1080

三、对日本毒品走私活动的揭露与谴责 / 1081

第二节　日本在华毒品制贩基地的建立 / 1084

一、日本在"旅大"租借地的制贩毒活动 / 1084

二、天津日租界——日本向全球走私毒品的中心 / 1089

三、汉口日租界——日本在中国腹地的毒化中心 / 1092

四、日本在冀东的制贩毒活动 / 1094

五、日本在青岛实施的鸦片专卖 / 1098

六、日本在福州、厦门的制贩毒活动 / 1098

七、领事裁判权与日本在华制贩毒基地的建立 / 1101

第三节　日本在东北地区实施的毒害政策 / 1106

一、鸦片专卖制度的酝酿 / 1106

二、鸦片专卖制度的实施 / 1110

三、毒害情形 / 1118

四、鸦片"断禁" / 1120

第四节　日据台湾地区的毒祸 / 1127

一、渐禁政策 / 1127

二、断禁政策 / 1140

三、日本对台鸦片政策的危害 / 1142

第十九章　全面抗战时期日本对华毒害政策 / 1150

第一节　东北地区的毒害政策 / 1150

一、"断禁"政策的废止与鸦片增产 / 1150

二、鸦片吸食的泛滥 / 1152

　　三、鸦片走私的猖獗 / 1153

　　四、鸦片毒祸的危害 / 1155

第二节　伪蒙疆地区的毒害政策 / 1157

　　一、土药公司制 / 1157

　　二、组合贩售制 / 1160

第三节　华北沦陷区的毒害政策 / 1163

　　一、伪中华民国临时政府的鸦片专卖 / 1163

　　二、华北各地的毒祸 / 1168

第四节　华东沦陷区的毒害政策 / 1180

　　一、南京 / 1180

　　二、上海 / 1181

　　三、山东 / 1182

第五节　华中沦陷区的毒害政策 / 1184

　　一、河南 / 1184

　　二、湖北 / 1186

　　三、江西 / 1193

第六节　华南沦陷区的毒害政策 / 1194

　　一、福建 / 1194

　　二、广东 / 1203

　　三、香港、澳门 / 1208

第七节　华中宏济善堂与日本对华毒害活动 / 1209

　　一、华中宏济善堂的成立 / 1209

　　二、华中宏济善堂的毒害体系 / 1211

　　三、华中宏济善堂毒害的恶果 / 1217

第二十章　抗战胜利后南京国民政府的禁毒努力 / 1221

第一节　战后的禁毒形势 / 1221

　　一、国统区的毒祸 / 1221

二、收复区的毒祸 / 1222

第二节　南京国民政府的禁毒举措 / 1224
　　一、中央政府的禁毒举措 / 1224
　　二、地方政府的贯彻落实 / 1235

第三节　海外华侨禁毒 / 1245
　　一、海外华侨的毒况 / 1245
　　二、华侨禁烟座谈会 / 1247
　　三、华侨禁烟设计委员会 / 1248
　　四、《肃清华侨烟毒办法》 / 1249
　　五、华侨禁毒交涉 / 1250
　　六、华侨戒烟运动 / 1252

第四节　国际禁毒合作 / 1254
　　一、国境边界禁毒交涉 / 1254
　　二、联合国禁毒框架 / 1255
　　三、烟毒缉私情报交换 / 1256

第五节　南京国民政府战后禁毒努力的失败 / 1258
　　一、依然严峻的禁毒形势 / 1258
　　二、禁毒失败的原因 / 1265

共和国卷

第二十一章　中华人民共和国成立前的禁烟禁毒工作 / 1287
　第一节　中共早期的禁烟禁毒思想及政策 / 1287
　第二节　全面抗战时期中共的禁烟禁毒工作 / 1292
　第三节　解放战争时期中共的禁烟禁毒举措 / 1300

第二十二章　禁烟禁毒政策和组织的确立及转变 / 1306
　第一节　1952年肃毒运动之前的禁烟禁毒政策 / 1307
　第二节　"三反""五反"运动与1952年肃毒运动的确立 / 1314

目　录

　　　一、"三反""五反"运动中的铁路运毒问题 / 1314

　　　二、1952年肃毒运动的确立 / 1319

　第三节　禁烟禁毒运动的组织形态及其演变 / 1328

　　　一、禁烟禁毒干部的教育与惩处 / 1328

　　　二、禁烟禁毒委员会的建立与发展 / 1329

第二十三章　禁烟禁毒宣传工作的实施与调整 / 1333

　第一节　1952年肃毒运动之前的禁烟禁毒宣传政策 / 1333

　第二节　美国诬蔑事件与"口头宣传"政策的推行 / 1345

　　　一、冷战初期美国诬蔑共和国贩毒的系列事件 / 1345

　　　二、禁烟禁毒方针的转向与"口头宣传"政策的确立 / 1351

　　　三、"口头宣传"政策的执行 / 1355

　第三节　群众的宣传动员：禁烟禁毒运动中控诉的微观研究 / 1368

　　　一、控诉：一种宣传动员技术 / 1368

　　　二、组织与培养典型控诉人 / 1371

　　　三、家庭苦与"大义灭亲"的情感动员 / 1375

　　　四、深挖毒根与阶级苦难 / 1378

　　　五、"由鬼成人"与身份认同 / 1381

第二十四章　农村政治运动与禁种工作的开展 / 1384

　第一节　禁种鸦片政策的制定与调整 / 1384

　第二节　农村政治运动与鸦片查铲工作的推进 / 1395

　第三节　禁种善后政策的拟定与实践 / 1402

第二十五章　禁贩运毒品的推进与烟毒犯的惩治处理 / 1410

　第一节　严禁制售和贩运烟毒政策的转变 / 1410

　　　一、第一阶段的禁贩运工作概况 / 1411

　　　二、严禁制、贩、运烟毒政策的普遍推广 / 1414

　　　三、1952年肃毒运动的准备工作 / 1418

四、1952年肃毒运动的执行情况 / 1422

　第二节　中央和地方对烟毒犯的处理与惩治 / 1429

第二十六章　毒品收缴和处理政策的建立与变化 / 1446

　第一节　美国诬蔑事件对禁烟禁毒政策的影响 / 1446

　第二节　烟毒收缴与处理政策的实施 / 1449

　　一、沿袭与各地独立处理时期 / 1449

　　二、中央统一管理时期 / 1456

　　三、暂缓与区域集中保管时期 / 1466

　　四、中央重新统一管理时期 / 1470

第二十七章　烟民戒烟断瘾及其改造 / 1475

　第一节　禁吸政策之流变 / 1475

　　一、强制戒烟政策的延续 / 1475

　　二、教育改造与分期戒绝：戒烟政策的温和化转向 / 1481

　　三、暂缓戒烟：1952年肃毒运动中的禁吸工作 / 1494

　　四、群众规劝与第四阶段的禁吸工作 / 1500

　第二节　个人改造与戒除烟瘾：社会救济与戒烟工作的推进 / 1506

　第三节　禁烟禁毒运动成功的经验总结 / 1513

参考文献 / 1521

索　引 / 1559

后　记 / 1585

第十二章　南京国民政府初期的禁毒

1923年3月,孙中山在广州成立陆海军大元帅府大本营,1925年又成立广州国民政府。二者虽曰革命政府,但因处于战时状态,各项措施均须服从于军事财政的需要。故大本营成立伊始,就在财政部下设立禁烟督办署,负责鸦片专卖的相关事宜。1924年1月至12月,禁烟督办署归并于广东筹饷总局,其财政意图更为明显。1925年6月,广州国民政府成立后,再次设立禁烟督办署,依然施行专卖政策。12月,禁烟督办署复改归财政部直辖,并开始招商承办。1926年5月,又改为官督商办。后因私烟充斥,9月撤销商办,由财政部直接设局专卖。显然,所谓革命政府的鸦片政策与其他省份军阀政府并无二样,禁烟的着眼点亦在于专卖征税。所不同的是,其他省份由军阀主办禁烟,迫种强征是普遍现象,而广州政府的禁烟并不迫种,且完全由政府主办,绝对禁止军队染指。这使得广州政府的禁烟办理得相对规范,烟税收入亦低于其他军阀政府。

随着北伐的进行,国民党的军队逐渐控制中国南部半壁江山。1926年12月,国民政府从广州迁往武汉。此后,财政部在汉口设立了禁烟办公室,[①]仅汉口的鸦片税收每月就有200万美元至400万美元。[②] 据国民党元老周雍能回忆,1926年,蒋介石的军队占领江西后,也立即在南昌成立禁烟办公室,并要求周雍能主持全省财政工作,为军队提供资金。[③] 显然,随着地盘的扩大,国民党军队鸦片税收的效益提高,但对鸦片财政的依赖亦明显增强。

[①] 郭卿友:《中华民国时期军政职官志》,甘肃人民出版社1990年版,第501页。
[②] 刘继增、毛磊、袁继成:《武汉国民政府史》,湖北人民出版1986年版,第205页。
[③] "中研院":《"中研院"近代史研究所口述历史系列:周雍能先生访问纪录》,1984年6月,第98页。

1927年9月，宁汉合流，国民政府迁往南京，并逐渐成为一个全国性的政府，而国民党亦从在野党的身份转变为执政党。一方面，新政府成立伊始，财政窘迫，对鸦片税收依赖极深。另一方面，无论是从执政党的革命宗旨，还是领袖孙中山的"拒毒遗训"，国民政府都必须承担清除烟毒、建设现代民族国家的历史任务。因此，如何平衡禁烟与财政的矛盾，成为国民政府必须谨慎面对的事关政权合法性的现实问题。

南京国民政府成立后，为宣示政权的合法性、体现其对民意的尊重，在民众尤其是民间禁毒团体的不断请求与呼吁下，宣布对鸦片实现严厉禁绝的政策。然而，事与愿违，由于南京国民政府治理能力有限，难以遏制各地鸦片的种植、走私与吸食行为，鸦片严禁政策名存实亡。加之军阀间连年混战及对中共的"围剿"，军费支出浩繁，财政入不敷出，国民政府遂渐起借烟征税之心，最终呈现出一种表面严禁、暗中弛禁，一面取缔，一面征税的怪象，烟毒越禁越炽，毒品危害越来越大。

第一节　禁毒法律体系的初步建立

孙中山作为中国国民党的缔造者和领袖，在世时对鸦片和毒品始终采取零容忍的态度，他曾直言，"苟有主张法律准许鸦片，或对经营鸦片之恶势力表示降服者，即使之一时权宜之计，均为民意之公敌"，"苟负责之政府机关，为自身之私便及眼前之利益，倘对鸦片下旗息战，不问久暂，均属卖国之行为"。孙中山逝世后，上述两句话被国民党奉为"总理拒毒遗训"，在形式上成为其禁烟禁毒的指导思想。但在实际施政过程中，无论是广州国民政府，还是南京国民政府，都背离了孙中山的拒毒主张。

1925年3月，孙中山因病与世长辞。1925年7月，广州大元帅府改组为国民政府。为了统筹其统治区域内的禁烟工作，广州国民政府在财政部下专设禁烟督办署，颁布禁烟条例，实施限年禁绝鸦片的政策，其具体的禁烟办法则是由政府实行鸦片公卖。这一禁烟政策与办法显然违背了孙中山的"拒毒遗训"。此后，国民革命军北伐，为了筹措军费，广州国民政府于财政部下改禁烟督办署为禁烟总处，变鸦片公卖为"寓禁于征"，商人向禁烟总处交纳钱款申领执照之后即可承运烟土。烟土运抵广州后,一部分由禁烟总处下设的专卖所制成烟膏售予烟民吸食,另一部分则由禁烟总处售予各县禁烟处,由各县禁烟处交其所辖专卖所制成烟膏售卖。各县禁烟处所辖专卖所实际为私商承办,其所制烟膏则由各烟馆领购后再售卖给烟民。为了保证税源,广州国民政府大力打击私运、私制和私贩鸦片的行为,严禁未领证照而运售贩吸的行为。与此同时,为了掩人耳目,广州国民政府在说辞上大作文章,以达到其变"弛(禁)"为"严(禁)",堂而皇之借鸦片谋利的目的,如鸦片烟土名曰"戒烟药料";鸦片烟膏称作"戒烟药膏";鸦片瘾民呼为"烟疾之人";鸦片烟馆本为供人吸食鸦片的毒窟所在,却被称为"戒烟室",如此,即可达到"寓禁于征"之目的。然而,这种出于经济和财政目的而出台的禁烟政策无疑难收遏制鸦片流毒的实效,反而大大刺激了烟商承接鸦片业务的积极性。另外,在巨大利益的诱惑下,鸦片走私也日益猖獗,最终导致广州国民政府治下的区域内烟毒泛滥,仅广州一地就有数百家所谓的"戒烟室",而鸦片烟民也是越禁越多、越戒越众。

一、《禁烟暂行章程》

南京国民政府成立后,继续沿用广东时期的禁烟禁毒政策,然而,国内外关注中国禁烟问题的人士和团体纷纷呼吁其切实禁烟。面对来自国内外的禁烟舆论压力,时任南京国民政府江苏省交涉员的郭泰祺致函国民党中央,认为在财政吃紧、时局未定的情况下,彻底解决鸦片问题确难做到,但因禁烟问题有碍中外观瞻,宜及早宣示国民政府禁烟的决心与计划,一方面可安抚各方人心,另一方面可为国民党及其政权增色。据此,郭氏在其建议中初步提出了分年禁烟的思想:1. 因禁种短期内对财政不会产生大的影响,政府可即行实施;2. 因禁售乃中外关注焦点,虽有碍政府财税,但仍需实施,作为变通办法,可分年实施,经过一段时间之后,再最终禁止售卖,同时须亟谋税源以补禁烟之后财政之损失;3. 禁吸与禁售同步实施;4. 严禁海洛因、吗啡、红白毒丸等烈性毒品。①

---

① 《外交部江苏交涉员答复英人来尔函询所拟四项办法》(1927年5月),国民政府档案,中国第二历史档案馆藏。

面对国内外的禁烟呼声,经国民党中央执委会第 105 次政治会议讨论,决定自 1928 年起,以三年为限,禁绝鸦片。这是南京国民政府以分年禁烟办法解决鸦片毒品问题的首次尝试,其具体举措包括:1. 于财政部下设立禁烟处,统筹全国禁烟事项;各县分别设立禁烟局和戒烟药品专卖处以管理地方禁烟事务。2. 制定颁布禁烟政策,为禁烟提供法律依据。1927 年 9 月,南京国民政府制定颁布《禁烟暂行章程》,该章程共计 13 条,其中明确规定:1. 从 1928 年起,于三年内实现鸦片的完全禁绝。2. 即行禁止罂粟种植和吗啡、海洛因等毒品的输入。3. 25 岁以下民众严禁吸食鸦片,25 岁以上人员、因年老或疾病等原因,可申领"戒烟执照"吸食,但鸦片吸食量须分期递减,并于两年内戒绝。4. 商民申领特许证后,可贩售"戒烟药品"(实为鸦片),"戒烟药品"由政府抽税,税后贴用政府印花税票,无印花税票的"戒烟药品"一律视为走私烟土,予以查没;税率按年递增,第 1 年为 70%,第 2 年为 100%,第 3 年增至 200%。

《禁烟暂行章程》13 条,从内容上来讲本就不完备,在实践层面操作性也不强,加之南京国民政府缺乏对全国尤其是对基层的有效控制,因此,章程中的规定很难得到有效落实。如关于 25 岁以下禁止吸食鸦片这一项,因当时没有完备的户籍身份制度,实际上很难进行识别查证;又如年老疾病这一准予吸食的标准,更加难以界定,最终变成了滥用鸦片的托词。

1928 年 3 月,南京国民政府颁布的《中华民国刑法》第 19 章第 271 条至 277 条也专门针对鸦片和其他毒品制定了"鸦片罪"相关条款。这些与毒品有关的 7 项条款分别从种植、制造(含毒品及相关器具)、吸食、经营等方面对鸦片罪行予以量刑界定。1. 种植方面,对于意图制造毒品而栽种罂粟或持有高根种子者,处以三年以下有期徒刑,并处三千元以下罚金。2. 制造方面,对于制造毒品人员,处以五年以上有期徒刑,并处五千元以下罚金;对于制造吸食鸦片器具人员,处三年以下有期徒刑。3. 吸食方面,对于吸毒人员处一千元以下罚金。4. 经营方面,为他人提供吸食毒品场所而借此营利者,处六个月以上、五年以下有期徒刑,并处五百元以下罚金;贩卖或意图贩卖鸦片吸食器具者,处三年以下有期徒刑;为制造毒品而贩卖罂粟、高根种子者,处一年以下有期徒刑、拘役,可并科或易科三千元以下罚金;贩卖或意图贩卖毒品者,处五年以上有期徒刑,并处五千元以下罚金。从该刑法关于"鸦片罪"相关罪行的处罚来看,显然仍失之于宽,吸食毒品仅处罚金了之,其他罪行有些也可易科罚金而取代刑事处罚,这简直为富人吸食毒品打开了方便之门,也不得不让人怀疑南京国民政府禁毒的动机到底是遏制毒品,还是借此谋利,这样的法律实难收法律威慑罪行之效。

二、《修正禁烟条例》

南京国民政府无论是政策,还是法律条款,其内容均难掩借烟敛财的实质,因此,这一政策和法律一经公布便遭到禁烟人士的口诛笔伐。"按日下之禁烟计划观之,则不但与三年禁绝之政策背道而驰,更与总理遗训势不两立""言为福国,实为祸国,言为利民,实以害民。此等设施,实正如总理拒毒遗训所谓民意之公敌,卖国之行为也"。① 在民众甚至国民党党内群起反对的声浪之中,南京国民政府于 1927 年 11 月通过了《修正禁烟条例》20 条,然其敛财实质并无根本变化。民众为此纷纷请愿,反对函电交驰。中华国民拒毒会向南京国民政府提出禁烟六原则:1. 鸦片种、贩、售、吸同时一律禁绝;2. 放弃鸦片烟税;3. 禁烟罚款用于禁烟事务;4. 取缔麻醉药品进口;5. 重组禁烟机构或由民政部办理;6. 公职人员及军警如有吸食鸦片或包庇纵容鸦片种、贩、售、吸者,一律处以极刑。1928 年 1 月,中华国民拒毒会向南京国民政府提出召开全国禁烟会议、制定全国统一遵行的禁烟法规的要求。除民众之外,南京国民政府的禁烟政策还遭到了地方党政机关的抵制。浙江省政府与省党部均通电反对《修正禁烟条例》,并制定颁布了地方性禁烟法令和规则共计 17 种,在浙江省内自行实施禁烟。江苏省政府也宣布于域内自行实施禁烟。面对朝野上下群起反对的声音,1928 年 4 月,南京国民政府对《修正禁烟条例》再次予以修订。然而,这次修订非但未能回应社会各界切实断禁鸦片的呼声,反较之前的禁烟办法大为倒退,禁令更为宽松。如:1. 原条例中规定 25 岁以下严禁吸食,修订后改为有医生证明即可展期戒断;2. 原条例中规定严禁栽种罂粟,修订后改为如有药用之需,可由禁烟机关特许栽种,此条例颁布之前栽种的罂粟,禁烟机关可铲除,亦可收买。如此一来,禁种、禁吸都留下了"方便之门",禁烟也就成了一句空谈。在禁烟条例颁布及修订前

---

① 中华国民拒毒会编:《拒毒月刊》第 15 期。

后,南京国民政府相继出台了 10 种与禁烟相关的行政条例,以作为《修正禁烟条例》的辅助文件。这些禁烟辅助文件的内容更是使南京国民政府"寓禁于征"的敛财目的昭然若揭,如《征收戒烟药料特税章程》规定每千两戒烟药料(实为鸦片)征收特税国币 300 元;再如《各省检查烟苗局章程》规定烟户缴费领证之后即可栽种罂粟,检查烟苗局向烟户按亩征收登记费、检查费及特捐。种户虚报、瞒报,则按应缴税额 10 倍以上、100 倍以下的标准处以罚金,检查烟苗局所收税费、罚金的十分之三由检查烟苗局及协助军警提成,其余报解财政部。据此可知,所谓检查烟苗局实为政府的种烟征税局。中华国民拒毒会估算南京国民政府可从现行的禁烟政策中每年获税款 2 亿元。① 时任财政部次长郑洪年也不得不承认:"目下禁烟计划,仅为筹款之计。如谋禁烟,不但不能禁烟,实足纵毒。此种稗政实非人民所喜,更非为国府下应有之现象。本部屡思修改,唯因军费紧急,未遑计及。"②

三、《禁烟法》与《修正禁烟法》

然而,南京国民政府为财政计、为军费计而推行的这一禁烟政策,却未能在经济上获得其预想中的实效。以上海为例,原先预计月入百万的烟税款项,实际所得尚不到半数。究其原因,则是各级禁烟机构层层截流,一为满足机构运转及人员薪资之需,二是竞相染指以谋私利。"禁烟局所林立,耗资至巨,所有收入,多归中饱,政府所得甚微。"③在 1928 年 11 月召开的全国禁烟会议上,与会代表纷纷指摘现行禁烟办法的种种弊端。有人指出禁烟机关公职人员"自吸自售,或竟自种自运。趋炎附势,见封建势力而畏惧谄媚,贪赃枉法,纵犯诬良,已成禁烟人员的通弊,因此必须严禁旧式官僚政官、土豪劣绅及腐化分子进入禁烟机关";④有的代表揭露"皖省各县禁烟分局长及烟苗征税员,论其中洁己奉公者固也有人,但借端敲诈、因缘为奸者实居多数。甚至殴毙人命,激成罢市,并贩卖烟土红白等丸,营私舞弊,唯利是图"⑤。而实

---

① 《禁烟政策之收入估计》,《申报》1931 年 7 月 2 日。
② 中华国民拒毒会编:《拒毒月刊》第 16 期,第 32 页。
③ 罗运炎:《中国烟禁问题》,大明图书公司发行,1934 年,第 130 页。
④ 中国国民党中央执委会宣传部编印:《禁烟宣传汇刊》,第 114 页。
⑤ 《安徽省办理禁烟情形》,国民政府档案,中国第二历史档案馆藏。

际情况也确如禁烟会议代表所反映的那样。如安徽舒城禁烟局局长桂某借查烟扰民、借禁烟勒索;祁门禁烟局局长王某与禁烟查验所高某以禁烟为名强迫民众购买红丸毒品。① 又如福建长乐禁烟稽查处人员"均系积案累累之土贩、烟氓、乡痞、地棍混充""借禁烟名义而自开烟馆,自卖烟土,捕盗为盗,垄断专利。甚至胆敢私招匪类,用作爪牙。并私立法庭、私置刑具、私设拘留所,滥捕拷讯,监禁处罚,择肥而噬,任所欲为",以致"城乡人民之被害,至于破家荡产,捐生殒命者,不知凡几"。②

以上种种,导致南京国民政府不但未收禁烟实效,也未得敛财实利,还弄得民怨沸腾。"以国府一年来对于禁烟之设施观之,不觉令人失望之余,深滋痛心。禁烟当局置烟禁于不顾,反筹饷之是图。人民抗争,舆论反对,充耳不闻。甚且引用素为社会所不齿之土贩、奸商、捐蠹、流氓……证据凿然,大反民意。此岂青天白日旗下刻可容忍之怪象,又岂得借口军费困难而望人民谅解耶?"③

面对这一困局,南京国民政府不得不改弦更张,调整其禁烟政策。1928年7月,南京国民政府撤销禁烟处,相继公布《全国禁烟会议组织条例》《禁烟委员会组织条例》等文件,以作为筹组新的禁烟机构的政策依据。8月,全国禁烟委员会成立,该委员会直属南京国民政府,委员包括蒋介石、冯玉祥、阎锡山、李宗仁、李济深、何应钦、钟可託、张之江、李烈钧、李登辉、薛笃弼、蔡元培、王正廷、陈绍宽等国府要员、社会贤达及民间拒毒领袖,张之江为主席,薛笃弼、钟可託为常务委员。

全国禁烟委员会成立后,着手制定《禁烟法》《禁烟法施行条例》等新的禁烟法规条例。9月17日,国民党中央执委会第166次常务会议通过上述两份禁烟法规,并予以公布实施。《禁烟法》是南京国民政府的禁烟基本法规,主要内容包括:1. 调整机构。各地禁烟局一律于1928年12月1日前撤销。2. 调整法规。废止《修正禁烟条例》。3. 严禁吸食。烟民一律于1929年3

---

① 《安徽省办理禁烟情形》,国民政府档案,中国第二历史档案馆藏。
② 《国民党长乐县党部为撤销禁烟稽查处快邮代电》,国民政府档案,中国第二历史档案馆藏。
③ 罗运炎:《中国鸦片问题》,中华国民拒毒会刊印,1929年,第246—247页。

月 1 日前戒绝鸦片毒瘾。4. 严禁种植罂粟①及制贩各类毒品。栽种罂粟及制贩各类毒品者,依刑法相关规定治罪。5. 公职人员违禁处罚。公职人员如违犯禁烟禁毒规定,则依刑法处以相关罪行最高刑罚。《禁烟法施行条例》是《禁烟法》的辅助性法规,主要对各级禁烟机关及其职责予以规定。1. 全国禁烟会议。全国禁烟会议负责建议和审议与禁烟相关的一切事宜。2. 全国禁烟委员会。全国禁烟委员会负责具体领导实施全国的禁烟事宜。3. 地方政府。省市(高级市)级地方政府负责领导实施辖域内的禁烟事宜,市县级政府负责在辖域内落实各项禁令。4. 民众团体。民众团体负责协助所在地区地方政府开展禁烟活动。

1928 年 11 月 1 日,国民政府在南京召开第一次全国禁烟会议,会议有正式代表 70 人,其中包括禁烟委员会 11 人,各省政府代表 20 人,各省总商会代表 9 人,禁烟团体代表 9 人,特约专家 6 人,各特别市政府代表 4 人,最高军事长官代表 6 人。蒋介石在会上表示,"要救中华民国,必自禁烟始""国民政府绝对不从鸦片得一文钱"。②

第一次全国禁烟会议议决提案 44 件,全国禁烟委员会根据大会提案,自 1929 年 1 月起,两年内制定颁布了 14 种禁烟法规条文③。尤其是《修正禁烟法》较之以往的禁烟法规有了较大的调整。一方面,《修正禁烟法》加重了违禁处罚的力度,如刑法"鸦片罪"中栽种罂粟仅处 1 年以下有期徒刑,《修正禁烟法》改为 5 年以下有期徒刑;刑法对于吸食毒品仅处千元以下的罚金,而《修正禁烟法》则改为 1 年以下有期徒刑,可并科千元以下罚金;《修正禁烟法》尤其突出了对公职人员违禁的处罚,公职人员如违犯禁政,均依该法相关条款的最高刑罚予以惩处。此外,《修正禁烟法》取消了"寓禁于征"的表述,也取消了 25 岁以上、年老疾病等人准予吸食鸦片的特例。

南京国民政府通过这两年的一系列立法活动,逐步形成了一套以《修正禁烟法》为核心,各单行法和行政条例为补充的相对完善的禁烟法律体系,其

---

① 根据全国禁烟委员会的建议,南京国民政府要求各地自 1928 年秋开始实施禁种。
② 《全国禁烟会议汇编》(上),国民政府档案,中国第二历史档案馆藏,第 40 页。
③ 包括《修正禁烟法》《禁烟法施行细则》《麻醉药品管理条例》《公务员调验规则》《县长履勘烟苗章程》《检查邮件私递麻醉药品办法》《中央及各省市调验所规程》《各地水陆公安机关考察烟犯办法》《审议告发文件简章》《市县立戒烟所章程》《医院兼理戒烟事宜简则》《戒烟经费支销办法》《公务员禁烟考成条例》《修正禁烟考绩条例》《禁烟罚金充奖规则》。

内容涵盖了禁烟实施(包括其他烈性毒品,涉及种、贩、制、吸、售、藏等诸环节)、烟民查验、烟瘾戒断、禁政管理(包括禁烟机构的设置、职责、运行,官员考核与奖惩,禁烟经费的使用等诸方面)。这为南京国民政府初期禁政的推行提供了一个相对完善的法律制度体系。

第二节 "断禁"政策的实施

《修正禁烟法》的制定颁布是南京国民政府在禁烟禁毒政策上的一次重大调整,它标志着南京国民政府的禁烟在政策层面上由"寓禁于征"向"断禁"的转变。

一、"断禁"举措与成效

"断禁"政策实施后,南京国民政府采取了一些举措,也取得了一些成效。在宣传方面,南京国民政府于1929年颁布通令,规定每年的6月3日为全国禁烟纪念日,纪念日当天由政府和民间团体组织禁毒宣传,以唤起民众的禁毒意识。在查禁烟毒方面,仅1932年各省就查获吸用烟毒器具74300件,抓获烟毒犯25471人,没收烟毒品146121.48两。从1929年至1933年,全国各海关查获外国人对华走私的烟土238480.25两,烟膏4315.08两,吗啡17496.51两,海洛因30032.05两,高根548.7两,可待因1125.93两,鸦片丸2469.1两。[①] 与此同时,为配合禁烟活动的开展,各地纷纷成立禁烟机构,至1933年,全国有2121个县设立了戒烟所,以协助瘾民戒断毒瘾。[②]

就各省来看,南京国民政府的禁烟禁毒政策在其实控的江苏、浙江及个别地方实力派管控区域,如山东、河北得到了相对较好的执行。

江苏省于1933年2月制定了《江苏省禁烟办法大纲》,确定了分期4年禁绝鸦片的计划,同年6月江苏省禁烟委员会成立,以负责全省的禁烟事宜,各县则成立了县级禁烟委员会。江苏省的禁烟禁毒政策较为严厉。在禁种

---

① 朱庆葆、蒋秋明、张士杰:《鸦片与近代中国》,江苏教育出版社1995年版,第362页。
② 国民党中央统计处编:《民国廿二年之建设》,正中书局1934年版,第72页。

方面,省政府要求各地发现烟苗即予铲除,即使激起民变亦不妥协。如1934年4月江苏泗阳铲烟,种烟乡民"表示烟存与存,烟亡与亡。当局甚震怒,决派大兵以武力彻底解决,虽流血亦所不惜"。① 在禁止鸦片的售卖与吸食方面,江苏先后颁布了《江苏省限期禁烟取缔土膏行店章程》《江苏省限期禁烟取缔吸户章程》等30种法令,并对烟民实行登记。至1934年,全省登记领照烟民200785人,办理烟毒案件1471件,抓获毒犯1967人。

自南京国民政府成立之后,浙江省的禁烟就较其他省份严厉、认真。通过制定颁布一系列地方性禁烟法规、定期开展民众拒毒运动进行拒毒宣传、强力推行查铲烟苗等举措,浙江省的禁烟禁毒取得了较为明显的成效。在禁种方面,至1933年,浙江省境内基本禁绝了罂粟种植;在禁售方面,自1932年10月至1934年9月的两年间,浙江全省抓获烟毒犯20692人,其中50人被判处死刑,12075人被判处徒刑,其余则被判处拘役或处罚金;在禁吸方面,浙江全省两年间设立了208个戒烟所,35203名烟民断绝了烟瘾。②

山东及河北等个别省份在这一时期的禁烟禁毒政策也较为严厉。"寓禁于征"时期的山东,烟毒泛滥,省禁烟总局甚至向农户提供烟籽,鼓励民众吸食鸦片。韩复榘主政山东后,禁烟政策转趋严厉,抓获烟犯即行枪决。河北省仅1934年就抓获各类毒品犯8973人。③

南京国民政府断禁时期的禁烟虽取得了一些成效,但就整体而言,这一时期禁烟禁毒形势依然十分严峻。1929年,南京国民政府在汉口成立"清理两湖特税处",其目的是让烟商于6个月内补清烟税,售完两湖地区市面上的烟土,以便偿还银行、钱庄的债款,从而避免汉口特业(烟土业)与银行、钱庄间的债务危机,保证金融秩序的稳定,之后,"清理两湖特税处"应即予以撤销。结果,在巨大的经济利益面前,"清理两湖特税处"这一临时性机构一变而为常设性的征收特税机构。仅1931年,"清理两湖特税处"就上缴财政部

---

① 章有义编:《中国近代农业史资料(1927—1937)》(第3辑),生活·读书·新知三联书店1957年版,第47—48页。
② 《禁烟纪念特刊》(报告),1935年6月,《浙江省拒毒会总报告》,1935年7月,第131—132页。
③ 《禁烟纪念特刊》(报告),1935年6月,《浙江省拒毒会总报告》,1935年7月,第131—132页。

税款 1400 万元,其余年份的税款也都在千万元以上。①

在上海,禁烟也因财税原因而流于形式,政府甚至变相保护和鼓励鸦片业。1931 年,原上海法租界总领事范尔迪卸任归国,甘格林继任为总领事。甘格林继任后,由于与烟土业的利益分配未能谈妥,加之来自法国国内的舆论压力,宣布在法租界禁烟,从而使法租界内的烟土业因失去庇护而难以为继。此时,南京国民政府治下的上海华界非但未与法租界同步推行禁烟,反而向其提供便利,导致法租界的烟馆土行纷纷转入华界。迁入华界的烟馆土行按月向政府缴纳捐税,政府则对其出售的烟土加盖"验讫"印戳予以认可,使得鸦片烟土在上海华界大行其道,闸北、南市成为新的吸贩毒中心。

二、层出不穷的烟毒大案

南京国民政府这种自相矛盾的禁烟政策使得大大小小各级官员都生起不法之心,见诸报端媒体的官员贩烟大案层出不穷。

1928 年 11 月,全国禁烟会议刚刚结束不久,就爆出了轰动全国的"江安轮运土案"。11 月 22 日,上海市公安局侦知由宁赴沪的江安轮上藏有大批烟土,遂派员查缉,与护运烟土的上海警备司令部侦查队直接发生武装冲突。江安轮案发生后,为平息中外舆论,11 月 29 日蒋介石亲自下令将人犯解送南京审讯,由禁烟委员会委员长张之江直接负责查办此案。因此案背景复杂,涉及国民党新军阀各派系之间的权力博弈,张之江很快便辞掉全国禁烟委员会委员长一职抽身而去,②案件最终变成了葫芦僧乱判的葫芦案。时任上海市市长张群主动请辞,上海市公安局局长戴石浮、警备司令部侦查队队长傅肖先双双停职,涉案的 23 名船员仅 3 人被判徒刑,其余全部释放。

江安轮案一波刚平,1929 年又发生了"高瑛夫妇烟毒案",这是一起中国外交人员利用外交身份将烟毒走私至美国的贩毒案件。高瑛是南京国民政府派驻美国旧金山的副领事,他利用其外交人员身份,在美国打通关系办理海关免检签证,由其妻廖氏将国内烟土走私至美国欲获取暴利。怎料,因手续出了问题,廖氏私运的 2299 罐烟土被旧金山海关悉数查获。经伍朝枢③

---

① 中华国民拒毒会编:《中国烟祸年鉴》(第 4 辑),1931 年。
② 《上海江安轮武装运土案之经过》,国民政府档案,中国第二历史档案馆藏。
③ 时任中国驻美公使。

与美方交涉,高瑛夫妇与同案犯孙垣被引渡回国受审。10月25日,高瑛被江宁地方法院以贩毒罪、贿赂罪判处有期徒刑7年、罚金6666元,廖氏被判有期徒刑4年、罚金5000元,孙垣被判无罪。高瑛不服,上诉至江苏高等法院,江苏高等法院撤销原判,改判高瑛为6年有期徒刑。高瑛夫妇再次上诉至最高法院,经疏通,最高法院撤销二审判决,将高瑛案发回江苏高等法院重审,廖氏刑期虽未减,但允其以罚金抵刑,而对高瑛本人的审判则在一拖再拖之后最终不了了之。①

除江安轮运土案、高瑛夫妇烟毒案之外,时任海军部部长陈绍宽利用其国府要员身份与黑社会勾结贩运烟毒一事虽未东窗事发,却也是尽人皆知。陈绍宽不仅是海军部部长、国府要员,同时还是全国禁烟委员会的委员,这样一位身居高位、参与领导全国禁烟的党国要人却知禁犯禁、知法犯法。据民间禁毒团体揭露,1929年9月,陈绍宽与杜月笙等人合谋从国外用船运入1249箱、总计2597920磅的烟土至上海。次年6月,陈、杜等人再次通过上海向国内运入大量烟土。②

再如东北军参谋长邢世英将其在热河采办的烟土贴上"军委会委员长北平行辕"的封条后,径直运往上海由杜月笙代为销售。③ 南京下关车站曾查获国民政府参军处参军长吕超指使其下属科长携带的5箱烟土。④ 此类国府要员借烟毒谋利之事可谓比比皆是。

三、"断禁"政策的失败

南京国民政府对于官员犯禁,能捂则捂,不能捂则大事化小、小事化了,或如高瑛夫妇贩毒案一样久拖之后不了了之。《修正禁烟法》对于公务人员犯禁处以相关罪行最高刑罚的规定徒具其文。中央政府有法不依、高级官员带头违禁,政府何谈公信、法律遑论威严、禁烟禁毒又怎会有成效,各地禁烟禁毒又可想而知是怎样混乱不堪,在各地方实力派掌控下的省份,对于"断禁"政策的执行效力自然难求其善。

---

① 《上海文史资料选辑》(第54辑),第196页。
② 《江浙皖禁烟控诉事项》,国民政府档案,中国第二历史档案馆藏。
③ 《上海文史资料选辑》(第54辑),第196页。
④ 《上海、南京、青岛、北平等市办理禁烟情形》,国民政府档案,中国第二历史档案馆藏。

"各省疆吏,不愿切实奉行,阳奉阴违,无巧不施。……若夫边远之陕甘云贵四川热河等省,固无论矣,而大江南北以及通商巨埠,莫不俱有弛禁事实。各地烟祸之猖獗,依然如昔,甚或过之。是以禁烟命令,几等具文。"①"有今年准种,明年或否,甲地准种,乙地或否者";"有抽灯捐者,也有否者,有卖官膏者,有不卖者";"抽烟卖膏之区域则准吸,否者则禁吸,而此准也禁也,又朝令夕改,时时不同"。"且尚有所谓贴印花之制者,然印花不必通行,甲地收费,乙地提人者,往往有之";②"人民种烟,无正当税额,而称为罚款。罚款又非国家所定,而任之各省。各省亦非正供也,故任意定之率之。不种亦罚,不收亦罚,土价昂如此罚,土价跌亦如此罚。贩运方法之虐民,更为苛厉。有特权者可以整车整船输运,而人民携带,则受巨罚。国家并无官卖或公卖制,人民既生产烟土矣,不贩不运,将奈之何?然贩运则有罪。吸食之事亦然,夫奖励种烟,而法禁贩食,其物又非出口货,而禁吸又不彻底。有权有势者公开吞吸,佃民小户则干犯刑法。甚至有派卖官膏而不准开灯之省,彼被劝或被迫买得烟膏者,吸则犯法,而不吸又何用乎?"③

南京国民政府的"断禁"政策,从禁烟意愿上讲,诚属"良法美意",但中央政府的统治能力、治理能力和社会动员能力都极有限,加之政策法令缺乏可操作性、缺乏解决因禁烟导致经济财政困境的手段,尤其是南京国民政府对于治理已经深入国家和社会肌理的鸦片毒祸所需要付出的经济和社会成本缺乏足够的、清醒的认识,这些因素处处制约着"断禁"政策取得实效。

政治层面上,晚清以降,近代中国的中央政府其权威与统治力日益低下,南京国民政府虽形式上统一了中国,但国民党内部各派系的存在,以及各地大大小小的地方实力派的存在,使得南京国民政府的政令很难有效地贯彻到社会基层。经济层面上,鸦片战争以来,鸦片贸易的合法化和鸦片的弛禁已使近代中国的国家与社会深深沾染上了鸦片毒瘾,无论是经济相对发达的东部沿海地区,还是相对落后的西部偏远省份,对于鸦片贸易所产生的税收和利润已经形成了严重的依赖。社会层面上,科举制的废除、近代农村经济和城市手工业的破产,使得近代中国社会的基层管理空洞化、劣质化,土豪劣绅

---

① 罗运炎:《中国烟禁问题》,大明图书公司发行,1934年,第138页。
② 内政部禁烟委员会编印:《民国成立后之禁令》,中国第二历史档案馆藏。
③ 罗运炎:《中国烟禁问题》,大明图书公司发行,1934年,第177—178页。

地痞恶霸掌控着基层社会,鸦片贸易是产生这些社会劣质分子重要的来源之一。外交层面上,租界和治外法权的存在导致南京国民政府的禁令根本无法遏制外来鸦片的输入,根本无法杜绝在华外国人走私、贩卖毒品的行为。

面对"断禁"政策难禁烟毒之祸的困窘局面,南京国民政府朝野上下再起争论。主张"断禁"的人士认为,"盖其所以为祸也,不仅在不禁,而且在禁。不禁固恶政,然为一重恶。现在则两重三重乃至无数量之恶","今日中国之鸦片问题,乃政治罪恶之最大结晶,其中黑幕,虽千万纸所不能罄","推其本原,则政府从无必禁之意志所致也"。① 在"断禁"派人士看来,"断禁"政策未收实效,实乃政府禁烟决心不够、禁烟力度不够。因此,1931年11月,在国民党第四次全国代表大会上,青海省党务特派员方少云、李天明向大会提交了"厉行禁绝鸦片案",认为烟氛愈禁愈炽、烟祸愈演愈烈这一局面的出现,就在于南京国民政府缺乏自始至终的禁烟决心和有效的禁烟办法。最后,国民党四大通过决议,要求南京国民政府责成相关部门"制定最严厉适当之方法,于一年以内禁绝之"。② 全国禁烟委员会为此于1932年1月制定颁布《各省市厉行禁烟办法》,然其内容并无新意,无非是对此前制定实施的那些禁烟法规内容的重复,自然也难产生什么实效。1933年3月,司法行政部提出再次修改《禁烟法》,加重对制、贩烟毒,栽种罂粟及公职人员涉毒等罪行的惩处力度,同时减轻对于吸食烟毒人员的惩罚。然而,立法院却认为《禁烟法》原定相关刑罚已较重,无进一步加重的必要。相反,减轻吸食烟毒人员惩罚力度的建议却被立法院予以采纳,理由是烟犯太多,监狱难以负担。因此,吸食烟毒者的量刑标准由原定的1年以下有期徒刑,得并科1000元以下罚金,改为6个月以下有期徒刑、拘役或300元以下罚金。

主张"断禁"的人士所秉持的对于鸦片零容忍的态度值得赞赏,但其对于禁烟困难的估计不足,常使禁烟政策难以为继。如陕甘云贵地区晚清以来就以罂粟作为主要的种植作物,"断禁"之下,农民顿失生计,因抗铲而发生的民变屡有发生。又如鸦片有成瘾性,吸食者在生理和心理上均对其产生极大的依赖,不考虑毒瘾的特殊性、不考虑瘾民个体的差异性,没有配套的戒毒场

---

① 罗运炎:《中国烟禁问题》,大明图书公司发行,1934年,第177—178,183页。
② 《国民党第四次代表大会提案》,国民政府档案,中国第二历史档案馆藏。

所、设施和手段,而一味强调短时期内禁吸,显然不切实际。

四、"渐禁"之议再起

自晚清以来,持渐禁主张的也不乏其人。如前文所述,时任江苏交涉员郭泰祺所拟的四条办法,在禁烟尤其是禁吸方面就暗含渐禁之意。持"渐禁"观点的人士,其主要依据就是财政困难,而禁烟则会加剧这一困难。但"渐禁"观点单纯考虑经济因素,忽略了鸦片问题所带来的政治、社会、道德及个体身心等其他方面的一系列问题,所以常为社会主流所诟病。

南京国民政府"断禁"政策实行两年多以后,鸦片毒祸非但未得到遏制,反倒愈演愈烈,渐禁的呼声再次出现。1931 年,时任禁烟委员会委员伍连德博士所著《流毒已极之鸦片问题》一文是当时主张渐禁的代表性文章。该文指出禁烟问题必须有一个彻底的解决办法,否则于政府有税款之失,而于豪强则有侵蚀中饱之利,国计民生因无财政支持而无力举办。为此,伍连德提出:1. 精确调查各省鸦片种植亩数与产量。2. 政府加强稽核与管制,实行垄断专卖。3. 专卖税款实行专项管理,专门用于禁烟事务。4. 罂粟种植与鸦片吸食实行分年递减,于 15 年内禁绝。①

汉口商业储蓄银行筹备员黄鼎言于 1931 年 2 月致函蒋介石,表达了与伍连德相似的渐禁主张。黄鼎言认为"断禁"政策,有若治病不知病根所在,一切办法均属枝枝节节,未能于国计民生兼筹并顾","根本办法,是使滇黔川陕等省民众辟得生机,各该省政府不敷之军政费得有接济。为此,黄鼎言建议:1. 清查各省鸦片产量和烟民人数。2. 政府统购烟土、制膏专卖。3. 在专卖的前提下,实行分年递减。4. 预计鸦片专卖之后,政府每年可得 3.6 亿元烟税,由政府专设银行管理此项税款,除一部分用于支持各省财政及用于禁烟之外,每年可有 2 亿元以上余款用于开发边省、筹办工商。"则不但鸦片可以禁绝,而且可以安定社会,弭兵消乱。"②

伍连德、黄鼎言等持"渐禁"主张的人士认为"断禁"实为"摇旗呐喊徒事空言"③,实际上,"渐禁"或者说鸦片专卖所赖以实行的清查全国种烟、吸烟

---

① 《禁烟委员会委员伍连德函陈禁烟办法》,国民政府档案,中国第二历史档案馆藏。
② 《黄鼎言禁烟条陈》(1931 年 2 月),国民政府档案,中国第二历史档案馆藏。
③ 《禁烟委员会委员伍连德函陈禁烟办法》,国民政府档案,中国第二历史档案馆藏。

情况,严密控制鸦片的种贩售吸等环节,鸦片税款专款专管专用等前提,对于当时的南京国民政府而言皆是不太可能实现的任务。但即便如此,"渐禁"主张较之"断禁"相对更为现实可行,也更符合南京国民政府的统治利益,因此渐渐引起了当局的重视,在这一背景下,以"分年递减"为标志的腹地十省禁烟在南京国民政府军委会的主导下逐步开展起来。

第三节　军委会腹地省份禁烟

朝野人士对于"断禁"政策及其成效进行评估与反思,作为南京国民政府的最高执政者,蒋介石对于"断禁"政策也有其看法,他认为"断禁"政策有两大问题,一是量刑失之于宽,民不畏法且有玩法之心;二是"断禁"政策脱离当时中国的实际而致其无法有效执行。"边远种烟省份,除四川外,大都地方贫瘠或交通不便,灾匪迭乘,人民痛苦已极。禁种鸦片和地方公私经济关系很多,一万万多人的民生问题,不能一概不顾。"① 因此,必须"一面分年缩减种烟地亩,一面竭力发展边省交通和救灾理财,同时并进"。② 显然,蒋介石是兼取了"断禁""渐禁"两派人士的观点,即取"断禁"派以严刑峻法威慑烟民及烟土业的既得利益者,使其不敢有藐视法律之心;同时取"渐禁"派分年递减,发展民生,助民脱困,最终摆脱对鸦片的依赖,实行鸦片的真正禁绝。客观地讲,这一疏堵结合的方式是符合当时中国禁烟禁毒实际情况的,若能切实执行,应当能取得明显的禁烟禁毒成效。

1932年夏,南京国民政府设军委会"豫皖鄂三省'剿匪'总司令部",此后,又设军委会委员长"南昌行营",对中国共产党领导的苏区及工农红军进行"围剿";同时宣布在豫、皖、鄂、赣等省份推行分年禁烟,1934年扩大至苏、浙、皖、赣、湘、鄂、豫、闽、陕、甘十省,此后,又扩大至十三省四市,此即为南京国民政府腹地省份禁烟。③

---

① 蒋秋明、朱庆葆:《中国禁毒历程》,天津教育出版社1996年版,第302页。
② 蒋秋明、朱庆葆:《中国禁毒历程》,天津教育出版社1996年版,第303页。
③ 除腹地禁烟省份外,其余省份在形式上仍执行"断禁"政策。

一、四省禁烟

南京国民政府腹省禁烟采取的是疏堵结合、分期渐禁的思路。一方面，自 1932 年至 1934 年，"'剿匪'总司令部"南昌行营颁布了一系列关于禁烟禁毒的严刑峻法在豫皖鄂赣四省实行，其主要法规条例见表 12-1。

表 12-1　豫、皖、鄂、赣四省禁烟主要法规条例

公布时间	法令名称	发布机构
1932 年 9 月 2 日	《党政军服务人员及学生限期戒烟办法》	豫、鄂、皖三省"剿匪"总司令部
	《豫、鄂、皖三省"剿匪"总司令部戒烟调验规则》	
1932 年 12 月 1 日	《派员查禁十省种烟办法》	
1932 年 12 月 17 日	《查禁种烟注意事项》	
1933 年 4 月 3 日	《厉行戒烟取缔吸户章程》	
	《厉行查禁麻醉药品取缔土膏行店章程》	
	《严禁腹地省份种烟取缔采办边省产土章程》	
	《毒品查缉通则》	
1934 年 5 月 11 日	《严禁烈性毒品暂行条例》	南昌行营

从 1932 年颁布的《党政军服务人员及学生限期戒烟办法》《豫、鄂、皖三省"剿匪"总司令部戒烟调验规则》这两项禁烟法规来看，南京国民政府在鄂、豫、皖、赣四省禁烟禁毒，特别重视国民党党员、各级政府工作人员、军人及学生、教师群体。根据上述两项法令，凡是染有毒瘾的党政军学人员，统限于两周内主动登记，填写戒烟（或戒毒）志愿书，赴指定戒烟场所，于 30 日（瘾重者 45 日）内戒除毒瘾，调验合格发给戒断证明。期满未能戒除者，再延 30 日，若仍不能戒断，则相应开除其公职、党籍、学籍，同时移送"'剿匪'总司令部"军医处勒戒，费用自理。倘有心存侥幸，不在规定时间内主动登记戒断者，一经查实，立予枪决。党政军学人员如被人告发，由调验机关指定医院调验，医院院长、承办医师及查验人员联名出具调验报告。如有瘾，则被告发人予以治罪；如无瘾，告发人反坐所告之罪；医院如在调验中作假，承办医师以伪证罪论处。

腹地省份禁烟，不单是涉毒的党政军学人员会遭到严惩，总的来看，其他

各类犯禁人员遭受的惩处也都极为严厉。除无照私吸人员查获后仍交地方法院依照《禁烟法》惩处外,其他涉毒罪犯及无照吸食鸦片之外的鸦片罪犯均实行军法审判①,即人犯交由军法机关以军法程序,按"'剿匪'总司令部"南昌行营颁布的适用于腹地省份的禁烟禁毒法规条例予以治罪,上述法规条例未做规定的,再依照南京国民政府颁布的其他禁烟法规条例执行。②

鄂豫皖赣腹地四省禁烟实施之后,分别围绕禁烟(禁种、禁吸、禁运、禁售)及禁毒开展了一些工作。

禁烟方面,首先是严禁种植罂粟。禁种是禁烟的首要环节,无鸦片可吸,有瘾之人可逐步断绝烟瘾,无瘾之人则不再会沾染烟毒,瘾民群体自然逐渐减少。腹地四省禁种采取的是断禁的方式,即一律绝对禁止栽种罂粟。每年春季种烟时分,查禁特派员、查禁委员会前往各省督同地方军政人员共同查禁罂粟。烟籽下种之时,以宣传为主,同时收缴烟籽;烟苗出土季节,以查勘为主,发现烟苗即铲之,种户枪决,负责之县、区乡(镇)各级地方长官及办事人员一律予以惩办。

其次是禁止吸食鸦片。禁吸与禁种是从供需两端实施禁烟,通过禁种控制了鸦片的供应端,再通过禁吸控制鸦片的需求端,则鸦片问题自可迎刃而解。腹地四省禁吸主要从两个方面实施。一是核发戒烟执照,限期强制戒瘾。凡因年老体弱或疾病致瘾的,可申领限期戒烟执照,在展限期内暂可向当地特许经营的土膏店购买吸食,但严禁沾染鸦片之外的其他毒品,且戒烟期不得超过6年。戒烟执照专人专用,6个月换领一次,每次换照,鸦片吸食量需酌减,最终实现完全戒断。未领执照而私自吸食鸦片者,予以强制戒瘾,且追缴2—10倍不等的戒烟执照费罚款。二是设立戒烟医院,为瘾民提供戒瘾服务。全国设立中央、省(市)、县、区(镇)四级戒烟院所体系,中央设中央戒烟研究所、省(市)设戒烟医院、县设戒烟所、区(镇)设戒烟分所。所有登记在册的瘾民均需依限戒断烟瘾,展限期满,瘾民应接受戒烟机构随时或定期

---

① 所谓军法审判,一般是由兼任行营军法官之职的该管县长,兼保安司令之职的行政督察专员,有军法权的驻军长官行使审判权,1934年前后成立的禁烟督察处也拥有审判权。经军法审判的烟毒案件,一审即为终审,人犯不得上诉,判决结果由军委会委员长行营核准执行。

② "'剿匪'总司令部""南昌行营"制定颁布的适用于腹地省份禁烟禁毒的法规条例从法律性质上来讲属特别法,在腹省禁烟的省份之内,其优先级较南京国民政府所颁布的其他禁烟法律法规要高,这为腹省禁烟禁毒提供了一个较之他省更为严厉的法律保障体系。

的调验。未依限戒断或复吸人员均由法院按《禁烟法》治罪。

最后是管控鸦片的采买、运输和销售。采买、运输与销售是鸦片贸易的中间流通环节,如果能控制好这一环节,则可有效地遏制鸦片的市场供应量,某种程度上可以迫使烟民减少鸦片的购买吸食,进而达到禁烟的目的。南京国民政府主要通过清理两湖特税处①对烟土实行统购统销及特许经营来控制烟土的流通环节。先由清理两湖特税处调查暂未禁种省份的鸦片产量、确定鸦片价格,再由拥有特许权的商人承接购运业务,特许商按照事先申报的购运鸦片的区域、数量、时间,依行营指定的路线将鸦片运至腹地省份。至目的地后,特许商将鸦片存入公栈,由公栈职员会同特税处(督察处)所派人员共同验明鸦片数量、粘贴印花、核定税率,特许商完税或办好押汇手续后,由公栈售给特许经营的土膏行,土膏行分售给特许经营的土膏店,土膏店再销售给持照吸食的烟民。未经特许,任何人不得购运烟土,违者以贩私论;土膏行店不得出售未粘贴印花的烟土,不得售卖给无照的烟民吸食,违者均依军法惩处,其私人财产概行查抄没收。特许经营的土膏行店只减不增,6年内全部关闭。

禁毒方面,除法律特许的科学及医药用途外,任何机关、个人不得贩卖麻醉药品。医院、医学院、药师须提供书面申请并说明具体用途,由官方的销售机关售与,方可合法使用麻醉药品,且每次使用量不得超过50克。未经法律许可,制造、运输和售卖麻醉药品者,均认定为毒品犯罪。

二、腹地省份禁烟

为了进一步扩大腹地禁烟的省份,1933年秋,南京国民政府取消清理两湖特税处,代之以设立于汉口的禁烟督察处,禁烟督察处由军委会直管,专管鸦片的运输与销售。1934年5月,南昌行营颁发《严禁烈性毒品暂行条例》,加大了对于海洛因、吗啡、高根及其化合物及各色毒丸等烈性毒品的治罪力度,凡制造、运输、以营利为目的为人施打吗啡、开馆供吸毒品者,一律死刑;意图贩卖而持有毒品者处死刑或无期徒刑;吸用毒品有瘾者概行拘押勒戒,不依限戒断或戒后复吸者均处死刑;公务人员收受贿赂,包庇纵容他人犯上

---

① 1933年清理两湖特税处被撤销,于汉口改设禁烟督察处。

述各罪者也均处死刑。1934年6月,国民党中央政治会议第415次会议决定将腹地禁烟省份由四省扩大至十省。① 同年7月,冀、察、绥三省及平、津二市也遵南昌行营令,成为腹地禁烟省份,遵照行营法令一体办理禁烟。至此,腹地禁烟省份扩大至十三省四市,南京国民政府时期一半的省级行政区域被纳入腹地禁烟省份的范围。

扩大和调整后的腹地省份禁烟,由禁烟督察处(代表中央政府)负责鸦片的流通环节,即统购统运;由地方政府负责辖域内的禁种禁吸工作。禁烟督察处具体职责主要包括以下六个方面:1. 烟土的统购统运;2. 制定禁烟规章,筹划禁烟举措;3. 征收鸦片税款;4. 管理禁烟经费;5. 烟土特许执照的审核、保管、发放;6. 查缉烟毒走私,处理缉获人员、烟毒。此外,禁烟督察处还可代表中央政府派员赴各腹省督察禁烟情况。

如前文所述,腹地省份禁烟以严刑峻法做保障,以民生为考量,严禁毒品、渐禁鸦片,这一举措若能切实执行,禁烟禁毒成效应当可期。然而蒋介石主导下的南京国民政府,其推行腹地省份禁烟本意绝非出于禁烟这一单纯目的,其动机相当复杂,这也导致腹地省份禁烟最终荒腔走板、成效乏善可陈。

首先,从禁烟动机来看,腹地省份禁烟其实质仍是鸦片专卖,这是南京国民政府设立禁烟督察处来代表中央管控烟土购销两端的直接原因,通过这一举措中央政府可以完全垄断鸦片的合法贸易。事实也的确如此,禁烟督察方案正是蒋介石的谋士杨永泰与大鸦片商程蕴珊、卢青海、郑寿芝等人商议后共同制定的,由这些出身上海潮籍鸦片世家、对烟土买卖了如指掌的大鸦片商共同制定的禁烟督察方案,于烟土的购销管控考虑十分周密,鸦片流通的每一环节均处于禁烟督察之下。禁烟动机不纯,禁烟成效自难圆满。

其次,从禁烟的权力结构与运行来看,禁烟督察处直隶军委会,不受南京国民政府管辖,不受立法、司法机关制约,只奉蒋介石个人之命行事;禁烟督察处的正副处长及机构主要负责人由蒋介石直接任命;统购统运的烟土由行营密制印花粘贴;鸦片统购统销的所有收入,财政部及其他机构均无权过问。

最后,从禁烟成效来看,禁烟督察的确为南京国民政府带来了巨大的财

---

① 包括豫、鄂、皖、赣、苏、浙、闽、湘、陕、甘《禁烟委员会关于皖豫等省禁烟事项暂交军委办理案》,行政院禁烟委员会档案,中国第二历史档案馆藏。

政收益。禁烟督察之后,"汉口特税日增,'剿匪'经费有著"。① 禁烟督察处设立当年(1933年),汉口所征特税就达到了2600余万元。同时,成立豫鄂皖赣四省农民银行,禁烟税款、特许商及土膏行店申办执照的保证金及执照费的半数(另一半划归地方政府)都只能由四省农民银行收缴、保管,上述税款、保证金及执照费一年可达3000万—5000万元。

综上可见,蒋介石掌控下的南昌行营(1935年3月后为武昌行营),通过禁烟督察处和四省农民银行从政治和经济两个方面入手,形成了以禁烟(实质是鸦片专卖)为核心的一套服务于蒋介石个人的特殊的政经体系,依靠这一套政经体系,蒋介石不断扩大其个人权威,打击异己,并将权力的触手一步步渗入其他地方实力派的管控区域。

南京国民政府成立后,虽在形式上完成了国家的统一,但大多数省份仍处于地方实力派的控制之下,国民政府能直接管控的区域、人口和税收十分有限。1932年初,蒋介石虽复职,出任军事委员会委员长,但其权力较之下野之前大为削弱。面对中央来自国民党内其他派系的挤压、地方来自各实力派的挑衅,蒋介石迫切需要一个突破口来加大其个人的集权。近代以来,国人饱受烟毒之祸,禁烟禁毒为民心所向,以禁烟督察为手段推行禁烟禁毒,既可赢得民心收获口碑,又可充裕财政、管控政治上的异己派系和地方上的军事实权人物,可谓一石三鸟的阳谋。在具体做法上,包括以下四个方面。

1. 建立效忠于蒋介石个人的禁烟查禁特派员体系。查禁特派员包括省、县两级,直接对军委会委员长负责。派赴各省的特派员由蒋介石亲自遴选委派,不受该省军政长官管辖,可对各省军政长官及官吏执行行营禁令的情况进行督察并向蒋介石密报查办,可调动地方驻军协助禁烟,可惩办禁烟不力的县级官吏。通过查禁特派员体系,形成了一个忠诚于蒋介石个人,以禁烟为抓手,针对各省各级官吏的监察体系。

2. 建立效忠于蒋介石个人的禁烟缉私部队。以鸦片专卖为实质的禁烟,缉私是极其重要的一环。专卖给走私提升了巨大的利润空间,巨利之下必然有人铤而走险。走私一旦无法遏制,鸦片专卖必将受到冲击。南京国民政府成立初期实施的寓禁于征之所以失败,难以遏制鸦片走私是非常重要的

---

① 李基鸿:《百年一梦记》,文海出版社1977年版,第229页。

原因。为了严查鸦片走私,各地成立了隶属于当地禁烟督察分处的缉私部队,缉私部队长官由蒋介石直接任命,配备新式装备,编制规模也大于正规部队,仅汉口缉私团就有3802人。① 缉私部队除具有缉查鸦片走私之责外,还带有特务组织的性质,如禁烟督察处缉私主任兼巡缉团团长邱开基,就是复兴社的主要发起人,是蒋介石手下的主要特务头子之一,缉私部队的军官也多由复兴社军官兼任,而复兴社就是"以他(蒋介石)的意志为自己的意志"②的一个带有法西斯倾向的特务组织。除缉私部队外,还有以禁烟经费组建的用于协助缉私的宪兵部队,这支部队也是自成体系,不受各省政府与绥靖公署的管辖。通过组建鸦片缉私部队和协助缉私的宪兵部队派驻各个省份,那些中央军难以插足的地方实力派掌握的区域变相地由中央政府派驻了军队,这些武装成为蒋介石用于钳制地方实力派的一支不可忽视的军事力量。

3. 以禁烟之名打击异己势力。犯禁便需遭法律制裁,这本无可厚非,但禁烟在蒋介石手中成了打击异己的工具。顺之者,犯禁大事化小;逆之者,则有杀头之虞。通过这一手段,诸多桀骜不驯的地方实力派都不得不屈从于蒋介石。如湖南的何键在蒋与西南新军阀纷争之时首鼠两端,蒋即利用何之亲信黄飞贩卖吗啡一事大做文章。在驯服四川的刘湘和第十军军长徐源泉的过程中,蒋都如法炮制,利用这些人的亲信私自贩烟的事,深挖幕后指使,迫其就范。除了利用鸦片问题打压对手,蒋还利用鸦片专卖带来的财源广泛拉拢,如前文所述在利用鸦片问题打击何键的同时,蒋又通过提高拨付何之禁烟经费数额的方式拉拢他。正如蒋氏自己所说,"禁烟督察处向因运销特货关系,对各省市皆有补助费,或规定数额支付,或照销额及过境运额分拨"。③通过禁烟经费的补助,蒋介石又掌握了一张控制各地方实力派的经济牌。

由此可知,腹省禁烟有着复杂的背景和多种动机,它是南京国民政府,尤其是蒋介石个人加强集权的一件有力武器。通过禁烟,蒋既站在了道德的制高点上,获取了民心,又通过在禁烟过程中所获取的政治、经济资源逐步强化了自己的权威,将自己的势力一步步伸入过去无法染指的区域。

于蒋介石而言,腹省禁烟可求名、可得利,但因其动机不纯,最终很难收

---

① 军事委员会禁烟总会编:《二十四年度禁烟年报》,1936年,第54页。
② [美]易劳逸:《流产的革命》,陈谦平、陈红民等译,中国青年出版社1992年版,第56页。
③ 《国民政府财政部特税组档案》,中国第二历史档案馆藏。

禁烟实效。首先,因禁烟主要为求财,故此只禁腹省之烟,而川、滇、黔、宁夏、热河等省罂粟种植不绝,产烟省份之鸦片源头不断,腹地省份之烟毒就难终止。其次,腹省禁烟伴随着蒋介石个人权力的扩张,或者更确切地说,就是服务于蒋之集权的需要,因此,禁烟必然导致各地方实力派的反弹。据统计,1934年全国仅查缴鸦片591338.82公两,吗啡11653.5公两,海洛因2227.77公两,高根及其他毒品47303.7公两,枪决毒品犯263名,戒绝烟民8.1万余名。① 这一数据较之中国当时巨大的鸦片生产和消费量而言无疑是九牛一毛的成绩。因禁烟成效不佳,最终因原定分期渐禁的时间将届、各省烟毒仍炽而不得不展期禁绝。

中国禁烟不力也再次遭到国际社会的诟病。1934年5月,中国在日内瓦召开的国联禁烟委员会第18届会议上,因禁烟不力、烟毒泛滥而受到与会各国代表前所未有的猛烈抨击。美国代表福勒及西班牙、波兰、意大利等国代表均在会上对中国政府提出严厉的批评,同时呼吁中国政府采取有效手段切实禁止鸦片生产。② 南京国民政府获悉之后,由中政会第408次会议议决,由行政院负责,内政、财政两部及禁烟委员会经办,限于一个月内查清国内鸦片及毒品的种、制、贩、售、征税及国外的进口情况,以便决定禁烟根本办法。③ 7月30日,国民政府通令各地,要求切实查禁鸦片毒品,以使其早日灭绝。10月15日,南昌行营通令腹地各省统于1934年内绝对禁种罂粟,来年如再发现烟苗,该管县长相关人员一律军法严惩。1935年3月,禁烟委员会呈请军委会将腹省禁烟推行至边远省份。蒋介石据此呈请国民政府并经行政院第2260训令允准,将边远省份禁烟事务交由军委会办理。1935年4月1日,蒋介石以军委会委员长的名义发布《禁烟通令》,并公布《禁烟实施办法》和《禁毒实施办法》,宣布以两年为期(自1935年至1936年底)禁绝毒品,以六年为期(自1935年至1940年底)禁绝鸦片。此即为南京国民政府"两年禁毒、六年禁烟"时期。

---

① 国民政府军委会禁烟总会所编:《禁烟半月刊》(创刊号)附表及"各省市禁烟概况"。
② 《中国代表胡世泽关于国联第十八届禁烟会议的报告》,国民政府档案,中国第二历史档案馆藏。
③ 《中国代表胡世泽关于国联第十八届禁烟会议的报告》,国民政府档案,中国第二历史档案馆藏。

第四节　南京国民政府初期禁毒的失败

南京国民政府成立后,于1927年至1935年在禁烟问题上经历了"寓禁于征""断禁""腹地十省禁烟"三个时期。从形式上看,其禁烟的决心越来越大,禁烟的力度越来越强,然而禁烟的成效却未得到与之相应的彰显,甚至出现毒祸越禁越炽的奇特现象。究其原因,除了毒品自身所具有的成瘾性特点所带来的瘾民戒毒难、政府禁毒难,就南京国民政府初期的政治、经济背景而言,大致还可分为三个方面:1.南京国民政府政令不畅,地方禁烟各自为政。2.政府官员腐化成风,黑恶势力与烟毒势力相互交织,盘根错节。3.中国主权丧失,外来烟毒难以遏制。

一、中央政府政令不畅,地方禁烟各自为政

南京国民政府作为中央政府自成立之时起,就存在政府权威有限、党内派系林立、新军阀之间混战不断的困境。中央政府的政令很难及于各省,地方基层政权建设也堪忧,地方各实力派对于禁烟问题绝大多数都采取阳奉阴违、敷衍塞责的态度,其主要原因就是鸦片财税收益是这些地方实力派与中央政府抗衡、维护其割据地位的重要支撑。正如桂系首领李宗仁所言:"我们要做大事,要建设广西,复兴中国,首先要有钱。要有钱,就要整理财政。整理财政,首先要搞好禁烟。"①这段话一针见血地道出了鸦片财税于地方实力派政权的重要作用。

四川省在1935年之前仍然是各军划定防区的省内割据状态,各防区莫不以烟税为重要财源,如杨森的二十军1930年的烟税收入为13652686元,占其总收入的43.59%。刘湘以盐、烟、统三税起家,烟税收入居第一位。1930年烟税收入为11179279元,占其总收入的37.1%。1931年为8352145元,占总收入的30.44%;1932年为8570892元,占总收入的27.06%;1933

---

① 陈雄:《新桂系统治下我所主办的广西禁烟》,《广西文史资料选辑》第2辑。

年为 9277876 元,占总收入的 20.55%。① 据时人的估计,刘湘二十一军的实际收入远不止于此,仅 1933 年二十一军的烟税收入就为 1320 余万元,在其当年总收入 4780 余万元中约占 28%。② 为了争夺烟税收入,四川各军阀大打"国内鸦片战争"。川东地区是鸦片的主要产区,又有水运便利,所产鸦片便于出省远销,而下川东地区经营鸦片又比上川东地区更为有利,因此川东地区尤其是下川东地区一直是川省各军争夺的对象。1928 年,刘湘与刘文辉联合,与杨森、罗泽洲、李家钰、赖心辉进行上川东之战与下川东之战,结果刘湘占据了下川东,刘文辉占据了上川东。1932 年刘湘与刘文辉又爆发"二刘大战",结果刘文辉战败,退至西康地区。川省各军不仅为争夺烟税付诸战争,军政长官本人也大多经营鸦片,以此聚财。高级军政长官则开办银行或钱庄,挪移军饷或政费以及鸦片税款进行鸦片经营,四川每个防区的军政首领几乎都有自己的"鸦片银行",如刘湘的新亚银行,杨森、王缵绪的大川银行,邓锡侯的通惠银行,唐式遵的建设银行,潘文华的重庆银行,黄庆云的商业银行,刘文彩的裕通、济康银行,等等。中下级军官则大多包运烟土偷逃税收。川土沿长江水路出省行销的税负很重,如以 1933 年为例,川东烟土出省前由二十一军禁烟查缉处征税,每担 437.2 元(其中正税 260 元,其余各种附加及杂捐杂费 177.2 元),运至湖北宜昌则由清理两湖特税处宜昌分处再行征税,每担 671 元(其中正税 500 元,杂费 171 元)。如直接由川东运至汉口,则在川东缴纳每担 437.2 元的省税外,再由汉口清理两湖特税处征税,每担 825 元(其中正税 500 元,杂费及附加 325 元)。这样,每担川土由川东运至宜昌总共须交纳税费 1108.2 元,运至汉口则共须完纳税费 1262.2 元。税额如此之高,由军人包运逃税,烟商自然乐意,军人只按税额的一半收费,获利也相当丰厚。当时宜昌、汉口有许多川军某某师部、军部设立的办事处,名为"办事",实为包运烟土而设。川省这种亦军亦商的情形在各省份中最为突出。

陕西省勒迫种烟,"如每县种五千亩者,今则勒令种一万亩""且无论种与不种,非强令认款不可"。③ 只要曾经种过鸦片的地亩,无论现在种烟与否,

---

① 《四川经济月刊》第一卷第五期,1934 年 5 月。
② 《四川月报》第三卷第二期,1933 年 8 月。
③ 马乘风:《最近中国农村经济诸实相之暴露》,《中国经济》第一卷第一期,1933 年 4 月。

均要征收高于粮税数倍乃至十数倍的"善后专款"(即烟亩派款)。农民即使想改种粮食,也因无力承担烟税而作罢。

甘肃省每亩地栽种罂粟的收入约在 15 元,而烟亩罚金即在 10 元以上,除去人工和肥料,每亩还要亏本 2—3 元,为应付中央禁令,甘肃"只就交通便利之处,略加铲除,其他各县仍迫令农民一律种烟,无论是否种植,均须抽收亩捐①"。② 省会兰州设"禁烟善后局"征收烟亩罚款和运销罚款,设"烟膏税局"征收"熟膏税",又设"联运处"为商贩运烟,征收比商贩自运高出数倍的运费。1930 年,冯玉祥参加中原大战时即指定甘肃以烟土筹款作为军费,由省府每月收购烟土 40 万两至 50 万两解交国民军潼关总部,转售于中原地区,以充军费。

宁夏省为尽可能多地征收税款,公然规定超征者受奖,短征者受罚。超征六成以上,可以提奖 40％,短征一成则罚薪一个月,短征五成则撤职议处。如此激励与鞭策,征税官员自然是拼命超征。

山西省对鸦片由禁到弛,情况相对特殊。山西省在 20 世纪 20 年代烟禁甚严,成效也最佳,是民国政府的"模范省"。但是烟禁大大抬高了鸦片的黑市价格,而邻省陕西、绥远、河南又是产烟省份。因此,鸦片走私愈演愈烈。陕西烟土进入山西的通道甚多,绥远、河南烟土进入山西也很便利,以致防不胜防,缉不胜缉,每年因烟毒走私输入而外流的财富近千万元。更有甚者,当时华北地区毒品泛滥,山西省严厉查禁鸦片,各种毒品又乘机起代,上至官僚缙绅,下至平民百姓,吸食毒品者反居多数。1929 年,山西省缉获的走私烟毒品中,鸦片占 21.69％,金丹占 5.74％,海洛因则占到 72.57％。③ 因此,山西省被当时的舆论称为"白面世界"。经历过 1930 年中原大战后,山西财力损耗很大,1932 年,阎锡山重主山西军政之后,马上改变了禁烟态度,开始实行鸦片官卖。命令驻绥远的屯垦部队大量种植罂粟,由官方专门收购。设立"禁烟考核处",将鸦片制成一两重的饼块,名为"戒烟药饼",作价批发给各县,由县长指定代销商号,向烟民推销。每销出一块"戒烟药饼",手续费为 1 角,其中县长得 4 分,禁烟委员得 1 分,代销商得 5 分。由于上下均有利可

---

① 亩捐实即烟亩罚款。
② 《禁烟纪念特刊》(政论)1935 年 6 月。
③ 中华国民拒毒会编:《中国烟祸年鉴》(第 4 辑),1931 年,第 61 页。

图,因而各县推销"戒烟药饼"劲头极大,大小代销商更是不可计数,"大县小村,门前悬挂木牌,上书代售政府戒烟药饼者,触目皆是"。① 于是,山西省又由"白面世界"变成了"鸦片世界"。禁烟考核处每年推销的"戒烟药饼"有250万两至300万两。

热河省在汤玉麟统治下,不仅强迫种烟,而且强迫吸烟。每当收烟之后,往往按户派销烟土,且无论是否吸烟,都得缴纳"灯捐"。② 云南的龙云统治时期废止胡若愚执政时所设的烟土印花税,恢复烟亩罚金,规定每亩征罚金3元,后增加到每亩5元,虽然不算太重,但在征收时则以富滇银行纸币贬值为由,强要种烟农户按三抵一或五抵一的比率交纳。对于烟土运销,省内运销缴内运罚金,出省运销则缴内运罚金和出口罚金两项。税后烟土则由官厅保护运销。③ 官厅为广植烟苗起见,又有放烟债的办法,对于缺钱种烟的农户贷以现款,使其种烟,待收烟时以烟土清偿债务。④

云贵是当时中国主要的鸦片产地之一。云南省直到1935年国民政府实施六年禁烟运动时,输出的鸦片仍达2000万元法币。1931年,王家烈当上贵州省主席,犹国材、蒋再珍部各据一方,与之抗衡,烟税收入大受影响。因此,王家烈很快便感到"当省主席的日子不好过""不但无钱从事建设,就是各厅局人员月薪也积欠几个月以上。军队只发伙食,不能按月发饷,因之索薪索饷,上下交谪,我一筹莫展"。⑤

在广西,财政收入依赖鸦片的程度更深,仅从商业的角度来看,鸦片业的兴衰直接决定着广西全省商业的荣枯。鸦片贸易兴盛,则市场因之繁荣,金融也随之活跃,否则商业萧条,金融呆滞。据广西省政府1934年编《广西财政纪要》中"禁烟罚金述略"一章的记载,1932年是广西烟税收入最多的一年,当年禁烟罚金收入为1587万元⑥,而当年省库和国库岁入总额不过3194.7万元。烟税收入在财政中所占比重之大,于此可见。其实广西省鸦片税收名目,除禁烟罚金外,还有戒烟药膏牌照费、药膏内销证费、戒烟罚金、

---

① 《禁烟法及施行条例》,国民政府档案,中国第二历史档案馆藏。
② 马乘风:《最近中国农村经济诸实相之暴露》,《中国经济》第一卷第一期,1933年4月。
③ 李子辉:《云南禁烟概况》,《云南文史资料选辑》(第3辑)。
④ 许达生:《苛捐杂税问题》,《中国经济》第一卷第四、五期合刊,1933年8月。
⑤ 贵阳市政协文史办公室:《毒害贵州人民的鸦片》,《贵阳文史资料选辑》(第6辑)。
⑥ 广西财政厅当年决算报告书中记载为1484.4万元。

私药变价等。禁烟罚金还不是烟税收入的全部。此外,如陕、甘、湘、鄂等省,均在财政上严重依赖鸦片税收。

安徽省与国民党中央所在地近在咫尺,同样是强迫种烟,勒收烟税。省设特税处,各县设特税查验所,实行鸦片官卖,除抬高售价外,每两烟土附收产销费5角。登记在册的烟民每月收照费6元。名曰戒烟药费,实则一粒戒烟药也未向烟民发放。在乡村则清查田亩强迫种烟,按亩苛征烟苗捐。① 1929年,皖省为迎合断禁形势,在皖北种烟各县都发了禁种文告,晓谕烟农限期铲除烟苗,逾期不铲者枪毙。然而,省府所派的禁烟委员在各地巡查,对民众所说的完全是另一套,如禁烟委员尤镇东在亳县对民众作的训话是这样的:"种植鸦片,干犯纪律,国府早有禁令,尔等何得玩忽!现在烟苗已经长成,若加以毁坏,就是暴殄天物。自我讲话之后,所种烟苗不准私自铲除,如敢故违,定当加倍处罚。"② 为了尽可能多地榨取鸦片税款,各省无不强征滥罚,税额之高,征敛之苛酷,与军阀时代毫无二致,甚至有过之而无不及。征税人员对欠税农户"一吊二打三押",至于敲诈勒索种种滋扰,更是数不胜数。1931年4月,宿县遭受严重水灾,百姓呻吟待毙之余,禁烟人员依旧勒逼烟税,以致"惨案累累,民不堪命。"征敛之苛酷,于此可见。每年收烟缴税季节对于种烟农民都是一场浩劫。

福建省名义上禁止种烟,每年都要贴出许多打油诗式的禁烟布告,但各地政府和驻军均未认真奉行,"闽南种烟各县,多系蛮乡,借众抗铲,已成习惯",种烟也最盛,同安一县种烟即有数十万亩。而各地驻军饷款无着,也专视烟苗捐为挹注,"故历届商请驻军会铲,军队多延不出发,迨出发又多在收浆之后,是名为铲除而烟苗捐已悉入私囊"。③ 贪图烟税的也并非只是驻闽的杂牌军队,省政府也同样如此。如福建省禁烟查缉处直至1931年仍规定全省各县市的鸦片税额,实行招商承包,厦门和福州每月的鸦片税额即达10万元。包税制下超征的部分全数归承包人,因此,前来接洽承包的商人络绎不绝,户限为穿。④ 可见闽省禁种鸦片实是空话。所有这些勒迫种烟的省

---

① 《安徽省办理禁烟情形》,国民政府档案,中国第二历史档案馆藏。
② 《新亳日报》1929年5月19日。
③ 《禁种烟苗报告书》(第一期),公牍,1931年印行,第86页。
④ 《申报》1931年7月5日。

份,无一不把中央禁令视如弁髦。如 1928 年 11 月,全国禁烟会议召开之后,开始厉行断禁政策,福建省驻军与地方官府相互勾结,反而大肆勒迫种烟,有的县甚至派兵下至各乡,逐家传唤,迫使其具结认种,以致"闽南闽北,除金门、厦门两岛外,几乎无地不种烟苗"。①

其他如两湖、两广地区,本身产烟不多,主要靠鸦片运销税和消费税充裕财政。在广东和广西,鸦片的运销及售吸主要是招商承办。广东由商人认额承销烟土烟膏(即戒烟药料和药膏),由省府给予其专卖的特权,专卖所开到哪里,禁烟分局和检查所、检查分所则随之而至,甚至给专卖商以缉私的特权。由于对走私的查禁较为得力,纳税土膏销量大增,税收也在 1928 年之后迅速增加,由以前每年的 400 万元增至每年 1000 余万元。广西省最大宗的烟税源于云贵烟土过境运销,为争取更多的烟土经广西输往广东及港澳,广西省一直对云贵采取主动交好的姿态。新桂系巩固统治后马上派代表至云贵两省,争取云贵烟土多多经桂省转运粤港澳地区。1932 年年初,广西省府代表与云南昆明市商会订立《云土运桂办法》6 条,基本内容是:滇商运烟经桂转粤,由桂省当局负责扶持。保证今后绝无压迫、挟制之事,务使滇商便利,不感困难,乐于运销而后已;云土一入桂省,由桂省负保护全责,除规定经费外保证再无其他需索。货件若有遗失,均由桂省照数赔款;云土入桂转粤,税率可以特别优惠减让,征收方式上也可以先缴部分,其余税款待货到目的地后再缴。此外,该办法还规定,云土入桂或已至粤省,如销市疲淡,土商不愿出售而又急需用款时,可由广西银行按低于市面的押款息率押借款项,以济急需。广西省的公膏专卖原系官办,现改为招商认额承办,滇商也可前来承办或合资承办。②黔土入桂,也订有类似办法。此外广西与广东也订有《粤桂烟土联运办法》,规定由桂运粤的烟土以每月 110 万两为定额,超过之数作为溢额。广东省对溢额所征的税款,45%返还给广西作为缉私费用。当时,粤桂两省对烟土征收的税率均为每担 500 元,烟土入桂在桂省本地行销的部分(占 2/10 左右),则由广西省代广东省加征每担 250 元的内销税。③经

---

① 《福建省驻军勒种烟苗情形》,国民政府档案,中国第二历史档案馆藏。
② 昆明市商会档案,云南省档案馆藏。
③ 《禁烟法及施行条例》,国民政府档案,中国第二历史档案馆藏;黄绍竑:《新桂系与鸦片烟》,转引《桂政纪实》,全国政协《文史资料选辑》(第三十四辑)。

过这些协议,滇、黔、粤、桂等省便实现了利益共享的目的,常年经桂转粤的烟土均保持在2万担左右(其中3/10为云土,7/10为黔土)。湖南在国民政府统治初期一直是个半独立的省份,当时西南各省抵制中央权力向西南的扩张,湖南作为中间的缓冲省份,则是两面结交。湖南的湘西辰沅以上地区,湘中宝庆一带也出产鸦片,但产量低,质量差,不能出省行销,内销又过于分散,遍设征税机构,则所征税款不抵征税机构开支,因此,贵州经湘转鄂的烟土便成为湘省烟税的最主要来源。20世纪20年代末至30年代初是黔土外销的极盛时期,据曾任贵州筹饷局局长谢根梅所说,每年经湘转鄂的烟土约在3万担。1929年清理两湖特税处设立后,黔土入湘每担正税200元。加上湖南自定的附加税捐在300元左右,这样每年特税收入有数百万元。虽然中央财政部设立的清理湖南特税处负责征收特税,但实际上是由何键第四路军总指挥部的监护处控制的,所征税款全数留在湖南,用作第四路军的军费。为了争取黔土多多运湘,何键也千方百计与贵州交好,如为争夺黔政败退湘西的王家烈提供武器,支持其夺取贵州政权,又向王家烈赠送飞机,等等。1932年王家烈夺取黔政后,尽管面临黔军其他派系的反击,战事频仍,烟土运销受到很大影响,但仍然向何键保证每月向湖南输送千担左右的鸦片,以支援湖南财政。① 1933年,国民政府军委会举办腹省禁烟时将清理湖南特税处改为禁烟督察处湖南分处,税收采取统征分拨办法,每年在特税项下分拨湘省360万元作为第四路军的军费。湖北省是云贵川烟土行销长江中下游地区的必经之路,汉口更是全国鸦片的集散中心,烟市极为兴盛,鸦片业在全市经济中占有举足轻重的地位。据中华国民拒毒会的调查,1929年,汉口从事特业(即鸦片业)的商户占全市商户总数的5.9%,而特业的资本额则占全市各业资本总额的35.2%,②特业资本完全可以操纵全市的金融。1929年,国民政府中央军勘定武汉后,湖北由中央政府控制。虽然挂起了青天白日旗,但鄂省各地依然是烟馆林立,土号密布,鸦片业并未受到影响。当年,中央财政部在汉口设立清理湖北特税处进行征税,1933年更名为禁烟督察处,统制鸦片运售,征收鸦片税款。

---

① 朱庆葆、蒋秋明、张士杰:《鸦片与近代中国》,江苏教育出版社1995年版,第130—132页。
② 中华国民拒毒会编:《中国烟祸年鉴》(第4辑),1931年,第52页。

几乎全国各省份的鸦片种贩售吸一如故常,烟毒自然泛滥,各地方政府不仅竭力扩大鸦片的产销,而且军政官员和执禁人员为牟取私利,往往带头犯禁,敲诈勒索,包庇纵容,无所不为,以致所谓"禁政"不仅加剧烟毒泛滥,而且黑幕重重,尤其是与烟商狼狈为奸共同分赃,更是普遍现象。汉口烟商赵典之以金钱多方交结汉口军警界的大小头目,并组织烟商出资组建顺丰公司,把军警界头目拉作股东,还出资为汉口军警督察处处长李耀庭置买公馆。反过来,靠着军警界为后台,赵典之不仅当上汉口特业公会的会长,而且当上武昌府和黄州府(共 18 县)的禁烟处长,一边缉私,一边又把缉获的私烟作价派销,放手获取暴利,短短几年便成为汉口鸦片巨商。又如广东省禁烟局局长周景臻被鸦片巨商霍庭芝收买,禁烟局中副局长以下主要官位,均由霍庭芝指派亲信担任。禁烟局上至局长,下至普通职员都定期得到霍庭芝的资助,以致禁烟局成了被烟贩操纵的"贩烟局"。

更有甚者,当时,四川、河南、山西、绥远、浙江等省,制造和贩运毒品的现象越来越多。四川省不仅"平时努力制造烟祸,更从而以其出产剩余之鸦片,制为吗啡,密输各省""各防区均有规模绝大之工厂"。[①] 刘湘二十一军的军实科就公然在军事机关制炼吗啡粗坯。刘湘的一位师长蓝文彬也制毒,1931年因背叛刘湘遭到扣押,在其家中即搜出吗啡粗坯 2 万余两。二十一军第一路、第二路警备司令崔二旦和王泰,也在兵营设立吗啡作坊,公然制毒。范绍曾在 1928 年前后曾保护"吗啡大王"陈坤元在其防区设厂制毒。[②] 1930 年,范绍曾又与上海青帮首领杜月笙合作在重庆设厂制毒,范以鸦片作为投资,杜以制毒药剂和机器作为投资,制出的海洛因冒充中药川贝通过邮局寄至上海交由杜门青帮销售。[③] 在军人的带动下,川省的地方恶霸、袍哥首领乃至土匪也纷纷开设毒品作坊。当时所需的制毒药剂多为日本货,须在上海购买,所以川江上走私吗啡粗坯和制毒药剂也猖獗一时。据说湖南的何键于 1932 年也曾在湘西凤凰设厂制炼吗啡,成品秘密转运汉、沪销售,至 1934 年停办。[④] 华北地区制毒情形也很严重,尤其地处中原的河南省,制毒工厂甚

[①] 内政部禁烟委员会编:《民国成立后之禁令》,中国第一历史档案馆藏。
[②] 上海市政协文史资料委员会编:《旧上海的帮会》,上海人民出版社 1986 年版,第 195 页。
[③] 上海市文史馆编:《旧上海的烟赌娼》,百家出版社 1988 年版,第 32 页。
[④] 戴季韬:《记何键在湘西设厂制造吗啡》,《湖南文史资料》(第 7 辑)。

多,如卫辉、林县、武陟等县均为金丹制造地,仅博爱县的大辛庄即有三四家颇具规模的毒品公司专门制造金丹。① 山西的太原、文水、翼城等地也有大规模的制毒工厂。1931年,翼城驻军竟向县府强行借款购买制毒机器,制造金丹,并迫使县府向当地商会、绅商和各乡村派销。② 在绥远,也有人向日本洋行的商人学得制毒技术,制成海洛因销往太原等地。上海也有制造吗啡与海洛因的地下工厂,其中多数是把四川制成的吗啡粗坯进行再加工(因为技术原因,川省所制吗啡多呈黄色,需再度加工成白色方能畅销),1930年,上海南市曾破获一家大规模的吗啡制炼厂,这家制毒工厂由潮商郑芹初出资,由上海警备司令部副官处处长温建刚提供保护。因为制出的吗啡质量很高,销路很俏,很快就暴露了,因而受到查封。还有一家地下工厂制造海洛因,因发生爆炸事故而暴露。浙江省制毒以红丸居多,主要是从江西传入,江山、兰溪、衢县、金华等地均有制造红丸的场所。在20世纪20年代,中国虽已输入多种毒品,但国内毒贩尚未掌握制毒技术。自20世纪20年代末开始,毒品制造技术已被国内毒贩所掌握,因而毒品的供应比进口更为直接和便利。由于制毒活动的隐蔽性,无法估计当时国内制毒规模,据1936年5月国联召开的第21届禁烟会议上美国代表福勒在发言中提供的资料,1934年,中国除满洲外,输入的醋酸酐约为5万基罗。醋酸酐是制造海洛因的药剂,当时,中国化工工业中还没有使用醋酸酐的行业,因此,进口醋酸酐完全是为制造海洛因之用。5万基罗醋酸酐可以合成的海洛因超过世界一年合法用量的50倍。③ 可见,仅海洛因的制造就已具有相当大的规模。至于金丹、红白毒丸,制造技术更为简单,制毒机器甚至个人即可携带,因而红白毒丸及金丹的制造现象更为普遍。

二、各级官员贪腐成风,烟毒势力盘根错节

近代中国社会是黑社会普遍发育、泛滥的时代,其中上海的黑社会发展最具典型性。黑社会的存在与发展,与贩毒制毒、聚赌抽头、控制卖淫等邪恶

---

① 《禁烟委员会公报》1931年5月,第74页。
② 《禁烟委员会公报》1931年4月,第97页。
③ 国民政府军委会禁烟总会编:《禁烟汇刊》(报告),1937年6月,第37页。

经济活动密不可分。晚清末年,英租界中潮汕商人运销鸦片即借助于黑道流氓,以沈杏山为首的"大八股党"通过与中国官警和英租界当局的勾结,在辛亥前后垄断了整个上海的鸦片承运业。到民国初年,黄金荣、杜月笙、张啸林倚仗法租界的势力后来居上,不仅从英租界"大八股党"的手中夺得了鸦片提运权,而且与法租界总领范尔迪沆瀣一气,在法租界公开兴办烟赌事业,于是法租界在20世纪20年代成为上海烟毒业最繁盛的地区。黄金荣、杜月笙、张啸林也利用经营鸦片的厚利广泛结交各种政治力量,不断兼并和控制其他黑社会团伙,成为上海黑社会的公认首领。在四一二事变中,上海黑社会投靠了国民党政权,三个黑帮大亨一跃而成为党国新贵,一大批黑道人物也由此跻身军政界成为党国要员。借助政府当局的扶持,上海黑社会势力获得了空前发展。黑社会有其自身的利益,对于黑社会首领而言,他所控制的这个巨大的黑社会组织,是与其他各种政治势力相互勾结利用的本钱,要维持这个黑社会势力便不能不扩大邪恶经济活动。邪恶经济的巨大利益在很大程度上决定着黑社会对各种政治势力的态度,与国民党当局的联盟也同样如此。1927年,国民政府定都南京后,政治上很软弱,在上海的统治权力无法伸进租界,正是出于这一原因,各种反蒋势力均把租界作为活动据点,民族资本家为逃避国民党当局的搜刮,也多以租界为屏障,中共在上海的地下活动仍相当活跃。上海黑社会持坚定的反共态度,与租界当局有极深的勾结背景,可以自由出入租界,其黑道手段对付反蒋势力和民族资本家又尤具效用,因此,黑社会成为国民党统治上海的一支无可替代的力量。就黑社会而言,其存在与发展,尤其是鸦片贩销体系的安全,也需要借助政治力量的保护。在上海黑社会与国民党当局的关系中,"鸦片具有第一位的作用"。[①] 事实也是如此,1927年之后,上海烟毒业做得更大,在1928年11月全国禁烟会议上即有代表提出:"上海鸦片、麻醉药品私运私贩,内幕至为复杂,靠此生活之流氓土贩,不下十余万人。"[②]在黑社会的据点法租界,仅"燕子窝"(小烟馆)即达8000余家。20年代末,由杜月笙等人在上海包销的鸦片几乎包括各边远省份的鸦片,许多边远产烟省份军政官员走私运入上海的烟土都是交杜月笙

[①] [澳]Brian G. Martin:《青帮和国民党政权:杜月笙对上海政治的作用》(1927—1937),《历史研究》1992年第5期。

[②] 国民党中央执行委员会宣传部:《禁烟宣传汇刊》,1929年,第97页。

代销,而杜月笙也将代销烟土作为相互交结的一种方式。到 30 年代初,四川几乎所有的吗啡买卖都是由杜门青帮控制的。1931 年下半年,法租界新任领事甘格林宣布禁烟,将黑社会逐出了法租界,于是,杜月笙转与国民党上海当局交涉,以每月上缴 300 万元税款为条件,要求当局批准其经营上海的鸦片销售。国民政府当局实行寓禁于征时曾估算上海每月可以征税百万元,但上海环境复杂,且从事烟毒业者多属黑社会成员或与黑社会有联系,当局很难控制,故每月实征税款不及估计数目的一半。杜月笙提出每月缴税 300 万元,属于包税性质,比国民政府自行征税高出许多,因此,尽管已实行断禁政策,但国民政府当局仍很快批准了杜的请求,并给予其专卖的半官方地位,在华界南市建立了一个比法租界更大的贩毒吸毒基地,整个上海的烟毒业也因此而一派繁荣,"燕子窝"达到 2 万处。上海黑社会虽是在上海经营烟毒业,但其经营活动的范围并不限于上海,而且,在经营烟毒活动中与其他帮会组织或势力也有广泛的勾结。以四川烟毒走私运沪为例,烟毒出川至汉口多要借助川省袍哥的力量,到汉口则靠洪帮出力,到上海则由青帮提运销售。川省军官常做的烟土换购枪支的交易就是靠这种办法做成的。在制毒方面,四川袍哥与上海青帮也多有合作,或在川省烟土产地合股经营,或由青帮在上海代购制毒机器,物色制毒技师,制出的毒品则由青帮运至上海等地销售。可以说,在烟毒贩销活动中,帮会黑社会是一支主要的力量。他们牢牢地控制着制、贩、售烟毒的系统,并以经营烟毒的利润广泛收买政府官员,使之与烟毒利益联为一体。由于帮会黑社会彼此之间,与政界和军警界之间有着广泛的相互勾结和渗透,烟毒经营几乎是无法控制的。而国民政府当局将上海黑社会引为体己的力量加以扶持,并给予其公开经营鸦片的特权,这不仅是对其禁烟政策的绝大讽刺,也是上海乃至全国烟毒严重泛滥,无法遏止的最主要的原因。

三、中国对外主权丧失,外来毒祸难以遏制

外国不法侨民倚仗治外法权和租界的庇护,向中国走私烟毒,或与中国奸商相勾结,在中国境内经营烟毒,这是晚清以来一直存在的现象。南京国民政府建立后,屈从于列强的压力,奉行温和外交政策,承认列强国家的在华特权,因此一些不法侨民依然可以凭借外交特权的庇护,大肆制贩毒品,破坏

中国政府的禁令。20世纪20年代初,由于欧美国家普遍加强了本国的禁毒措施,大批贩毒集团将贩毒的重点转向远东,并开始利用中国产出的鸦片就地制造毒品,这种情形到国民政府统治初期变得愈加严重。在1928年11月全国禁烟会议上,与会代表指出,"日人侨居上海经营毒品者,几占全数三分之一。他若欧西近东各国奸商恃此牟利者,数难胜计,其间且有外国领事加入同谋""上海为鸦片及其他麻醉毒物转运之总汇,其行栈均设在租界,因厚利关系,暗受捕房保护"。① 1927年7月至1928年12月,仅由海关查获的对华走私毒品的外侨即有219人,其中日本籍58人,德国籍12人,韩国籍10人,其余为荷、法、俄等国或无国籍人。② 其实这些统计并不能反映真实情况,按司法部部长王宠惠的说法:"其为税关所查获者,盖不过千百中之一二耳。"尤其是许多地方政府,害怕引起外交纠纷,明知外侨贩毒也不敢缉拿。在华北的京津地区,日本与韩国浪人多属贩卖毒品的走私犯,由日韩商人开设的"白面馆"随处可见。在山东济南,日本侨民多达5000以上,其中经营商业的绝大多数兼营毒品生意。在威海卫,日韩浪人公然沿街叫卖白面,挨户劝售。在青岛,大批日韩浪人与中国不法奸商相勾结,把大连、天津日租界生产的毒品源源转运各地。胶济铁路沿线的日韩侨民多以贩运毒品为生计,"足迹所至,毒品随之。凡市招某某洋行、某某药房,皆为某策源地"。③ 在福建和厦门,日本浪人和日据时期台湾浪人"只要租着房子,租着一间便是一家烟厕,租上十间便是十家烟厕"。④ 在东北及华北,"东三省及热河所产烟土,多由日韩浪人勾结地方痞棍,大批输入长城,运销(河北)各县,我方军警查缉稍严,动即发生交涉""华北情形如此,致办理禁烟,大感棘手"。⑤ 如1934年6月河北昌黎县查处了几名日本毒犯,当地日本军警立即出动30余人包围县署,用枪逼着县长梁焴退赔罚款,交还没收的毒品,释放在押人犯才算罢休。⑥ 在内地,一些不法外侨专门为中国奸商运送烟毒,收取高额佣金,或租下房子转租给烟商开办地下烟馆,收取高额租金。除了不法外侨在华大肆制

---

① 国民党中央执行委员会宣传部印:《禁烟宣传汇刊》,1929年,第97页。
② 国民党中央执行委员会宣传部印:《禁烟宣传汇刊》,1929年,第97页附表。
③ 内政部禁烟委员会编:《民国成立后之禁令》,中国第二历史档案馆藏。
④ 易弃愣:《鸦片在闽南》,《鸦片之今昔》,宇宙风社1937年版,第59页。
⑤ 《禁烟纪念特刊》,1935年6月,第131页。
⑥ 内政部禁烟委员会编:《民国成立后之禁令》,中国第二历史档案馆藏。

贩毒品，外国轮船也利用其享有的在中国内河的航运权，大量地运贩烟毒，仅1934年由海关查获的私运烟毒的外国船只即有331只，其中英国247只，日本61只，挪威11只，葡萄牙6只，其他国家6只。① 至于租界，由于不受中国官厅管辖，一直是烟毒的渊薮，尽管国民政府宣布在全国推行"断禁"政策，租界的烟毒经营依然如故。在实行"断禁"政策之后的1928年，上海法租界的烟毒经营反而达到鼎盛，华界的烟馆土号为躲避查缉，大多迁至租界。1932年法租界禁烟之后，汉口日租界和天津日租界后来居上，取代法租界成为两个最大的毒巢。在天津日租界，公开制造或贩卖吗啡、海洛因的日本商店有160余家，中国人经营的烟馆土行则多达500余家。九一八事变后，天津日租界制毒情形更为猖獗，不仅外地制毒犯纷纷转来设厂制毒，而且川岛芳子等日本特务也在租界经营毒品。当时，由上海转运至北美、埃及、欧洲等地的毒品，追溯其来源，往往出自天津日租界。租界不仅是制贩烟毒的大本营，也是烟毒业有力的保护伞，尤其在中国进行禁烟的形势下，租界便成了烟毒业的避难所，许多烟馆土行纷纷迁至租界，瘾民也随之而来。在租界的庇护之下，烟毒业异常繁荣，如上海租界内，不法外侨勾结中国毒犯制贩烟毒，"均利用租界为避重就轻之所，即经警备司令部与公安局请求协助拘捕，或应归警备司令部并案审理之罪犯，该租界当局亦往往拒绝引渡。此外，该市与租界接壤之地，以及越界筑路各处，每有外国浪人勾结本地土棍，利用警权不统一，便于此拿彼窜之机会，密设制造或储藏毒品场所，一经侦实，因各该国领事签发搜捕证动需时日之故，任令人犯漏网或毁灭证据者，不一而足。即使查获，亦多由领事提回，轻轻罚放"。② 这种状况对于中国政府的禁烟，自然构成相当大的阻碍。列强的治外法权是中国政府禁烟始终难以解决的痼疾。1912年通过的《海牙国际禁烟公约》第四章曾针对这一问题做出专门规定，指出各国在华租界和侨民在禁烟禁毒方面有与中国政府开展合作的义务，但事实上也只是徒有具文。1929年国联第12届禁烟会议上，中国代表提出在中国享有领事裁判权的国家，对于其在华的侨民，如有违反中国禁烟法令者，即应撤销其外交保护，交由中国法庭审判惩处。这一主张自然遭到与会列强

---

① 禁烟委员会编：《禁烟纪念特刊》1935年6月，附表。
② 禁烟委员会编：《禁烟纪念特刊》1935年6月，第115页。

国家的反对,认为中国政府本身即没有禁断烟毒的决心,放任烟毒泛滥并借以取利,没有理由将其禁烟法令施用于外国的在华侨民。1934年,在国联第18届禁烟会议上,中国代表针对列强国家对中国政府放任烟毒泛滥,致使其他国家也罹受其害的指责,再次吁请各列强国家采取有效措施,约束本国在华侨民遵守中国政府的禁烟法令,并声言:外国人在华制毒贩毒,是有目共睹的事实,中国受外国麻醉药品之害,远过于外国受中国麻醉药品之害。各国政府如果不能有效制止本国麻醉药品输入中国,没有理由对中国烟毒泛滥的情形提出指责。同时,中国对外国的毒品输出虽属事实,但主要是在华的外国侨民所为,中国政府既然无权管辖外国侨民,自然也不能对此承担责任。基于中国代表的吁请及申辩,会议要求各在华享有治外法权的国家:1. 各该国在华侨民如参与制造、贩运麻醉药品者,应驱逐出境,并不得复返中国。2. 各该国应制定法律,对本国侨民今后在华私制私贩麻醉药品者从严惩处。3. 各该国在中国航运的船只,如经查获私贩烟毒,应撤销其保护。这一规定是在维护各国在华治外法权的基础上,配合中国政府实施的禁烟禁毒政策,但实质上给予中国政府处置违反烟禁的外国侨民的权力仍极其有限,无外乎驱逐出境而已,至于其是否会受到本国相应的法律制裁、是否会真的永不再返回中国重操旧业,中国政府一概不得而知。

  由于南京国民政府自上而下政令不畅,各地方实力派在禁烟问题上各行其是,以及帮会黑社会势力、外国不法侨民猖獗的制贩烟毒活动,在国民政府统治初期,烟毒的泛滥情形反而益形严重。卜凯等人对全国13个地区种烟面积变化的调查显示:1924—1929 年,种烟面积占调查地区耕地面积的11%,而1929—1933 年则进一步扩大到20%。① 尽管调查地区比较特殊,不能代表全国的一般情况,但毕竟反映出鸦片栽种进一步增加的趋势。1929—1933 年,四川鸦片种植面积占该省作物面积的11.2%,云贵两省种烟面积则各占该省作物面积的18.8%。② 种烟特盛的四川涪陵,鸦片种植面积则占到该县农田面积的25%。③ 一般认为20年代后期至30年代初期是民初烟禁

---

① 卜凯:《中国土地利用》,金陵大学出版,1937年,第271页。
② 卜凯:《中国土地利用》,金陵大学出版,1937年,第198页。
③ 章有义编:《中国近代农业史资料(1927—1937)》(第3辑),生活·读书·新知三联书店1957年版,第50页。

废弛之后,罂粟栽种最盛的时期。由于无法估算全国种烟面积,因而不能同晚清禁烟以前种烟面积进行比较。不过,晚清时的罂粟栽种主要是一种民众的自发行为,除西北陕甘等省外,大多省份栽种罂粟与粮争地的情形并不很严重,而民国时期主要种烟省份奖励或勒逼种烟的情况十分普遍,即使不宜种烟的水田或上等粮田都被用来种烟,这种情况在晚清则不多见。以常理推之,至少在这些主要种烟省份,罂粟的种植规模要超过清末禁烟之前的种植规模。至于鸦片的产量,按照伍连德的估计,1930 年中国鸦片产量约为 40 万担,但多数研究中国鸦片问题的中外人士认为这一估计过低,有人提出 30 年代初中国的鸦片产量不会低于 1906 年 58.48 万担的水平。由于缺乏翔实可靠的材料,很难对此作进一步的讨论。除鸦片产出越来越多外,从 20 世纪 30 年代起,国内制造毒品的现象也日渐增多,上海、青岛、河北、河南、四川等地均已出现大量制毒的基地。更严重的是,国外毒品的输入自 20 世纪 20 年代以来一直有增无减,吗啡、海洛因、高根、金丹、红白毒丸,应有尽有。据伍连德的估计,20 世纪 20 年代中期,每年由国外输入的麻醉品不下 40 吨,且呈逐年增多之势。[1] 据国民政府档案,从 1930 年至 1933 年,仅由国外"合法"进口的鸦片及鸦片制剂就有 1501 吨,而"合法"进口的吗啡、高根、可待因等毒品数量达 622 吨。[2] 而按照国联鸦片委员会的估计,中国在科学、医药方面对吗啡、海洛因的正常需要量每年不过 120 公斤。可见除极少量用于正常需要外,绝大多数"合法"输入的毒品均转入非法吸用一途,如果再加上非法走私运入中国的毒品,数量便更为可观。

国内烟毒大量产出,境外毒品源源涌入,因而在国民政府初期,社会毒化的状况异常严重。从烟毒吸食方面来看,各地皆是瘾民充斥的景象。在四川,"无论城市或乡村之人,凡被余询问者,均称吸烟人数约占全人口百分之五十,此等吸烟者中,百分之七十为成年人"。[3] 据四川禁烟善后督办公署公布的数据显示,川省瘾民占全省人口的 1/19,以此推算,四川全省瘾民至少有 310 万。[4] 云南素有"土国"之称,据云南旅平学会的调查,在云南,有瘾者

---

[1] 内政部禁烟委员会编:《民国成立后之禁令》,中国第二历史档案馆藏。
[2] 《禁烟法及施行条例》,国民政府档案,中国第二历史档案馆藏。
[3] 《四川月报》第 3 卷第 5 期,1933 年。
[4] 谢藻生:《苦忆四川烟祸》,《四川文史资料选辑》(第 10 辑)。

占总人口的 40%,平常抽烟消遣者占 30%,偶尔抽烟者占 15%,不抽烟者大概只有儿童和少数妇女。① 贵州也是盛产鸦片之地,"老幼男女沾染甚众""十人之中至少有烟民一人。全省有人口千万,即当有百万烟民"。② 陕西省烟民数量,"以最小限度估计,全省千万人口中,当有烟民二百万人"。③ 以上是主要产烟省份的烟民情况,其他省份亦是如此,如安徽"北部中部鸦片泛滥,南部徽属各县则红丸泛滥,祁门一县人口不过十万,染此癖者达三万,其他各县婺源、黟县、休宁、歙县,染毒之酷不亚于祁门。全椒鸦片骇人听闻,自绅商至苦力,由老翁到少年,不染有此癖者几希"。④ 湖北产烟虽少,依然是烟毒弥漫,"旌鹤宜沙,更是鸦片世界,人民吸烟者十居七八,四五岁之小孩吸烟,并不视为奇事""鄂西人民大多烟容满面,车夫苦力固无论矣,即社会领袖,学校学生亦多面黄骨瘦,一望而知为瘾君子"。⑤ 又如鸦片烟为"宁夏普遍特产,也就是宁省之生命线,平时你若到百姓家去看看,可以说有一个炕,即有一盏烟灯,或者两盏三盏不等。即贫无立锥之男妇,那吸烟比他每顿饭还要紧"。可见当时全国烟民人数之多。当时民间估计瘾民人数在 1000 万以上。这个估计应当说是很保守的。而在河北、河南、山西、察哈尔、绥远、山东、浙江、江西、安徽等省,瘾民中吸用烈性毒品的比例较高,尤其在河北、山西、察哈尔、绥远等华北地区,瘾民吸用烈性毒品的人数甚至超过吸食鸦片的人数。

烟毒极度泛滥,烟民人数众多,烟馆自然也因此增多,不仅通都大邑烟馆林立,"虽穷乡僻壤,亦有茅棚草屋以供吸食"。⑥ 在四川省,各县各乡,每个极小的角落,即使没有饭店、客栈的地方,也有烟馆。外地旅客到了偏僻乡间,找不到旅栈,可找烟馆借宿,找不到饭店,可找烟馆商量吃饭。城市中每条街道,都有几家烟馆。此外旅店、茶楼、浴室、各种交易所和轮船大都附设烟馆。在成都一地,烟馆即多达五六千家。当时烟馆之盛,不独川省为然,全国各地县市,少则十数家烟馆,多则数十家数百家烟馆。据中华国民拒毒会

---

① 《鸦片与鸦片问题之研究》,《云南旅平学会会刊》1933 年第 7 期。
② 《内政部禁烟委员会密令调查黔省办理禁政情形》,中国第二历史档案馆藏。
③ 国民政府军委会禁烟总会编:《禁烟半月刊》(创刊号)1936 年 6 月 3 日,第 25 页。
④ 《中央日报》1934 年 1 月 22 日。
⑤ 《南京中央夜报》1933 年 11 月 2 日。
⑥ 《中央日报》1932 年 8 月 11 日。

调查,江苏省江都县仙女镇一地即有烟馆 200 家,无锡县有 500 家。河南洛阳贾镇有 300 家,唐河县则有 2000 余家。① 另外如汉口有著名土号 13 家(后增至 21 家、25 家),较大烟馆数十家,售吸棚户 790 余家。湖南长沙在 20 世纪 20 年代末,大小烟馆有 7000 余家。汉中城关人口不满 5 万,烟馆却多达 1000 余家。陕西南郑县协税是个镇,仅 200 余户人家,烟馆却有 30 多家。上海在 20 世纪 30 年代初,仅"燕子窝"即达 2 万余家。诸如旅店茶肆附设烟馆,也是普遍现象。全国烟馆为数之多,是无法计算的。在烟毒消费如此普遍的环境中,以鸦片或毒品款待客人便成为极平常的事情。这种习惯虽在晚清时即已存在,但民国时期以烟毒款待客人的现象似乎更为流行,如贵州省"几乎家置烟灯,以为日常生活及供应酬客之必需品"。② 天津地区"中等以上住户,每以鸦片款客为荣"。③ 绥远民众"以大烟款待客人,已成牢不可破之习惯"。④ 在山西,金丹是"最时髦的应酬品,为款待上宾不可缺少之物"。⑤ 山东省待客是"奉茶以外,兼奉毒品,俨若非此不足表示尊敬"。⑥ 河南灵宝、陕县等地盛行红丸,"民间以之款客,视为家常便饭"。⑦ 其他如四川、云南、两湖、安徽等诸多省份也同样如此。客人登门如果不烧烟,不吃毒品,往往会被认为待客不恭,酒宴之中少了烟毒,也被认为不够圆满体面。鸦片和毒品实已成为人际交往中不可缺少的媒介物,在这种以消费烟毒为时尚的社会环境中,瘾民人数自然大为增加,即使是无烟毒嗜好的人在人际交往中也无法摆脱烟毒,因为烟毒的作用已经社会化了。

从鸦片所具有的社会功能上看,鸦片不仅被作为人际交往的媒介,而且也被作为财富加以储存,甚至被当作交易媒介来使用。在军阀时代,几乎每个由军阀控制的银行都发行自己的纸币,这些纸币从来没有足够的信用为后盾,因此一投放便迅速贬值,甚至等同于废纸。人们衡量财富很难用这些货币为标准,因此在很多地方,人们用"一黑二白"来衡量财富,黑指的鸦片,白

---

① 中华国民拒毒会编:《中国烟祸年鉴》(第 4 辑),统计,1931 年。
② 《内政部禁烟委员会调查黔省办理禁政情形》,中国第二历史档案馆藏。
③ 罗运炎《中国烟禁问题》,大明图书公司发行,1934 年,第 68 页。
④ 天津《大公报》1931 年 9 月 14 日。
⑤ 罗运炎:《中国烟禁问题》,大明图书公司发行,1934 年,第 65 页。
⑥ 罗运炎:《中国烟禁问题》,大明图书公司发行,1934 年,第 86 页。
⑦ 《大公报》1933 年 12 月 31 日。

指的是棉纱和白银。白银不易获得,棉纱不便储藏携带,鸦片则体轻价昂,又便于久藏,故常被人们当作财富加以储存,或用作衡量财富的标准,如20世纪二三十年代贵州各地商会即多以烟土作为价值标准,说某商人资产如何,往往不说其资产有多少元,而说这个商人有多少两烟土的底本。四川一些地方,对于家境状况也有用烟土来衡量的,说某家是个百把担货的家,即表明这家还算富裕,说某家没几担货,则表明某家很穷。在产烟地区,鸦片直接用作交易媒介是很常见的现象,只要手中有鸦片,粮食、布匹、盐巴、日用百货乃至枪支弹药,都可直接换得,许多商品无法直接交换的,也先换成鸦片再交换所需商品。在陕甘地区,地瘠民贫,如1931年陕西烟税收入占田赋的90%强,1932年烟税收入占田赋的94%,[①]鸦片是主要财源,以鸦片为交易媒介的现象更为普遍。不仅一般人将鸦片作为财富加以储藏,在烟禁松弛的年月,各业的商贾也很少有不兼营烟土的,故许多地方有"无商不土"的说法。盈利之后如不扩大经营,便可把这笔款项用来储烟增值,一批货销往产烟地区,就地购烟做回头生意,也是获大利的方法。兼营烟土业的银行和钱庄也很多,其获利远比存贷款利率差价要高。此外,鸦片在当时还被作为民间的医药,被广泛用于治疗各种疾病。鸦片作为抵瘾物品,其社会性功能的产生与扩大,标志着烟毒已广泛渗入社会机体之中。

[①] 邹枋:《西北调查报告》,中国第二历史档案馆藏。

第十三章　南京国民政府时期的民间禁毒运动

近代中国,鸦片流毒导致国破民穷,鸦片瘾者精神萎靡不振、肉体虚弱不堪,孱弱的中国被列强指为"东亚病夫"。禁毒与中国人民反帝反封建,与挽救民族危亡,与实现中华民族的复兴紧密相连,因此,晚清以来,无数的志士仁人投身于民间禁毒活动,形成了一股强大而持久的民间禁毒运动。1879年,郭嵩焘联合地方士绅组建禁烟公社,订立公约,宣讲禁烟。1900年,无锡地方士绅成立禁烟局,持严禁鸦片观点的许钰主其事。1904年,马相伯、曾铸等人于上海创立振武宗社,以除鸦片、争生存为宗旨。1906年,中英订立禁烟条约,进一步促进了民间禁烟运动的发展。在清政府的鼓励下,民间禁烟团体纷纷成立。1910年成立的中国国民禁烟会是近代中国最早的具有全国性影响的民间禁烟团体,在辽宁、山西、河北、河南、山东、江苏、浙江、福建、广东等省都有其分支机构,对于推动清末民初的禁烟运动发挥了积极的作用。[①]

北京政府时期,军阀混战、政令不一、禁政废弛,禁烟禁毒形势不断恶化。民间禁烟力量再度联合,于1924年成立中华国民拒毒会,并逐渐发展成为近代中国存在时间最长、影响范围最广的民间禁毒组织。

至南京国民政府时期,海内外的民间力量已成为一支不可忽视的重要禁毒力量,在某些特定历史阶段(如国民政府成立初期)或某些特殊事件上,民间禁毒力量甚至能发挥决定性的作用。民间力量在禁毒问题上主要以两种形式发挥作用。一种是社会贤达人士通过个人的影响在禁毒议题上发表观点,点评甚至抨击政府禁毒政策,以达到促进政府禁毒的目的,这是一种自发

---

① 杨长年:《论中国国民禁烟会与清末禁烟》,《青海社会科学》2003年第3期。

的民间禁毒行为。如经济学家马寅初、公共卫生学家伍连德等均曾在报刊上发表文章讨论毒品问题,提出禁毒对策。另一种是一批关心禁毒、热衷禁毒的民间人士合组禁毒团体,以组织的力量抵制政府的不当禁毒举措,督促政府实施禁毒善政。南京国民政府时期影响最大、最具代表性的民间禁毒组织为中华国民拒毒会,这一组织对于推动20世纪20—30年代的中国禁毒运动发挥了重要的作用。这种结合起来以团体的力量实施民间拒毒主张的行为是一种自觉的禁毒行为,其成员禁毒意志更加坚定,禁毒行动也更加坚决和持久。

第一节 中华国民拒毒会与民间禁毒领袖

南京国民政府时期,虽然如万国拒土会等民间禁毒组织依然存在,但这一时期发挥主要领导作用且为官方所认可的民间禁毒组织非中华国民拒毒会(National Anti-Opium Association of China)莫属。该组织总会于1924年成立于上海,至1937年全面抗战爆发,中华国民拒毒会作为一个民间禁毒组织始终活跃于中国的禁毒舞台上,在鼓动民众、监督政府、对外交往等方面开展了一系列工作。

一、中华国民拒毒会的组织构成及其管理制度

(一)中华民国拒毒会的组织构成

1. 总会

中华国民拒毒会设总会于上海,在其存在的十三年时间里,曾先后下设了如下一些机构。

(1)董事部

董事部是中华国民拒毒会最早的权力和决策机构(1924—1925),由会员[①]推选出十三人组成,"主持本会一切会务"。[②] 董事通过互选,产生会长一

---

① 当时的会员只有团体会员。
② 长沙《大公报》1924年8月12日。

人、副会长一人、书记一人、会计一人。①

(2) 干事部

干事部职员初无定额,视会务之繁简由董事部酌情聘请之,为义务职。② 后因会务日繁,干事部改由总干事一人,干事、秘书及助理员若干人共同组成,由常务委员会聘请之,并得酌受薪俸或车马费。③

干事部负责办理和实施一切具体会务,下设总务、编辑、调查、宣传、会员、经济各股。④ 后因会务发展,干事部下设分支机构发生变化,改为总务、教育、调查、国际、组织等科。⑤ 各科都有明确的任务分工,如调查科有调查汇编各地毒况以利拒毒宣传之责,教育科的任务是编辑禁毒教科书等,而组织科则负责管理各地分会及拒毒同志社事务。⑥

(3) 全国委员会

全国委员会是继董事部之后的最高权力机构(1925—1929),负责制订下一年度的发展计划,同时改选特约委员,以便与各团体会员代表组成新一届全国委员会。

全国委员会每年开会一次(即年会)。其中,三分之二的委员由各合组团体(即团体会员)推举之正副代表各一人充任,另外三分之一则由中华国民拒毒会聘请的特约委员担任。

全国委员会设会长一人、副会长二人、会计一人、书记一人、中文书启一人、英文书启一人,"均由年会公推出之"。⑦

(4) 常务委员会

常务委员会由全国委员会(1929 年第五届年会后改为执行委员会)的七名职员组成(初为会长一人,副会长二人,会计、书记、中文书启、英文书启各一人;后改为主席一人、副主席三人、会计一人、书记二人),负责执行对内、对

---

① 长沙《大公报》1924 年 8 月 12 日。
② 长沙《大公报》1924 年 8 月 12 日。
③ 《拒毒会第三日记》,《申报》1929 年 12 月 29 日。
④ 长沙《大公报》1924 年 8 月 12 日。
⑤ 《拒毒会第三日纪》,《申报》1929 年 12 月 29 日。南京国民政府成立后,调查科被并入中华国民拒毒会驻京办事处。
⑥ 《拒毒会进行拒毒计划》,《申报》1929 年 1 月 23 日。
⑦ 《国民拒毒会年会之尾声》,《申报》1925 年 9 月 15 日。

外的一切事宜。

常务委员会每月开会一次,遇有特别事故得临时召集之。①

(5) 专门委员会(小组委员会)

按照中华国民拒毒会的章程规定,常务委员会根据事业需要,可随时组织各项专门委员会。专门委员会的人数及聘请方法由常务委员会定之。各专门委员会会期自定,如有必要还可召开由多个专门委员会参加的联席会议。

中华国民拒毒会曾先后组设过数十个专门委员会,较为重要的有禁种鸦片委员会(委员长罗运炎)、禁用鸦片毒物委员会(委员长周志禹)、禁运鸦片毒物委员会(委员长严谔声)、调查统计委员会(委员长林炎夫)、电影教育委员会(委员长沈诰)、分会事项委员会、会刊委员会(委员长张继英)等。

1929 年第五届年会后,专门委员会被固定化,常务委员会下常设了十个小组委员会,分别为考勤、经济、巡运、分会、宣传、图书、出版、推销、交际、比赛委员会。"遇有特别事故以及会务发展计划,均由各组妥筹应付方法,再送常委会讨论。"②

小组委员会的设立使得常务委员会所需承担的职责得到分解,每一专门委员会各尽其职,各委员会之间则通力协作,为着同一个目标完成相应的任务,从而实现整体功能大于局部之和。另外,各组专门委员会多由专业人士组成,这也有助于提高组织的办事效率。

(6) 代表大会

1929 年第五届年会规定,此后全体会员每两年举行一次代表大会,审查会务及经济报告,议决进行方策及计划,选举执行委员以负会务及经济之全责。

代表大会由团体会员代表、分会会员代表及个人会员代表组成。全国性质团体可推派代表二人,其他团体得派一人,每一分会得派代表一人,个人会员每五至十人得派代表一人。每位代表皆有选举权和被选举权。

代表大会取代了原有的全国委员会的职能,成为中华国民拒毒会的最高

---

① 《拒毒会第三日纪》,《申报》1929 年 12 月 29 日。
② 《拒毒会会务发展讯》,《申报》1930 年 7 月 4 日。

权力机构。①

(7) 会员大会

按照规定,当中华国民拒毒会遇有重大事故时,得由执行委员会召集会员大会决定之。②但在中华国民拒毒会的历史上,会员大会并未召开过。

(8) 执行委员会

执行委员会由全国代表大会所选之执行委员十五人组成。每半年开会一次,遇有特别事故,得临时召集之。执行委员会的人数分配,计团体会员七人,分会会员五人,个人会员三人。执行委员会设主席一人,副主席三人,会计一人,书记二人,由执行委员互选产生。执行委员会职员为当然常务委员。执行委员均为义务职。③

2. 拒毒同志社(拒毒宣传会)

拒毒同志社(拒毒宣传会)与中华国民拒毒会"无组织上系统之关系","而为友谊与同志之团结"。④但因其与中华国民拒毒会"宗旨同、任务同、计划与方策亦莫不皆同",⑤故其也隶属于中华国民拒毒会的组织体系。

中华国民拒毒会成立之初,曾广泛动员各地民众成立分会,不及半年即有230余处。⑥但数量众多的分会组织在扩大了中华国民拒毒会组织基础的同时,也为其管理带来了诸多不便,"财力人力均未能应付各地分会要求之可能"。⑦另一方面,经济及人员条件的限制,使得许多分会"因陋就简,一曝十寒"。⑧况且,各地分会鱼龙混杂、良莠不齐,难免有些别有用心之人打着拒毒分会的旗号招摇撞骗,从而给中华国民拒毒会的声誉造成不好的影响。中华国民拒毒会有鉴于此,"深觉拒毒团体之组织有删繁就简之必要",⑨于是规定只有省会城市、特别市及通商大埠方准成立拒毒分会。其他地区的拒毒分会则一律改组为拒毒同志社,与中华国民拒毒会保持一种"友谊与同志"

---

① 《拒毒会第三日纪》,《申报》1929年12月29日。
② 《拒毒会第三日纪》,《申报》1929年12月29日。
③ 《拒毒会第三日纪》,《申报》1929年12月29日。
④ 黄嘉惠:《拒毒同志社之伟大使命》,《拒毒月刊》第21期。
⑤ 黄嘉惠:《拒毒同志社之伟大使命》,《拒毒月刊》第21期。
⑥ 《国民拒毒会开会纪》,《申报》1925年2月1日。
⑦ 黄嘉惠:《拒毒同志社之伟大使命》,《拒毒月刊》第21期。
⑧ 黄嘉惠:《拒毒同志社之伟大使命》,《拒毒月刊》第21期。
⑨ 黄嘉惠:《拒毒同志社之伟大使命》,《拒毒月刊》第21期。

的关系。

1928年2月,中华国民拒毒会常务委员会议通过了《拒毒同志社组织大纲》,并责成干事部着手推行。① 经过改造,大部分分会组织都转变为拒毒同志社,拒毒同志社虽然从中华国民拒毒会本体系统中脱离出来,但与拒毒分会"宗旨同、任务同、计划与方策亦莫不皆同"。

拒毒同志社的宗旨在于联合本地(或本机构)各团体机关及热心拒毒同志,协力禁绝本地鸦片及其他麻醉毒品之种植、制造、吸用及运卖,并与上海中华国民拒毒会切实合作,推行全国拒毒运动,以达永久肃清毒品之目的。②

拒毒同志社对于社员的吸纳也有明确的要求和入社手续,规定凡中华民国国民,立誓终身不种、不制、不运、不卖、不用鸦片及其他麻醉毒品,并决心拒毒,赞成拒毒同志社宗旨,愿遵拒毒同志社章程者,经社员二人以上之介绍,及常务委员会审查合格者,均可入社为社员。

拒毒同志社的最高决策机构是由全体社员参加的社员大会。社员大会一年召开一次,其职能主要是从社员中选举五人或七人组成常务委员会,以"主持一切会务"。常务委员互选产生主席一人,副主席一人,书记一人,会计一人。常务委员会视会务之繁简可酌设总务股、宣传股(附出版股)、教育股、戒烟股、调查股等分股委员会。分股委员会委员由常务委员会从全体社员中选任之,为义务性质。

拒毒同志社应从以下几个方面展开活动。

(1) 宣传拒毒。拒毒同志社须及时刊登当地拒毒消息,并发表拒毒言论,"以唤起民众拒毒之热心,造成有力之舆论"。

(2) 调查毒况。拒毒同志社应调查当地鸦片的种植、制造、吸食及贩卖情况,随时报告中华国民拒毒会。

(3) 拒毒教育。拒毒同志社应协同当地教育机关公开演讲,努力宣传,使境内男女老少均能了解鸦片毒害,共起扑灭之。

(4) 辅助戒烟。拒毒同志社应当尽力劝勉烟民自动戒烟,并研究有效之戒烟药品及方法,同时,协同本地慈善团体创办戒烟医院,以便烟民戒毒。

---

① 《拒毒会开常务委员会》,《申报》1928年2月10日。
② 《拒毒会发表同志社组织大纲》,《申报》1928年3月17日。

（5）监视禁烟当局。拒毒同志社有监视当地禁烟当局之责，并随时将其禁烟利弊向中华国民拒毒会报告。

（6）拒毒运动周。拒毒同志社须按照中华国民拒毒会制定的拒毒运动周办法，每年在当地举行拒毒运动周活动一次。①

1930年6月，中华国民拒毒会常务委员会会议"以各地拒毒同志社为数四百有奇，范围最广，管理殊难，且多因经济人才缺乏，未能遵照该会规定计划进行，该会特将范围缩小，一律改为拒毒宣传会"，②"专以宣传为责志，不得与闻他事"。③

中华国民拒毒会为此专门拟定出宣传办法大纲八条，作为各地拒毒宣传会的活动纲要。其内容为：1. 拒毒演讲。2. 放映拒毒电影、幻灯片。3. 粘贴图画标语。4. 撰写宣传文字，联络舆论界多发表拒毒言论。5. 调查当地毒况，向中华国民拒毒会调查科报告。6. 举行学生拒毒演讲比赛。7. 举行学生拒毒论文比赛。8. 推销《拒毒月刊》及其他拒毒书籍、幻灯片、展览品等等。④

与拒毒同志社宣传拒毒、调查毒况、拒毒教育、辅助戒烟、监视禁烟当局、参加拒毒运动周的职能相比，拒毒宣传会的显著变化是取消了辅助戒烟和监督当局禁烟的职能。⑤ 中华国民拒毒会还一再告诫各地拒毒宣传会，"凡一切拒毒宣传以外之越轨行动者，得由本会随时取消，并予相当惩戒"。⑥

（二）中华国民拒毒会的内部制度

为维持组织的正常运转，中华国民拒毒会制定了一系列制度。

1. 会员准入制度

中华国民拒毒会虽然极力鼓动民众参与拒毒运动，"唯该会招收会员素极慎重，对于未经地方公团或该会组织团体介绍者概未能收"。⑦

中华国民拒毒会会员可分为三类，即团体会员、分会会员和个人会员。

---

① 《拒毒会发表同志社组织大纲》，《申报》1928年3月17日。
② 《拒毒会会务发展讯》，《申报》1930年7月4日。
③ 《拒毒会常会记》，《申报》1930年6月30日。
④ 《拒毒团体宣传要点》，《申报》1930年12月19日。
⑤ 拒毒宣传会同样负有积极参与全国拒毒运动周的义务，中华国民拒毒会将此视为各拒毒宣传会"甄别去留之标准"。参见《拒毒宣传会之通告》，《申报》1930年9月25日。
⑥ 《拒毒宣传会组织程序》，《申报》1930年8月17日。
⑦ 《拒毒宣誓运动消息》，《申报》1929年9月5日。

凡国内外各团体,有全国工作之性质及范围,或对中华国民拒毒会工作有特殊贡献之地方团体,由会员介绍,经执行委员会审查合格后,方可成为中华国民拒毒会团体会员。团体会员根据其经济能力,每年须纳会费二十五元至千元不等。

凡各省省会、特别市所在地,及经中华国民拒毒会指定得设分会之地方拒毒团体,经执行委员会审查合格后,得入会为分会会员。分会会员须年纳会费二十五元至五百元不等。

凡赞成中华国民拒毒会宗旨的中华民国国民,只要绝对不种、运、贩、吸、用鸦片麻醉药品,经拒毒会会员介绍及执行委员会审查合格后,得入会为个人会员。

个人会员分为六种。

(1) 名誉会员。须一次性缴纳会费一千元以上,或对中华国民拒毒会工作有特殊贡献,并经执行委员特约。

(2) 永久会员。一次性纳费二百元以上者。

(3) 维持会员。每年纳费五十元以上者。

(4) 赞助会员。每年纳费二十五元以上者。

(5) 基本会员。每年纳费十元以上者。

(6) 学生会员。每年纳费一元以上者。①

后因分类过于烦琐,经三届一次常务委员会会议讨论,个人会员被修改为永久、赞助和基本三种。②

以下是石家庄正修堂为中华国民拒毒会石门分会所呈保证书,内容为:

迳启者:

敝公所之同志张玉昆热心拒毒,救同胞出水火,跻登衽席。更有诸同志赞襄其后,若既承贵会批示,准许在石门设立拒毒分会,敝公所亦应当仁不让辅佐善举,尽国民一分子之劳。其创办及干事等人均系敝公所忠实同志,不腆敢盖章签字,力保该分会决无闪失,倘

---

① 《拒毒会第三日纪》,《申报》1929 年 12 月 29 日。
② 《拒毒会常务委员会纪》,《申报》1926 年 11 月 4 日。

有违触钧会章程之处,敝公所负完全责任。

谨拟保单奉呈台阅,顺颂文祺,谨呈拒毒会会长鉴核。

石家庄正修堂正主任赵同义谨呈

中华民国二十四年九月七日①

中华国民拒毒会对会员准入资格的严格限定是有其现实考虑的。民间禁毒复杂而敏感,长期以来形成的"寓禁于征"的禁毒模式,使一些别有用心之人常常打着禁毒的旗号,敲诈烟民和烟土商,借此谋利。为了最大限度地杜绝这一情况,中华国民拒毒会必须提高准入门槛,纯洁组织,对希望入会的会员详尽考察,未经介绍概未能收。

另外,中华国民拒毒会对于会员的经济实力虽没有明文规定,但从会费的缴纳情况来看,该会对于会员的吸纳还是有着一定经济要求的。这一方面是因为组织的存在和活动必须有一定的经济基础作为保障;另一方面,会员入会时缴纳一定数量的会费,还可以有效地避免投机取巧的搭便车现象。

可以说,会员准入制度对于避免滥用公共禁毒资源,防止组织劣质化,有效遏制搭便车现象,从而增强中华国民拒毒会的社会公信力是极为重要的。

2. 财务管理制度

财务管理是指对有关资金的筹集、分配、使用等业务进行计划、组织、执行和控制等工作的总称,一般包括:建立和健全财务管理机构和规章制度;根据计划编制财务开支;按规定来源取得资金,并按规定用途加以使用;办理收支的结算;核算、分析财务计划的执行情况;监督财经纪律的遵守情况等。②

中华国民拒毒会的资金来源主要有三条途径:一为会员缴纳的会费,二为募集的社会捐款,三为有偿提供与拒毒运动有关的消费品。

前文已述,中华国民拒毒会对会员的会费做出了详细的规定,对于该会而言,这是一笔稳定而又不菲的经济收入。如1926—1927年,仅中华教育改进社等十四团体就认纳会费1470元。③ 中华国民拒毒会为此专门制定了

---

① 《河北省石家庄绅民张玉昆等声请成立拒毒分会》,《拒毒月刊》第94期。
② 《辞海》(缩印本),上海辞书出版社1989年版,第1615页。
③ 《拒毒会常务委员会纪》,《申报》1926年12月7日。

《合组团体会员及分会纳费暂行通则》,①以加强会费缴纳的规范性和稳定性。但相对于浩大的财政支出而言,仅有会费收入是远远不够的,故而,中华国民拒毒会规定:"本会经费除酌收会员费外,不足之数,由执行委员会负责筹募之。"②

中华国民拒毒会的募捐活动大致分为经常性募捐和专门性募捐两种。经常性募捐系指中华国民拒毒会为弥补经费不足,随时进行的一种募捐活动。如1928—1929年度,中华国民拒毒会经费预算不敷甚巨,常务委员会为此要求干事部拟定详细办法募捐筹措。③ 专门性募捐是指中华国民拒毒会在开展一项活动之前,为筹措活动经费特别进行的募捐活动,如中华国民拒毒会在每届全国拒毒运动周之前都会举行一次募捐活动,筹集拒毒周的活动经费。

劝募方式也是多种多样,主要包括个人会员面对面的志愿劝募,散发募捐启事,以及举办大型游艺会等形式。劝募对象以个人为主,包括军政高官、社会名流,以至普通市民。相对而言,以组织形式捐款者不太多见。

此外,有偿地提供拒毒消费品,如宣传传单、宣传漫画、拒毒书刊等,也是中华国民拒毒会的一项重要经济来源。以《拒毒月刊》为例,中华国民拒毒会规定,各分会、拒毒同志社、拒毒宣传会皆有推销《拒毒月刊》的义务。如中华国民拒毒会要求各拒毒同志社应努力勉励社员订阅《拒毒月刊》及该会其他刊物,并向外推销。每同志社全年至少应订购十份《拒毒月刊》。④ 以每册一角二分计,⑤年发行二十余万份的《拒毒月刊》⑥将给中华国民拒毒会带来二万多元的收入。再加上《拒毒月刊》内刊登广告的收益,仅《拒毒月刊》一项就可为中华国民拒毒会赚取可观的资金收入。

经费筹集之后,如何保管和支出也是一项颇费周章的事情。中华国民拒毒会创立之初,虽然设有会计一职,但由于在经济上仰仗于各合组团体,尤其

---

① 《拒毒会二届年会第二日纪》,《申报》1926年10月23日。
② 《拒毒会第三日纪》,《申报》1929年12月29日。
③ 《拒毒会扩大组织》,《申报》1928年9月4日。
④ 《全国拒毒同志社整理方案》,《申报》1929年6月7日。
⑤ 《〈拒毒月刊〉廿六廿七期出版》,《申报》1929年2月19日。
⑥ 《拒毒会为普遍宣传》,《申报》1929年10月27日。

是"中华基督教协(进)会拒毒委员会为本会筹措一切费用",①以致其出入款项也为中华基督教协进会代为保管,"以昭慎重"。②

这种经济不独立的现象很快引起了中华国民拒毒会领导成员的重视,并采取措施以改变这种局面。③ 1925年9月召开的一届一次常务委员会议决定组织经济委员会,④对该会的预决算进行审核,并制订经费筹措计划,⑤然后再报常务委员会最后批准通过。⑥ 此后,经费预决算的审查职能转由年会来完成。⑦ 对于日常费用的支出,中华国民拒毒会则规定须由会计和总干事共同签字负责。⑧

通过建立这样一套包括经费筹措、保管及支出在内的较为完善的财务管理制度,中华国民拒毒会有效地实现了资源利用,避免了资源的浪费,使其在资金有限的情况下,保障组织的正常运转,最大限度地推动了民间拒毒运动的发展。

二、民间拒毒运动精英

20世纪二三十年代的这场影响涉及全国、跨度长达十余年的民间拒毒运动中,涌现了一批以天下为己任、以禁毒图存为己任的民间禁毒领袖,正是由于他们的殚精竭虑、奔走呼号,才促成了南京国民政府时期民间拒毒运动的蓬勃开展。其中,尤以当时组织规模最大、影响范围最广的民间禁毒组织——中华国民拒毒会的历任会长徐谦、李登辉、罗运炎、丁淑静等为代表。这些社会贤达出任中华国民拒毒会会长,承担民间拒毒运动领袖的职责与使命,这对于团结各方禁毒力量、整合各类禁毒资源、争取民间禁毒组织合法地位、促进民间禁毒运动蓬勃发展起到了不可替代的作用。

---

① 《拒毒会年会之议决案》,《申报》1925年9月16日。
② 《国民拒毒会昨日之联席会》,《申报》1925年3月22日。
③ 《国民拒毒会开会记》,《申报》1925年2月11日。
④ 《拒毒会常务委员会开会纪》,《申报》1925年9月20日。
⑤ 《国民拒毒会经济委员会纪》,《申报》1925年10月14日。
⑥ 《国民拒毒会开会纪》,《申报》1925年10月25日。
⑦ 《拒毒会二届年会第二日纪》,《申报》1926年10月23日;《拒毒会第四次年会纪》,《申报》1928年10月22日。
⑧ 《国民拒毒会常务委员会纪》,《申报》1925年11月22日。

(一)徐谦

徐谦,字季龙,安徽歙县人。清末进士,历任清翰林院编修、法部参事、京师审判厅长、高等检察长。中华民国成立后,先后出任北洋政府司法部次长、孙中山广州军政府秘书长、天津《益世报》主编、岭南大学文学系主任。1925年,出任广州国民政府委员、国民党中央执行委员会委员。1927年遭蒋、汪排挤,辞去一切职务。

徐谦作为首任会长,对于中华国民拒毒会在成立初期迅速集聚社会资源,宣传拒毒主张,赢得社会认同,发挥了重要作用。例如,1925年善后会议期间,徐谦利用其社会影响力为中华国民拒毒会与各方势力接洽,宣传主张创造便利。通过徐谦的居中联系,中华国民拒毒会北上代表分别与冯玉祥、段祺瑞等派系代表交流,宣传其主张。

徐谦作为中华国民拒毒会的首任会长,其作用更多的是发挥其社会影响力,为组织的拓展和扩大影响创造条件,这一点,在中华国民拒毒会成立初期是极为必要的。但徐谦本人的关注点更多的是在政治事务方面,对于拒毒具体事务的参与度有限,且中华国民拒毒会总部设于上海,而徐谦的主要活动地区在北方的京津地区,或在南方的广州,客观上也不便参加拒毒会的日常管理活动,因此,其担任会长的时间并不长,很快便以特约会员的身份退出了中华国民拒毒会的管理层。

(二)李登辉

李登辉,字腾飞,福建同安人,近代著名教育家,以复旦大学校长为世人所熟知。李登辉于1873年出生于荷属爪哇巴达维亚郊外的红巴村。1899年获耶鲁大学文学士学位。1905年回国,于当年秋受聘为复旦公学总教习。后与颜骏人、王儒堂、曹雪赓等共同创办寰球中国学生会,担任会长长达十年之久。1913年,担任复旦公学(1917年更名为复旦大学)校长。李登辉曾先后担任美国地理学会会员、美国政治学会会员、国民政府禁烟委员会副主席、国民政府侨务委员会委员、华侨联合会名誉会长、全国基督教青年协会会长、上海基督教青年会会长、中华基督教教育协会委员、中华慈幼协会会长、国民外交后援会主席。

1925年9月,中华国民拒毒会召开第一届年会,根据章程,推选首任会长徐谦等12人为特约会员,选举李登辉为会长。① 李登辉是中华国民拒毒会在任时间较长的一任会长。其担任会长的时间跨越北京政府、南京政府两个时期,在其领导下,中华国民拒毒会的影响力日益扩大,在动员民众、督促政府、国际交流等方面开展了大量卓有成效的工作,有力地推动了国民政府时期民间拒毒运动的开展。

(三) 罗运炎

罗运炎,字耀东,是民国时期著名的民间禁毒人士,为中华国民拒毒会发起人和主要领导者之一,曾长期担任会长一职。此外,他还担任过中华慈幼会副会长、中华基督教全国协进会会长、国民政府禁烟委员会委员、全国救济复原委员会会长、国民政府立法委员等职务。

罗运炎是较早从理论层面研究中国毒品问题的禁毒人士,曾著有《中国鸦片问题》和《毒品问题》。这两部禁毒专著对于鸦片的源流、危害等进行了详细的分析和说明,并对国际禁烟的历史、中国禁烟与国际环境的关系、禁烟规章制度等进行了研究。

罗运炎还在报刊媒体(如《兴华报》《申报》《拒毒月刊》)上大量撰文,宣传毒品的危害。他在其禁毒文章和著作中深刻地揭示了毒品对国家经济的危害,"今日的中国,农村崩溃与鸦片流毒,已成为互为连锁的两大问题,相互为果,相互为因,由于鸦片之蔓延,使农村日趋崩溃,由于农村崩溃,使鸦片流毒加速蔓延,故若言挽救中国之危机,固在复兴农村,而复兴农村,亦唯有肃清鸦片,方能彻底告成"。②

罗运炎还从生理、经济等方面分析了毒品对个体的危害。从生理而言,毒品严重摧残了个人的身体健康,对人体的神经系统、呼吸系统、循环系统、生殖系统均造成了严重的伤害。从经济而言,"鸦片售价,非同小可,烟瘾小的每天至少花一两角,烟瘾大的,每天非三四元不可……以个人论,一染嗜好,则非过瘾不能生活,不但费时失业,并且坐吃山空,富者变贫,贫者变赤贫,愈吸愈贫,愈贫愈吸,甚或债台高筑,无力偿还,纵至典地卖屋,卖妻鬻子,

---

① 《国民拒毒会年会之第二日》,《申报》1925年9月14日。
② 罗运炎:《挪用美棉借款实行禁烟以期复兴农村案》,《罗运炎讲演拾零》,卫理公会书报部1949年版,第65页。

亦所不顾"。①

对于政府,罗运炎持鲜明的严禁鸦片立场,坚决反对鸦片专卖。罗运炎曾在《兴华报》《字林西报》等报刊上发表《呜呼!鸦片公卖》《禁烟是一大错吗?》《鸦片专卖能禁绝鸦片吗?》《我为什么反对鸦片专卖》等文章,以阐述其反对鸦片专卖、严禁鸦片的观点。在《我为什么反对鸦片专卖》一文中,罗运炎指出鸦片专卖,1.违背订期禁绝条约与政府历次所颁禁种、禁运、禁吸,以期永绝根除的命令。2.对外自相矛盾,堕失国际信用。3.对内违背民意。4.取消烟禁,吸食鸦片,流毒无穷。5.诱民犯罪。嗜烟成瘾,有钱要吸,无钱也要吸,至欺骗偷抢,鬻妻卖子,种种作奸犯科,无所不为。6.政府有害无利。禁运不能杜绝私运,专卖更无法禁止私运。且义之所在,才是真利。②

对于如何禁烟,罗运炎从种贩售吸等方面给出了具体的策略。1.禁种是禁毒的根本之法,"毒品贸易,有关种、运、贩、吸,而其关键,尤在原料种植,盖有种者,必有运者,贩者、食者,正本溯源,自以断绝原料出产为要",③因此,禁毒的"根本解决,要在限制出产,产额一日不减,则吸众一日不少,所以原料供给,实烟害之源……贩者无可贩,吸者无可吸,祸根既除,何虑延蔓"。④ 2.对于毒品的贩运,罗运炎认为"应严定舟车邮包航空种种检查条例,并应严定刑章,以示惩罚,尤应加重刑律以为海陆军警包庇者戒"。⑤ 3.毒品之蔓延,一个重要的原因是售卖者众多,仅上海一地就有数万人以此为业。罗运炎认为如果无人售卖,则吸者无从购,种、贩者无从售,鸦片则不禁自绝。而禁售之法则在于一面严刑峻法,使售者无利可图;另一面则需为底层民众另谋生路,"不然,禁令偶疏,小商小贩重蹈旧业"。⑥ 4.禁吸既是禁烟的重点,同时也是禁烟的难点。"禁烟之难,莫若禁吸,因为豆灯竹管,蜷伏屋宇,或茅檐之下,瓜艇之中,虽侦查密布,耳目亦难遍及,何况富家巨室,院宇深

---

① 罗运炎:《中国鸦片问题》,兴华报社、协和书局1929年版,第33页。
② 罗运炎:《我为什么反对鸦片专卖》,载《罗运炎文集》(卷一),卿云图书公司1931年版,第251—252页。
③ 罗运炎:《毒品问题》(上),商务印书馆1936年版,第24页。
④ 罗运炎:《鸦片专卖能禁绝鸦片吗?》,《罗运炎文集》(卷一),卿云图书公司1931年版,第472页。
⑤ 罗运炎:《中国鸦片问题》,兴华报社、协和书局1929年版,第264页。
⑥ 罗运炎:《中国鸦片问题》,兴华报社、协和书局1929年版,第266—267页。

邃,军阀官僚,气焰煊赫"。① 为此,罗运炎主张通过普查户口,邻里纠举,禁令面前官民一律平等等举措来实行禁吸的目的。

罗运炎同时还是一位致力于禁毒实践的社会活动家。他是中华国民拒毒会首届董事会的13位董事之一,并任中文书记。② 1924年11月7日召开的中华国民拒毒会第十次董干联席会公又推罗运炎为董事会主席。1925年3月6日下午,罗运炎赴北京参加善后会议,"负向执政府抗议鸦片专卖之责"③。赴京途中,罗运炎与王正廷等政府人士交流禁烟问题,"王君对于拒毒极为赞许,并允视其力所能及无不乐为赞助"。④ 到京后,罗运炎不辞辛劳与政府要员和社会人士积极交流反对鸦片专卖,并于3月17日赴海军部面见执政段祺瑞,阐述反对鸦片专卖的意见,"段对拒毒极表同情"⑤。3月18日,罗运炎赴张家口面见冯玉祥的特使,交流禁烟意见。3月19日,往见徐世英,由其秘书代为接见。3月20日,罗谒见国民军善后会议代表薛笃弼,请其提议全国禁烟。20日中午,罗运炎又拜访颜惠庆并得到颜的支持。⑥ 自3月6日至20日,罗运炎历时两周奔波于各方势力之间,介绍拒毒会宗旨,宣传反对鸦片专卖的主张,虽未在善后会议上取得实质性的结果,但中华国民拒毒会的宗旨、主张已通过罗运炎的广泛交流及媒体的报道而为各阶层所熟悉,并得到广泛的认同,这对于进一步团结民间拒毒力量、广泛开展拒毒运动、形成全国范围的拒毒高潮,做了必要的舆论准备。

1925年10月4日,罗运炎受中华国民拒毒会委派,赴日本与日本全国基督教同盟及东京鸦片害毒研究所商谈合作事宜。在日期间,罗运炎多次发表演讲,阐述中国毒品危害及国际禁毒合作的必要性。罗运炎还与日本首相加藤就禁毒问题进行了交流。罗运炎的对外宣传取得了积极的效果,"害毒研究所向外务省提出抗议,请严禁私运毒物来华"。⑦

较之其他几位会长,罗运炎是一位对于中国毒品问题有着深刻的理论认

---

① 罗运炎:《中国鸦片问题》,兴华报社、协和书局1929年版,第267页。
② 《拒毒会今日开市民大会》,《申报》1924年8月24日。
③ 《拒毒会代表在京之报告》,《申报》1925年3月11日。
④ 《拒毒会代表在京之报告》,《申报》1925年3月11日。
⑤ 《拒毒代表在京行动之函报》,《申报》1925年3月24日。
⑥ 《国民拒毒会消息》,《申报》1925年3月20日。
⑦ 《国民拒毒会赴日代表之报告》,《申报》1925年1月23日。

识、对于禁毒策略有着系统的思考、对于禁毒活动有着实际行动的民间禁毒领袖,正是在他的带领下,中华国民拒毒会的组织体系才会不断壮大,国民政府时期的民间禁毒运动才会产生巨大的社会影响。

(四) 丁淑静

丁淑静,山东临清人,1911年毕业于华北协和女子大学,是第一位从中国高等院校毕业的女性。丁淑静毕业后曾就职于教会学校,此后加入基督教女青年会,并终生从事基督教女青年会工作。1917年任北京基督教女青年会总干事。曾任中华续行委办会委员、中华国内布道会云南部筹备委员。1923年参与组建中华基督教女青年会全国协会。1926年成为担任该协会总干事的第一位中国人。1924年赴美参加世界基督教女青年会大会和世界妇女会议,随后在欧美和印度考察妇女运动。1930年被选为世界基督教女青年会联盟执行委员、副主席。曾担任过中华全国基督教协进会执行委员等职务。作为中华国民拒毒会团体会员之一的中华基督教女青年会负责人,丁淑静自拒毒会成立之初就成为该会的领导成员之一,先后担任副会长、会长之职。

(五) 马寅初

除以上中华国民拒毒会主要领导成员之外,南京国民政府时期还活跃着一批热心禁毒的民间人士,马寅初①是其中的代表人物之一。马寅初作为中国当代知名的经济学家,在南京国民政府时期极为关注鸦片问题,尤其是从财政和经济的角度,对于国民政府鸦片专卖的政策多次予以公开抨击,并为此辞去立法委员之职。

对于南京国民政府的鸦片公卖政策,马寅初曾专门召开记者会,表达其严厉反对的态度和观点。1. 浙江省的鸦片早已禁绝,如果开禁,民国初年因吸鸦片而遭枪毙者,岂不死得冤枉。中国有侠盗义贼,贩卖鸦片发财者,政府

---

① 马寅初,字元善、浙江嵊县人,早年公费留学美国耶鲁大学,1910年获硕士学位。后入哥伦比亚大学,1914年获经济学博士学位,回国后任职于北洋政府财政部,1916年9月任国立北京大学教授。1927年,南京国民政府成立,马寅初任浙江省政府委员兼财政委员会主席,兼杭州财务学校讲师。1928年任立法院立法委员兼经济与财政委员会委员长。此后,历任金陵大学、国立中央大学、国立上海交通大学、东吴大学、国立浙江大学、省立重庆大学教授。1948年当选中央研究院院士。1949年8月,任浙江大学校长。1951年任北京大学校长。1955年入选中国科学院学部委员。

实行鸦片公卖,比之盗贼犹不如,其为害甚于盗贼。2. 反对鸦片公卖,并非攻击个人,而是攻击不良的制度。历史上有不少好制度,因用人不当而弊窦百出,更何况立法本不良的政策。3. 人选问题。浙江省政府对于禁烟,虽无权顾问,但终望有道德学问的人负责禁烟事务,而道德尤为要紧。4. 要反对鸦片公卖,须有社会严厉的监督。浙江省政府各委员从未推荐一人从事禁烟工作,对于禁烟方面敢信廉洁自持,如省政府委员有不规则的事情,请尽量揭发,各委员愿受最严厉的处分。5. 省党部对于反对鸦片公卖之事极为热心,反对尤为激烈,此后反对专卖人士应与省党部加强联络,共同反对。马寅初在记者会上还表示,禁烟局以禁烟为目的,专卖处以推销鸦片为目的,政府如帮助禁烟局实行禁烟,便顾不到专卖处行销鸦片;若帮助专卖处行销鸦片,又顾不到禁烟局实行禁烟,所以本良心主张,报告省政府,呈请财政部取消。最后,马寅初指出:"禁烟为总理之遗训,烟禁不了,又何必讲民族主义呢?"①

在浙江省党部邀请其做的演讲中,马寅初也是毫无顾忌地公开表达其反对鸦片专卖的立场。"今日之禁烟问题,实吾浙之生死问题,不得不请诸君特别加以注意。鄙人先将总理对禁烟之遗训约略述之……国民政府迁宁后,仍以禁烟为刻不容缓之举,特提出重议缩短年限,分三年禁绝。当设立禁烟处专办国民政府所辖之各省禁烟事务。一面限期禁绝以除流毒,一面寓禁于征借补军需。闽粤二省已先设有禁烟处,安徽亦归官办,独苏浙两省以销数最大,特划出归商承办……以上所定办法,简言之,以买卖权归商,行政权归官,在表面观之,特设禁烟局即所以清烟籍、杜后来。特设专卖处即所以绝私贩、定限制。烟质按年递减,烟价按年递增,以期三年之后完全禁绝,但按其实际,所得结果必与此相反。因中兴公司得此戒烟药品专卖之权是以六百四十万元之代价换来,若其所得少于此数,必有损失;反之若大于此数,则其超过之数必为盈余,销路益广,收益愈宏。是中兴公司之目的,在乎推广鸦片之销数,鸦片之销路愈广,公司之营业愈盛;反之,若一旦鸦片禁绝,公司之营业立刻停止,公司将大亏本矣。"②

马寅初反对鸦片专卖的立场和观点受到时人的广泛认同和钦佩。"马博

---

① 《马寅初对于禁烟之谈话》,《申报》1927年11月26日。
② 《马寅初在浙党部讲演禁烟问题》,《申报》1927年11月23日。

士,我同他素不相识。他为禁烟问题,我倒和他说过一次话。从他的恳挚的语言,坚决的态度来看,确是出于爱护民众之诚,纯然是良心上的一种主张。……这一次革命,不是拿了'为民众谋利益'的标语相号召的吗?那么,烟民也不是化外,何以要来抽他们筋,剥他们皮呢?如果为军需万急,以他们为牺牲品了,何不干干脆脆用绑票式,杀其人没其产,岂不直接痛快?……至于'为革命而筹饷,为筹饷而禁烟'更不成话。一经比喻,令人失笑。……美其名曰禁烟,则将来又何难新创类似之禁娼、禁赌呢?如是,北伐告成,又有何用?……种种背叛总理遗训的政策、抽筋剥皮的政策,引起中外笑骂的政策,我们民众应该做本省党部、政府的后盾,承着马博士一致反对。"①

正是由于徐谦、李登辉、罗运炎、丁淑静、马寅初为代表的一批知识界、宗教界的精英"本着良心"出发,联手组织和推动,民众才会被广泛动员起来,社会资源才有可能被有效组织起来,最终形成足以对政府形成巨大压力的民间拒毒运动。

第二节　中华国民拒毒会的禁毒努力

毒品的传播主要包括种(种植)、制(制造)、贩(运输)、售(销售)、吸(吸食)五个环节,因此,禁毒也自然从这五个方面入手。但对于民间力量而言,因缺乏国家专政工具的支持,缺乏禁毒执法的合法性和有效手段,不可能直接打击上述五个环节,其禁毒策略和行动主要是唤起民众、监督政府,以间接的方式推动禁毒。

一、唤起与鼓动民众拒毒

(一) 拒毒教育

"欲图今日拒毒运动之有效,胥赖政府之实施禁律,欲禁律之能实施,必先使人民得相当之智识,造成坚强之舆论为其后盾,故必须积极推行教育程

---

① 凌独见:《对于浙江禁烟问题的意见》,《申报》1927年12月13日。

序,以为恢复及维持禁律之基。"①对于拒毒教育的透彻认识使得中华国民拒毒会对之投入了极大的热情和精力。根据受众不同,拒毒教育主要分为学生教育和家庭教育两个方面。

1. 学生拒毒教育

学生是富有激情和社会责任感的一个群体。在中华国民拒毒会看来,如能使学生关注拒毒运动,必能唤起全国人民的醒悟。② 同时,学生也是拒毒运动实现社会化、民众化的起点。③ "日后学生学成,出任社会职事,仍能本其拒毒原旨,则毒物自难再留污我国矣。"④

中华国民拒毒会开展学生拒毒教育的形式是多种多样的,主要包括组织学生拒毒辩论会、拒毒演讲比赛、拒毒论文比赛,以及编写学生拒毒教材等。

(1) 拒毒辩论会

正所谓"真理愈辩愈明",当整个社会对于吸食鸦片现象出现了价值判断上的混乱时,让学生们通过辩论去明辨是非,应该说是一个有效的方式。

1925 年 4 月至 5 月间,中华国民拒毒会在北京、上海、成都、武昌、南京、福州、广州等地同时发起组织大学学生拒毒问题辩论会,以"鼓吹各大学学生对于研究鸦片问题之兴趣,发挥鸦片专卖之利害,而唤起社会之同情"。⑤ 中华国民拒毒会拟定的辩论题目紧扣当时禁烟的热点问题,题为"鸦片专卖不利于我国禁烟前途"。⑥ 要求每所大学派遣三名选手参加辩论,同时邀请当地声望素孚之人士充任评判员。至于评判标准则以"理由充分为向",语言清晰及姿态得当次之。

中华国民拒毒会特别强调辩论正反方都有同等获胜机会,但辩论结束后,须由"主席说明本项辩论用意,请听众举手表示赞成或反对专卖,借见公意之趋向"。同时,还一再声明"鸦片专卖之政策本会最反对之"。⑦ 可见中

---

① 《拒毒会函请内务部立案》,《申报》1925 年 11 月 26 日。
② 《国民拒毒会召集学界会议》,《申报》1925 年 3 月 14 日。
③ 《拒毒会演讲庆祝大会纪》,《申报》1927 年 12 月 20 日。
④ 《国民拒毒会召集学界会议》,《申报》1925 年 3 月 14 日。
⑤ 《拒毒会发起各大学禁烟辩论会》,《申报》1925 年 4 月 1 日。
⑥ 当时正风传北京政府打算实行鸦片专卖,中华国民拒毒会故以此为辩论题目,以使学生明了鸦片专卖之害,同情该会反对专卖之举。
⑦ 《拒毒会筹备学生辩论会》,《申报》1925 年 4 月 5 日。

华国民拒毒会组织学生辩论具有明显的导向性,其真实意图还是希望借辩论向学生灌输该会反对专卖的拒毒主张。

(2) 拒毒演讲比赛

辩论会虽然有利于学生自主地形成对于鸦片毒品问题的认识,但是辩论有可能出现导向偏差,使学生得出与中华国民拒毒会主张相反的结论,因此,中华国民拒毒会更多地采用了演讲和论文比赛的形式。

1927年11月,中华国民拒毒会联合上海市、县教育局及学生联合会组织了一次包括上海大中小学在内的演讲比赛,"以引起学生界研究鸦片毒物流祸之兴趣,共图焚除"。①

11月25日,大学组演讲比赛在四川路青年会如期举行,有听众600余人。有交通大学、持志大学、大夏大学、暨南大学、法科大学、群治大学、复旦大学等7所大学的9名学生参加比赛。演讲题目分别为"什么是拒毒的方法""我们为什么要拒毒""鸦片与中国革命""打倒黑化""满洲鸦片之状况""参加拒毒演说会的使命与意义""鸦片与民生问题""拒毒怎样成功"。结果大夏大学、复旦大学、暨南大学及交通大学的选手分获一至四名。②

26日、27日,中学组、小学组比赛也分别在青年会举行。共有13所中学的20余名学生参加了中学组演讲比赛。结果东吴二中、沪江附中、南洋高商的选手分获前三名,获奖题目分别为"拒毒运动与播毒运动""拒毒是全体人民的责任""鸦片对于生理的害处及铲除方法"。③

小学组比赛参与者更众,有22所学校的48名学生参加了演讲比赛。民智公学和时化小学的选手包揽了前三名,获奖题目是"目前拒毒的要点""直接和间接的拒毒方法""拒毒和帝国主义及军阀关系"。④

演讲比赛成功结束后,中华国民拒毒会又联合各参赛学校举行拒毒演讲优胜庆祝会,"简单地说,是'给奖',广义地说,是使拒毒运动变为社会化、民众化"。⑤

---

① 《拒毒会演讲论文比赛要讯》,《申报》1927年11月12日。
② 《各大学拒毒演讲比赛纪》,《申报》1927年11月26日。
③ 《纪各中学拒毒演讲比赛》,《申报》1927年11月27日。
④ 《全沪小学组拒毒演讲比赛》,《申报》1927年11月28日。
⑤ 《拒毒会演讲庆祝大会纪》,《申报》1927年12月20日。

通过演讲比赛,许多选手成为拒毒运动的积极参与者和中华国民拒毒会进行拒毒宣传的生力军,如1927年拒毒演讲比赛的小学组第一名邱国瑛,不独善于拒毒宣传,且能热心施行,曾将省下的妆饰费捐助给中华国民拒毒会,"聊尽国民拒毒之义务"。① 更为难能可贵的是,她年仅八岁的弟弟邱国翔受其感染,也把平日零花钱捐给中华国民拒毒会作为经费。邱国翔致中华国民拒毒会的信中写道:"我年纪虽小,也是国民之一,所以我也拿我的饼饵费天天省下来,少为捐助。"② 窥斑见豹,仅这一事例即可见演讲比赛对于学生禁毒意识培养的有效性,更可见中华国民拒毒会通过学生拒毒教育培养学生禁毒意识的远见卓识。

(3) 拒毒论文比赛

为了推动学生拒毒教育,中华国民拒毒会每年都会举行一次全国拒毒论文比赛,函请全国各大中学校积极参加,以"提倡大中学学生研究毒物问题,加入拒毒运动"。③

因为参与者可以采用邮寄的方式寄送稿件,因此,与演讲比赛相比,论文比赛的覆盖范围更广,全国各省区的学生皆可报名参加,曾有过全国两百多所学校共同参加中华国民拒毒会论文比赛的盛况。④

相对于辩论和演讲比赛,论文比赛的学术性更强。参赛论文"均应有精确调查之记载,一切要以事实为根据,不取空洞臆造之文"。⑤ 文末须附有参考书目。最后还要由参赛学生所属学校校长签字盖章,以证明论文的真实性。⑥

与辩论比赛、演讲比赛一样,论文比赛的文题皆由中华国民拒毒会事先拟定,因此,论文比赛对于针砭时弊,向学生灌输中华国民拒毒会的禁毒主张是极为有利的。

1931年年初,各方传言国民政府将再行鸦片专卖之举,适逢中华国民拒毒会举办第三届全国学生拒毒论文比赛,为使全国民众明了专卖流弊,中华

---

① 《热诚拒毒的邱家姐弟》,《拒毒月刊》第21期。
② 《热诚拒毒的邱家姐弟》,《拒毒月刊》第21期。
③ 《中华国民拒毒会举行全国大中学校学生拒毒论文比赛》,《拒毒月刊》第93期。
④ 《中华国民拒毒会举行全国大中学校学生拒毒论文比赛》,《拒毒月刊》第93期。
⑤ 《中华国民拒毒会举行全国大中学校学生拒毒论文比赛》,《拒毒月刊》第93期。
⑥ 《中华国民拒毒会举行全国大中学校学生拒毒论文比赛》,《拒毒月刊》第93期。

国民拒毒会所拟论文比赛题目皆与鸦片专卖有关,如大学组候选论文题目包括"在法律之立场中论鸦片专卖之流弊""党之纪律不容鸦片专卖之政策""鸦片专卖为训政实施之障碍"等,中学组比赛题目则为"鸦片专卖违反总理拒毒遗训"。①

中华国民拒毒会组织的这次论文比赛得到了国民政府教育部的支持,教育部致函各省教育厅、市教育局及各国立大学"一致通令各属参加报名",结果有全国三十余所大中学校的学生报名参加这次论文比赛。② 经过评判,中央大学、上海交通大学、东北交通大学、沪江大学、东吴大学分获大学组前五名;③镇江中学、湖南省立第三中学、扬州中学、江西第二职业④、杭州宗文中学、浙江省立高中分获中学组前六名。⑤

无论是辩论赛、演讲赛,还是论文比赛,重在学生的参与是这些拒毒教育形式的关键,使学生在参与的过程中,亲身感受毒祸肆虐的社会现实,自觉领悟拒毒的时不我待,进而认同中华国民拒毒会的拒毒主张。

(4) 编写拒毒教材

实现学生拒毒教育长期化、固定化的最有效手段莫过于把拒毒内容编入教科书中,通过正规的学校教育向学生灌输禁毒意识。

中华国民拒毒会教育委员会委员、著名教育家程湘帆曾向该会提出过系统的拒毒教材意见。他认为当时关于拒毒的通用教材殊觉罕见,因此建议:1. 在中小学公民课本中多加入拒毒教材。2. 中小学史地课本中除原有之国耻内容外,应加入宣示拒毒意义的内容,使学生明了拒毒运动即为爱国运动之一种。3. 自然课上应介绍罂粟的种类、特性,进行鸦片毒品分析实验。4. 国语课应选入优秀的拒毒论文供学生研读。"总之拒毒教材不嫌重复,务宜尽量加入各科联络,使学生多有刺激之机会,俾知警惕。"⑥程湘帆的这一建议被中华国民拒毒会所采纳,作为该会的拒毒教材大纲向全国推广。⑦

---

① 《筹备中之全国拒毒论文比赛》,《申报》1931 年 1 月 21 日。
② 《拒毒论文比赛》,《申报》1931 年 3 月 18 日。
③ 《大学拒毒论文比赛揭晓》,《申报》1931 年 10 月 15 日。
④ 原文如此。
⑤ 《中学拒毒文选揭晓》,《申报》1931 年 12 月 29 日。
⑥ 《程湘帆对拒毒教材之意见》,《申报》1926 年 7 月 9 日。
⑦ 《拒毒教材之大纲》,《申报》1926 年 9 月 13 日。

为使事权专一,中华国民拒毒会特地聘请杨聘渔、胡叔异、赵霭吴、沈弗斋、俞庆棠、沈信卿、章伯寅、潘仰尧、傅若愚、郁瘦梅为编辑拒毒补充教材委员,以负责拟定拒毒教材。所拟教材经中华国民拒毒会教育委员会审查通过后,再交由各书局刊行,以便各学校采用。① 受聘之后,胡叔异②曾试编过拒毒教材,并在尚公小学予以教授。③

此后,中华国民拒毒会向全国禁烟会议提交了《通令全国教科书一律加入拒毒材料》的提案,④并被采纳。会议闭幕后,全国禁烟委员会咨行教育部转饬全国各书坊及中小学课程标准起草委员会,"将编入拒毒教材之中小学各项教科书暨课程纲要等"送部审核。这样中华国民拒毒会编写拒毒教材的主张就上升为国家的法令。⑤

尽管得到了政府的支持,但是中华国民拒毒会推行拒毒教材的努力并未取得理想的成效。唯查各处新出教科书多未加入。原因一是国民政府行政效率低下,重视程度不够;二是教科书中加入拒毒教材的法令不具有强制性,而系统编写拒毒教材需要耗费大量的人力物力,各以营利为目的的书坊对于这种公益性大于经济效益的活动积极性不高。

应该说,学生一方面处于知识积累阶段,人生观尚未完全成型;另一方面,他们又掌握了一些知识,具备了一定的分析能力,中华国民拒毒会采用辩论会、演讲及论文比赛的形式,有利于调动学生的主动参与意识,使其在参与过程中自觉接受中华国民拒毒会的禁毒主张,在不知不觉中成为拒毒运动的实践者。这里不妨举一则《申报》故事,以窥学生拒毒教育成效之一斑。

> 愚以生计关系,侨居租界,里内居家之染芙蓉癖者竟十有四五。贴邻张姓,为外滩某洋行之进出口主任,按月所入尚丰,其入黑籍已三年于兹。有子曰兆宝,年只九岁,兹方肄业于附近某小学。髫龄

---

① 《拒毒教材讨论会纪》,《申报》1926年12月21日。
② 胡叔异(1899—1972),昆山蓬朗人。早年毕业于国立东南大学教育学院教育专业,为著名儿童教育家陈鹤琴高足,终身从事儿童教育研究,尤长于小学教育的研究,在国内教育界有一定的知名度。
③ 《拒毒教材编辑委员会纪》,《申报》1927年1月7日。
④ 《今日拒毒周法律日》,《申报》1928年10月4日。
⑤ 《苏教厅布告拒毒教材送部审核》,《申报》1929年12月28日。

无知,颇有憨态,而独于乃父之吸烟,衔恨甚深,卒以家规綦严未敢效丰干之饶舌。

一日,乃父在枕边发现小纸包二,疑而拆视,则赫然为各报所载之拒毒文字,且于词语警惕之处圈以鲜明之红墨水。一包则为各处所分发之拒毒图画。……乃父阅此,忽怀疑于兆宝。及当日放学归,遂以此事严询兆宝……(兆宝)怯而尽吐其实。谓校中老陈先生曾讲演鸦片毒数次,儿始有感,乃潜入阅报室剪下拒毒消息一百十种,并图画摺成二包,藏之枕下。……乃父聆其言,不禁敛怒称善……谓已预定请假一月,入医院静心戒绝矣。①

这则事例可能故事性的成分较多些,但从一个侧面反映了拒毒运动对于社会,尤其是对学生禁毒意识的培养产生了巨大效果,这也正是中华国民拒毒会不遗余力地推动学生拒毒教育的初衷所在。而拒毒教材的编写工作虽未能取得突出的成就,但对于这方面的努力体现了中华国民拒毒会在学生禁毒教育领域里的前瞻意识。

2. 家庭拒毒教育

"家庭为社会之中心,亦为少数个人之集合地。家庭之优劣足以影响于社会,亦足以影响于个人。个人与社会之关系,多由家庭为之间接。故家庭者,一方面当造成优良之环境,以贡献于社会;一方面更当排除一切不道德不卫生之恶习,以拱卫家人,使各个人不受恶劣环境之支配,均得为一良好之公民。鸦片毒物流祸之深烈,谁不知之?而尝试者偏不乏人,是岂甘心堕落于黑籍,亦诱于不良之环境。若能以拒毒作一家之保障,不使恶魔寸步侵入,则毒自却走无所施。其伎俩推而至于社会,亦何尝不然。是故家庭拒毒为积极而迫切的拒毒工作,吾人当急起提倡以谋补救。"②

中华国民拒毒会有鉴于此,专门成立了家庭委员会,以负责家庭拒毒教育工作。③ 而传统中国社会那种"男主外、女主内"的家庭模式,又使家庭拒毒与妇女拒毒紧密地联系在了一起。

---

① 《拒毒声中一小孩》,《申报》1929 年 10 月 9 日。
② 《短评三则·家庭拒毒》,《拒毒月刊》第 9 期。
③ 《拒毒会家庭组会议纪》,《申报》1926 年 11 月 10 日。

中华国民拒毒会曾拟定过一个详细的家庭拒毒运动计划，共分十条。1. 举行家庭拒毒同乐会。2. 组织家庭拒毒宣传队。3. 调查家庭烟祸状况。4. 组织儿童拒毒团。5. 各地妇女组织进行文字宣传。6. 号召妇女拒绝与烟犯结婚。7. 组织妇女组成销毁烟具团。8. 组织妇女向政府请愿。9. 组织妇女拒毒同志社。10. 劝销《拒毒月刊》。①

上述家庭拒毒计划的大部分内容，因受条件限制而未能付诸实践，但可以看出中华国民拒毒会对于家庭拒毒有着缜密的思考，对于妇女在拒毒运动中的作用也有着较高的预估。自第三届全国拒毒运动周起，每届拒毒周都设有一个"家庭"或"妇女"主题日，以"使一般妇女觉悟鸦片麻醉品之毒害，家庭实首遭其殃，全国妇女应努力施行家庭拒毒教育，提倡拒毒之卫生常识，俾家庭生活得以改善，保障儿童避免鸦片及麻醉药品毒害，并引起其兴趣，使之终身随时随地从事拒毒运动"。②

在拒毒实践中，中华国民拒毒会不断提高妇女的地位及参与度。该会曾考虑在干事部聘请女干事，执行委员、常务委员中也都有女性的身影，丁淑静还曾被推选为中华国民拒毒会的主席。

经过中华国民拒毒会的努力推动，家庭拒毒教育也成效卓著。有母亲告发儿子复吸红丸之举。③ 亦有子食吗啡，老父亲手将其活埋之事。④ 不过，这些处置方法过于极端，更为理性和有效的方法应该是帮助家庭成员设法戒除毒瘾。如广东连平县颜氏家族，以毒品问题"当由社会家族自动戒除作起点方有实际"，集资创设了颜氏家族戒烟治疗所。以族长为正主任，各房房长为副主任，延聘医生，"约束族中子弟，限期三月，一律禁绝"。⑤

对于特征较为明显的群体，如学生、妇女（家庭），采用教育的方式显然更有利于中华国民拒毒会根据群体特征制定具有针对性的方案，从而使受众易于接受该会的主张，进而使拒毒运动收到事半功倍的效果。然而，社会是多元的，中华国民拒毒会推动的拒毒运动又以整个社会为对象，因此，除了拒毒

---

① 《拒毒会提倡妇女拒毒运动》，《申报》1930年1月4日；《全国拒毒周第四日》，《申报》1930年10月4日。
② 《拒毒会筹备全国运动周昨讯》，《申报》1927年9月25日。
③ 《寿昌枪决红丸毒犯》，《拒毒月刊》第97期。
④ 《子吸白面被父活埋》，《拒毒月刊》第96期。
⑤ 《广东连平县颜氏家族强制子弟戒烟》，《拒毒月刊》第90期。

教育,大规模的群众性拒毒宣传是必须的。

(二) 拒毒宣传

宣传是传播一定的观念,以影响控制受众思想行动的一种行为。通过宣传,可以使中华国民拒毒会的禁毒主张由精英理念转变为一般民众的共同意识,并使其在这种意识的支配下产生行动,开展中华国民拒毒会所期待的社会性拒毒运动,因此,中华国民拒毒会对于拒毒宣传极为重视,要求各分会及拒毒同志社"当随时努力宣传"。① 这之后,中华国民拒毒会更是把拒毒同志社改组为拒毒宣传会,"专以唤起同胞宣传拒毒为责志"。② 自第三届起的连续四个拒毒运动周的首个主题日都被确定为"宣传日",以"使社会最多数之民众了解鸦片与各项麻醉药品流毒社会之结果""使群众奋发救国之宏愿,群起工作拒毒之运动""使民众了解拒毒方法,能各以个人及团体之能力从事于拒毒之工作,随时随地加入国民拒毒运动"。③ 大致说来,中华国民拒毒会有如下一些拒毒宣传手段。

1. 标语、口号

标语、口号是最简单的动员方式,它把运动所有的要求浓缩在简练的几句标语和口号之中,是最基本,也是最直截了当的宣传动员手段。

> 打倒帝国主义的鸦片政策!
> 打倒强迫种烟保护贩土的军阀!
> 打倒纵毒祸国的土豪劣绅奸商!
> 废除包庇鸦片毒品的不平等条约!
> 收回私卖鸦片毒品的租界!
> 誓雪鸦片战争的耻辱!

以上是中华国民拒毒会在1927年提出的拒毒口号。寥寥数语涵盖了中华国民拒毒会反对国外鸦片输入、禁止国内鸦片种植与贩卖的主张。这是因

---

① 《拒毒会发表同志社组织大纲》,《申报》1928年3月17日。
② 《拒毒会会务发展讯》,《申报》1930年7月4日。
③ 《上海拒毒运动之筹备》,《申报》1927年9月24日。

为口号的受众是广大的普通民众,唯有观点鲜明、言简意赅,才能既突出中华国民拒毒会的主张,又便于民众理解,使这些口号易于在社会中流传,达到宣传中华国民拒毒会拒毒主张的目的。

另外,从这些口号中可以看出,中华国民拒毒会巧妙地把其拒毒主张与当时流行的革命话语有机地结合起来。应该说,口号的本质就是话语,因此,作为民间组织推行拒毒运动所提出的口号,唯有与官方的主流话语相契合,才能得到拥有话语权的政府的认可,甚至被其纳入体制之内,作为官方话语予以推广。从上述口号来看,中华国民拒毒会已经充分了解并掌握了口号的宣传作用。

2. 演讲

演讲可使听众启迪真理、激发情感、传播知识和信息,并且导发其行动。基于这些功用,演讲成为中华国民拒毒会从事拒毒宣传时的一种常见形式。

为了使演讲体现该会主张,在演讲过程中不至出现偏差,中华国民拒毒会常会因时制宜地拟定一些拒毒演讲大纲,以供各地拒毒演讲人员从中采择。如第二届拒毒日拟定的演讲大纲规定拒毒演讲应包含如下内容:1. 拒毒为解决一切难题之关键。2. 拒毒事业的重要性。3. 中国对于毒品问题的态度。4. 民众对待鸦片问题不应气馁。5. 以往拒毒运动的成就。6. 日内瓦禁烟大会失败的原因。①

在演讲过程中,演讲者和听众往往是近距离的接触,宣讲者与听众之间进行的是一种平等的双向沟通,其宣讲内容因而较易获得受众的理解和同情,进而产生共鸣。《申报》曾记载过如下一则事例,中华国民拒毒会的宣传队在上海中华路举行拒毒演讲,"有一年三十余岁之染瘾者静听宣传员之演说,大为感动,流泪不止,遂由宣传队员请自陈苦况,彼自详叙染瘾以来之痛苦,并谓现始觉悟,立志戒除,并劝人戒烟"。② 而一般民众在听了拒毒演讲后情形也非常踊跃,"有当场宣誓终身与鸦片决不发生关系者"。③

近代通信业的进步也为拒毒演讲创造了便利,无线电的出现使得中华国民拒毒会得以通过广播向更广大的人群进行拒毒演讲。第四届拒毒周的宣

---

① 《拒毒之演讲大纲》,《申报》1925年9月26日。
② 《拒毒运动周之第一日》,《申报》1927年10月3日。
③ 《拒毒运动周之第一日》,《申报》1927年10月3日。

传日,中华国民拒毒会总干事钟可託在上海开洛无线电台发表了题为《全国拒毒运动之使命》的演讲,"由该台传播全国九千余家听户"。① 次日,又由张惠文在该台演讲了《鸦片与家庭》。②

演讲作为一种简单易行的宣传方式,"以直接宣传运动的合理性,揭露现实的不合理处的形式,生动具体地把运动的目标与群众进行直接的交流",③因此,在个人或团体向大众传播主张时经常被采用。通过演讲,中华国民拒毒会以一种最直接的方式向民众传播了自己的主张。

3. 刊载文论

古有"言之无文,行而不远"的圣人之训,把组织的宗旨和要求、运动的目的和发展现状述诸文字予以刊布,可以快捷地使广大民众掌握运动的真实信息,进而获得其理解和支持。

(1) 期刊

中华国民拒毒会于1926年1月组织成立了会刊委员会,负责会刊《拒毒月刊》的出版工作。中华国民拒毒会对《拒毒月刊》的定位是"联络各分会及响应团体之感情,及鼓励奋斗之精神"。④《拒毒月刊》的内容包括名人言论、全国拒毒策略、会务报告、分会消息、毒况调查、毒品问题研究、谈丛、特载、通讯、杂俎十个栏目,并"随时加入插图以醒耳目"。⑤

《拒毒月刊》是近代中国存在时间最长、发行量最大的民间禁毒期刊,自1926年创刊后,直至抗战全面爆发方才停刊,年发行量最多时达二十余万份。⑥ 前文也提到,《拒毒月刊》同时也是中华国民拒毒会的一个重要经济来源。对于中华国民拒毒会这样一个非营利性的民间组织而言,发行《拒毒月刊》可谓是"名利"双收。

(2) 图书

期刊侧重于时效性,而图书则主要强调学术性,发行拒毒图书有助于从

---

① 《拒毒运动周之第一日》,《申报》1927年10月3日。
② 《拒毒运动周之第二日》,《申报》1927年10月4日。
③ 王海光:《旋转的历史——社会运动论》,上海人民出版社1995年版,第192页。
④ 《拒毒会委员开会纪》,《申报》1926年1月25日。
⑤ 《拒毒会委员开会纪》,《申报》1926年1月25日。
⑥ 《拒毒会为普遍宣传》,《申报》1929年10月27日。

学理层面分析当前毒品问题的根源,阐释中华国民拒毒会的宗旨,最终论证民间拒毒运动的合理性,从而使广大民众从理性的角度认同和参与拒毒运动。

中华国民拒毒会为扩大宣传,曾推派张竹平、王云五、王治心、沈诰、高镜朋等人组成出版委员会,"主持出版事件"。① 中华国民拒毒会曾编辑出版了一系列拒毒书籍,数量有数十种之多,如《台湾烟禁一瞥》、《拒毒指南》、《中小学拒毒教材草案》、《下场》(译著)、《中国烟祸年鉴》、《反对公卖论文集》、《日本纵毒政策下之中国》、《八年来之拒毒运动》、②《年度报告》、《公共卫生与毒品问题》、③《鸦片调查团与鸦片专卖》、《中国鸦片问题》、《鸦片流毒》等。这其中既有研究性的专著,也有普及性的读物,有些则是会务报告。兹举几例予以简单介绍。

《年度报告》是中华国民拒毒会关于会务权威性的年度总结,内容主要包括当年的会务进展及各地烟祸情形。如第一年《年度报告》记载了该会的发起及组织经过、一年来的会务进行情形、反对鸦片专卖及国内毒物流祸情形、国际禁烟大会的经过、第一年度年会情形,并附有各地拒毒运动的照片。④

《鸦片流毒》是曾任中华国民拒毒会会长的罗运炎关于中国鸦片毒品问题的学术性研究专著之一,属于中华国民拒毒会拒毒小丛书系列,由该会于1930年印刷出版。该书内容包括鸦片的化学成分、在医药上之功用、鸦片成瘾之理,及鸦片毒害四个方面。

《鸦片调查团与鸦片专卖》(*The Commission of Inquiry and Opium Monopoly*)是中华国民拒毒会为适应国际拒毒宣传需要而编著的,内容包括各国远东殖民地吸食鸦片问题研究、远东调查团之原因、华侨受毒之痛苦、中国之舆论、鸦片专卖之真相、荷属南洋华侨受毒之统计、日本关东租借地之鸦片专卖、调查团行为之预测、解决之方策九个方面。"内容极为丰富,均系根据事实。"⑤

---

① 《拒毒会昨开常务委员会》,《申报》1927年11月15日。
② 《拒毒会出版大批新书》,《申报》1932年5月11日。
③ 《国民拒毒会之两新刊物》,《申报》1926年1月7日。
④ 《国民拒毒会之两新刊物》,《申报》1926年1月7日。
⑤ 《国际拒毒宣传丛书出版》,《申报》1929年6月19日。

无论是期刊,还是图书,都是一种文字载体,中华国民拒毒会通过它们可以定期宣传本会主张,公布重要信息,介绍会务及各地拒毒运动的进展情况,既使各地拒毒团体能够互通声气联成一体,又增加了普通民众对于毒品的认识。但它们的传播是被动的,在很大程度上有待于宣传的目标群体主动索取,亦即订阅或购买才能发挥作用,因此,中华国民拒毒会近乎强制性地要求各会员、拒毒同志社社员订购《拒毒月刊》,招募专人推销《拒毒月刊》,①甚至希望通过党政机关的官方渠道发行《拒毒月刊》。② 相比较而言,传单的散布则相对来说要自由许多。

(3) 传单

传单是一种幅面较小、印刷制成的纸质宣传品。其成本较低,但宣传范围很广,可以说是性价比相对较高的一种宣传手段。中华国民拒毒会在宣传过程中也经常使用传单。而且,除了普通的人力散发,中华国民拒毒会还利用当时对于大多数人来说尚属新奇事物的飞机来散发传单,从而大大扩展了传单的宣传范围。1928 年第五届拒毒周,中华国民拒毒会商请海军司令部于 10 月 4 日上午出动水上飞机一架,"分发拒毒彩图数万张"。③ 1929 年,飞机散发传单的范围延伸至苏州、无锡、常州、镇江、南京等地。④ 1930 年拒毒周时,飞机航发传单达到 20 万张。⑤

"文"可以载"道",可以使宣传更为持久,不会因为活动本身的中止而停止发挥作用,但它的目标群体相对来说有所局限,即它的直接宣传对象必须是识字阶层。因此,口头说教与文字宣传相结合是必须的,这也突出了艺术载体的重要性。

4. 艺术载体

社会运动中的艺术形式"能极大地调动起群体的情感共鸣,是提高群体凝聚力的重要手段"。⑥ 中华国民拒毒会为开展艺术宣传,在干事部下专门设置了艺术科,并组织成立了艺术宣传委员会,邀请上海"各艺术机关、团体

---

① 《招请〈拒毒月刊〉推销员简章》,《拒毒月刊》第 84 期。
② 《上海市党部介绍月刊函》,《拒毒月刊》第 101 期。
③ 《国际拒毒日大会盛况》,《申报》1928 年 10 月 6 日。
④ 《全国拒毒周今日开始》,《申报》1929 年 10 月 1 日。
⑤ 《再接再厉之拒毒周》,《申报》1930 年 10 月 7 日。
⑥ 王海光:《旋转的历史——社会运动论》,上海人民出版社 1995 年版,第 192 页。

及艺术家组织之"。① 在实际宣传活动中,主要采用了漫画、歌曲、戏剧、电影等艺术形式。

(1) 漫画

漫画取材于现实生活,通过夸张、比喻、象征、寓意等手法,表现为幽默、诙谐的画面,借以讽刺、批评或歌颂某些人和事。漫画简洁而生动,是人们喜闻乐见的一种艺术表现形式。中华国民拒毒会对此也有深切的认识。"拒毒的工作,端赖扩大的宣传,而宣传品动人最深的莫如图画,所谓'一画胜万字'就是这点意思。"②中华国民拒毒会曾聘请著名漫画家,如鲁少飞③等人创作了大量的拒毒漫画。④

由于漫画是通过图画的形式直观地表达作者的观点和主张,"对于一般不识字的平民,以及妇女、小孩,尤其能够引起他们对于拒毒的同情与兴趣"。⑤

(2) 歌曲

"夫声乐之入人也深,其化人也速,故先王谨为之文。"⑥中国古人早已明了音乐的教化功用,中华国民拒毒会也是深谙此道。中华国民拒毒会将北伐时期流行的《国民革命歌》重新填词后改编而成《国民拒毒歌》和《华侨拒毒歌》。两首歌的歌词均极简短。《国民拒毒歌》的歌词为:"肃清鸦片、肃清鸦片,拒吗啡、拒吗啡,国民拒毒成功、国民拒毒成功,齐奋起、齐奋起。"《华侨拒毒歌》稍长,分为两段。第一段歌词为:"肃清鸦片、肃清鸦片,拒吗啡、拒吗啡,华侨拒毒成功、华侨拒毒成功,齐奋起、齐奋起。"第二段为:"吾侨快醒、吾侨快醒,早戒烟、早戒烟,自新作好男儿、自新作好男儿,谁不敬、谁不敬。"

---

① 《拒毒会进行拒毒计划》,《申报》1929 年 1 月 23 日。
② 《拒毒图画印行旨趣》,《拒毒月刊》第三十二期。
③ 鲁少飞(1903—1995),上海人,著名漫画家。自幼随父学画。1922 年,入上海美术专科学校学习。翌年,入上海"晨光美术会"进修。1927 年,与黄文农、张光宇、叶浅予等组成"漫画会",开展漫画创作研究活动,为当时《上海漫画》周刊的主要作者。1934 年起,担任上海《时代漫画》月刊主编。同时为《立报》创作政治漫画。1937 年春,在上海发起创办"中华全国漫画作家协会"。抗日战争全面爆发后,担任上海漫画界救亡协会负责人及《救亡漫画》三日刊主编。1938 年,去广州担任《国家总动员画报》主编。1949 年后,在北京担任人民美术出版社美术编辑组组长。为中国美术家协会会员。漫画代表作有《改造博士》《鱼我所欲也》《晏子乎》《渔鹰》等。
④ 《拒毒图画印行旨趣》,《拒毒月刊》第三十二期。
⑤ 《拒毒图画印行旨趣》,《拒毒月刊》第三十二期。
⑥ 《荀子·乐论》。

中华国民拒毒会利用"人人已深"的《国民革命歌》，重新填词，把该会的主张巧妙地融合于当时流行的"主旋律"之中，使民众在传唱时不知不觉地接受该会的主张，达到"润物细无声"的目的。

（3）电影

电影以其独特的艺术形式和形象直观的视听效果，反映出一个国家的社会历史和人们的生活状态，因此，电影在反映现实方面有着巨大的潜力。

中国电影虽然起步较晚，[①]但是电影在禁毒领域里应用得很早。1916年，张石川创办的幻仙影片公司把拒毒戏剧《黑籍冤魂》改编之后搬上银幕，引起了全国轰动。[②]

中华国民拒毒会成立后，也意识到电影的宣传和教育功用，在许多重要的禁毒活动中都曾放映过拒毒电影，以加强宣传的效果，如1925年拒毒日当天，上海青年会内就曾放映电影《毒祸》。[③] 1927年，中华国民拒毒会组织上海大中小学学生举行演讲比赛，每场比赛结束之后也都有拒毒电影放映。[④]

1925年11月的常务会议上，会计陈光甫提议中华国民拒毒会应设法自己编映拒毒影戏，"以广宣传"。此议得到了美籍华侨李国钦的赞许，称愿代募捐款促成此举，并自捐国币一千元以征求拒毒剧本。[⑤]

不久，中华国民拒毒会组织电影教育委员会以专其事。[⑥] 接着又颁布了《征求电影剧本条例》，向社会公开征求"合于中华国民拒毒会提倡社会拒毒教育"之电影剧本。[⑦] 经过筛选，剧本《芙蓉泪》《夜未央》《拒毒青年》《女丈夫》及《拒毒运动》得以入选。[⑧] 此后，《拒毒运动》被摄制成电影。[⑨]

（4）戏剧

戏剧与电影具有相同的宣传功效，但其成本低，较易编排，形式也比电影

[①] 一般认为中国电影始于1905年拍摄的《定军山》。
[②] 程季华：《中国电影发展史》（第1册），中国电影出版社1963年版，第26页。
[③] 《今日之拒毒运动》，《申报》1925年9月27日。
[④] 《各大学拒毒演讲比赛纪》，《申报》1927年11月26日；《纪各中学拒毒演讲比赛》，《申报》1927年11月27日；《全沪小学组拒毒演讲比赛》，《申报》1927年11月28日。
[⑤] 《国民拒毒会常务委员纪》，《申报》1925年11月22日。
[⑥] 《拒毒会电影教育委员纪》，《申报》1926年4月19日。
[⑦] 《拒毒会征求电影剧本条例》，《申报》1925年12月8日。
[⑧] 《拒毒会电影征求昨日揭晓》，《申报》1926年7月18日。
[⑨] 《纪各中学拒毒演讲比赛》，《申报》1927年11月27日。

更为大众化,因此,拒毒戏剧比电影更易普及和推广。中华国民拒毒会曾聘请著名编剧及词作家黄嘉谟编写剧本《芙蓉花泪》。该剧讲述了青年学生张志澄因反对军阀迫种鸦片,被迫背井离乡加入国民革命军,后率领北伐军打回家乡,打倒迫种鸦片的贪官劣绅的故事。该剧"情节对话极其紧凑而活动,为宣传拒毒最佳利器",因而得到各地禁毒人士的热烈欢迎,初版不及三月即告罄。① 全国禁烟委员会委员长张之江称赞该剧"艺术之造诣非一般为艺术而艺术者可以比拟"。马寅初则赞其"情节紧凑,步步入胜"。②

其他短小的拒毒戏剧更是不胜枚举,如少年宣讲团曾编演过《拒毒的一幕》《林则徐》,工统会化装新剧队编演过《苦恼的家庭》,青年新剧团编演过《自杀之道》。③ 这些拒毒剧目把毒品的危害直接再现于观众的面前,通过戏剧人物激烈的矛盾冲突,使观众有如身临其境,于不知不觉中接受中华国民拒毒会的拒毒主张。

5. 全国巡回拒毒运动

全国巡回拒毒运动是中华国民拒毒会组织的全国性拒毒宣传活动,由该会派遣职员组织拒毒巡回团,赴全国各重要城镇举办拒毒展览会,展览期间则由中华国民拒毒会联合当地热心拒毒的机关团体,对普通民众进行拒毒宣传,"有如总司令部派遣大军对于全国毒魔作最后之一击"。④

第一届全国巡回拒毒运动于1929年4月6日始自上海,"首经江浙,再至闽粤长江,终至东北各省"。⑤ 其核心内容是举办拒毒展览大会,以"使全国民众对于鸦片毒害得到具体之印象,促各该地政府实施禁烟法令"。⑥

1929年4月6日至8日,中华国民拒毒会在上海青年会大礼堂举行开幕礼及展览大会,正式拉开了首届全国巡回拒毒运动的序幕。开幕礼上,会长罗运炎、名誉副会长钟可託,及日本除毒会干事菊地西相继演说。展览会场满悬各种图画标语。开展首日,观众在千人以上,"会场座为之满,拒毒空气

---

① 《芙蓉花泪风行海内外》,《拒毒月刊》第二十七期。
② 罗运炎:《鸦片流毒》,中华国民拒毒会,1930年,附页。
③ 《轰轰烈烈的上海拒毒运动周》,《拒毒月刊》第十五期。
④ 黄嘉惠:《全国巡回拒毒大运动之使命》,《拒毒月刊》第二十九期。
⑤ 《全国巡回拒毒运动之通告》,《申报》1929年3月7日。
⑥ 黄嘉惠:《全国巡回拒毒大运动之使命》,《拒毒月刊》第二十九期。

绝形紧张"。①

结束在沪的展览后,4月9日,全国巡回拒毒运动团携带展览品十余箱前往苏州。12日,转赴杭州。② 6月,在九江、南昌举行巡运。7月上旬,到达安徽。7月下旬,前往东北宣传。

中华国民拒毒会的巡回拒毒运动得到了各地民众的热烈欢迎。以东北为例,由于日本的毒化政策,东北的毒品泛滥相当严重,仅大连一地就有鸦片小卖所105家,安东租借地内则有花烟馆五千余家,烟馆千余家,其他各埠也大略如此。中华国民拒毒会巡回拒毒团到达东北后,"备受当地官民双方热烈之欢迎",共计公开演讲十四次,展览十五天,观众达三万五千多人。③

中华国民拒毒会的分会及拒毒同志社数量虽多,但在人力、物力、禁毒意识及策略上都有局限,面对各地嚣张的毒焰显得势单力薄,全国巡回拒毒运动则弥补了这些不足。巡回团每到一地都会掀起当地的拒毒高潮,既充分发挥了中华国民拒毒会的宣传优势,也是对各地拒毒团体的有力扶持,从而有效地调动了各地民众的拒毒积极性。

二、接洽与监督政府

(一) 影响禁毒政策

1926年7月,国民革命自广东始,仅用半年时间,即攻占上海、南京。此后,以东北易帜为标志,国民政府实现了对中国名义上的统一。国民党奉行三民主义,一个形式上不同于北洋军阀政府的国民政府使民众重新燃起禁绝烟毒的希望。

"中国国民党领导之国民革命运动,势力日长,已奄有全国版图之大部分,凡属国民,莫不额手称庆。本会④认革命运动之成功与鸦片之肃清有莫大之关系。国民党以打倒帝国主义、打倒军阀而实现三民主义为宗旨,鸦片之罪恶不但为破坏民生、蹂躏民权、消灭民族之祸根,抑亦帝国主义侵略之政策,军阀生存之命脉。中山先生著建国方略,于心理建设第六章中,称第一为

---

① 《全国巡回运动昨日开幕》,《申报》1929年4月7日。
② 《拒毒巡回团今天出发苏州》,《申报》1929年4月9日。
③ 《拒毒会公宴黄总干事》,《申报》1929年8月6日。
④ 中华国民拒毒会。

破坏时期,应施行军政,解除奴隶之不平,洗净鸦片之流毒。""又中山先生于民国十三年在粤曾发表拒毒言论,谓'鸦片贸易与国民所赞助之国民政府绝对不能两立',又云'凡主张法律允许鸦片营业或对鸦片营业表示妥洽者,即使为一时权宜之计,均为民意之公敌'"。

这篇中华国民拒毒会在国民党即将夺取全国政权之时发布的宣言,将"先总理之拒毒遗训"与"三民主义"合织而成的"金箍"牢牢地套在了国民党及国民政府的头上。此后,但凡国民政府有官卖鸦片、弛禁烟毒之主张或举动时,民间禁毒力量就会念起"先总理之拒毒遗训"和"三民主义"的"紧箍咒",以迫使国民政府改弦更张,顺从民意。

其实,早在北伐尚在进行之时,以中华国民拒毒会为代表的民间禁毒人士就主动接触国民党及国民政府的要员,阐述严禁烟毒的立场。

此后,中华国民拒毒会会长李登辉、总干事钟可託向国民政府呈请禁绝鸦片及麻醉药品八项主张,请予酌情办理。经国民政府中央政治会议讨论,决定分区分年禁绝鸦片,限期为三年,并交财政部具体办理。国民政府财政部据此成立禁烟处予以实施。①

1927年4月30日,中华国民拒毒会宴请国民革命军东路军前敌指挥部政治部,政治部主任陈群、特务处处长杨虎分别委派代表出席。中华国民拒毒会会长李登辉在致辞中表示"国民革命军来沪后,民众莫不引领而望烟毒之肃清"。代表陈群出席的尹子衡在答词中充分肯定了中华国民拒毒会的禁毒成效和领导地位,"尚望贵会对于禁烟之计划及设施,多予指示"。中华国民拒毒会总干事钟可託借此机会介绍了会务并表达了对国民政府禁烟的主张和建议。②

在中华国民拒毒会等民间拒毒力量的推动下,南京国民政府表现出俯察民意严禁烟毒的姿态,这令民间禁毒人士不胜欣喜,但同时也对政府的禁烟动机保持着一定的警惕。国民党中央执行委员会第105次政治会议虽议决三年之内分年分区禁绝毒品,但国民政府同时又令财政部设立禁烟处负责其事。这一举措不得不令民间拒毒人士对于政府禁烟的初衷和动机感到怀疑。

---

① 《财部录送禁烟议案》,《申报》1927年7月28日。
② 《拒毒会昨宴政治部代表》,《申报》1927年5月1日。

中华国民拒毒会为此专门发表宣言,"国民政府根据本会之请求,于最近通过彻底禁绝之议案,并限于三年实行肃清,值此军事行动尚未终止,当局已能于万绪纷繁之中,早见及此,非谋国至忠,爱民至诚者,焉能臻此?唯兹事艰巨,而限于短促,国民政府议决于先,全国忠实同志,爱民民众尤应团结实力,尽人民之天职,起而赞助,促其实现,使此次之禁烟能达肃清之目的,使办理禁烟之当局,更能矢志遵从总理拒毒遗训,秉承禁烟之议案,原定切实有效之计划,以禁烟为唯一之目的,而不以烟税收入为要图"。①

"三年禁烟"办法确定,各省成立禁烟处后,国民政府与民间力量在禁毒领域开始了一段短暂的合作"蜜月期"。1927 年 8 月,上海各致力禁毒的社会团体举行禁烟联席会议,除上海总商会、道路协会、节制会、青年会、拒毒会等民间团体外,国民政府财政部禁烟处处长李基鸿及上海市党部、工统会代表均到会参加。李基鸿从八个方面介绍了禁烟处的禁烟计划:1. 统一禁烟机关;2. 统一运输;3. 设侦缉队;4. 征收印证照单税费,如印花税、特许证费、吸食烟照费等;5. 分年递减办法;6. 设专卖局;7. 禁绝栽种;8. 严定稽核。李基鸿尤其对于专卖一事进行解释,此次专卖商办第一要点是赋予买卖权,并非禁烟权,一切皆须受政府指挥,订期一年,期满绝不展限。对于李基鸿介绍的禁烟八端,尤其是征税、专卖之举,与会的民间禁毒人士仍然极为警惕,一面表示对"国民政府能于军事未了之期,注意到民生问题,可佩何佩",一面表示"唯各国舆论佥以三年期限禁绝甚难,笑我政府此举目的为金钱而非禁烟",希望国民政府"努力促其实现,以免外人贻笑"。②

在筹备第四届全国拒毒运动周时,中华国民拒毒会专门致函国民党各级党部,表示"中国国民党领导全国民众,努力全国革命,冀求中国之自由平等,对于摧残民族、蹂躏民权、破坏民生之鸦片烟毒,定能遵照总理洗净鸦片流毒之遗训,及本党定期禁绝鸦片之政纲,坚持奋斗,完成革命",希望国民党各级党部共同举行拒毒运动,"及早筹备,准期举行"。③

但是官民在禁毒领域的密切合作关系,很快就因国民政府公布的《禁烟暂行章程》而受到严峻考验。该章程于 1927 年 9 月颁布,主要内容为:

---

① 《拒毒会对三年禁绝鸦片之宣言》,《申报》1917 年 8 月 14 日。
② 《昨日之联席禁烟会议》,《申报》1927 年 8 月 19 日。
③ 《拒毒会积极筹备全国运动周》,《申报》1927 年 9 月 21 日。

1. 红白丸、吗啡、海洛因等毒品除医用外,一律不得进口;2. 鸦片瘾者凡25岁以下绝对禁吸,25岁以上者领照准吸,但须每年递减三分之一,三年后到1930年禁绝;3. 戒烟药品1928年值百抽七十,1929年值百抽百,1930年值百抽二百之印花税;4. 戒烟药品公卖。观其内容,实质就是鸦片公卖,借此征税。因此,章程一经公布,举世哗然,遭各界反对。中华国民拒毒会发表宣言指出:"鸦片为帝国主义侵略之工具,为军阀官僚生存之命脉,实三民主义之劲敌,亡国灭种之祸根。唯按目下之禁烟计划观之,则不但与三年禁绝之政策背道而驰,更与总理遗训势不两立。土豪劣绅横行罔忌,奸商市侩投机作祟。揆诸革命本旨,将何以自解?将何以自白?言为福国,实为祸国;言为利民,实以害民。此等设施实正如总理拒毒遗训所谓民意之公敌,卖国之行为也。"中华国民拒毒会这篇宣言可谓火力全开,言辞直击国民政府之要害,即公卖行为正如总理拒毒遗训所谓民意之公敌,卖国之行为也。在拒毒会的号召下,各地群起而反对之,包括国民党各地方党部也纷纷发表宣言,要求修改章程。

迫于压力,国民政府于当年11月1日在第12次常务会议上通过了《修正禁烟条例》。但是,条例的内容除了增加了禁种罂粟的内容,并未较此前颁布的《禁烟暂行章程》有质的改变,以中华国民拒毒会为代表的民间禁毒力量再次掀起抗争的舆论狂潮,提出"不可征收鸦片烟税""禁烟罚款当用于禁烟""官吏军警包庇者应处极刑"等原则。1928年4月,国民政府对条例进行修改,增加了"瘾者勒入戒烟医院""用膏药依限递减"等内容,但此前"绝对禁种罂粟"的内容在新公布的条例中却被删除。

正如进任国民政府财政部次长郑洪年在与中华国民拒毒会代表交流时所说,"目下禁烟计划,仅为筹款之计。如谋禁烟,不但不能禁烟,实足纵毒。此种稗政,实非人民所喜,更非国府下应有之现象。本部屡思修改,唯因军费紧急,未遑计及"。在巨大的财政压力下,国民政府在禁烟问题上选择了"谋财"的治理之策,这与民间禁毒力量的诉求大相径庭,官民之间在禁烟问题上逐步分道扬镳,国民政府成立初期短暂的合作很快被对抗所取代,由此掀起了南京国民政府时期长达十余年的民间拒毒运动浪潮。

(二)恢复禁烟法律

禁烟政策混乱,有法不依抑或无法可依,是民国时期禁烟难收成效的一个制度上的原因,中华国民拒毒会一再呼吁政府颁布切实可行的禁烟法律,以恢复国内禁毒秩序。

1927年,国民政府定都南京。中华国民拒毒会为督促国民党、国民政府实施禁烟,特发表宣言。"本会深信,今日全国国民党忠实党员鉴于鸦片之祸害,必能矢志遵守先总理之拒毒遗训,对鸦片毒祸共图彻底芟除之法。一般负有军民重责之同志,必更能根据全国民众之公意,实行总理之禁烟主张,勿使青天白日之下尚容黑化势力之存在,以沾污国民党救国救民之神圣事业。"①

在民意要求下,1927年,国民党中央执委会第105次会议政治会议决定,自1928年起,以三年为限禁绝鸦片。1927年9月,财政部制定颁布了《禁烟暂行章程》。11月,国民政府又通过了《修正禁烟条例》。然而,无论是《禁烟暂行章程》,还是《修正禁烟条例》都隐含明禁暗征的意图。

中华国民拒毒会为此上书国民党中央党部监察委员会和执行委员会,表示:"本会对于国民政府之设施素持信任之态度,以为在相当时期必有满意之效果。唯暂行禁烟条例已流弊滋深,修正之禁烟条例更变本加厉。不但与三年禁烟政策背道而驰,实与总理之遗训势不两立。"要求国民政府"根本改订现行之禁烟条例,切实禁绝鸦片,使此亡国灭种之烟祸而达到完全肃清之希望"。② 同时,鉴于禁烟事务划归财政部管理,而财政部只知征税而不事禁烟,中华国民拒毒会决定,"请求政府组设禁烟委员会,以监察禁烟当局之行动,指导烟政之设施"。③

1928年4月,国民政府再次对《修正禁烟条例》进行修订,但这次修订仍是不进反退,对鸦片的限制更加宽松,如原本25岁以下绝对禁吸的规定,被改为如患重病经医生证明可以酌准展期;原本禁止栽种罂粟的规定,也被改为禁烟机关为满足制药需要可以特许栽种罂粟。

此后,国民政府又先后颁布了包括《征收戒烟药料特税章程》《各省检查烟苗局章程》在内的十种禁烟行政条例。但这些条例都是为辅助《修正禁烟条例》而制定的。

---

① 《拒毒会宣言》,《申报》1927年4月21日。
② 《拒毒会昨日之要闻汇志》,《申报》1927年11月29日。
③ 《拒毒会常务委员会纪》,《申报》1927年12月25日。

中华国民拒毒会对于国民政府有违民意的倒行逆施极为愤慨,号召民众群起抗争。"今日鸦片已成民生国计之巨祸,如除鸦片非回复禁烟法律不可。官吏既毁法自肥,人民万不能坐视而不顾。回复禁律实施法令固官场之天职,然人民实负有监视督促之责任,更需自动起而作守法之运动,以造成浓厚之拒毒空气,由少数民众而推及多数,必可造成一种大势力。"①

北京克复后,大规模军事行动告一段落,借口军费而征烟税的理由已不充分,中华国民拒毒会趁此向国民政府提出实施禁烟十项原则。

1. 组织全国禁烟委员会以负禁烟全责。委员人选之中应该有民众代表。

2. 取消现行的《禁烟条例》,由全国禁烟委员会以禁绝鸦片为目的,另订新的条例。

3. 禁烟所得收入应该全部充作禁烟经费,不得用为军政费用。

4. 取消鸦片公卖。

5. 实行烟民登记,限期勒令其戒绝毒瘾。

6. 在各省各县设立戒烟医院。

7. 调查麻醉药品流害的真实状况,以应对国际禁烟大会。

8. 严厉惩办勒种鸦片及办理禁烟不力的文武官吏。

9. 自1928年起,各省必须切实禁止鸦片种植。

10. 凡在职文武官吏、海陆军人包庇鸦片及染有烟瘾者,一律撤职从严查办。②

对于中华国民拒毒会的禁烟条陈,财政部部长宋子文代表国民政府表示:"国府已议决禁烟,决不再以筹款为目的,即有任何收入亦将于拒毒及戒烟事业。"③内务部部长薛笃弼、江苏省政府主席钮永建也均表示:"将来禁烟办法当尽量采取拒毒会之主张,以免再有贻误。"④

1928年7月18日,国民政府宣布撤销禁烟处,公布《全国禁烟会议组织条例》和《禁烟委员会组织条例》,拟召开全国禁烟会议,讨论彻底解决鸦片问

---

① 《拒毒运动周之第五日》,《申报》1927年10月7日。
② 《拒毒会请求禁烟之经过》,《申报》1928年7月14日。
③ 《拒毒会请求禁烟之经过》,《申报》1928年7月14日。
④ 《拒毒会请求禁烟之经过》,《申报》1928年7月14日。

题的办法,并组织禁烟委员会以具体负责全国禁烟事宜。中华国民拒毒会趁热打铁,又向国民党二届五中全会提出禁烟提案十条。要求:

1. 请大会遵照总理拒毒遗训,认定廓清烟祸为当前重要之工作,通令各级党部切实指导全国民众一致推行拒毒运动。

2. 请大会训令国民政府,责成禁烟委员会施行全国一致遵守之禁绝鸦片政策,以下各条不论任何省区或军队不得借故留难。

3. 凡吸食鸦片、施打吗啡、染有毒瘾之文武官吏,一概撤职查办,永远不得录用。

4. 凡包庇种烟及贩卖运输鸦片毒物之文武官吏、海陆军人,不分等级,一律枪毙。

5. 凡放任或强迫人民种植鸦片之官吏军人,一律枪毙。

6. 凡现任染有烟瘾或从事贩运毒物之人民,一律剥夺终身公权,依法惩办。

7. 凡办理烟禁不力,或从中舞弊之禁烟官吏,一律从严惩办。

8. 废除一切中外间不平等条约,以杜绝外人包庇或私运鸦片麻醉毒品。

9. 实行关税自主,以杜外人把持关务,以统一事权而免毒物私运入口。

10. 实行裁兵,以节军费而免军队包庇烟土破坏查烟。①

不难看出,以上十条较之中华国民拒毒会以往的建议都要严厉和极端得多,这既体现了中华国民拒毒会反对鸦片毒品的坚定不妥协的立场,同时也反映出该会在烟禁日益废弛的现状下,一度出现了禁烟策略非理性的倾向。

1928 年 8 月 20 日,禁烟委员会在南京宣告成立。禁烟委员会专司全国禁烟事宜,指导和监督地方长官执行禁令,对于阻挠禁烟或禁烟不力的官员,可以提交最高当局予以惩戒。禁烟委员会主席为张之江,委员包括蒋介石、冯玉祥、阎锡山、李宗仁、李济深、何应钦、钟可託、李登辉、张之江、李烈钧、陈绍宽,内政部部长薛笃弼、司法部部长蔡元培、外交部部长王正廷为当然委员。中华国民拒毒会会长李登辉、总干事钟可託均被指派为委员,钟可託与薛笃弼则被推为常务委员。② 此外,中华国民拒毒会的部分职员也被禁烟委

---

① 《五中全会中之禁烟提案》,《申报》1928 年 8 月 12 日。
② 《国府明令任命禁烟委员》,《申报》1928 年 7 月 31 日。

员会聘用,如干事戴秉衡、宋哲夫分别充任禁烟委员会调查科科长和公布股主任一职。禁烟委员会罗置了一批军政首脑充当委员,虽然彰显了国民政府对于禁毒的重视态度,但这些党国要人显然无暇顾及有关禁毒的具体事务,而李登辉、钟可託、戴秉衡、宋哲夫这些人的加入将有利于中华国民拒毒会对禁烟委员会施加影响。①

禁烟委员会成立后,中华国民拒毒会立即向该会提出完全禁绝鸦片方案四款十九条,分别从禁种、禁运、禁吸及取缔麻醉药品四个方面拟定了详细的实施办法。大略言之,禁种方面,要求国民政府通令全国,自1928年秋季起,绝对禁止罂粟种植;禁运方面,设置查缉或禁烟队,分驻各地从严稽查;禁吸方面,要求烟民自新的禁烟条例公布后限期戒绝,否则,一律依法惩办;关于取缔麻醉药品方面,要求国民政府实地调查各地毒品状况,实行强制戒毒。②

9月17日,国民政府正式颁布实施《禁烟法》和《禁烟法施行条例》。《禁烟法》是关于禁烟的原则性规范,主要内容是:各地设立的禁烟局所于1929年12月1日前一律撤销;废止原先颁行的《修正禁烟条例》;所有烟民限于1929年3月1日前戒绝;凡制造、贩售鸦片、吗啡、海洛因等项毒品,或栽种罂粟者,均依刑法各该条治罪;公务员犯上述罪行依刑法各条的最高刑处断。"《禁烟法》的颁行,表明国民政府准备放弃寓禁于征,实行断禁政策,以兑现其三年禁绝鸦片的诺言。"③

11月1日,全国禁烟会议在南京召开。中华国民拒毒会利用这次机会充分表达了自己的禁烟意愿和主张。作为会议代表的罗运炎、黄嘉惠与合组团体女青年会全国协会代表丁淑静等人合作向大会提出了多项议案,如《上海鸦片麻醉药品之私运私卖应妥筹完密方法谋根本肃清案》《国民政府禁烟委员会应增设戒烟科案》《切实规定每年十月一日至七日为全国拒毒运动周通令各省官厅民众团体届期一致合作举行大规模之拒毒宣传以促烟禁之进行案》《国民政府应即聘请中外鸦片专家组织国际调查团调查国内及国外华

---

① 由于全国禁烟委员会"本身组织不健全,而一切设施又碍于环境",中华国民拒毒会很快就退出了全国禁烟委员会的工作。参见《不能已于言者》,《拒毒月刊》第八十九期。
② 《拒毒会建议完全禁绝鸦片方案》,《申报》1928年8月21日;《拒毒会建议完全禁绝鸦片方案》(续),《申报》1928年8月22日。
③ 蒋秋明、朱庆葆:《中国禁毒历程》,天津教育出版社1996年版,第261页。

侨驻在地鸦片与麻醉毒品流祸实况以资应付明年国际禁烟会议而促国内禁烟之实现案》《中小学教科书应加入拒毒教材以激发青年拒毒决心案》等。①

这些提案虽然未被全部采纳,但是中华国民拒毒会等民间代表的与会及其对大会提案权的行使,证明了政府对于民众参与国家禁烟决策的正式认可。

全国禁烟会议的召开体现了国民政府意图禁绝鸦片的决心。大会之后,禁烟委员会根据会议通过的议案要求,从1929年1月到1930年12月间,制定颁布了14种重要的禁烟法律和规章。就法律制度本身而言,基本上形成了以1929年7月颁布的《修正禁烟法》为主干,以各项单行法规和行政条例为配套的较为完整的禁烟法律体系。这套体系包括了麻醉药品管理、公务员调验、戒烟院所管理、禁烟机关职责、禁烟官员考核奖惩,以及经费支出及管理等诸多方面。同时,各种法规也更加明确和具体。"从立法上说,无疑是一种明显的进步。"②而中华国民拒毒会于其中可以说是居功至伟,付出了巨大的努力。但这只是向着禁绝国内烟毒的目标迈出的一小步,在禁烟实践中,中华国民拒毒会还面临着政府一次次专卖企图的挑战,还需要与各地变相弛禁的军政当局角力。

(三)反对鸦片专卖

"苟负责之政府机关,为自身之私便及眼前之利益计,对鸦片下旗息战,不问久暂,均属卖国行为!"③中华国民拒毒会本着孙中山的"拒毒遗训",与形形色色的专卖行为展开了不懈的斗争。

中华国民拒毒会认为禁烟之法不外三端,即完全禁绝法、分期递减法和分别放任法。分别放任法乃帝国主义行之于殖民地以戕灭弱小民族之工具,万不可行之于中国,以自促灭亡。分期递减法则以寓禁于征为其手段,以烟税收入为其目的,中国行之业已失败,万不可再蹈覆辙,以见弃于人民。"环察我国之国情,深究鸦片之问题,本会以为不欲禁烟则已,如欲禁烟舍采定完全禁绝法,绝对禁止种贩运吸鸦片,丝毫不许通融借口外,别无他途。"④

---

① 《全国禁烟会议开幕》,《申报》1928年11月2日。
② 蒋秋明、朱庆葆:《中国禁毒历程》,天津教育出版社1996年版,第264页。
③ 《孙中山全集》(第11卷),中华书局1986年版,第492页。
④ 《拒毒会发表主张完全禁绝鸦片宣言》,《申报》1928年8月8日。

1. 1927 年公卖鸦片

1927 年国民政府定都南京，决定自 1928 年起，在三年内禁绝鸦片。然而，禁绝之法却仍是历来为民众所反对的公卖之策。财政部禁烟处处长李基鸿在党政民各界召开的禁烟联席会议上公开阐述了这一主张，提出了统一禁烟机关、统一运输、设侦缉队、征收印证照单税费、设专卖局、禁绝栽种、严定稽核等多项办法。① 对于国民政府禁烟的真正动机，中华国民拒毒会也有疑虑。钟可託即在会议上指出外国舆论都嘲笑国民政府禁烟一举意在金钱，"故望我政府与人民团体当努力促其实现，以免外人贻笑"。②

当《禁烟暂行章程》和《禁烟药品专卖处组织条例》公布之后，民众更感失望。"禁烟局与禁烟药品专卖处之设立，考其章程则完全以禁烟为名，以推销鸦片为目的。"③中华国民拒毒会指责国民政府这一举措"不但与三年禁绝之政策背道而驰，更与总理之遗训势不两立"，要求国府"能言出维行，以民意为旨归，从速取消残民祸国之鸦片公卖法"。④

11 月 18 日，中华国民拒毒会召集上海特别市党部和各民众团体举行联席会议，商讨应对国府专卖之策。⑤

12 月 6 日，应财政部部长孙科之邀，中华国民拒毒会派遣钟可託、黄嘉惠赴宁，与该部"协商改善办法"。在接洽过程中，财政部官员表示，"国府目下以《禁烟条例》流弊滋深，极欲改善"，提出由政府与民众团体代表组成研究会，"随时研究最佳方法，期使烟毒达到肃清目的"。⑥

国民政府的专卖政策还招致江浙等省党政当局的反对。浙江省政府决定自行禁烟，由省政府拟具办法，呈请中央取消戒烟药品专卖处，"务期鸦片遗毒早日扫尽"。⑦ 江苏省也随后宣布自行实施禁烟。中华国民拒毒会对于江浙等省自行禁烟的举措表示了支持。"浙江当局首倡正义""江苏省政府亦继浙江议决烟禁收回自办，遵从民意切实除毒。吾道不孤，德必有邻。似此

---

① 《昨日之联席禁烟会议》，《申报》1927 年 8 月 19 日。
② 《昨日之联席禁烟会议》，《申报》1927 年 8 月 19 日。
③ 《浙江省党部反对鸦片公卖》，《申报》1927 年 11 月 17 日。
④ 《拒毒会反对鸦片公卖宣言》，《申报》1927 年 11 月 9 日。
⑤ 《各团体积极反对鸦片公卖》，《申报》1927 年 11 月 19 日。
⑥ 《拒毒会代表与财次之谈话》，《申报》1927 年 12 月 9 日。
⑦ 《浙省决请取消鸦片专卖》，《申报》1927 年 11 月 6 日。

则烟禁成功已非幻想,鸦片肃清庸或可期"。①

迫于党政民反对专卖的巨大压力,国民政府派遣参事曾伯兴、程天放"赴沪调查一切,并征求拒毒会意见"。② 3月26日,中华国民拒毒会召集上海总商会、华侨联合会等二十余团体召开第一次禁烟促成会,议决了包括组织禁烟委员会、另订以禁绝鸦片为目的之新禁烟条例、取消鸦片公卖等在内的十项条款。③ 28日,国府调查烟禁专员曾伯兴、高震龙前往中华国民拒毒会访问,对于"禁烟进行步骤作长时间之讨论"。④ 29日,第二次禁烟促成会在上海总商会召开,到有曾伯兴、高震龙,及中华国民拒毒会、全浙公会、上海总商会等团体的三十余名代表。与会代表要求国府调查烟禁专员"能洞察民意之所在,使下情得以上达",表示"同人认此举之实行不但为国府威信之所系,更为革命前途成败之关键"。最后,会议再次提出十项条款,希望国府予以采纳。⑤

3月31日,调查烟禁专员携带中华国民拒毒会草拟之《全国禁烟办法》《禁烟委员会组织大纲草案》《禁烟条例草案》回宁复命。其向国府所呈调查报告对专卖予以了批评,认为财政部所设禁烟处实"借官卖为名,以行其公开买卖之实",而专卖之所得又多被各省及驻军截留,但仍认为在军政时期,"似尚不能不以征为禁",只是应加强中央政府的监管措施。⑥

1928年6月,财政部经济会议在宁召开。中华国民拒毒会"以北平已克,统一有期,训政开始,烟毒断难存在",向该会议提出禁烟议案及实施办法。⑦ 同时,中华国民拒毒会还派遣干事黄嘉惠赴宁向国民政府提出实施禁烟原则十条,要求成立全国禁烟委员会、另订禁烟条例、取消鸦片专卖等。黄嘉惠"此行经过极为满意,国府尽量采纳该会主张"。⑧ 7月18日,国民政府宣布撤销征收烟税的禁烟处,"自八月一日以后之禁烟事务,即令就近秉承各

---

① 《拒毒会赞助江苏省政府禁烟宣言》,《申报》1928年1月13日。
② 《督促改善烟禁之重要会议》,《申报》1928年3月23日。
③ 《全沪各公团之拒毒联席会议》,《申报》1928年3月27日。
④ 《今日举行第二次烟禁促成会》,《申报》1928年3月29日。
⑤ 《第二次禁烟促成联席会纪》,《申报》1928年3月30日。
⑥ 《调查禁烟专员之呈报》(续),《申报》1928年5月24日。
⑦ 《拒毒会请求禁烟之经过》,《申报》1928年7月14日。
⑧ 《拒毒会代表由京回沪》,《申报》1928年7月27日。

省政府核示办理"。① 国民政府的第一次鸦片专卖之举就此宣告结束。

2. 两年禁毒、六年禁烟

1931年初,禁烟委员会委员伍连德发表《流毒已极之鸦片问题》一文,提出以十五年为期限禁绝毒品贸易的主张。而前任财政部禁烟处处长李基鸿又于此时前往台湾调查鸦片专卖问题。各种迹象表明国民政府又将有专卖之举。

中华国民拒毒会对此迅速发表宣言表示反对,②并呈请国民党中央党部训令禁烟当局切实禁绝烟毒,"而对于各地鸦片公卖者之宣传,尤请训令全国各级党部严行制止,以正观听而维党纲"。③ 同时,该会还要求立法院"迅速定永远不许鸦片公卖之法规,以示烟禁之决心"。④

2月19日,中华国民拒毒会与各团体代表200余人召开会议,讨论应付专卖的方法。最终议决,通电全国民众一致抗议鸦片专卖之举,要求监察院对于专卖行使监察权,并要求政府宣布永远不实行鸦片专卖。⑤

在各界反对声中,专卖传闻偃旗息鼓、暂告平息。不料到了6月份,当局却突然在苏浙闽皖赣等省设立禁烟查缉处,"仍不外寓禁于征"。⑥ 这种倒行逆施之举立即遭到了中华国民拒毒会的极力反对,通函各地拒毒团体一致群起抗争。⑦ 与以往一样,中华国民拒毒会的号召再一次得到了各地团体的响应,"各级党部各民众团体热烈表示""民意之盛从来未有"。⑧

很快,国民政府再次妥协。7月初,行政院通令各省"将此次查缉办法即行停止,所有已设备查缉处立予撤销"。⑨

禁烟查缉处虽被撤销,但分期渐禁政策已为国民政府所认可。蒋介石认为断禁之策存在两方面缺失。一是量刑失之过宽,易启民众玩法之心;二是断禁之策未能切合中国国情,"一万万多人的民生问题不能一概不顾",必须

---

① 《财部结束各省禁烟》,《申报》1928年7月27日。
② 《鸦片公卖传说中消息》,《申报》1931年2月15日。
③ 《拒毒会呈请中央制止鸦片公卖》,《申报》1931年2月17日。
④ 《拒毒会呈立法院》,《申报》1931年2月18日。
⑤ 《各界抗议鸦片公卖》,《申报》1931年2月20日。
⑥ 《皖省设禁烟查缉处》,《申报》1931年6月23日。
⑦ 《拒毒会通函全国一致反对禁烟处》,《申报》1931年7月5日。
⑧ 《万众一心反对禁烟处》,《申报》1931年7月8日。
⑨ 《院令停办禁烟查缉处》,《申报》1931年7月9日。

第十三章 南京国民政府时期的民间禁毒运动

"一面分年缩减种烟地亩,一面竭力发展边省交通和救灾理财,同时并进"。①

行政院院长汪精卫也公开倡言专卖:"我国年来各地鸦片未尝禁绝已成公开秘密。值此国家财政万分竭蹶时,转不若实行公开寓禁于征。一方实施禁绝,一方得一财源,以纾目前财政困难。"②

1932年,蒋介石在豫、皖、鄂、赣"围剿"红军时开始以分年渐禁办法禁断烟毒。福建、河北等省地方当局也自行实行鸦片专卖。"除江、浙、鲁三省未行公卖外,其余各省均次第实行。"③

中华国民拒毒会虽一再痛斥专卖,要求政府"秉承总理拒毒遗训,根据民众禁烟主张,持彻底法治之精神,除党国前途之巨患",④请求立法院对于鸦片专卖提案"予以彻底否决"。⑤ 同时,鼓励民众群起抗争,认为鸦片专卖为引起内忧外患之祸端,"除誓死反抗不屈不降外,绝无过度震慑"。⑥ 但此时以鸦片专卖为核心的分期渐禁政策已如箭在弦上,任中华国民拒毒会与民众如何反对,国民政府军政当局仍一意推行。自1932年9月至1934年5月,鄂豫皖"剿匪"总司令部和军委会委员长南昌行营发布了一系列禁烟禁毒法令,旨在在苏浙皖鄂湘豫赣闽陕甘十省内形成一套禁烟禁毒的基本法律体系。⑦

1934年6月,蒋介石以军事委员会委员长的名义向各省发布命令,首次提出了分期六年禁绝鸦片的构想。⑧ 1935年4月,蒋介石发布"禁烟通令",正式宣布国民政府实施"两年禁毒、六年禁烟"计划。⑨

在国民政府禁烟禁毒措施渐趋严厉,"两年禁毒、六年禁烟"体系逐步成型的情况下,中华国民拒毒会的立场也开始转变。1934年"六三纪念日"(或称"六三禁烟纪念日")之际,中华国民拒毒会发表宣言:"蒋委员长既下严令,

---

① 蒋秋明、朱庆葆:《中国禁毒历程》,天津教育出版社1996年版,第302—303页。
② 《拒毒会发言人对汪谈话质疑》,《申报》1932年6月25日。
③ 《拒毒会请中央宣布禁烟政策》,《申报》1932年5月4日。
④ 《中华国民拒毒会吁请厉行烟禁》,《申报》1932年6月5日。
⑤ 《拒毒会请求立法院否决公卖提案》,《申报》1932年7月15日。
⑥ 《鸦片公卖声中拒毒会电请各界注意》,《申报》1932年7月3日。
⑦ 蒋秋明、朱庆葆:《中国禁毒历程》,天津教育出版社1996年版,第303页。
⑧ 《蒋委员长六年禁烟计划》,《申报》1934年6月26日。
⑨ 《禁烟实施办法》《禁毒实施办法》,《申报》1935年4月5日。

定能贯彻主张。张副司令①国外观摩归来,亦力主禁烟。立法、监察当局曾抗争烟禁至再至三。可见当局均能烛见及此,至堪欣慰。"②1935年3月,中华国民拒毒会又发表对于六年禁烟计划的十大主张,表示:"其寓禁于征之计划,同人等鉴于时机之需要,应本素来研究之所得,提供禁烟之参考。一方面唤起社会共促禁绝之实现,期使六年之后烟祸绝迹民族复兴。"③

中华国民拒毒会禁烟十大主张的发表,意味着该会奉行的"绝对禁止种贩运吸鸦片,丝毫不许通融借口"的断禁、严禁立场发生重大转变。但需要指出的是,这种转变只是一种策略上的妥协,而不是原则的放弃。诚如国民政府当局所指出的,在鸦片流毒已达百余年的中国,欲从根本上解决这一问题,绝非一朝一夕可以做的,这一点已经为事实所证明。20世纪30年代以后,由军事委员会主导的腹地省份的禁烟活动的确取得了成效。同时,国民政府一再保证政府已下最大决心,务于六年之内禁绝烟毒,决不因禁烟税收而改变六年禁烟计划。④ 综合以上原因,中华国民拒毒会"鉴于时机之需要,应本素来研究之所得",最终接纳了政府的"两年禁毒、六年禁烟"计划。

(四)抗争弛禁

中华国民拒毒会在抗争中央政府鸦片专卖企图的同时,还在始终不懈地与各种弛禁现象做斗争。国民党政权标榜"国民"政府,奉行三民主义,以实践孙中山的遗嘱为旨归,因此,在实行有违孙中山拒毒遗训的鸦片专卖问题上始终有所顾忌,导致其专卖企图在遭到党政民的一致反对下一再被迫取消。但政府官员及各地方实力派不同,利用特权借烟谋利已成为一种司空见惯、见怪不怪的现象。而禁烟法律效力的缺失使得政府对于这些行为的约束相当乏力,中华国民拒毒会为此展开了一系列抗争。

1. 陈调元贩土案

1928年8月31日,陈调元的马弁携带陈之行李在赴上海火车站途中,被巡捕查获行李中藏有枪械和鸦片,结果均被没收。次日,又有王庭华、郭殿荣二人在运送鸦片时被查获,讯后供称系陈调元副官段度主使。事为中华国

---

① 即张学良,时任鄂、豫、皖三省"剿总"副司令。
② 《拒毒会六三纪念宣言》,《申报》1934年6月3日。
③ 《中华国民拒毒会禁烟十大主张》,《申报》1935年3月18日。
④ 军委会禁烟总会编:《禁烟半月刊》第一卷第一期,1936年5月,第8页。

民拒毒会知悉,于是通电全国,指责陈调元身绾军符、主持省政,却"甘冒大不韪,饬弁运烟",要求国民政府"明令查办,以挽颓风而维烟禁"。①

数日后,中华国民拒毒会再发宣言,认为陈调元此举"破坏革命,损害国体",据此,呈请中央党部及国民政府撤去陈之本兼各职,组织特别法庭加罪惩办,"以儆效尤,而肃党纪"。②

对于中华国民拒毒会所请,全国禁烟委员会答以此案发生时《禁烟法》和《禁烟法施行条例》尚未公布,且业经临时法院判罚,"按诸法律不溯既往原则,敝会似无再呈国府之必要"。得此答复,中华国民拒毒会颇为不满,指出:1. 段度已供认运土乃受陈调元主使,段度虽已判罚,然陈调元尚逍遥法外,因此不能认为此案已经结束。要求禁烟委员会"必将主唆运土之陈调元依法严办,以平全国民愤而示政府决心""不然终无结束之一日"。2. 陈之案发虽在《禁烟法》颁布之前,但刑法仍得以适用,"固无须根据《禁烟法》第三条之必要也"。3. 禁烟委员会之设立,以厉行禁烟为目的,现遇高级官员贩烟却轻描淡写,"以法律'不溯既往'四字虚圆诿责,禁烟前途何堪设想"。③

在中华国民拒毒会的督责下,全国禁烟委员会被迫将该案呈请国民政府核办,最终由国民政府批交军事委员会司法科"依法严惩,以为破坏烟禁者戒"。④

2. 江安轮运土案

1928年11月22日,上海市公安局根据密报得知由宁驶沪之江安轮上藏有大批烟土,便派警察前往查缉。孰料这批烟土系由上海警备司令部侦查队护运,于是双方发生了武装冲突。案发之后,军警双方各执一词、相互指责,纷纷扰扰、莫衷一是。中华国民拒毒会以案情重大,专门派员调查以便判决是非曲直,"然后始将意见发表"。⑤

在案情不明的情况下,中华国民拒毒会首先分函国民政府党政高层,要求将有关涉案人员移交法院点验看管,同时遴选大员"彻底调查,依法严惩,

---

① 《拒毒会请究军政长官饬弁运烟》,《申报》1928年9月9日。
② 《拒毒会反对军人运土宣言》,《申报》1928年9月16日。
③ 《拒毒会抗争陈调元土案》,《申报》1928年9月23日。
④ 《陈调元案批交军委会严惩》,《申报》1928年10月16日。
⑤ 《查获大批烟土后各方表示》,《申报》1928年11月25日。

以利烟禁,而维威信"。

11月30日,中华国民拒毒会召集上海县党部、上海商总会等三十一个团体举行联席会议,研究应对江安轮案之策略。会议议决推举请愿代表向全国禁烟委员会和江安轮司法调查委员请愿,组织民众调查团向社会征集关于江安轮案之证据。① 会后,中华国民拒毒会以各团体联席会议名义发表宣言,要求详确调查江安轮案真相,并向民众公布;对于涉案人员,不论位高权重与否,均依律严惩;将所获烟土悉数焚毁。②

最终,国民政府将涉案烟土如数焚毁。上海市公安局局长戴石浮、警备司令部侦查队队长傅肖先同被停职,上海市市长张群也提出辞呈。船员中有3个人被江宁地方法院判处徒刑,其余全数释放。

江安轮案因案情扑朔迷离,中华国民拒毒会始终不得该案要领,除联合民众一致督促政府详查案情从严惩处外,对于涉案双方一直未能做出自己的是非判断。

第三节 海外华侨禁毒

在近代,鸦片毒害中华民族之深重不可估量,不仅国内人民深陷于毒品泥潭不能自拔,海外华侨也受烟毒困扰难以摆脱。为了与国内"两年禁毒、六年禁烟"相配合,20世纪30年代中期,东南亚华侨奋起禁烟。1936年5月制定的《菲律宾华侨清毒委员会简章》③即体现了广大海外华侨禁毒的意愿与决心。

一、菲律宾华侨清毒《宣言》

《宣言》开宗明义地指出了鸦片烟毒的危害:鸦片、吗啡等毒品小足以危害身家,大可以灭亡种族,这是尽人皆知的道理。近百年来,中国国民精神萎

---

① 《各团体对于烟土案之表示》,《申报》1928年12月1日。
② 《各团体对于烟土案之表示》,《申报》1928年12月1日。
③ 《菲律宾华侨清毒委员会简章》包括《宣言》、简章正文、《各股办事细则》及《戒毒条例》等附件。

靡不振，原因多种多样，但上述毒品的危害，对国民的健康造成了"莫大之打击"，这是不可否认的。早在鸦片战争以前，东南亚华侨中已盛行吸食鸦片烟。在鸦片大量输入国内的同时，闽粤沿海居民首先学到南洋鸦片吸食法：将阴干的罂粟浆熬煮成膏，用竹子做成烟枪，就灯吸食。这说明南洋吸食鸦片早于中国。华侨是南洋各地人口的重要组成部分，因此吸食鸦片的颓风不可避免地蔓延于华侨之中。清末中国国内鸦片泛滥时期，东南亚各地殖民政府实行鸦片专卖，华侨沾染鸦片瘾癖者颇多。国民党元老冯自由在辛亥革命时期曾在新加坡华侨中活动。据他回忆，与孙中山同被称为"四大寇"之一的尤列，于1900年惠州三洲田起义失败后赴日本，后转去新加坡。在该地尤列以行医为名，深入工人中运动革命，"恒于烟馆赌徒中宣传革命排满，遂亦渐浸染阿芙蓉膏癖，久之，每月所得，辄购阿芙蓉膏若干，归寓闭门停业高卧不起，必俟黑白二米（时人称鸦片为黑米）俱尽，然后重理旧业"。①

在婆罗洲的英属沙捞越，殖民政府实行鸦片专卖，华侨农场主黄乃裳就因反对鸦片专卖，致使殖民政府收入减少而被驱逐。"沙政府素恃出售洋烟为鸦片收入饷源……独新福州一港不能推销……下逐客令。"②可见，20世纪初，在殖民政府的鸦片专卖政策之下，鸦片相当泛滥，华工华侨多染有吸食鸦片癖好。殖民政府视鸦片税为主要财政收入。由于实行鸦片专卖，鸦片大量输入各地，1923年由印度运往海峡殖民地2100箱。③

1930年7月，据中华国民拒毒会总干事黄嘉惠报称，南洋华侨计200余万，吸鸦片者达40万之多，嗜烟华工占全体华工30％—40％，多数未吸烟者到南洋后便嗜吸成瘾。④ 南洋华工吸食鸦片上瘾的原因主要为：1. 工作状况不良。华工大部分为矿工人力车夫、码头工，或者为在橡胶园和大森林中工作者，他们每天工作长达十二个小时，要坚持长时间超强度的工作，只好用鸦片提精神。华工工作地点远离文化中心，做工之余得不到正当娱乐，故借抽鸦片忘却生活之痛苦。2. 治病。南洋为热带气候，经常流行痢疾、伤寒、疟疾等病，鸦片可止痛、治痢，所以一般人相信鸦片能治病，特别是传说可治肺

---

① 冯自由：《革命逸史》（初集），中华书局1981年版，第27页。
② 冯自由：《革命逸史》（第2集），中华书局1981年版，第162页。
③ 《鸦片与英国》，《东方杂志》第21卷第22号，第147页。
④ 《禁烟公报》（民国十九年汇编），第44次会议记录。

病,故吸者更盛。3. 好奇心。工人群居杂处,有瘾者怂恿效尤,私售者推广营业,鼓励之,因而多吸食。华工多为单身,异国他乡一人生活,除吃饭外有余资吸食鸦片,又无家属劝阻,所以沾染。1930年国联派赴远东调查烟土专员马凯士列翁耶拉也指出,在新加坡一带所见中国苦力之吸鸦片者,"每日做工十二小时以上,疲乏之余,既无正当娱乐,又无家室可安。始以抽鸦片为消遣,继则染毒在身,不易摆脱,终于不可救药,以至于悲惨死亡"①。南洋各属专卖机关准许公开吸食,且价格便宜,工人生活千辛万苦,困惫之时以鸦片为慰藉,因而大量吸食。华工大量吸食鸦片,为殖民政府提供了巨额的鸦片特税,英属马来政府1929年鸦片收入1225万元,占全年政费的三分之一以上。各专卖机关虽有每人每日不许购买鸦片250包(每包4角共计100元)以上的规定,大宗买卖却特别便宜,正如人们指出的,是"以种种方法以诱惑之,设种种奖励以导行之"②。为此,中华国民拒毒会认为,中国宜抗议,并向世界宣布,同时请国联援助,禁止华工吸食鸦片。

鉴于烟毒对华侨的严重危害,国内外有识之士无不要求在华侨中禁烟。早在1906年,菲律宾主教伯兰特就给美国总统罗斯福写信,请他注意国际鸦片问题,说明菲律宾传教士已注意到该地的鸦片危害。在清末禁烟运动中,1908年4月因御史黄端麒上奏,清政府下令"驻洋人员及在外华民,有染嗜好者,应令速即戒除"。③ 当时国内禁烟确实影响到华侨禁烟,如华侨李煜堂就曾在几起几落的戒烟中获得成功。但是,由于南洋华侨深受殖民政府鸦片专卖的控制,故他们虽有禁烟要求,却成效不大。

进入20世纪20年代后,在华侨禁烟方面,国内禁烟组织做了大量工作。1924年11月日内瓦禁烟会议之后,中华国民拒毒会请政府向英、法、荷等殖民政府抗议,从速取消南洋群岛的鸦片专卖。1928年8月禁烟委员会成立,11月召开全国禁烟会议,通过《调查南洋英、荷、法、葡各属殖民地鸦片公卖情形,以便向各国提出抗议并向国际禁烟大会声诉案》,以及《救济南洋华侨脱离帝国主义鸦片政策之毒害案》指出,南洋各殖民地当局,"对于白人吸烟定有监禁十年之严律,唯为消灭侨胞实力暨增加饷项收入起见,均实行鸦片

---

① 《禁烟委员会公报》1931年3月,第101页。
② 《禁烟公报》第1期,专载,第17页。
③ 《光绪朝东华录》,总第5882页。

公卖政策,结果华侨受其戕害者不可胜计"。① 殖民政府的鸦片政策致使吸食烟毒者 87% 在当地吸食成瘾。殖民政府在推行鸦片公卖中收取大宗烟税,他们诱惑鼓励华侨吸食鸦片,不仅使几十万华侨遭受巨大经济损失,而且体质日益衰弱,精神日趋昏迷。因而,要求国民政府延请中外专家组织国际调查团,调查国内及国外华侨驻在地鸦片与麻醉品流毒实况,主张在国际调查团未组成前,由禁烟委员会派员到南洋一带实地调查侨胞吸烟状况,及殖民政府对华人弛禁、违反海牙禁烟公约之确据,由外交部向各国提出严重交涉。同时要求华侨委员会及中央党部海外部通令所属宣传禁烟。

进入 30 年代后,国民政府对华侨受毒品危害更为关心。1930 年 1 月 9 日,禁烟委员会第二十一次会议决议,本届全国会议拟请华侨代表加入。1 月 18 日,禁烟委员会电南洋中国各领事馆并转中华各公团机关,上海中华国民拒毒会派执行委员伍连德、总干事黄嘉惠前往南洋英荷二属,提倡华侨拒毒运动,视察烟禁情况。既然鸦片流毒已造成百年来国民之萎靡不振,也已"相习成风",为什么要在 30 年代中期禁烟呢?《宣言》指出,这是"国难当头",挽救当时"山河破碎"的需要,如果继续因循苟安,像以前那样"劝告者自劝告,吸打者自吸打",家无贫富,人无长老,皆一灯相对,吸食鸦片,那么,整个民族的健康状况就会严重下降,人们没有强健的体魄,如何应付当时出现的"非常之环境"?

1936 年夏,中国所处的"非常之环境"是什么呢?简言之,就是民族危机空前严重。九一八事变后,日本很快侵占了中国东北地区,次年建立了伪满洲国,对东北实行殖民统治。1933 年,日本又侵占了热河和冀东地区,接着迅速向北方各省推进。1935 年,日本通过签订一系列条约和协定,控制了察哈尔和河北两省,并积极筹划河北、山东、山西、察哈尔、绥远的所谓华北五省"自治运动"。日本侵略者按照既定的方针,继续侵占中国大片领土,民族矛盾上升为主要矛盾,中华民族处于生死存亡的危急关头。在这种形势下,蒋介石推行"攘外必先安内"的反动方针,消极抗日,积极镇压中国共产党领导的工农武装。红军长征之后,蒋介石自以为已消除了异己,便将主要精力投入抗战的准备工作。1934 年,蒋介石提出了"两年禁毒、六年禁烟"计划。实

---

① 《全国禁烟会议汇编》,决议案,第 40 页。

际上,南京国民政府成立之后就着手禁烟,不过初期的禁烟实质上是在收税,把隐藏的私制、私运、私售、私吸变为公开,从中抽取巨额的税收,造成人们认识上的混乱,结果鸦片越禁越多。后来,随着国民政府形式上的统一,禁烟政策也由"寓禁于征"向严禁转变。但是,由于种种原因,特别是蒋介石政府继续利用鸦片税作为"剿匪"军费的基本方针不变,故成效甚微,鸦片等毒品继续泛滥。

还在20世纪20年代中期,国际社会就关注到毒品问题,连续几次举行国际鸦片会议,讨论限制麻醉品问题。各国报告的情况表明,鸦片专卖的对象主要是华侨。当时各地还缉获了不少侨民私运的烟土和暗藏的烟具,中国国内与南洋之间的鸦片走私也不断被缉获。1931年4月,南记安顺轮从新加坡经汕头到厦门海关停泊,被海关人员查获鸦片7布袋,共重9360余两。①

鉴于南洋华侨中鸦片泛滥的情况,出席国际禁烟大会的中国代表建议政府派德望优隆的大员到南洋华侨中劝谕讲演;对于要求签发出洋护照者,须经医师检验,并保证不沾染鸦片恶习出国者到目的地后先到使馆登记,领事有权对其沾染烟瘾问题进行监督,这点还要列为对使馆考成的内容;对于犯禁之人,国内外一并判罪,侨民在国外犯烟罪处罚较轻者,回国后按国内有关法规补足刑期。

20世纪30年代,华工吸食鸦片亦引起国际劳工组织的重视。1932年,第十六届国际劳工大会通过法国工人代表东渥士的提案,对工人吸烟情况及鸦片对劳工的影响进行调查。国际劳工局在《鸦片与劳工》报告书中,就有关于南洋华工吸食鸦片的概况,海峡殖民地、马来联邦、马来非联邦、婆罗乃、萨拉瓦克、英属北婆罗洲、荷属印度及暹罗、安南等地,鸦片皆由政府专卖,萨拉瓦克除公卖外,强行登记。各地雇主可向官方领取官膏售于工人,1928年年底有此特权之雇主31人。荷属印度对海陆警人员及未成年者和与欧洲人同化者,不领执照概不准吸食,但华人及外来工均可吸食。1929年至1933年之间,在马来联邦的华侨烟民达190700人,占华侨总数的26.8%,暹罗100万人,占华侨总数的17.9%。在南洋,除萨拉瓦克、英属北婆罗洲及暹罗外,

---

① 《申报》1931年4月10日。

烟民全为华人。菲律宾1908年3月1日起禁吸鸦片,但实际上私吸之风仍然盛行。该岛约有华侨15万人,有烟瘾者5000—10000人,取平均数,瘾民占5％以上。①

这个时期,由于国内禁烟运动的开展,要求华侨采取一致行动进行禁烟。1934年,南京国民政府制定了"两年禁毒、六年禁烟"计划,即到1936年年底禁止吸毒,1940年年底在全国禁种罂粟和禁吸鸦片。1935年6月,废除了原《禁烟法》,裁撤了原禁烟委员会,禁烟直接归军事委员会委员长行营领导,同时对华侨禁烟提出了要求:1. 由侨务委员会转饬各地华侨联合会及其他华侨团体,宣扬中央近年禁烟政策和成绩,唤起华侨禁烟,并奖励设戒烟医院成绩突出者。2. 由外交部分饬各地中国领事,调查各地公卖情形,设法交涉取缔。3. 侨务委员会对出国劳工要加强检查,有瘾者不得出国。

在上述国际国内"非常之环境"下,一些正直的华侨悲国民之萎靡不振,因循苟安,及在政府三令五申之下仍吸食鸦片、施打吗啡针的状况,警告吸食鸦片之侨民:政府此次下定了决心,要扫除此深固之积习,为自己身家计,为国家之前途计,禁止吸食,自救救国,如果徘徊观望,不肯戒除,便是自暴自弃,甘居下流。

华侨客居异乡,志在发达,荣归故国,如果因为沾染毒瘾,以至于沦落海外,困顿饥寒,那么不但自误终身,而且羞辱国体,这与本来的愿望是不一致的。南洋一带,鸦片价格昂贵,吸食鸦片犹如吞金。殖民政府设局专卖,以示控制而裕税收,将二钱左右的鸦片装入小玻璃管,卖价约合当时国币八元,华工每日吸食鸦片之费竟有耗其所得工资80％以上。殖民政府通过鸦片专卖控制了华工,华工赊账吸食,发工资后再偿还,这样,通过赊欠—偿还—再赊欠—再偿还的恶性循环,殖民政府利用毒品将华工牢牢地控制在自己的手中,有的直到死亡。既然禁烟关系到华侨的事业和前途,那么禁烟就势在必行。因此,望全体侨胞共同兴起,予以物质与精神之合作,共肩清毒之重任,互相淬砺,互相劝勉,务任菲岛华侨之烟毒一律清除。

华侨对禁烟重要性的认识,表现了他们与祖国荣辱与共的思想。自从清光绪年间在南洋设立领事馆对华侨进行管理以后,华侨民族意识进一步加

---

① 李宽:《烟毒弥漫中之我国侨工》,《禁烟半月刊》第1卷第2期。

强,迸发出极大的爱国热情。广大华侨长期寄居海外,饱受殖民政府的迫害,他们希望祖国强盛,也希望能为之贡献自己的力量。《宣言》指出,政府此次之立下决心,实有鉴于过去之令出不行,故欲以决然之手段,扫除此深固之积习,国民为自己之身家计,为国家之前途计,实应及时忏悔,自救救国。

二、清毒委员会及各股办事细则

1. 清毒委员会

第一,清毒委员会的组成。清毒委员会由中国驻马尼拉总领事官为主席,驻菲律宾国民党总支部、菲律宾岷里拉中华商会、华侨善举公所、华侨教育会和广东会馆各选二人,岷里拉各途商会各选一人为委员,在委员中互选六人为常务委员。该岛州府山顶由清毒委员会函当地名誉领事或党部商会团体组成分会。常务委员会每星期二开会一次,必要时常务委员会三人请求,即可召开临时会议。

第二,清毒委员会职责。(1)根据国民政府禁烟法令,劝勉华侨中沾染鸦片、红丸、吗啡、高根等毒品者,速早戒除,并协助当地政府肃清烟窟、吗啡馆和贩卖毒品等,以增进国体侨誉为宗旨。(2)凡华侨沾染鸦片、吗啡等毒瘾者,可随时到清毒委员会登记,填写志愿书,再分批送入中华崇仁医院戒除,清毒委员会负担戒除烟毒期间一切医药、宿膳诸费。(3)经费由参加团体及各途商会分担,如会务扩大或有特别事故,得以组织募捐队向侨界募捐。

第三,《戒毒条例》。此条例有以下四个方面的内容:(1)入院戒毒手续。凡欲入中华崇仁医院戒除吗啡或烟毒、瘾癖之侨胞,须提前到清毒委员会填写志愿书及交二寸半身照片三张存案,并找本埠商店盖印保证。州府山顶则由该地分会或正式团体依前条手续具函保送。(2)凡入院戒除吗啡或烟毒之侨胞,必须遵守本会一切章程及医院规则。(3)凡入院戒除吗啡及烟毒者,不得私带鸦片烟丸、烟膏、吗啡和高根等毒品,或托人购送、暗中吞服、私自打针。(4)入院戒烟者志愿书,其内容如下:

志愿书

立志愿书人××海关在地字名汉文××英文×在地字列第×

×号××岁原籍××省××县××都××乡

现住××街门牌××号　兹有志戒除吗啡鸦片嗜好,愿遵守菲律宾华侨清毒委员会一切章程,入中华崇仁医院受医生治理,至于毒尽而后出院,如毒未除尽,不能擅自出院,如毒已除尽亦不敢再借故逗留。将来毒尽出院以后,永远不敢再行沾染,一被查出,愿听中华民国驻岷里拉总领事馆遣配回国。此乃出于自愿,特立此志愿书。

菲律宾清毒委员会,立志愿书人××
中华民国二十五年×月×日

《戒毒条例》的规定和戒烟志愿书的填写与存案,有利于清毒委员会对有瘾华侨的管理和分期分批给予医治戒除。志愿书重申戒毒条例的主要内容,以期引起有瘾者重视并自觉遵守,有利于强调戒毒的重要性和戒毒工作的开展。

2. 清毒委员会各股办事细则

为了更好地在华侨中肃清烟毒,保障此项工作的顺利开展,清毒委员会中特设五股,并制定了各股办事细则。各股及其办事细则如下:(1)总务股:掌理一切会务及来往文件等事项。(2)经济股:掌理收支及筹捐等经济事项。(3)交际股:掌理对内对外一切交际事项。(4)调查股:调查侨界沾染鸦片、吗啡等毒品及其他应调查事项。(5)宣传股:关于清毒问题的一切宣传。五股各设主任一人,每股股员二至七人不等,五股共二十八人。五股和各股工作人员的设置,使清毒委员会在人员配备和处理日常工作中成为一个有机整体,为清毒工作的进行提供了保障。广大华侨身居海外,心向祖国,《菲律宾华侨清毒委员会简章》所定内容,不仅是菲律宾华侨与祖国同呼吸共命运的表现,也是所有海外华侨忧国忧民、与祖国休戚与共的缩影。菲律宾华侨与南洋其他各地华侨一样,具有强烈的爱国热情。九一八事变之后,1931年10月30日该地成立了有十六个团体参加的菲律宾华侨救国联合会,并出版《旗帜》刊物,宣传抗日救国,为了支援东北和察哈尔抗日义勇军及上海十九路军抗战和赈济灾民,1931—1933年两年间共捐款二百万美元、七十五万比索。① 1937年抗日战争全面爆发后,菲律宾华侨领袖李清泉和新加坡华侨领袖陈嘉庚于1938年10月组织"南侨总会",筹集款项,支援国内抗战。第二次世界大战之后,南洋各地多已实行禁烟,而我国在远东各地侨民吸食烟毒之风却仍很盛行,吸食烟毒者达四十九万余人。国民政府为了保障国家声誉,履行国际合作,又颁布了《肃清华侨烟毒办法》,展开侨民禁烟运动。《肃清华侨烟毒办法》的颁布说明20世纪30年代中期南洋华侨禁烟并没有取得彻底成功。华侨华工烟毒瘾癖难以肃清,除了工作任务繁重、劳动条件恶劣,远离祖国,长期生活工作于异国他乡,不便管理也是一个原因。加上国内政局动荡,政府更无力顾及华工,所以烟毒长期弥漫,造成严重危害。

总之,在中国近现代历史上,每当国内发生重大政治变化时,华侨都挺身而出,他们与祖国共荣辱,支持正义,时刻关心祖国的前途和命运,为祖国的繁荣富强而奔走,为家乡人们的沉沦而叹息。当国内大张旗鼓地禁止烟毒之际,海外华侨奋起响应,他们建立组织,制定章程,决心革除鸦片积弊,这在华侨爱国史上留下了光辉的一页。

第四节　民间禁毒运动的衰落

在1927年至1937年间,由中华国民拒毒会领导的民间拒毒运动一度形成蓬勃之势,并在一定程度上影响了南京国民政府的禁烟禁毒政策,但由于民间拒毒运动的严禁立场始终与国民政府借烟谋利的企图相背离,加之20世纪30年代中后期,随着国民党一党专政与蒋介石个人独裁的不断加强,国民政府对民间拒毒运动的管控也日益严密,其活动空间日益被压缩,影响也日渐式微。

一、民间禁毒力量的妥协

早在国民政府迁往武汉时,中华国民拒毒会即遣人前往接洽,因军事倥

---

① 朱杰勤:《东南亚华侨史》,高等教育出版社1990年版,第250页。

俨,无果而终。宁汉合流后,中华国民拒毒会又与国民政府诸要人多次接触,商谈禁烟事宜。在与地方各公团经过长时间讨论之后,中华国民拒毒会再次请求国府禁绝烟毒。在中华国民拒毒会的请求下,中央政治会议第 105 次会议确定了三年禁烟计划,在财政部设立禁烟处专司其事。① 中华国民拒毒会请愿成功,意味着国民政府对该会合法性的某种认可,这是中华国民拒毒会在新政权下继续存在的前提。

国民政府虽宣示三年禁烟,但在建立初期,其内部整合尚未完成,政争不断,战事频仍,需款孔亟却又财源匮乏,政府实际上无力也无心于禁毒事务,从中央至地方,皆"借禁烟之名,行敛财之实"。②

1927 年 8 月,禁烟处处长李基鸿在各团体代表联席禁烟会议上明确宣示了国民政府的鸦片专卖办法。③ 9 月颁布的《禁烟暂行章程》、11 月通过的《修正禁烟条例》,所规定的也都是些明禁实征的条款。时隔不久,江浙等省相继实行专卖。政府此举激起了民众强烈的反抗。中华国民拒毒会为此特发宣言,"深望以救国救民为号召之革命当局能言出维行,以民意为旨归,从速取消残民祸国之鸦片公卖法""以免蹈筹款而不禁烟之覆辙"。④ 该会还直陈国民政府,认为即使军费紧急,烟税收入也是杯水车薪得不偿失。"以此等区区之收入而违背党纲,违背总理遗训,拂逆人民公意,破坏国际信用以行之,其代价未免过奢。"⑤

但财政困乏的南京政府难以割舍此项财源,因此,尽管中华国民拒毒会及舆论一致反对,专卖依旧在其管辖区域内推行开来。1928 年 6 月 8 日,阎锡山部进入北京。12 日,接收天津。大规模战事暂告结束,借口军费困难实施专卖的理由已不成立,中华国民拒毒会乘机向财政部召集的经济会议提出禁烟议案及实施办法。对于中华国民拒毒会的主张,宋子文代表国民政府表示:"国府已议决禁烟,决不再以筹款为目的。即有任何收入亦将于拒毒教育及戒烟事业。"⑥同时,中华国民拒毒会干事黄嘉惠亲赴南京,与内政部部长

---

① 楚材编述:《中华国民拒毒会禁烟运动之经过》,《拒毒月刊》第 16 期。
② 蒋秋明、朱庆葆:《中国禁毒历程》,天津教育出版社 1996 年版,第 255 页。
③ 《财政部禁烟处禁烟办法》,《申报》1927 年 8 月 20 日。
④ 《拒毒会反对鸦片公卖宣言》,《申报》1927 年 11 月 9 日。
⑤ 《拒毒会呈请改善禁烟方法》,《申报》1928 年 2 月 24 日。
⑥ 《拒毒会请求禁烟之经过》,《申报》1928 年 7 月 14 日。

薛笃弼、江苏省政府主席钮永建商谈禁烟事宜。薛、钮二人表示:"将来禁烟办法,当尽量采取禁烟会之主张。"①国民政府这次似乎没有食言。1928年7月,征收烟税的禁烟处被撤销。8月,全国禁烟委员会成立。9月,国民政府颁布了《禁烟法》和《禁烟法实施条例》。11月,第一次全国禁烟会议在南京召开,蒋介石在会上表示:"此后国民政府绝对不从鸦片得一文钱。"②从1929年1月至1930年12月的近两年时间里,全国禁烟委员会又制定了14种重要的禁烟法律和规章。③

从法规条文上看,国民政府的确放弃了借烟谋利、寓禁于征的政策,但事实上,烟毒泛滥的势头并未得到有效遏制。"各地烟祸之猖獗依然如昔,甚或过之,是以禁烟命令几等具文。"④

断禁不力,专卖之议再起。1931年年初,中华国民拒毒会执行委员伍连德博士发表《流毒已极之鸦片问题》一文。他认为政府应严格控制鸦片的种、贩、售吸等环节,用15年的时间禁绝鸦片。⑤此论一出,即遭到中华国民拒毒会的猛烈抨击,最终导致伍连德退出中华国民拒毒会。但这篇文章的出现预示着民间禁毒思想的某种变化,清末以后一直被民间禁毒组织固守的严禁、断禁主张开始发生动摇。⑥ 1月17日,前财政部禁烟处处长李基鸿等人赴台湾调查日本在台专卖鸦片情形。2月4日,伍连德及与鸦片公卖关系很深的人皆被任命为全国禁烟委员会委员。中华国民拒毒会据此推断,"鸦片公卖已在着着进行中",决定反对到底,"使之不致实现"。⑦ 2月13日,中华国民拒毒会举行临时常务会议,议定八项应对办法:1. 联合上海各公团召开反对鸦片公卖联席大会,以唤起民众注意。2. 呈请中央政府厉行禁绝鸦片,

---

① 《拒毒会请求禁烟之经过》,《申报》1928年7月14日。
② 《全国禁烟会议第三次大会》,《申报》1928年11月7日。
③ 蒋秋明、朱庆葆:《中国禁毒历程》,天津教育出版社1996年版,第262页。
④ 罗运炎:《中国烟禁问题》,大明图书公司1934年,第138页。
⑤ 《伍连德博士禁烟主张》,《申报》1931年2月6日。
⑥ 汉口商业储蓄银行筹备员黄鼎言在1931年2月直呈国民政府主席蒋介石,提出与伍连德类似的观点。他认为目前的断禁政策"有若治病不知病根所在",而解决鸦片问题的根本办法是彻底清查各省出产鸦片数量及烟民人数,由政府统购烟土,制膏专卖,逐年递减以至禁绝。见《黄鼎言禁烟条陈》,中国第二历史档案馆馆藏档案,转引自蒋秋明、朱庆葆:《中国禁毒历程》,天津教育出版社1996年版,第274页。
⑦ 《拒毒会对鸦片公卖之宣传》,《申报》1931年2月10日。

并宣布永远不借鸦片征税。3. 呈请立法院制定法规,不许公卖鸦片。4. 呈请中央党部根据总理拒毒遗训宣传制止公卖。5. 函请钟可讬、马寅初两位全国禁烟委员会委员极力反对鸦片公卖。6. 发函忠告禁烟委员会勿行专卖。7. 本会执行委员不得兼任全国禁烟委员会委员一案提交全体大会表决。8. 发表反对鸦片专卖宣言,并声明伍连德提出之公卖主张乃其个人行为,与中华国民拒毒会断禁主张实相违背。①

面对来自公众,乃至国民党内的反对声,国民政府一面声明"厉行禁绝鸦片为政府既定政策,正在切实办理,举行公卖之说并无其事";②一面却在苏浙闽皖赣控制区内设立禁烟查缉处,着手实行鸦片专卖。③

6月25日,中华国民拒毒会再次召开常务会议讨论应对之策。会议认为国民政府采取寓禁于征之策,在各省广设禁烟查缉处,既违背海牙禁烟公约、国民党纲,"而与总理拒毒遗训更多违反之处",决定"贯彻素来主张,继续反对,以维烟禁"。④

在中华国民拒毒会的号召下,各地各界掀起了声势浩大的反对浪潮。江苏省党整会、浙江省党部、天津市党部、思明县党部等党务机关,上海市商会、中华基督教青年会全国协会、上海律师公会、上海精武体育会、厦门记者联合会等民众团体,以及河北省拒毒会、奉化各界巡回拒毒运动大会等拒毒团体,皆纷纷反对设立禁烟查缉处。"各方面表示均甚激昂,民意之盛从未曾有。"⑤

迫于压力,全国禁烟委员会呈请行政院,"将此次查缉办法即行停止,所有已设各查缉处立予撤销"。7月8日,行政院训令"准予照办"。⑥

禁烟查缉处虽被取消,但国民政府公卖鸦片的念头并未因此中止。安徽陈调元、福建方声涛皆借烟征税,而国民政府却置之不闻。九一八事变后,东北军数十万人撤入关内,军费无着,于1932年4月间,开始着手实行鸦片公卖。在山西推行严禁的阎锡山也因数年来邻省毒品禁不胜禁,转而采取专卖

---

① 《拒毒会坚决反对鸦片公卖》,《申报》1931年2月14日。
② 《鸦片公卖并非事实》,《申报》1931年4月12日。
③ 《皖省设禁烟查缉处》,《申报》1931年6月23日。
④ 《拒毒会议决反对寓禁于征》,《申报》1931年6月26日。
⑤ 《万众一心反对禁烟查缉处》,《申报》1931年7月8日。
⑥ 《院令停办禁烟查缉处》,《申报》1931年7月9日。

政策。①

烟氛复炽,中华国民拒毒会一面致电张学良,责其公卖鸦片之举"实贻民族巨患于百世",希望他"察核利害""迅即明令撤销鸦片公卖苛政";②一面再次呼吁各团体速起抗争,"以制止奸人暗中之活动,预防公卖政策之实现"。③

在中华国民拒毒会的鼓动下,民间掀起了新一轮反对鸦片公卖的浪潮。国难协济会、国民奋进会、华侨联合会、全国律师协会纷纷发表宣言反对专卖。

6月18日,国民政府再次颁布鸦片禁令,"嗣后各地方长官对于施行烟禁,务各遵照现行法规严切实施,毋得阳奉阴违视为具文"。④

1927年至1933年这一时期,中华国民拒毒会始终本着断禁原则,以毫不妥协的立场,一次次抵制政府的公卖企图。政府在与民间角力的过程中,始终居于被动地位,数度妥协,盖因时局纷扰,中央政府孱弱,始终拿不出一个切实可行的禁烟方案。所谓寓禁于征、鸦片公卖,不过是想借此敛财,在道义上根本站不住脚,经民众与舆论的强烈反对,最终不得不草草收场。

1933年之后,至1937年抗战全面爆发,国民政府对禁毒运动的主导意愿增强,禁毒措施渐趋得力。相应地,中华国民拒毒会在禁毒运动中被日益边缘化,在禁毒思想上最终放弃了断禁要求,转而接受国民政府"两年禁毒、六年禁烟"的渐禁政策。1937年抗战全面爆发后,中华国民拒毒会受战争影响而终止活动。

1932年年初,蒋汪联合,汪主政、蒋主军。汪精卫担任行政院长后公开鼓吹公卖。"年来各地之鸦片未能禁绝成公开之秘密,值兹国家财政万分竭蹶之秋,转不若实行公开寓禁于征。一方于实施禁绝便于统计,一方得一财源足纾目前之困难。"⑤

1932年夏,蒋介石宣布由军委会下设之"豫、皖、鄂三省'剿匪'总司令

---

① 《拒毒会注意鸦片公卖复活》,《申报》1932年4月24日;《冀晋察绥实行鸦片公卖》,《申报》1932年4月27日。
② 《拒毒会质问张学良》,《申报》1932年4月28日。
③ 《鸦片公卖声中拒毒痛哭陈辞》,《申报》1932年5月12日。
④ 《中央鸦片禁令拒毒会发表宣言》,《申报》1932年6月24日。
⑤ 《鸦片果真将公卖乎》,《申报》1932年6月25日。

部"负责,在鄂、豫、皖、赣"剿共"区域内推行分年渐禁办法,以禁断烟毒。1934年6月,渐禁区域由四省扩至豫、鄂、皖、赣、苏、浙、闽、湘、陕、甘十省。1935年4月1日,蒋介石发布"禁烟通令",宣布国民政府实施"两年禁毒、六年禁烟"计划。"对于烈性毒品,则规定自二十四年至二十五年底止,以两年为彻底禁绝之限期。对于禁烟方面,则按六年禁绝期限,即自二十四年至二十九年底为止。"①

蒋介石所推行的分年渐禁计划,其实质仍是寓禁于征。中华国民拒毒会对此予以严厉抨击。此后,军委会以军事手段实行禁烟,颇有雷厉风行之势,中华国民拒毒会的态度随之转变。"蒋委员长既下严令,定能贯彻主张。张副司令国外观摩归来,亦力主禁烟。立法、监察当局曾抗争烟禁至再至三。可见当局均能烛见及此,至堪欣慰。"②

1935年3月,中华国民拒毒会召开常务委员会议。会后,中华国民拒毒会发表了禁烟宣言及对六年禁烟计划的十大主张,表示:"其寓禁于征之计划与各地办理之方法,与本会历来主张多有出入,然其禁绝之最后目的则为本会所同具之希望。同人等鉴时机之需要,应本素来研究之所得,提供禁烟之参考。一方面唤起社会共促禁绝之实现,期使六年之后烟祸绝迹,民族复兴克树初基。"③对于政府借烟所征之税,中华国民拒毒会希望"不应以收入为目的,其目前收入应拨用于禁烟之设施"。④ 很明显,宣言和十大主张表明,中华国民拒毒会公开放弃了一贯坚持的断禁和严禁立场,转而接受了政府的"寓禁于征""分年渐禁"的禁烟政策。以此为标志,自清末禁烟时就植根于民间的速禁、断禁主张再度让位于渐禁思想。自此之后,以中华国民拒毒会为核心的民间拒毒运动也渐趋消沉。1937年七七事变后,抗战全面爆发,整个中国处于风雨飘摇之中,中华国民拒毒会由此无形消散,由民间人士主导的中国民间禁毒运动也至此戛然而止。

---

① 上海禁烟委员会编印:《禁烟专刊》第一期,1935年12月,第30页。
② 《拒毒会六三纪念宣言》,《申报》1934年6月3日。
③ 《本会对于六年禁烟之主张》,《拒毒月刊》第86期。
④ 《中华国民拒毒会禁烟十大主张》,《申报》1935年3月18日。

二、政府对民间禁毒力量的管控

禁毒原本是属于政府职责范围内的公共事务,近代中国民间禁毒运动的兴起与发展主要是由于政府的孱弱与不作为而迫使民众采取的一种自救行为,因此,从近代中国民间禁毒运动发展的脉络可以看出,这一运动兴起于中央政府权威衰落的清末时期,发展于北洋政府时期和南京国民政府初期,至20世纪30年代中期以后,随着国民党一党专政和蒋介石个人独裁的不断加强,国民政府不断出台措施加强对包括民间禁毒组织在内的各类民众团体的管控,民间禁毒运动的活动空间也日益被压缩,并最终导致其走向衰落。

南京国民政府在成立初期虽然展现出一种尊重民意、厉行禁烟的姿态,并承认了以中华国民拒毒会为代表的民间禁毒团体与民间拒毒运动存在的合法性,但是,其并不甘心由民间禁毒组织来主导全国的拒毒运动,自成立之初,南京国民政府就通过一系列的举措来强化对禁毒事务的主导,加强对民间禁毒组织的管控,压缩民间拒毒运动的活动空间。

(一)强化政府对禁毒事务的主导权

全国禁烟委员会虽是在中华国民拒毒会的吁请下成立的,但也隐含着由官方禁毒机构吸纳民间禁毒领袖、融合民间禁毒团体的企图。此后,南京国民政府又成立了一系列官方禁毒机构,出台了一系列禁毒法律法规,以强化对禁毒事务的管理。

南京国民政府还出台了一系列政策以加强对民间禁毒组织的管控。如1928年2月,国民党二届四中全会通过对其党纲的修订,削弱了群众运动在其党务活动中的地位与作用,同时通过的《改组中央党部案》将"民众运动委员会"改名为"民众训练委员会",这一与民众运动直接相关的国民党党务机构的名称变更也凸显出国民党意欲加强对民众运动管控的企图,这其中自然也包括此时尚由民间团体主导的拒毒运动。

南京国民政府还通过设立全国性的禁烟纪念日等举措,来加强对这些具有强烈象征意义的禁毒活动的管理,以彰显政府对于禁毒事务的主导权。如1929年5月27日,全国禁烟委员会向国民政府提出,以每年的6月3日,即虎门销烟开始之日为禁烟纪念日。此议为国民政府所采纳,并详定了禁烟纪念日办法,该办法规定:1. 全国各军政机关、各团体、学校、工厂、商店应于纪念日当天悬挂国旗、党旗以志纪念。2. 首都由禁烟委员会召集各机关、团体、学校代表举行纪念典礼。3. 各省、市、县由地方政府或省市禁烟机关召集各机关、团体、学校代表举行纪念典礼。4. 纪念典礼程序如下：(1) 开会，(2) 奏乐，(3) 唱党歌，(4) 向国旗、党旗、孙中山遗像行三鞠躬礼，(5) 主席恭读孙中山遗嘱和拒毒遗训，(6) 默念三分钟，(7) 主席致开会辞，(8) 报告禁烟状况，(9) 演说，(10) 奏乐，(11) 散会。5. 全国各学校应于是日举行讲演会演讲鸦片祸国之情形与国民对于禁烟应有之努力。6. 全国军政机关、各团体、学校应于是日举行扩大禁烟宣传俾使民众警惕。7. 负责召集举行纪念典礼之机关得于事前酌量情形邀请各机关公团代表筹备进行。8. 是日并得举行禁烟讲演会、禁烟展览会、禁烟游艺会及公开焚毁烟土烟具以资观感。①

上述禁烟纪念日办法有两点颇为引人注目，一是强调国民党党政机关对于禁烟纪念日活动的主导，二是在纪念日活动的议程中凸显了国民党的党治符号。

（二）民间禁毒力量的分化

晚清以来，对于禁烟始终存在着严禁与弛禁之争，至南京国民政府时期，这一分歧则表现为"断禁"与"渐禁"之争。就民间禁毒人士而言，持"断禁"主张的为主流，这也是中华国民拒毒会一直所秉持的主张，但这一主张与国民政府借烟谋利的企图相背离。就当时中国经济、政治及社会现实而言，短时间内断禁毒品也确难实现，因此，持"渐禁"主张的也不乏其人，其中，伍连德于1931年2月于《医药评论》上发表《流毒已极之鸦片问题》，阐述其垄断专卖鸦片，实施分年递减，于15年内禁绝鸦片的主张。

伍连德这一禁烟主张遭到其他民间禁毒人士的强烈反对，马寅初在其《反对今日之鸦片公卖政策》②一文中即隐含对伍连德这一"微有赞公卖之意"主张的否定。如果说，马寅初对伍连德这一主张的批评尚显温和的话，那么中华国民拒毒会的反应则要激烈得多，并且最终导致伍连德退出了中华国民拒毒会主导的民间拒毒运动。

---

① 《六三禁烟纪念日纪念办法》，《中央周刊》1930年第102期。
② 原载《商业月刊》第1卷第3期8月号，1931年7月25日，后收入《马寅初经济论文集》（第1集），商务印书馆1932年12月版。

此外，在国民政府不断加强管控与压制的形势下，部分民间禁毒人士也不得不退出民间拒毒运动，即便是仍然参与其间的人士也开始谨言慎行，不再敢公然与政府的禁毒政策相抗衡，这一转变的标志性事件就是"白芝英贩毒案"。白芝英系中华国民拒毒会总干事黄嘉惠之妻。1931年3月中旬，黄嘉惠、白芝英夫妇赴台湾调查鸦片专卖，在抵达台湾后，上海的媒体报道说香港海关发现了白芝英的行李中带着毒品。香港很快出面澄清并无证据证明白氏贩毒，各民间禁毒团体也对黄嘉惠予以声援，此案显系诬告，但国民政府对白案的态度颇令人玩味，既不出面惩治诬告之人，也未对黄嘉惠夫妇予以安抚慰问，而黄氏夫妇控告诬陷者的诉讼也以败诉而告终。"白芝英贩毒案"与伍连德发表《流毒已极之鸦片问题》一文的时间点极为巧合，恰在1931年2、3月间，国民政府制造舆论准备实行鸦片公卖之际，这很难不让人怀疑国民政府是否在背后暗中指使和操弄。在"白芝英贩毒案"的影响下，民间人士逐步在禁毒问题上"失声"。

在国民政府的不断管控和打压之下，中华国民拒毒会只得步步退缩，最终，中华国民拒毒会在其主办的第113期《拒毒》月刊上将之前的"监督政府、严厉禁烟"的组织宗旨修改为"唤醒同胞，协助政府，一致实施总理拒毒遗训"。随着民间禁毒团体自主性和活动空间的丧失，民间拒毒运动最终只能走向衰落。

第十四章　"两年禁毒、六年禁烟"运动（上）

1935年4月1日，国民政府军委会委员长蒋介石向全国发布"禁烟通令"，宣布实施国民政府"两年禁毒、六年禁烟"计划。通令指出："向日毒祸烟氛蔓延过广。今欲彻底肃清，自非更进一步严定程序，使腹地与边远各省同时平流并进不为功。否则本源不塞，此张彼弛，实施禁政前途窒碍滋大。"对于禁政措施，通令强调，以分年推进，逐步加紧为原则，官民协作，共同努力以彻底禁绝烟毒。在时间计划上，对于烈性毒品，则规定自二十四年（1935年）至二十五年（1936年）止，以两年为彻底禁绝之限期。对于禁烟方面，则按六年禁绝期限，即自二十四年（1935年）至二十九年（1940年）为止。①

第一节　六年禁政的规划、法令、组织及其调整

一、六年禁政的基本规划

1. 总体规划：《禁烟实施办法》与《禁毒实施办法》

在发布禁烟通令的同时，军委会公布了《禁烟实施办法》与《禁毒实施办法》，作为实施六年禁政计划的基本准则。这样，国民政府的六年禁政便在军委会的统筹领导下全面展开。由于六年禁政是在19省5市的广大范围内采取分年推进的渐禁方法，因此，必须严格按照计划，保持各省区施禁步骤的协调统一，分阶段地稳妥推进，否则，便很容易重蹈以往禁烟时此张彼弛、各自

---

① 上海禁烟委员会编印：《禁烟专刊》第1期，1935年12月，第30页。

为政的覆辙,使禁政归于无效。因此。在六年禁政施行之前,中央军委会便根据腹省禁烟的经验,拟定了颇为周详的禁烟禁毒计划。根据《禁烟实施办法》与《禁毒实施办法》,六年禁政的总体规划如下:

(1) 禁种

豫、鄂、皖、赣、湘、苏、浙、闽腹地8省绝对禁种,冀、鲁、晋等省也按腹地省份的办法绝对禁种。这些省份称为绝对禁种省份。绝对禁种省份必须在实施六年禁政的第一年内彻底实现禁种。凡是已经报称禁绝的县份,如今后再有烟苗出土,一经查实,该管县长、查禁委员及区保甲长、种户,概依军法从严惩治。有敢聚众抗铲者,为首之人立予枪决。县长对辖境内烟苗不报不铲私收捐费者,一经查实,也立予枪决,以示惩儆。陕、甘两省在军委会所办腹地十省禁烟时即属禁种省份,照原案应在1934年内禁绝种烟,由于禁种成效不佳,现改为分三期禁种(甘肃执行三期禁种仍有困难,后改为五期),1935年内第一期已报禁种及此后各期禁种的县份,即视为绝对禁种地区,不许再有烟苗出土。至于川、滇、黔、察(哈尔)、宁(夏)、绥(远)等向来产烟的省份,应按陕、甘两省分期禁种办法,于1935年内切实查明各省种烟县份、栽种面积及产量,作为最后产量的标准,拟定分年减种计划呈报行营核定,自1936年起分年递减,同时肃清。绝对禁种省份,由行营派员分赴各省监督办理。1935年4月1日,与国民政府军事委员会发布六年禁烟通令的同时,军事委员会委员长行营修正公布了《派员查禁各省种烟办法》,规定每年烟籽下种时期进行查勘,烟苗出土时期进行总检举,以防死灰复燃。① 1936年起,无论禁种省份还是缓禁省份,均由行营派大员亲赴各省检举观察,以监督禁政计划的执行。

(2) 禁吸

1935年4月1日,与国民政府军事委员会发布六年禁烟通令的同时,豫鄂皖三省"剿匪"总司令部即公布《厉行戒烟取缔吸户章程》,要求各省市应依照该章程的规定,举办烟民登记。在腹地十省禁烟时,曾依照该章程举办过烟民登记。这次登记属补行登记,限6个月彻底办理完毕,前3个月为劝令登记,尽量宣传开导烟民前往登记;后3个月为勒令登记,对前期匿不登记者

---

① 潘守正:《禁烟概要》,1935年版,第53—54页。

强制执行登记。贫民吸户实行简易办法,另发一种吸烟执照,以期烟民统计尽量准确,作为分年递减的标准。登记日期截止后不再补登,查有漏未登记者一律拘押勒戒。以1935年最后登记截止时的总人数为准,按烟民年龄依次勒戒,分为五期,一年为一期,每年至少递减1/5,到1940年年底完全戒绝。

(3) 禁运及禁售

各省市应限期禁吸,在1940年以前,凡登记领照吸户在依限戒绝前所需之鸦片,仍按豫、鄂、皖"剿共"地区及腹地十省分年渐禁办法,由禁烟督察处实行公运,特许运商申领采办执照赴边省采购,严禁私运。以1935年登记吸户人数计算所需之烟土数量,为采办公运之标准。自1936年起,逐年查明吸户所需的烟土数量,与每年烟民数量的递减保持一致,也实行分年递减。土膏店由各省市政府与督察处商定开设之数目。土膏行数目由督察处核定,于烟民登记办竣两个月内列表呈报,作为土膏行店最后定额之标准,依据《取缔土膏行店章程》,凭照购售土膏,并根据吸户人数及烟土需量的递减,逐年减少土膏行店的数量,至1940年烟民戒绝完毕时全部取消。

(4) 禁毒

关于两年禁毒,适用南昌行营1934年5月11日所颁《严禁烈性毒品暂行条例》(简称《条例》),以《条例》作为处刑的标准。在1935年至1936年两年禁毒期间,凡制造、运输、贩卖毒品者概依该条例处以死刑。其帮助犯,视情节轻重,处无期徒刑或5年以上12年以下有期徒刑。上述各罪人犯之私人财产一律没收充公。为制毒提供(包括出借与租赁)房屋者,房产没收充公,房主明知制毒而提供房屋,以共同犯罪论处。事先不知而事后知情不报,则以帮助犯论处。自1937年起,两年禁毒期限已过,则制造、运输和贩卖毒品之人犯,不分主犯、从犯或帮助犯,概处死刑。至于吸用烈性毒品及施打吗啡针者,限于1935年内自动投戒。不愿投戒,仍私自吸用毒品者,一经查获,即拘送戒毒所勒戒。1936年仍有未经投戒而私自吸用者,除拘送勒戒外,并处5年以上有期徒刑。两年禁毒期限之后,自1937年起,凡吸用毒品及施打吗啡针者,一经查获,概处死刑或无期徒刑。对于戒后复吸,凡属自动投戒而复吸者,在1935年内可以从轻判处5年以上有期徒刑;凡属勒戒而复吸者也均处死刑。

（5）特殊犯罪主体的规定

党政军学人员，作为特殊主体，触犯鸦片毒品各罪，均从重惩处。凡党政军服务人员及学校员生，一律绝对禁止吸食鸦片或毒品，其已吸用者，准其限期戒绝，匿不申报、逾限不戒或戒后复吸者均处极刑。在禁毒期间，公务人员在毒品的制、运、售案中有帮助行为者也从重判处死刑。从 1935 年起，每年进行一次禁毒总检举。

从上述禁烟禁毒的总体计划上看，国民政府六年禁政，事实上是在先前腹地十省分年渐禁的基础上加以修正完善，并在适用范围上加以推广而形成的。六年禁政的主要施禁方法，从产烟地区分期减种、督察公运、特许采办、土膏行店凭照购售，到烟民登记、领照购吸、限期戒绝等等，以及以军事手段厉行烟禁，以军法程序办理烟毒案件，均肇始于腹地十省分年渐禁时期。腹地十省的禁烟，实是六年禁政的基础。

2. 具体规划：《禁烟禁毒五年进度表》①

1935 年 12 月，军委会委员长蒋介石复兼国民政府行政院长之职，统筹全国政务。在规划六年施政方案时，六年禁政自属其中一项重要内容，但由于时至年底，原定六年禁政计划差不多已过去一年，遂由禁烟总会拟定出《禁烟禁毒五年进度表》，作为今后五年内分年督导全国禁烟禁毒工作的具体规划。进度表按年份规定了 1936—1940 年中每年应当进行的禁政事项，尤其在禁种方面，系根据各省上报的禁种计划编制而成，更为详细具体。实际上是将《禁烟实施办法》和《禁毒实施办法》所设计的总体规划分解为逐年推进的具体任务，现举其概要分述如下：

（1）禁种

1936 年，对划为绝对禁种的苏、浙、皖、赣、湘、鄂、冀、豫、闽、鲁、晋等省份，以及陕西已告禁种的 73 县、宁夏已禁种 4/10 的产烟 7 县（宁夏、宁朔、平罗、中卫、中宁、灵武、金积），由中央委派禁烟特派员或责成各该省政府，于种烟和收烟季节普遍查禁，厉行铲惩，以防再种。对四川、云南、贵州、甘肃、绥远等分年减种省份中已告禁种的县，于春夏之交收烟季节照章施行总检举，于秋冬种烟季节对下一期应当禁种的县切实查禁。1937 年内，对绝对禁种

---

① 《禁烟禁毒五年进度表》，《禁烟汇刊》1937 年第 1 期。

省份及新近禁种之宁夏省,仍照原案委派特派员会同各该省政府分别查禁,随时铲惩。春夏收烟季节,对川、滇、黔、陕、甘、绥上一年度业已禁种之县进行检举,并在秋冬种烟季节对上述6省按照计划应当禁种的县进行查禁,确保其按计划实施禁种。1938年内,继续对绝对禁种之苏、浙、皖等省及新近禁种之陕西、云南省,责成省政府或特派员照原案进行查禁。对川、黔、甘、绥4省上年度已禁种县进行检举,并对上述4省按计划应当禁种的县进行查禁,确保实施禁种。1939年内继续对禁种省份实行查禁,对川、黔、甘、绥4省已禁种之县进行检举,对尚未禁种之县实行禁种。1940年,全国各省一律禁绝,各地应严厉防范查禁,不得再有一株烟苗下种,以完成禁政。

(2) 禁运

1936年内暂照现行公运联运办法,监督商人领取采办证及特许执照,采办边省烟土,由指定路线运入腹地省份之公栈,完税后提货分销。从1937年起,每年由禁烟机关尽量收购川、滇、陕、甘等各个分期禁种省份所产烟土,统运至新设之制膏厂备制公膏,交商人代销。由禁烟机关制定统运烟土的详细办法,实行统收统运,取消商采商运制度。制造公膏的数量分别按上年年终各地戒除烟民所余的4/5、3/5、2/5人数的需求量为准,逐年相应递减。至1940年由禁烟机关收购川、黔、甘、绥4省最后减种区域所产烟土,制膏供最后所余1/5烟民吸食,全部烟民戒绝后停止统运,剩余烟土烟膏全部送交中央卫生试验所供制药之用。

(3) 禁售

1936年4月,蒋介石以禁烟总监名义发布《取缔土膏行店补充方法》,规定土膏行每家每月售予土膏店及零趸销售额以1.5万两为最低限度。各级土膏店照牌照登记每月最少销售:甲等5000两,乙等2500两,丙等1800两,丁等1000两。[1] 1936年内暂许领照经营土膏行店的商人提售各地公栈的完税烟土。由禁烟机关会同各省市政府,暂照烟民登记的人数和吸量确定境内土膏行店准设的数目,凡未领取合法照证的土膏行店一律取缔。同年,在边省产烟集中航运便利之处筹设公膏制造工厂。从1937年起,由公膏厂制造公膏,禁烟机关就原领证照之土膏行店中择定代售公膏的总分销商人,按其

---

[1] 潘守正:《禁烟概要》,1935年版,第60—61页。

经售区域内烟民的总吸量发给烟膏,由烟民凭照购吸,发售公膏开始后,各地土膏行店一律停止营业。制售公膏,也按上年各地戒除烟民所余 4/5、3/5、2/5 人数的需要量,逐年减制减运,俾与每年戒绝 1/5 烟民的步骤保持一致。至 1940 年,禁烟机关按上年所余最后烟民之需量制造公膏,发商代售,最后结束制膏,取消代售。

(4) 禁吸

1936 年内再次举行烟民补行登记,限 3 个月办竣,烟民登记后发给"限期戒烟执照"。凭此执照向代售公膏商购烟吸食,凡无照烟民吸烟,概为私吸,照章惩处。各地主管机关按登记烟民年龄,先从 40 岁以下者开始戒烟,每年应至少戒除 1/5 烟民人数。烟民戒绝后,应吊销执照,将烟具收缴禁烟机关焚毁,尚未戒除之待戒烟民,每年换发新照,酌减其吸量,为日后戒除做准备。到 1940 年 6 月底对最后所余烟民换发最后新照,到本年年底一律戒绝,最终完成禁吸工作。

(5) 禁烈性毒品

事实上只有 1936 年一年。按进度表的规定,1936 年内,责令各口岸军警机关,侦察制造及运售毒品之秘密,并分饬各铁路、公路、航路交通机关一律严加缉查;规定禁毒总检举办法,分委各省禁烟特派员兼任检举禁毒专员,厉行督促各省市政府设立戒毒院所,对吸用毒品或施打吗啡者厉行最后勒戒,并督促地方机关普遍宣传禁毒法令。到 1937 年,最后勒戒期限已过,各地戒毒医院或戒毒所一律不再收戒。凡吸用毒品或施打吗啡者,一有查获,即依军法从严惩处。同时,参照上年禁毒办法继续实施严禁。此后三年仍分别参照上年禁毒办法继续进行,并于 1940 年完成禁毒善后工作。

以上是《禁烟禁毒五年进度表》的主要内容。

3. 规划调整:《抗战建国期间禁烟最后两年计划》

在六年禁政的推行过程中,由于 1937 年日本侵华战争的全面爆发,国民政府不得不把工作重心转移到抗战方面,抗日救国成为压倒一切的首要任务,这一重大变故对进行中的六年禁政产生了严重的消极影响。国民政府原有的禁烟计划又不得不根据现实情况进行调整。1938 年 12 月,内政部根据行政院的指示,拟定战时行政计划。根据战时需要,拟定《抗战建国期间禁烟最后两年计划》,作为六年禁政后期的施禁规划:

(1) 禁种

为增加军粮供给,各省应提前于1938年内完成禁种;云南、四川等省少数未禁种地区限于1939年秋后一律禁绝;最后两年内责成各省政府派员切实查勘,严禁偷种。战区收复地方,如系敌伪迫种鸦片,一律收缴,种户姑宽免罪,但若将来再种,则依法严惩。

(2) 禁运

计划设立土膏管理局,就统收统运烟土制成公膏,实行专卖,同时严加缉私,至1940年年底完成禁吸时撤销土膏管理局,剩余土膏交中央卫生机关制药,战区收复地方如经敌伪纵容私运土膏,一律没收,再犯严惩。

(3) 禁售

决定实行制膏专卖,将公膏发交各省政府售与待戒烟民。在未制膏专卖之前仍暂时特许商售,专卖实施后,各地土膏行店一律撤销。战区收复地方如有敌伪特许售烟的商店,一律封闭,再犯严惩。

(4) 禁吸

为充实兵役力量,计划规定年在55岁以下的烟民限于1939年年底以前戒绝,55岁以上烟民统限于1940年内戒绝,在未届戒绝期限之前,仍暂准凭照购吸。扩大和完善各地戒烟院所,开办烟民工厂,救济劳动贫苦烟民。战区流徙烟民,姑准就流寓地方补领限期戒烟执照,在1939年和1940年内,依其年龄分别戒绝。

(5) 其他规定

该计划还对土膏管理局成立之后的责权范围、各省市县禁烟经费的专项管理、收集日军在占领区推行毒化政策的罪行材料以公诸世界等问题作了规定。总的来说,该计划只是在六年禁政基础上进行了若干修正,没有太多的新内容,主要强调了禁种必须提前以及实施政府制膏专卖和战区种、贩、售、吸情况的处理。①

(6) "两年计划"的修改

由于当时全国处于战争状态,国民政府在战争初期便遭受了一系列的失败,被迫退入大西南地区,禁政情形与拟定"两年计划"时已有很大的不同。

---

① 赖淑卿:《国民政府六年禁烟计划及其成效》,台北"国史馆"1986年版,第104页。

因而,1940年3月,内政部总结"两年计划"实施一年的成效,根据具体情形又作了若干修改。修改的重点,一是统收制膏,因民间存土统收不易完成,而禁绝期限将至,设厂制膏专卖事实上已无法实现,只能要求各地严厉缉私,如期肃清各省私存烟土。二是关闭土膏行店,由各县市政府暂设烟土管理所,从严管理烟民的凭照购吸事宜。6月底以前撤销,最迟不得延至9月。三是原定1940年12月底戒绝烟民,修改后提前至1940年9月底,从10月至12月3个月内专门从事抽查调验工作,发现烟民,随时令其戒除烟瘾。

与六年禁政的前期计划相比,后期的"两年计划"具有明显的因事变通的特点,总体要求上较之前期也有所降低,这是战时客观情况影响和制约的结果。

二、六年禁政的相关法令法规

1. 六年禁政前期的法令法规(1935—1937)

（1）立法概况

《禁烟实施办法》和《禁毒实施办法》的公布标志着六年禁政的全面展开,但是,两项"实施办法"只是禁烟禁毒的计划大纲,具体法规尚付阙如。因此,禁政工作事实上处于筹备阶段,只能一面沿用腹地十省禁烟时期所颁法令和办法,一面着手进行新法规的制定和禁烟组织的筹设,渐次推进禁政工作。由于六年禁政是军委会以军事手段负责实施禁烟禁毒的相关事宜,因此执行的主要是军委会委员长行营所颁布的各项法令。国民政府原先所颁布的《禁烟法》以及"新刑法"关于鸦片罪的规定,由于处刑较轻,施行以来,未见效果,且不切实际,没有保留的必要。1935年5月29日,经过国民党中央政治会议第459次会议决定废止《禁烟法》。"新刑法"第20章关于鸦片罪之规定,在适用军委会所订禁烟禁毒法规的19省5市内停止适用。19省5市以外的地区,可以参照军委会所订各项禁烟法令,根据地方特殊情况,暂定单行办法。此外,各类禁烟禁毒法规法令,由军委会委员长兼任的禁烟总监负责制定,报送中央政治会议备案,无须经过立法程序。

1936年2月,禁烟法规编审委员会成立,专门负责制定法规。为推进禁政,法规编审委员会一经成立,即依据以往的禁烟法规及腹地禁烟时期行营所颁各项法令,参考其施行成效,删其繁复,并根据六年禁政计划进行修正补充,制定颁行了一系列具体的禁烟法规。在六年禁政的前3年中,颁布的禁烟法规很多,主要有禁烟行政法规和禁烟刑事法规两类,1935—1937年所颁行的各项禁烟禁毒法规如表14-1:

表14-1 1935—1937年禁烟禁毒法规表①

序号	法规名称	制定者	公布者	公布时间
1	《限期办理吸户登记办法》	军事委员会委员长行营	军事委员会委员长行营	1935年6月
2	《购用麻醉药品暂行办法》	内政部卫生署	内政部卫生署	
3	《铁路检查毒品暂行办法》	军事委员会委员长行营	军事委员会委员长行营	1935年9月
4	《禁烟治罪暂行条例》	禁烟总监	军事委员会委员长行营	1935年10月
5	《禁毒治罪暂行条例》	禁烟总监	军事委员会委员长行营	1935年10月
6	《审判烟毒案件办法》	军事委员会委员长行营	军事委员会委员长行营	1935年12月
7	《检查邮件包裹私寄麻醉药品办法》	交通部	行政院	1936年2月
8	《检举烟民登记办法》	禁烟总监	禁烟总监	1936年2月
9	《处理烟毒案件罚金充奖支配标准四项办法》	禁烟总监	禁烟总监	1936年3月
10	《检举党政军服务人员吸食鸦片烟暨毒品办法》	禁烟总监	国民政府	1936年4月
11	《禁烟考成暂行办法》	禁烟总监	国民政府	1936年4月
12	《修正禁烟治罪暂行条例》	禁烟总监	国民政府	1936年6月
13	《修正禁毒治罪暂行条例》	禁烟总监	国民政府	1936年6月
14	《禁烟禁毒考成规则》	禁烟总监	国民政府	1936年8月

---

① 《禁烟汇刊》1937年第1期;赖淑卿:《国民政府六年禁烟计划及其成效》,台北"国史馆"1986年版,第142—144页。

(续表)

序号	法规名称	制定者	公布者	公布时间
15	《禁烟调验规则》	禁烟总监	国民政府	1936年8月
16	《公务员调验规则》	禁烟总监	国民政府	1936年8月
17	《禁烟禁毒实施规程》	禁烟总监	禁烟总监	1936年8月
18	《戒烟医院章程》	禁烟总监	禁烟总监	1936年8月
19	《特许商人采办烟土暂行规则》	禁烟总监	禁烟总监	1936年8月
20	《特许设立土膏行店暂行规则》	禁烟总监	禁烟总监	1936年8月
21	《禁烟罚金充奖规则》	禁烟总监	禁烟总监	1936年8月
22	《防止公务员私吸烟毒规避调验办法》	禁烟总监	禁烟总监	1936年11月
23	《限期戒烟补充规则》	禁烟总监	禁烟总监	1937年7月

上述各项法规，涉及禁烟禁毒事务的各个有关方面，包括烟民的登记、施戒和管理（第1、8、15、18、23项），烟土运售之管制（第19、20项），防止毒品运输之措施（第3、7项），麻醉药品的管制（第2项），防止党政军及公务人员吸食烟毒之措施（第10、16、22项），烟毒犯罪的刑事处罚（第4、5、12、13项），办理烟毒案件有关事宜（第6、9、21项）以及禁政工作的具体部署及施禁人员考核办法，等等。

(2)《禁烟禁毒实施规程》①

在上述各项禁烟法规中，最主要的是1935年8月19日颁布的《禁烟禁毒实施规程》54条。该规程是1935年5月29日国民党中政会第459次会议的决议案制定的，实际上是六年禁政方案的法律表述，内容涉及禁烟经费的筹支、禁种、禁运、禁售、禁吸和禁毒等诸多方面。该规程以禁种和禁吸为重点，在全部条文中，禁种部分占16条，禁吸部分占19条。该规程就所部署的具体工作和施禁方法而言，是一种概括性的纲要，实际上是作为各项单行禁毒法规的总则而颁布的，在上述各项禁烟法规中居于核心地位。

---

① 《禁烟禁毒实施规程》，《禁烟汇刊》1937年第1期。

(3)《禁烟治罪暂行条例》与《禁毒治罪暂行条例》①

除《禁烟禁毒实施规程》外，另外两项重要的法规是《禁烟治罪暂行条例》和《禁毒治罪暂行条例》。这两项法规是1935年10月10日由禁烟总监拟定，由委员长行营通饬遵行，后又适当修正，加重罪刑，由国民政府于1936年6月3日禁烟纪念日公布施行，作为六年禁政前三年中各项烟毒犯罪的处刑依据。这两项法规公布施行之日，所有行营及各省市所颁禁烟法规中的刑罚部分，除经核准继续适用者外，一律失效，统依上述两个条例为准。六年禁政的后三年，禁烟禁毒条例略加修正后仍继续适用。因此，《禁烟治罪暂行条例》和《禁毒治罪暂行条例》是整个六年禁政时期烟毒案件处罪量刑的基本依据。两项条例的主旨，就是以严刑峻法达到禁绝目的，同腹省禁烟时期的指导思想一脉相承。

①《禁烟治罪暂行条例》

腹省禁烟时期，在惩治鸦片犯罪方面未制定专门的治罪条例，按照特别法未规定之事项仍依普通法办理的原则，鸦片犯罪仍移送法院处置，依照《禁烟法》及《禁烟法施行规则》予以惩治，只有军警团队和公务人员违犯禁烟法令者予以军法惩处。但是，《禁烟法》处罪量刑相对较轻，不足以收禁绝之效，因此，《禁烟治罪暂行条例》将鸦片犯罪的处刑幅度大大地提高了，罪刑规定也更为具体明晰。《禁烟治罪暂行条例》与《禁烟法》的处刑标准主要有以下七个方面的不同：

第一，以制造鸦片为目的而栽种罂粟者，《禁烟治罪暂行条例》处死刑、无期徒刑或10年以上有期徒刑；《禁烟法》处5年以下有期徒刑，可并处3000元以下罚金。在禁种方面，《禁烟治罪暂行条例》增加了聚众抗铲烟苗之罪，首谋和指挥者处死刑或无期徒刑，余众处10年以下3年以上有期徒刑。

第二，运输、贩卖或意图贩卖而持有鸦片者，《禁烟治罪暂行条例》处无期徒刑或5年以上有期徒刑，数量在500两以上者概处死刑；《禁烟法》处1年以上5年以下有期徒刑；运输、贩卖或意图贩卖罂粟种子者，《禁烟治罪暂行条例》处3年以上10年以下有期徒刑，另增加一款规定，自国外运入鸦片或罂粟种子、向国外输出鸦片或罂粟种子者处死刑、无期徒刑或10年以上有期

---

① 《计抄发禁烟治罪暂行条例禁毒治罪暂行条例各一份》，《司法公报》1935年第76号。

徒刑;《禁烟法》处3年以下有期徒刑。

第三,设所开馆供人吸食鸦片者,《禁烟治罪暂行条例》处无期徒刑或5年以上有期徒刑,另增一条利用限期戒烟执照供人吸食以图营利者处3年以上7年以下有期徒刑;《禁烟法》处1年以上5年以下有期徒刑。

第四,吸食鸦片者,《禁烟治罪暂行条例》规定以三犯为限,首次查获吸食处6月以上2年以下有期徒刑,有瘾者限期勒戒,自动投戒后再犯吸食,处1年以上3年以下有期徒刑,有瘾者仍交医勒戒,戒后再犯,则处3年以上10年以下有期徒刑,有瘾者再交医限期勒戒,第三次如敢再犯吸食之罪者,概处死刑;《禁烟法》则对吸食犯罪处1年以下有期徒刑。

第五,制造、运输、贩卖,或意图贩卖而持有专供吸食鸦片之器具者,《禁烟治罪暂行条例》处3年以下有期徒刑、拘役或1000元以下罚金,并增加一条,明知为鸦片或吸食鸦片之器具而持有者处1年以下有期徒刑、拘役或500元以下罚金;《禁烟法》则单处500元以下罚金,对不以运售贩吸为目的而持有鸦片或烟具者未作规定。

第六,关于公务员犯罪,《禁烟治罪暂行条例》与《禁烟法》皆以公务员为特殊犯罪主体,贯彻从重惩治的原则,但相比之下《禁烟治罪暂行条例》处刑则更为严厉。公务人员凡有栽种罂粟、聚众抗铲、运输或贩卖鸦片、开馆供人吸食、强迫他人种烟、收受贿赂包庇纵容他人犯种、运、制、售各罪、盗换私吞查获之鸦片、侵吞禁烟罚金、故纵鸦片罪犯逃脱等行为者,概处死刑。凡有吸食、帮助他人犯罪、诬告、纵容他人吸食等行为者,则依各该项最高刑或在最高刑之上处断。《禁烟法》对公务人员犯罪,只有一条直接规定死刑,即公务人员利用权力强迫他人栽种罂粟。收受贿赂纵容他人触犯制造、运输、贩卖、吸食等各罪,最高可处无期徒刑,但该条以特定公务人员为对象,即负有禁烟之责的公务人员才适用此项规定,一般公务人员纵容他人犯鸦片各罪,处刑幅度在2年以上10年以下有期徒刑。其他各罪中公务员犯罪虽规定依各该条加倍处刑,但《禁烟法》量刑幅度较轻,所以,处罚的严厉程度不如《禁烟治罪暂行条例》的规定。

第七,《禁烟治罪暂行条例》与《禁烟法》均惩处犯罪未遂,比照既遂从轻处罪,并规定附加财产刑,在处徒刑的同时广泛适用并处罚金,单科罚金的情况均较前减少,至于1928年所颁《中华民国刑法》第19章"鸦片罪"中所规定的易科罚金办法(即以罚金取代徒刑)在《禁烟治罪暂行条例》和《禁烟法》中均被取消。就罚金的数额来说,《禁烟法》中多数条款规定的罚金均高于《禁烟治罪暂行条例》的规定,但《禁烟治罪暂行条例》除规定罚金外,对种、制、运、售鸦片及开设烟馆各罪均可并处没收财产之一部分或全部,并对受贿违法的公务人员追缴赃款。此外,《禁烟治罪暂行条例》还规定附加剥夺公权,凡处6个月以上有期徒刑者(实际判决中包括缓刑),均并处剥夺公权1年以上10年以下。

②《禁毒治罪暂行条例》

腹省禁烟时期,在毒品治罪方面,1934年5月11日颁行了相当严厉的《严禁烈性毒品暂行条例》。《禁毒治罪暂行条例》参酌《严禁烈性毒品暂行条例》和《禁毒实施办法》而制定,对毒品犯罪的惩治较鸦片犯罪更为严厉,以1937年元月1日为限,在此之前,制造、运输毒品者处死刑;贩卖或意图贩卖而持有毒品者处死刑或无期徒刑;意图营利为他人施打吗啡或设所供人吸用毒品者处死刑或无期徒刑;吸用毒品犯罪酌予从宽。1935年内吸用毒品以两犯为限,首次查获吸用毒品,处1年以上3年以下有期徒刑,有瘾者勒戒。勒戒后再犯复吸,处3年以上7年以下有期徒刑。未断瘾者仍交送勒戒,勒戒后再犯复吸,则处死刑或无期徒刑。1936年内吸用毒品,处3年以上7年以下有期徒刑,戒后复吸则处死刑。自动投戒者犯复吸,处7年以上有期徒刑,但不得再犯。从1937年开始,所有制造、运输、贩卖、吸用或设所供人吸用、为人施打吗啡各罪,一律处以死刑。公务人员、党政军警人员犯上述各罪及收受贿赂、包庇纵容他人犯上述各罪、侵吞查获之毒品或扣押之财产、故纵毒品罪犯逃脱,皆处死刑。学校教职员工和学生犯毒品各罪,比照公务员犯罪从重惩处。毒品犯罪可以并处没收财产和剥夺公权,但不适用罚金。

从《禁烟治罪暂行条例》和《禁毒治罪暂行条例》的处罪量刑标准来看,其严厉程度要超过鸦片战争前夕的道光严禁时期及此后的各个时期。自清末颁布《大清新刑律》第21章规定鸦片罪以来,烟毒犯罪的刑事立法即开始出现明显的轻刑化趋势,1912年3月北洋政府的《中华民国暂行新刑律》第21章"鸦片烟罪"、1928年3月国民政府的《中华民国刑法》(旧刑法),都体现了这种轻刑化的特点,对烟毒犯罪的刑事处罚甚为宽和。尤以国民政府的《中华民国刑法》最为典型,对各种烟毒犯罪所确定的法定刑中,最高主刑仅为5

年有期徒刑,比北洋政府的《中华民国暂行新刑律》处刑更轻,这主要是受当时寓禁于征政策的影响。然而,以修正后的《禁烟法》为转折,烟毒犯罪的刑事立法便转趋于重刑化。1935年1月修正公布的《中华民国刑法》(新刑法)第20章"鸦片罪",对烟毒犯罪的处刑便明显加重,法定最高刑由修正前的5年有期徒刑上升到无期徒刑,而《禁烟治罪暂行条例》和《禁毒治罪暂行条例》更典型地代表了这种重刑化的立法趋势,其量刑幅度上涨之大,惩处之严厉,都是前所未有的。这种变化,一方面反映出当时烟毒泛滥情形的严重,另一方面也反映出国民政府禁烟政策的转变以及最高政治当局禁断烟毒的决心。

2. 六年禁政后期的法令法规(1938—1940)

抗日战争全面爆发后,六年禁政受到影响,在制定和执行法规方面,除继续推行前期的既定法规外,对前期的若干法规进行了少许修改,并根据禁政后期的情况制定了若干新的法规,见表14-2:

表14-2 六年禁政后期立法表

法规名称	制定者	公布者	公布时间
《修正禁烟治罪暂行条例》	军政部、内政部	国民政府	1938年4月
《修正禁毒治罪暂行条例》	军政部、内政部	国民政府	1938年4月
《修正特许商人采办烟土暂行条例》	财政部	行政院	1938年6月
《各省市领照烟民分期戒绝实施办法》	内政部	内政部	1938年7月
《各省市领照烟民分期戒绝实施办法施行细则》	内政部	内政部	1938年11月
《各省市筹办强民工厂办法》	行政院	行政院	1939年1月
《各省市县禁烟专款管理通则》	行政院	行政院	1939年1月
《肃清私存烟土办法大纲》	行政院	行政院	1939年7月
《肃清私存烟土办法大纲施行细则》	行政院	行政院	1939年8月
《二十八年查禁种烟办法五项》	内政部	行政院	1939年10月
《检查各省市烟民暂行办法》	内政部	行政院	1939年10月
《贫苦劳动烟民戒烟时期生活救济办法》	内政部	内政部	1940年1月
《消灭各省私存烟土办法》	内政部	行政院	1940年3月

上述法规中,《禁烟治罪暂行条例》和《禁毒治罪暂行条例》的修正都是第24条,因为1938年2月内政部接管禁政工作之后,已不再设禁烟总监之职,所以,原禁烟禁毒条例第24条中"军事委员会委员长兼禁烟总监"均删去"兼禁烟总监"五字,其余条文未作变动。

《特许商人采办烟土管理规则》的修正是将采办商交纳保证金改为执照费,内销执照费每年1000元,外销执照费每年2500元,其他内容未作更改。

其他法规,主要是围绕禁政后期的具体需要而制定的。后期的禁烟工作,主要是三个方面:一是完成禁种,厉行查勘防止复种;二是戒绝烟民;三是肃清民间私存烟土,断绝毒源。1939年秋,全国大多数省份完成禁种后,民间罂粟种子尚多,偷种之事时有发生,因此《查禁种烟办法五项》要求自1938年9月1日起至10月15日止(后展限至12月底),为肃清罂粟种子的限期,在限期内交出罂粟种子者免予处罚,逾期不交者依法严办,各县肃清罂粟种子后,县乡保甲层层具结。除各地查禁机关严密查勘外,奖励人民举报种烟案件,所有举报一经审实立即给奖。停止种烟的土地应当改种适当的农作物,以免荒芜,各省政府应详加考察,并给予农民以种子、货款和技术援助,以资救济。

为完成1940年内戒绝烟民,1939年7月,内政部饬令各省地方政府再次举办烟民登记,结果共登记烟民2814682名。要在1940年内彻底戒除烟民,非常艰巨,烟民中大多是贫苦劳动烟民,施戒不易,因此,设立强民工厂,将投戒勒戒的贫苦烟民送入强民工厂做工,酌予工资,同时增进谋生技能。1940年1月,又颁发《贫苦劳动烟民戒烟时期生活救济办法》,救济办法有三:一是进强民工厂工作,以工资养活家小;二是贷给5元至10元资金,令其经营小贩生意以为活计;三是介绍相宜的工作,旨在使烟民及其家属在戒烟期间不致有断绝生计之虞。

为肃清民间私存烟土,1938年10月,在川、康、黔等省设立督办肃清烟土事宜公署,统制收买民间1938年及以前收存的烟土。以公署成立后5个月内为限,逾期仍存有烟土,概以私论,烟土没收,并将存户依法惩办。从1940年4月开始,由县乡区镇保甲在所管区内检查私存烟土,然后于6月、9月、12月进行三次总检查,以期彻底消灭私存烟土。这些工作是禁政后期的主要工作。

3. 烟毒案件的审判及不同地区的适用问题

六年禁政期间,所有鸦片与毒品犯罪,均依军法程序予以审判,一审终结,报请各该省最高军事机关或军委会委员长兼禁烟总监核准执行。审判烟毒案件由有军法职权的机关办理,或委任各级地方政府代为审判。① 案件管辖权的划分,依照《审判烟毒案件办法》:(1)由犯人所在地或犯罪地兼行营军法官之县长审判,不兼行营军法官者,由该县政府代为审判,但该县由行政督察专员兼任县长者,由行政督察专员审判。(2)犯人所在地或犯罪地设有保安司令者,由保安司令审判,但设有绥靖主任者,由绥靖主任公署审判。(3)犯人所在地或犯罪地在市区内,委任市政府代为审判,但设有警备司令者,由警备司令部审判。(4)禁烟督察处查获的案件,由禁烟督察处(或分处、事务所)审判。② 后来军委会以法解字第12号训令颁发烟毒案件管辖办法时,除确认上述办法外,特别规定运售私土案件人犯由各该地军法审判机关处理,所获私土应移送禁烟督察处处理。禁烟督察处认为有参与审理的必要时,可以派员参与审理。③ 县政府代为审判的案件须报呈军委会委员长兼禁烟总监核准执行,或报呈由军委会授权的各省最高军政长官代为复核。

需要指出的是,由于六年禁政是分期推进的,因此,在地域划分上存在着绝对禁种省份与分期禁种省份的区别。在分期禁种省份中尚未禁种的地区,种户领取特许执照后便可以继续种烟,不算犯罪。在已禁种的地区,则绝对不许再有罂粟栽种,违者以《禁烟治罪暂行条例》论处。无论绝对禁种地区还是分期禁种地区,运、售、吸都是分期禁绝。因此,领取政府特许证照后的运、售、吸均属合法,未领证照的私运、私售和私吸则依法惩处。除了上述的绝对禁种、分期禁运禁售禁吸地区和分期禁种禁运禁售禁吸地区,全国还有若干地区被划为绝对禁烟区。绝对禁烟区是随着禁烟的推进而不断扩大的,较早被划为绝对禁烟区的有广东省中山县,江西宁都、会昌、瑞金等7县,南京市、浙江省、山东省、青岛市、威海卫特别行政区等。后来,青海省,广东曲江、翁源等县及四川重庆市先后被划为绝对禁烟区,在绝对禁烟区,烟毒一概禁绝,

---

① 《司法公报》1935年第87号。
② 程维嘉编:《禁烟行政》,内政部、中央训练委员会1941年编印,第32页。
③ 《禁烟督察处处理贩运吸食毒品案犯卷》,国民政府军委会禁烟总会档案,中国第二历史档案馆藏。

种、贩、售、吸均为犯罪,一经查获,概依法惩处。① 这是三类不同地区在法律适用上的差别。

抗战全面爆发后,禁政由国民政府军事委员会转交给内政部,禁烟事务便由军政事务转为一般行政事务,但禁烟禁毒的治罪仍适用军法审判。1938年1月25日,军委会移交禁政事务之前,蒋介石曾致函财政部部长孔祥熙,声明"所有烟毒案件,仍依现行之禁烟、禁毒治罪条例,概以军法处理。凡有案件,由各地有军法职权之机关,负责依法讯办,并应由行政院与本会(军委会)会衔通令各省市军政机关一体遵照"。② 1938年4月,禁烟、禁毒治罪条例进行修正时,仍遵照这一原则。军法审判、复核权属于军委会,因此,蒋介石虽然不再兼任禁烟总监之职,仍有最高军法权,烟毒案件的审判,除军委会授权各省最高军事机关代为复核外,均由军委会委员长蒋介石复核(实际由军委会下设的军法处复核)。

三、禁烟组织

1. 六年禁政前期的禁烟组织

在发布"禁烟通令"后,1935年4月18日,国民政府应军委会的请求,由行政院发布2260号训令,将川、滇、黔、察、绥、宁、冀、鲁、晋9省及北平、天津、青岛3市的所有禁政事务,概交由军委会统筹办理。③ 这样,连同先前军委会办理禁烟的豫、皖、鄂、湘、赣、浙、闽、苏、陕、甘等腹地10省及南京、上海2市,全国便有19省5市的禁政事务归于军委会统一领导。此时行政院所属的禁烟委员会实际上已经没有存在的必要了,而由军委会所属的禁烟组织又可以分为三个系统:

(1)监督、检举、调查系统

即禁烟总监—禁烟总会—各省市县禁烟委员会系统。该系统主要负责全国的禁种和禁吸事宜。根据《禁烟实施办法》的规定,军事委员会委员长行营所在地设立禁烟委员会总会,负责全国禁种、禁吸事宜。各省市设立禁烟

---

① 内政部禁烟委员会编:《禁烟概要》,中国第二历史档案馆藏。
② 赖淑卿:《国民政府六年禁烟计划及其成效》,台北"国史馆"1986年版,第168页。
③ 《国民政府行政院训令二二六〇号》,《国民政府行政院公报》第528期,1935年6月9日,第24—25页。

委员会,县设禁烟分会,限于一个月内分别组设完毕,协助禁烟委员会总会办理禁种禁吸事宜。① 5月29日,国民党中央政治会议议决,撤销行政院所属的禁烟委员会,设置禁烟总监,作为禁烟禁毒事务的最高长官,负责办理全国禁烟事宜,由军事委员会委员长兼任,并且禁烟总监可颁布禁烟禁毒法令,只送中央政治会议备案即可。② 6月5日,国民政府正式任命蒋介石为禁烟总监③。这样,国民政府的六年禁政就在军委会的统筹下全面展开。同月,军委会委员长行营在武昌设立禁烟总会,并通令各省市县组织禁烟委员会分会。④ 11月,委员长行营由武昌迁渝,在重庆成立"军事委员会委员长行营禁烟委员会总会"(后改称"军委会禁烟总会"),委员有许世英、吴鼎昌、章元善、张伯苓、张季鸾、程颂云、刘瑞恒、杨永泰、范石生、钟可託、钟伯毅、马愚忱、马亮、金汉鼎、任可澄、徐子休、周蓥池、熊伯韬、黄为材、俞凤韶、李基鸿、吕苾筹、甘乃光、李仲公、张开琏等著名人士。根据《禁烟总会组织规程》,禁烟总会"受兼总监之特别委任,兼办总监职权内事务"。⑤ 12月3日,国民政府颁发给禁烟总会铜质关防一颗,文曰"国民政府军事委员会禁烟总会关防"⑥。可见,禁烟总会是纳入国民政府正式的政治制度的框架之内的,负责代理禁烟总监职权,是全国最高的禁烟机关,负责策划、督促、考核禁政的实施。

1936年1月,禁烟总会迁南京办公,并于2月1日在南京召开了第一次常会。⑦ 会议通过议案40件,决定组设禁烟法规编审委员会,专门负责制定法规。禁烟总监蒋介石到会,再次强调六年禁政的重要意义,并声言这次禁烟运动"就是中国禁烟能否成功之最后的试验,也就是我们国家民族的人格

---

① 《禁烟实施办法》,《河南省政府公报》(中央法规)第1316期,1935年4月30日。
② 《司法公报》1935年第76号。《新刑法鸦片罪之规定应停止施行》,《江西省政府公报》(公牍)第358期,1935年12月2日,第7页。
③ 《裁撤禁烟委员会特派禁烟总监》,《内政公报》(任免事项)第8卷第16期,1935年7月15日,第4页。
④ 《行营在武昌设立禁烟总会》,《医药评论》第7卷第7期,1935年3月,第58页。
⑤ 《国民政府军事委员会禁烟总会组织规程》,《山西公报》(中央法规)第50期,1936年7月31日,第1页。
⑥ 《国民政府文官处公函第七二九九号》,《国民政府公报》(处函)第2222期,1936年12月8日,第9页。
⑦ 《奉兼禁烟总监蒋令为禁烟总会第一次常会李委员基鸿提议酌拟实行推行各项禁政办法核尚可行令饬遵照等因仰即遵办具报》,《江西省政府公报》(民政)第458期,1936年4月1日,第3—4页。

能否屹立于国际社会中之最后的试验"。大会向全国发表宣言,表明政府已下最大决心,务于六年之内禁绝烟毒,决不因禁烟税收而改变六年禁烟计划;号召各界民众做政府的禁烟后盾,督促进行,使政府力量与民众力量汇聚为一体。① 除中央军委会设禁烟总会外,各省依照《禁烟实施办法》也分别组设禁烟委员会,对地方政府执行禁政机关的工作行使监督、检举、纠正、调查、设计和建议之职责。

(2)征税、运售、缉私系统

即禁烟总监—禁烟督察处—禁烟督察分处—禁烟督察分所、事务所系统,负责征收特税、管制运售、查缉走私等事宜。《禁烟实施办法》明确规定,禁烟总会成立后,关于取缔运售事务,仍由禁烟督察处办理。② 禁烟督察处处长由禁烟总监直接任命,总处之下设分处、办事处、事务所、查缉专员。显然,禁烟督察处并不归属禁烟总会,根据《禁烟总会组织规程》,禁烟总会所拥有的是监督、检举、调查、建议的权力,而征收特税、管制运售、查缉走私的权力依然在禁烟督察处,二者同属军事委员会,均归禁烟总监蒋介石直接控制,但自成系统。军委会禁烟总会与省市禁烟委员会及县禁烟分会是一个垂直系统,而军委会禁烟督察处则与设立在各地的禁烟督察分处、禁烟督察分所、禁烟督察事务所形成一个系统。

禁烟督察处之下还有专属的缉私部队以加强对地方的控制。这些缉私部队的长官完全由蒋介石个人任命,直接控制。缉私部队的编制大于正规军,如汉口缉私团有3802人。③ 禁烟督察处湖南分处有稽查队2营兵力,在湘西扼要之地洪江驻扎,专事缉私。另据资料,由蒋鼎文负责的长江水上缉私部队有15000人的编制,尽管实际人数可能没有这么多,但亦可见缉私部队的庞大了。④ 在缉私管理上,省禁烟委员会处于协缉地位。禁烟督察处分令各县市遵照规定组建密缉队,与督察处缉私部密切合作,在各地布控了一个极其严密的缉私网。

---

① 军委会禁烟总会编:《禁烟半月刊》第1卷第1期,1936年5月,第8页。
② 《禁烟实施办法》,《河南省政府公报》(中央法规)第1316期,1935年4月30日,第3页。
③ 军事委员会禁烟总会编:《二十四年度禁烟年报》,1936年,第54页。
④ 卜正民、若林正编著:《鸦片政权》,弘侠译,黄山书社2009年版,第301页。

(3) 督促、考核系统

即禁烟总监（军委会委员长行营）—各省市禁烟特派员公署系统，负责督促、考核各地方办理禁政事务。《禁烟总会组织规程》中规定，禁烟总会可以"派赴各省市督促禁烟禁毒人员，得会同各该省主席或市长以省市政府命令办理之，并得会章副署"①。

1935年6月，原禁烟委员会裁撤之后，军委会委员长行营即委派查禁种烟特派员分赴各省以代表中央查举禁种事宜，如行营四川特派员办公处就将四川划分为五个地区密检区和一个邮件密检区进行烟毒的检举事宜。② 此后，禁烟特派员由临时改为常驻，自1937年起设立禁烟特派员公署，并增加派驻省份和查举事项。③ 7月1日，禁烟总监颁布了《各省市禁烟特派员巡视章程》，明确禁烟特派员具有"督促考核地方禁政之责"。④ 禁烟特派员全部由禁烟总监蒋介石亲自遴选，权力很大，不受各该省军政长官管辖，与派往各县的查禁专员自成系统，直接对军委会委员长负责。禁烟特派员公署的级别较高，派往各地的特派员的军衔亦较高，如湖北省查禁种烟特派员王烈即为中将衔高级参谋。⑤ 因此，查禁特派员可以惩办禁烟不力的县长及以下各员，还可以调动地方驻军协助禁烟，被调军队不得违命。"特派员对省政府、省禁烟委员会、省府各厅处、各级党部、各级法院，及驻在各省中央机关行文，应用公函"，而对"行政督察专员、县政府、县禁烟委员会，及禁烟督察处各省分处、办事处、事务所行文应用令""省政府发布禁烟禁毒命令公告，应由特派员会章副署""直辖市行文与省同，普通市行文与县同"。⑥ 这样，由蒋派往各地的查禁特派员和查禁专员便成为插入各省的一个监督系统。

除上述三系统外，各省市县所属之民政及警察部门亦有执行禁令、督促、办理所属地区禁政事务的职能。总之，六年禁政前期的禁烟组织以禁烟总监

---

① 《国民政府军事委员会禁烟总会组织规程》，《山西公报》（中央法规）第50期，1936年7月31日，第1页。
② 《四川检举禁毒密检区之划分》，《四川省政府公报》（法规）第51期，1935年7月1日。
③ 《准军事委员会江西禁烟特派员公署函知成立》，《江西省政府公报》（公牍）第785期，1937年4月26日。
④ 《各省市禁烟特派员巡视章程》，《江西省政府公报》（法规）第875期，1937年8月9日。
⑤ 《湖北省政府公报》（训令）第89期，1935年，第1—2页。
⑥ 《禁烟特派员行文程序》，《江西省政府公报》（公牍）第773期，1937年4月12日。

为核心,事权专一,各禁烟组织分工明确,层层节制,且禁烟总会直隶军事委员会,下发禁烟禁毒公文均以军委会委员长兼禁烟总监的名义,加盖军事委员会印信,各省市行政机关、地方军事机关和部队均须服从,这种特殊的权力便于禁政计划和法令的推行。

2. 六年禁政后期的禁烟组织

1938年1月,国民政府军事委员会委员长蒋介石与行政院院长发表会电,声明六年禁烟政策决不因抗战爆发而放弃,为适应战时需要,只须对禁烟组织机构稍事调整。是年2月1日,行政院根据当时中央调整机构案通过禁烟组织变更方案,决定取消军委会下设禁烟总监之职,将禁烟总会改隶内政部,禁烟督察处改隶财政部,原派驻各省的禁烟特派员一律撤销,其禁政业务交由各省民政厅办理。① 3月1日,蒋介石即"解除兼禁烟总监职务"。②

禁烟总会改隶内政部后复称为禁烟委员会,仍负责禁种、禁吸事宜,并指定甘乃光、李仲公、吕苾筹为常务委员,负责主持会务。内政部于撤销禁烟特派员后,先后改派查禁种烟专员、查禁种烟督察团、禁烟督察团等组织分赴各地检查督促禁政事宜。理论上,督察团的权力很大,由行政院和军委会大员充任正副团长,并且可以调动当地军警团队协助查铲。③ 但这些组织只是临时设置,完成任务后即行取消,如查禁种烟专员的"任职日期以三个月为限,必要时得延长一个月"。④ 军委会移交禁政事务后,虽然烟毒案件仍适用军法审判,但最大的变化是禁烟的职权不统一,开始分散,由单一而变为多元,并且失去了军事保障,禁烟机构又开始成为一个弱势部门。按组织条例的规定,内政部禁烟委员会全面负责禁政,管理禁种、禁运、禁售、禁吸各项工作,但实际管理禁运禁吸的禁烟督察处不是隶属内政部,而是隶属财政部,事实上禁政工作变成由财政部和内政部分掌。⑤ 而禁烟督察处改隶财政部后,职权亦大为缩小,而且还并非专司其职,财政部又在秘书室专门设立了一个特税组,督同禁烟督察处主管禁运禁售事项。到1939年,禁烟督察处各省的分

---

① 《禁烟委员会总会改隶内政部》,《湖南省政府公报》(命令)第861期,1938年2月12日。
② 《江西省政府公报》(民政)第1028期,1938年4月16日。
③ 蒋秋明、朱庆葆:《中国禁毒历程》,天津教育出版社1996年版,第388页。
④ 《内政部查禁种烟专员服务规则》,《湖北省政府公报》(法规)第358期,1938年4月30日。
⑤ 程维嘉编:《禁烟行政》,内政部、中央训练委员会1941年编印,第38页。

处或事务处所又先后被撤销,改设稽核处,禁烟督察处所辖各地缉私专员事务所也先后裁撤,将缉私事务移交地方政府办理,禁烟督察处的巡缉部队则配备在交通要道进行堵缉。① 而且禁烟督察处自1938年3月隶属于财政部后,一直没有正式组织机构的名分,始终未受到财政部的铨叙任命,直到1940年1月,财政部禁烟督察处的组织规程才由行政院转呈国民政府审核以备任命。② 可是又经过行政院的拖延,直到1941年3月才转至国民政府,而此时六年禁政已经结束了,禁烟督察处的使命亦即将完结,暂时以"禁烟督察处结束办事处名义"办理结束的相关事宜,一俟禁政完结,"即将关防缴销"。③ 此时的禁烟督察处实在没有再铨叙任命的必要了。

禁政的事权不一还不仅于此。1938年4月,内政部拟定"各省市领照烟民分期戒绝实施办法"呈报行政院批准通过,行政院对此持消极态度,认为抗战以来各地情况与往日大不相同,且敌占区毒化情形严重,纵有禁绝条文也不啻一纸空文,干脆就把内政部所拟法规搁置起来了。经内政部一再申明理由,才于3个月后获准通过。1939年,设立川、康、黔督办肃清私存烟土事宜公署,行政院7月10日颁布的《督办肃清私存烟土公署组织规程》第二条却明确规定,该公署"隶属行政院"。④ 肃清私存烟土既是禁烟事务的一部分,自应由内政部禁烟委员会负责,俾使事权统一。行政院直接控制督办公署,等于又将内政部禁烟委员会的职权划去一部分。

1940年12月31日,国民政府的六年禁政宣布结束。国府行政院于当天公布了《肃清烟毒善后办法》20条,宣布从1941年1月1日至1943年12月31日的三年内为肃清烟毒的善后时期。具体事项仍由"内政部督促各省市政府负责办理,各级军事机关有协助办理之责"。⑤ 根据行政院的命令,财政部不再分掌任何禁烟事务,地方上的禁烟事宜交由地方政府处理,各省市在六年禁政期间所设立的各种禁烟机构全部撤销,督察检举工作由地方临时参议会负责,未设临时参议会的省市暂由该省市禁烟委员会负责检举督察,待

---

① 内政部编:《禁烟概要》,中国第二历史档案馆藏,档案号:十二(2)342;程维嘉编:《禁烟行政》,内政部、中央训练委员会1941年编印,第32页。
② 蒋秋明、朱庆葆:《中国禁毒历程》,天津教育出版社1996年版,第343页。
③ 《禁烟督察处呈准依期结束》,《甘肃省政府公报》(公牍)1941年第499期。
④ 《督办肃清私存烟土公署组织规程》,《经济部公报》(公牍)1939年第14—15期。
⑤ 《肃清烟毒善后办法》,《行政院公报》(内政)1941年第1期。

临时参议会成立后,禁烟委员会即行取消。

六年禁政的后期,由于禁烟的职权被一再分割,不仅造成禁烟机构的重叠和事权的分散,而且在施禁中相互牵扯。后期的禁政工作相对前期而言,比较凌乱草率,抗日战争的影响固然是主要的因素,但主持禁烟事务的组织较为分散,事权不能统一,彼此相互牵扯也是不可忽视的原因。

第二节 六年禁政的实施环节

一、施禁思路概述

国民政府六年禁政,从总体设计上看,不仅规模宏大,而且严密周详,环环相扣。以禁种为首要环节,以禁吸为最终目标,通过有效控制烟土的来源与供给,各个环节相互衔接配合,分年递减,以达最终禁断烟毒之目的。采用渐禁办法,自然是基于对边远产烟省份民众生计和省政开支严重依赖鸦片现实情况的考虑。在渐禁的同时发展边远省份的经济和交通,俾使省政开支另有来源,民众生计得以维持,禁烟禁毒方能彻底推进。

从《禁烟禁毒五年进度表》和《禁烟禁毒实施规程》来看,旨在分年减种的前提下,做到种、运、售、吸同时禁绝,避免各自为政,此张彼弛,造成禁政的矛盾和混乱,使禁政得以在统一有序的状态下稳步推行。第一道环节是烟民登记,调查烟民人数,确定烟土需要量,作为鸦片生产的产量标准。第二道环节是限制罂粟栽种规模,使之与烟民需要量保持平衡。第三道环节是统收统运,制膏统售,严格保证烟民需要量与供给量的一致。第四个环节是烟民凭照购吸,这也是保证公膏供应与烟民需要的一致,避免公膏过量供应引起滥售或供应不足激发走私。简言之,这四个环节就是要保证以需定产。在严格保证以需定产的前提下,以烟民的逐年减少统驭其他环节,每年按计划戒绝烟民1/5,相应地,鸦片生产也削减1/5,统运和制膏也随之削减,这样逐年削减,到1940年才可能按计划做到鸦片生产与鸦片吸食同时禁绝。否则,鸦片生产与吸食不能同步禁绝,那么,有鸦片供给则必不能完全戒绝烟民,有烟民的存在则必不能消灭鸦片的供给,禁种禁吸都不能彻底实现。

根据上述思路,国民政府六年禁政的施禁方案,实际上是要在腹省分期渐禁、统制运销的基础上进一步建立起一套彻底的鸦片垄断专卖制度,通过垄断专卖达到禁绝之目的。中国的禁烟,向来有渐禁和断禁的方法上的分歧,就以往渐禁的经验教训而言,要取得切实成效,政府必须有效地建立鸦片上的垄断,包括烟土来源与供给的控制和烟民的管理。以中国疆域之大,各地情形之复杂,要建立彻底的垄断专卖非常难,渐禁方式不易取得显著成效,其原因正在于此。国民政府六年渐禁计划,在其腹省禁烟的酝酿时期,即已参酌以往禁烟的得失利弊,进行了周密的筹划,并以军事化的手段推行严刑峻法,力矫渐禁方法易于懈怠姑息之弊。同清末政府的渐禁方案相比,六年禁政规划要细密周详得多,方法上也更为严厉。然而,国民政府的六年禁政规划并未能完全按照计划得以推行,虽然在某种程度上建立了政府的垄断,但垄断并不完全彻底。

二、具体实施措施及变通

为了进一步了解六年禁政规划的实际运作情形,有必要对其若干关键性的环节及其实施中的变通进行一番简要的介绍和分析。

1. 鸦片限产与统购统收

(1) 鸦片限产

限制缓禁地区的鸦片生产以及对所产烟土实行统收,是实施烟土垄断的前提。限制罂粟栽种,主要是依据 1934 年 6 月 19 日南昌行营修正颁行的《严禁腹地省份种烟取缔边省产土章程》中规定的办法,在缓禁省份尚未禁止种烟的地区,农户种烟须报明亩数和估计产量,领取特许牌照之后方可栽种。但各缓禁省份在执行这一办法时,往往在尚未禁种的县扩大鸦片栽种面积,以图多少弥补一些因减种带来的税收损失。为此,1937 年禁烟总监蒋介石以"禁政字第 3821 号"训令分饬各缓禁省份,不仅在禁种县必须严行查勘,不得再有烟苗出土,"即在缓禁各县,亦只能就上年曾经种烟地亩,准由人民报请登记,领照暂种。其种亩及产烟数量,必须按照上年底册切实核减,以后仍逐年减少,不得因希图税款,任令增加,其向未种烟地亩,虽在缓禁区,亦一律不准报种"。① 根据限产统收的原则,烟苗下种之前,种户即须向当地禁烟机关报请登记,填写种户姓名、住址、种烟亩数及估计产量等,由县府编具种户名册,核发特许种烟牌照,如1937年四川省发放种烟牌照344361张,陕西省发放种烟牌照78536张,贵州省发放27618张,②领取牌照后方可栽种。罂粟收浆时,由区乡保甲对所管区内种户的产量严加核实,填写在种烟牌照背面表格中,并另行编具产量清册送交县府,以备收购时核查。领照种户所收的烟土,必须如数交由禁烟机关核价收购,不得存留,否则即以私土论罪。在凭照栽种方面,各省基本上是按中央的布置来进行的,但产量登记方面多有隐瞒。

(2) 统收统购

至于统收统购,各省的情形则差别较大,因为这一措施直接牵涉到产烟省份的现实利益。统收统购、制膏专卖是六年禁政最初的计划,但六年禁政最初推行时,各缓禁省份产量很大,中央拿不出这笔巨额资金统收烟土,需要各省垫支统收价款。然而,缓禁省份多属贫省,难以筹措这笔资金,同时,也不愿自己出资由中央垄断专卖而独占厚利。因而,各省对中央这一要求反应比较消极。各省之间在对待统收统购的问题上,做法有所不同。云南省是最早实行统收统购的省份,但专卖之利均由龙云控制,不入中央府库。③ 宁夏省由各县禁烟委员会负责统收,由十五路军总部军需处负责制作统一制式的烟土,由地方税局负责推销,实际上也是垄断专卖。陕西省1937年按中央部署实行统收烟土,并设制膏厂熬制公膏,先由各县禁烟机关配销,因资金有限,未能做到垄断专卖,后又改为招商由公膏发售所专卖。甘肃省设立烟土统制处不久,因抗战全面爆发,只得将统制处撤销。绥远省情形与甘肃相似,也未能办理统收。④

贵州省与四川省的情况则比较曲折复杂。贵州省自1935年中央军入黔后,即成为中央直接控制的省份,禁烟督察处贵州分处亦在贵阳设立。因国

---

① 《禁烟总会核示烟土统收统运各项章则》,禁烟总会档案,中国第二历史档案馆藏。
② 内政部编:《二十六年度禁烟年报》,中国第二历史档案馆藏,档案号:十二(2)1291。
③ 李子辉:《云南禁烟概况》,《云南文史资料选辑》(第三辑),政协云南省委员会1963年编印,第93页。
④ 内政部编:《禁烟禁毒工作报告书》,中国第二历史档案馆藏,档案号:四一(2)75。

民党军队对红军的"围剿"战争需款甚急,故黔土统税增加很多,导致许多特商自动歇业。这对贵州省影响极大,因特税收入是黔省财政的主要源泉。①此后,贵州禁烟督察分处开始整顿特货,对烟土实行官督官运,烟膏实行官督商销,并且充实缉私力量,严杜私运。②但由于采用的方式过火,把特商抓得鸡飞狗跳,特业反而更加萧条,上百名特商联名向中央控告,导致贵州省禁烟督察分处处长萧觉天被调换并予以记过处分,③官收官运之事便告搁浅。此后,禁烟总会秘书主任李基鸿又提出"疏通黔货计划",与此前的官收官运计划如出一辙。禁烟总监蒋介石看后,认为"尚属可行",因此,训令禁烟督察处"筹议详晰办法,妥为进行"。④ 1936年12月,禁烟督察处经过详细筹划,拟出一个在缓禁各省统一实行官收官运的计划,由禁烟总监发布"禁秘字第4080号"训令,分饬各省迅即筹备,自1937年起,一律取消商营征税,改为统收统运。⑤ 贵州省1937年由督察分处和省府拟定《贵州省产土统运暂行办法》,但贵州省的统收工作也不甚成功,民间存烟仍然很多,虽然按规定所产烟土不得私自存留,但实际上这一规定实现不了,甚至禁烟督察处派驻贵州监察叶希崧在给禁烟督察处的报告中也说:"黔省……情形特殊,种户存货及烟浆各项,在统收统运办法尚未奉颁以前,应听其自由储存,并予以赶场交易之便利,不得无故查搜,致贻骚扰口实。"⑥但由于统收统购不成功,中央统收统运办法也未能出台,实际上贵州的统收统购也名存实亡。

四川是最大的产烟省份和烟土输出省份,统收统运工作更是艰难。虽然中央借追击红军的名义将势力伸入四川,但因川省防区制的存在,各防区均各自为政。故中央只得继续委任"四川王"刘湘为川省主席、绥靖主任和禁烟督办,禁烟事宜基本上由川省自办。四川烟土除自销外,绝大多数由长江出省外销,受汉口烟土市场的影响很大。由于1931年的汉口大水灾及中央政府在汉口对川土征收的统税过重,汉口禁烟督察处又对拖欠税款的特业商号

---

① 《禁烟督察处贵州分处成立及移交卷》,军委会禁烟总会档案,中国第二历史档案馆藏。
② 《禁烟督察处贵州分处成立及移交卷》,军委会禁烟总会档案,中国第二历史档案馆藏。
③ 《禁烟督察处处理所属人员贪污渎职卷》,军委会禁烟总会档案,中国第二历史档案馆藏。
④ 《禁烟总会关于黔货运汉往来函件》,军委会禁烟总会档案,中国第二历史档案馆藏。
⑤ 《禁烟总会核示1937年四川烟土统收统运各项章则》,军委会禁烟总会档案,中国第二历史档案馆藏。
⑥ 《贵州省特货购运制售征税等项章则》,禁烟总会档案,中国第二历史档案馆藏。

处以没收烟土抵偿税款的处罚,以致川商在汉口的大商号纷纷倒闭,川土外销极为衰落。川省政府涪陵烟价一度降至每担140元尚无法销出。尽管川省政府制定了"优待滇黔土经川省外运办法",但局面仍无大改观。故自1935年下半年起实行"禁政改组",即按照中央统一部署的特许采办商制度,给予少数大烟商垄断性的经营地位,并以公运和公栈来防止走私,保证大烟商的业务,借此稳定特业经营,强化对特税的控制。

1936年初,汉口烟土市场逐渐兴旺,恢复了往日的繁荣。这一转变主要缘于国民政府的禁烟政策。首先,凭照购吸官土的办法,使官方掌握着一个基本的烟土需求总量,长江中下游广大地区的烟土主要来自汉口,这种巨大的需求足以保证汉口烟土的销路。其次,川、滇、黔各货到汉口后即存入公栈,转售或转运时即由公栈收买,实行官收官运。公栈收买烟土的垫款,由农业银行出具期票支垫,待货物分运各地销出后,所得价款分别缴还农行垫款和税费。官运官销,销路自然有保证。如1936年4月,汉口公栈第一批公运滇黔税货100担至闽省销售,禁烟督察处便要求福建禁烟督察分处"在本批运闽之货未销馨之前,不准其他商人再运货闽北,以免挤销"。① 另外,农行还对烟商开展借贷和押款等业务,这样就方便了烟商的销售和资金周转。最后,由于需求增加,而川滇黔烟土1935年运汉很少,汉口烟价自然迅速上涨,每担烟价由1935年的1500余元迅速回升至2000余元,到1936年10月又升至每担2600元。这样,许多已经歇业的四川特商重操旧业,其他行商如盐商中资本雄厚者也纷纷转营特业。于是汉口烟土市场重现往日的兴旺和繁荣。

就川省政府而言,"禁政改组"的目的主要是稳定禁烟税收,因而1936年4月汉口和重庆烟土市场情况稍有好转,便马上大幅提高烟税,这又直接抬高了烟价,引发了特商及其他行业疯狂购囤烟土,以待增值。但是购囤的巨额烟土短期无法销出,占压的大量资金无法周转又导致银根紧缩,利率猛增。一般商户无以承受,又只得竞相削价抛售,以致各地烟价迅速惨跌。于是,汉口烟市又转趋萧条。1936年12月,禁烟总监蒋介石下令各缓禁省份自1937年起一体实行统收统购,这种统收办法,虽然最初是由萧觉天和李基鸿等人

---

① 《禁烟督察处公运税货赴闽行销卷》,禁烟总会档案,中国第二历史档案馆藏。

提出的,但最后决定各产烟省份一体实施,则与川省烟土市场的反复波动有关。汉口市场烟土,以川土为大宗,川省烟市波动必然影响汉口,汉口是全国最大的烟土集散市场,市况萧条,则牵动全局。为了防止烟土市场的大起大落,保持禁烟税收的稳定,中央政府决定统一实施烟土的统收官运,旨在通过垄断来保证烟土的供销平衡。因此,贵州省的统收办法一经拟定,禁烟总会便将其转发给川省禁烟总局,饬令参照办理。但四川方面认为川省情况与贵州不同,"故收买烟土……非假手于素营烟业之商人,决不易于成功"。① 但完全将统收事宜委诸商人,则操纵烟价、苛剥烟农乃至烟土掺假舞弊之事恐难避免,因此,决定采取官商合办的形式进行烟土收购。招认商分向各产区收购烟土,再交给禁烟总局的"统收处"统一收购。② 但实施之后,很快便引发了更为棘手的问题。种户和囤烟商人认为统购之后烟价必然上涨,不愿把烟土卖给政府。此外,川省已经上税的自销烟土价格高昂,导致川康边区的走私烟土乘机大量涌入,官土销路大减,统购难以进行。1937年底,川省的统收统运便告废除,重新恢复商营征税。1938年,中央机构退入四川,禁烟督察处随之设立并接管川省鸦片运销征税业务后,禁烟督察处以"便商裕税"的名义放宽采办烟土的限制,使烟土的采购贩销变得更加自由,于是,汉口和四川烟土市场又趋活跃。至此,四川省统收统运工作可以说完全失败,典型地反映出六年禁政某些方面的内在矛盾和困难。

本来官制公膏、垄断专卖是六年禁政的最初计划,但对此一直争论不休,赞成的意见认为官制公膏便于中央统制烟土的产量和分配,配合分年递减的渐禁,不失为一种理想的办法,而且大利归公,可以增加财政收入。反对的意见则认为公膏制度有悖于公众舆论,且需投入巨量成本,很可能得不偿失,况办理公膏制度也难免流弊,更重要的,一旦建立公膏制度,为厚利所诱,禁烟期满后恐怕也难以取消。③ 实际上,官制公膏未能实现,不在于反对者的意见是否合理,而是统收统运无法做到彻底。在无法做到统收无遗的情况下,

---

① 《禁烟总会核示1937年四川省统收统运各项章则》,禁烟总会档案,中国第二历史档案馆藏。
② 《禁烟总会核示1937年四川省统收统运各项章则》,禁烟总会档案,中国第二历史档案馆藏。
③ 参见内政部编:《二十六年度禁烟年报》,中国第二历史档案馆藏,档案号:十二(2)1291。

由官方制膏专卖,无异于为私土倾销创造机会,川省统收烟土引起的私土潜销足以说明建立制膏专卖的难度。

2. 烟土的运输管制

烟土运输方面的管制措施主要是公运制度。这项制度是南昌行营举办腹地十省禁烟时期确立的,督察处1934年设定的公运方式是川土依长江水路轮运,陕甘土由陇海、平汉铁路联运,滇黔土由湘黔陆路监运。其目的是日后取代商采商运,作为统购统销、量为供应的中间环节。由于统购统销的垄断一直难以建立,所以作为一种权宜办法的特许商采商运一直沿用下来,公运制度便与商采商运制度并存,成为管制烟土运输的方法。

(1) 特许采办制度

特许采办制度比较简单,办理的手续是向督察处提出申请,交纳保证金,领取督察处核发的特许采办执照和采办证以后,即可赴边省采办烟土。特许采办执照有效期为一年,期满可以申请再办。采办证以每次采办烟土的时间为限,采办结束即须缴还注销。采办烟土必须严格遵照采办证上所规定的采办区域、采办期限、采办数量以及运输烟土的路线。凡越区采办、超越规定期限、采办逾量烟土或规避指定的行走路线,均要受到惩处。在指定的运输路线上,如果有督察处所设的公运机构,必须将烟土交由该机构代运,不得自运。督察处指定的路线,主要是沿途没有查缉机关的路线,旨在防止采办商在运输途中有舞弊行为或逃税私销。设立特许采办制度,目的也在于统制烟土的购运。因为把众多烟商漫无限制的自由购运变成少数大烟商的特许购运,实施管制就容易得多。这些采办商实际上都是认商,申请采办时便要以认购数量为条件,只有少数资本雄厚的商人才可胜任,每省多则不过三四十个,少则十几个,其他未领取特许执照者一概不准采办烟土。这样,管住了这批为数有限的采办商,也就控制了烟土的运销税款。

烟土运至目的地后,不得由烟商自己保管,必须立即运到就近的公栈卸存,由督察处派员与公栈职员共同验明数量,逐件粘贴印花,算定税率,由采办商完税后提销给土膏行或交由公栈保管。烟土进入目的地公栈,采办即结束,采办证也应缴还注销。公栈在统制运销中具有重要作用,公栈的职能不仅是仓储,而是运与销的中介,烟土一入公栈,不经纳税便不能转运或提销,土膏行至公栈购土,交易也不出公栈,买卖双方验货论价之后,由公栈人员经手办理交易,所以特货一入公栈,便没有偷逃税款的可能。汉口设有禁烟督察处的总公栈,汇聚陕、甘、川、滇、黔各货,供应长江中下游广大地区,公栈中大宗的特货运销实行官收官运,管制更为严格。烟商采办的烟土卸存公栈,完税贴花之后,出售或转运时大多由公栈收买,货款由汉口农民银行垫付,然后,斟酌各地销路,交由汉口监运所公运至设有督察分处、办事处或分公栈的地方,由当地土膏行以现金提购承销,所得价款按税费和农行垫款分别由当地农行支行划拨回汉口农业银行。

(2) 公运制度

至于公运,汉口禁烟督察处下设的监运所是最大的公运机关,也是全国的公运总机关。其他设有督察分处的省份一般设有联运所和监运派出所,在一些交通要道上设有联运分所,承担公运任务。凡公运中丢失或短少特货,均由公运机关负责赔偿。

公运路线以汉口为中心,这是以当时的交通条件为依托的。长江中下游广大地区,地域广阔,人口稠密,是最大的烟土销售区,而陕甘西货、川货和滇黔货运销长江中下游,主要是借助长江水路,因而,汉口便成为联接川、滇、黔、陕、甘等烟土产区和长江中下游湘、鄂、赣、皖、苏、沪、浙等广大烟土销区的运输枢纽。按照禁烟督察处的规定,川土在万县集中,经宜昌以达汉口;滇土在昆明集中,一路由昭通经重庆沿水路转运汉口,一路经贵阳由洪江转汉口;黔土在安顺和贵阳集中,一路由赤水经重庆转汉口,一路由麻江下司沿沅水南源的清水江,经洪江以达汉口。陕甘西货则由陇海铁路转平汉铁路南下汉口。各货汇聚汉口后,由汉口监运所的差轮每六天一次运烟东下,分销沿江各埠。这样,除了部分陕甘西货北出晋绥或沿陇海路至河南、江苏,或由徐州北上山东,部分滇黔货运销两广地区,边远产烟省份大部分外运烟土都纳入了以汉口为中心的公运网络中。应当说,在抗战之前,这个公运网络对于管制烟土运输是颇有作用的。公运制度与各交通要口的严厉缉私结合起来,虽然不能完全杜绝私运,但是由产烟地区向销区大宗走私烟土的可能性大大减少了,这就在总体上控制了烟土的运销环节,为推销官土、管理税收创造了条件。

表 14-3　禁烟督察处汉口监运所公运特货数量表
（1934年4月—1940年12月）

年份	公运/两	自运/两	合计/两	运费/元
1934 年	14912924	1065584	15978508	734162.99
1935 年	16858778	1561201	18419979	881409.4
1936 年	13080180	3377083	16457263	704400.16
1937 年	11907938.4	7491670	19399608.4	760419.88
1938 年	3915119	6374133	10289252	848870.15
1939 年	6929914.2	4617704.7	11547618.9	1567412.36
1940 年	622200.6	1136503	1758703.6	382359.25
合计	68227054.2	25623878.7	93850932.9	5879034.19

表 14-4　历年运往各省特货数量表　　　　　单位：两

江苏	33286905	注：商人报请自运的数量不包括在内
安徽	14889589.3	
江西	8075735	
福建	5599843.2	
湖南	2951308.5	
湖北	2440964.5	
广东	546574.3	
河南	403850.4	
浙江	32384	
合计	68227154.2	

从表 14-3 和表 14-4 可以看出，由汉口监运所向腹地省份公运的烟土数量是相当可观的。以江苏省而言，公运数量达 33286905 两，以每人日吸量 1 钱 5 分计算，则可满足 15 万烟民 4 年的吸食。事实上，因抗日战争，1938 年江苏已无法公运，上述公运数量实系 1934 年至 1937 年 4 年中的公运总量，如果加上商人报请自运的数量，总数便更为可观。表 14-3 中所列的"自运"，系指报请监运所批准后领取自运单，自备运输工具进行运输。由于办理公运手续繁杂，且运力有限，除汉口监运所有差轮外，其他监运派出所均是临

时租车公运,最低要求30担方可起运,因而,报请公运往往要拖上一二十天,既占压特商资金,又易于延误销售时机,因而,公运在执行中也酌为变通,少量的烟土即不足30担者,以及短途运输尤其是省内运输可以报请自运,只需向监运派出所报请查验税票、印花和烟土数量,领取自运单或运照即可自行租车起运。自运主要是为了便捷,抓住销售时机,而不是省钱。按规定,特商报请自运,仍要按公运价格的2/3向监运分所缴费,实际上自运的费用超过公运。

1937年抗战全面爆发之前,汉口监运所所长陈德谋曾向军委会委员长行营拟呈了一份关于"战时公运"计划的报告,认为现在外交情势日趋紧张,设不幸各地遇有战事发生,则职所轮运阻碍堪虞,值此非常时期,税政有关军需,维持税源,首重疏通运道。基于此,陈德谋提出预先备置汽车10部,战事爆发后,如遇水路阻滞,即以汽车绕道运送税货至长江各埠,以利济销。具体的"战时公运计划"内容是:如长江轮运有阻,平汉、陇海铁路因战争而停止货运,则陕甘西货改由西安经蓝田、商县、南阳至湖北老河口为屯积地;川货以宜昌为屯积地;滇黔货在贵阳会合,经湘黔公路运至长沙为屯积地。各货均以集中汉口为原则。若不幸汉口有失,则川货经沙市、公安、津市、常德至长沙,陕甘货也由老河口沿川货路线运至长沙,与滇黔土汇聚一处。长江水路,能通航之处仍以轮运,若不能运至下游各省市,则由长沙沿京滇、京沪公路绕运南昌、芜湖、镇江、上海等处。九江之货,由南昌驳转,安庆、大通、荻港、乌江、蚌埠之货,由芜湖驳转,南通之货由镇江驳转。将来情况有变,仍将随时改定。① 该计划上呈不久,抗战全面爆发。1937年8月13日沪战开始后,镇江以下已无法通航。9月初,禁烟总监蒋介石正式批准了"战时公运计划",电令公运路线沿途各省军政机关"凡该处公运汽车行驶所至,无论军政机关以及民众团体,均应妥为保护,不准搭载人货,并强行征用,毋得故违",并特准公运汽车悬挂军委会委员长行营的旗牌,以保证运途的顺利。② 9月初,沪战正酣之时,上海督察办事处主任徐统雄以沪栈特货行将告罄,迭催速运特

---

① 《禁烟督察处关于公运特货问题的指令公函和往来文书》,禁烟总会档案,中国第二历史档案馆藏。

② 《禁烟督察处关于公运特货问题的指令公函和往来文书》,禁烟总会档案,中国第二历史档案馆藏。

货入沪济销,于是,"战时公运计划"正式实施,轮运特货在镇江转汽车运至无锡,换小火轮沿内河运入上海曹家渡等地,再由汽车接运至南市。

其他各地也深受战争形势的影响。战事之前,"各省府对于省辖汽车,靡不统制管理,即民有汽车,亦在征发之列,缘是特货自运,颇感困难,销路因以疲滞,税收亦受影响"。① 在产区采办烟土的特商因觅车困难,烟土难以运出,纷纷要求禁烟机关速谋办法以图救济。在战前"各地车辆基于军事之需要,征发殆遍"的情况下,对特货运输的困难也束手无策。战事爆发后,特货运输更加困难。如甘肃监运分所的公运,"路局方面以军运繁忙,车油两缺为辞,不允供给车辆,虽经该所一再提出交涉,并由本处(甘省禁烟总处)呈请交通厅饬令该局遵办,但均未生效力""公运既无车辆,商人又要求自运,为给予便利计,势不得不由商自运"。② 到1938年年底,尽管汉口监运所(已迁至常德)调往各地使用的公运汽车已增加到40辆,仍然不敷。从前文所列公运特货数量表可以看出,1938年的公运数量骤然减少,报请自运的数量比公运数量高出许多。在此之前,历年的公运数量均远远超过自运数量。这样,公运制度管制特货运输的作用便有所削弱。

抗战全面开始后,公运制度受到的影响是相当大的:一是原有的联接产区和销区的公运交通网络不存在了,虽然战时公运计划采用汽车绕运的办法向长江中下游各埠运送特货,由于东部地区迅速沦陷,汽车绕运的办法很快便无法执行。1938年10月,汉口失陷,汉口监运所先迁至常德,再迁至晃县,次年4月再迁贵阳。由于丧失了长江中下游广大的销区,公运数量也大为减少,只限于两湖部分地区和两广、福建等地。其他监运联运机构也面临同样困难。二是政府为减少烟土积压,实行"便商裕税"政策。1938年,禁烟督察处进入四川,为解决川省去年因统收造成的大量烟土积压而采取鼓励外运的方法。以往纳税烟土只能按事先确定的地方销售,现在则可根据各地供需情况灵活调拨。这样,公运制度便不能适应这一变化,只能放宽自运的限制。在当时战争状态下,情势多变,商人自运也相当困难,事实上也难以遵守规定的采办区域、运输路线和运销期限,即使法律未加更改,实际执行中也逐

---

① 《禁烟督察处关于公运特货问题的指令公函和往来文书》,禁烟总会档案,中国第二历史档案馆藏。
② 《禁烟督察处甘肃分处函复甘省财政厅询问书》,禁烟总会档案,中国第二历史档案馆藏。

渐变通。因为运销不畅则税收不旺,为保证税款,不得不如此。又如,以前为防止产烟省份的烟土走私到毗邻省份,对产烟省份的边远县区运销烟土都有限制。如贵州曾颁布"运销边县税货办法三项",规定报运各边县的上税烟土,每天只许一人向某一边县报运一次,每次的运销量不得超过300两,违者以走私论,但为了便商裕税,这一规定很快就被变通。因为卡得过紧,"不免促成走私,影响税收实巨",所以从1937年下半年开始,运商只要有税票,向边县运销烟土,随报随运,"以花票(即印花和税票)为凭证,凡花票相符之货,应即准予通行无阻"。① 如此,则公运和自运的限制均有所放宽,统制运输的措施逐渐变得松弛下来了。

3. 烟土供应管理

(1) 对土膏行店的管理

按六年禁政最初的规划,供应领照烟民所需的烟土,应在统收统运的基础上由官方设立制膏工厂统一制膏,实行专卖,在未制公膏之前,暂由特许土膏行店向烟民供应烟土,一俟官方制膏统销付诸实行,土膏行店即行撤销。但直到六年禁政结束之时,统一制膏也未成现实,于是,特许的土膏行店事实上便由暂设的烟土供应机构变成了常设机构,烟土供应的管理相应地也就变成了对土膏行店的管理。

土膏行店的性质,大致上可以说是官办民营或官督商办,虽然在形式上称为"特许",但为了推销公土,一般都是由禁烟机关以招标认销的方式招商承办,以投标认销公土数量最多者中标承办。土膏行的数目,由各省禁烟机关根据需要与禁烟督察处会商酌定,土膏店数目由各县市根据省府规定的办法自定。各省做法不一,如江苏省规定每县土膏行不得超过3家,土膏店除城区外,每区只准设1家。城区人口集中,可以酌情增设若干。② 河南省则规定以登记烟民数量来设立,各县凡登记烟民50人以上200人以下,可设丁等土膏店1家,200人以上300人以下,可设丙等土膏店1家,满300人可设乙等土膏店1家。土膏行则大致以14至15家土膏店设立1家土膏行的比例为准。③ 广东省规定每个行政督察区设土膏行1至2家,另外广州市可设

---

① 《禁烟督察处处理贩运吸食毒品案犯卷》,禁烟总会档案,中国第二历史档案馆藏。
② 江苏省民政厅:《江苏省禁烟概况》,江苏省政府印刷局1936年印,第48页。
③ 河南省政府民政厅:《河南省六年禁烟总报告》,1941年印,第27页。

6至8家,汕头市可设2至4家。土膏店可根据情况在每一县局的辖区酌设1至10家,广州、汕头、江门依照警察分局所辖地段,每局设1至2家。①

土膏行店的管理主要有两个方面:一是申请登记注册,领取特许牌照和凭证后方可营业,不领牌照擅自营业者,不论买卖烟土是否上税,均以贩私军法论处。土膏行牌照费每年5000元,土膏店分为甲、乙、丙、丁、戊、己六等,照费分别为2400元、1200元、800元、400元、200元和100元,均分四期平均交纳。土膏行店所领牌照凭证,不得转卖、转借、出让、出租或一家领证数家朋充。土膏行店必须在特许牌照限定的区域内营业,超出限定区域即为越境倾销,违者将被吊销证照并加处罚金。二是依法经营,土膏行向禁烟督察处所设公栈或分公栈购买烟土,土膏店只能向土膏行购烟零售。土膏行不得售烟与未领凭证的土膏店,土膏店不得售烟与未领限期戒烟执照的烟民。土膏行店都必须制备定式账簿,将购买人姓名、执照种类、号数、吸量、购量等逐日详记,以备检查。土膏行店绝对不许买卖未上税贴花的私土,也不得设置烟灯、烟具供人吸食。土膏行的利润,一般规定在营业额的2%至3%,土膏店略高,多在5%上下,不得过高。

土膏行店的管理规则并不复杂,但土膏行店数量多,经营分散,实施有效的监督也并不容易。在土膏行店普遍设立后的一段时期,土膏行店的购销业务均比较混乱。1937年2月,军委会委员长行营以"法禁字第4937号"训令颁发了"土膏行店销货日记账"和"凭照购售细账"的统一格式,要求土膏行店逐日填写,以备查核。后来,又将"湖南省批购烟土办法"及五联购土凭单式样转发各省,要求参照仿办,以杜绝烟土购销环节中的漏洞。由于大多数土膏行都要到当地禁烟机关辖区之外设有公栈的地方购烟,县乡土膏店也相应地要到有土膏行的地方购烟。许多土膏行店前往购烟的地方位于所在当地禁烟机关的辖区之外,土膏行店所在地的禁烟机关一般不便前往稽查辖区之外其他地方的公栈或土膏行的售货账目。这就使得公栈与土膏行店虽有购销明细账目,事实上难以对照稽核,很容易发生私土羼混之弊。1937年,李基鸿任广东禁烟特派员,一到广东,便发现这里的土膏行店购销很混乱,以致

---

① 禁烟总会修订:《广东禁烟特派员公署管理采办商土膏行店营业规章》,禁烟总会档案,中国第二历史档案馆藏。

"烟土价昂,私货充斥,税收日短,征禁两穷"。经过考察,认为问题仍在购销环节的管理上。"如不将土膏店与土膏行间批购烟土之区域明为划定,则将使注册特许之行店,寝成销私售私之机关"。① 李基鸿的整顿做法就是首先明确划定区域,每一区域内均设有土膏行,规定每一区域内的土膏店只能向该区域内的土膏行购烟分销,也即每一家土膏行只向确定的若干家土膏店供货,这样只要把土膏行店销货日记账簿一加对照,便清清楚楚,"私土自绝,正销必旺"。同时还要求土膏行店随时购货报税贴花,月中月尾清结,不得拖欠税费,每月的认额贴花税货应当如数销清。土膏行店还应该随时查报私运私售和私吸情况,举报属实,按章给奖。② 广东、湖南等省经过整顿,土膏行店的经营情况确有改观。

从全国的情形看,虽有较为严格的管理规定,但承包土膏行店的商人目的既在于逐利,自然通过种种方式逃避管理,加之一些禁政人员在管理中因循敷衍乃至包庇营私,因而,在实际的管理中弊窦仍然很多。另外,一些省份的具体做法与中央的统一部署也未尽一致。如云南,1935年即实行官制烟膏,分为特膏、干膏和普膏三种,作价交由地方官和禁烟委员垫款转售。加价卖给烟民,无须土膏行店批购分销。山西省统销官制的"戒烟药饼",由省"禁烟考核处"负责推销,先批发至各县,然后,由各县指定商号代销。宁夏统收烟土后制成板货,由宁夏地方税局(包括各县税局、区分局支局以及各地税卡)负责推销,1940年又移交省银行负责专卖。陕西省先有烟馆、烟土经销行,1937年官制公膏后又有公膏发售所,以后又有官膏店、官膏行,名目繁杂,且经营方式与土膏行店的经营规则也颇有出入。有的公膏发售所按省禁烟总局的规定招商承办,有的则是地方禁烟分局自办。这种混乱的情形缘于各该省以往的做法和实际情况,当时很难改变,因而也谈不上严格遵守《特许设立土膏行店暂行规则》的有关规定。

(2) 所谓"售吸所"

除土膏行店外,各地还设有售吸所备置烟灯烟具供瘾民前来吸食。按六

---

① 禁烟总会修订:《广东禁烟特派员公署管理采办商土膏行店营业规章》,禁烟总会档案,中国第二历史档案馆藏。
② 禁烟总会修订:《广东禁烟特派员公署管理采办商土膏行店营业规章》,禁烟总会档案,中国第二历史档案馆藏。

年禁政的规划,只有年老有病的烟民可以领取限期戒烟执照购烟在家自吸,绝对不许开设烟馆。但实施禁政后,考虑到有许多无家无业的劳动烟民和领有限期戒烟执照的旅行者在外地时的吸烟困难,根据江苏、贵州、湖南、广西、广东等省的请求,允准作为权宜措施酌设若干,仍规定严格限制数量,并只准领照烟民前来吸食。事实上,售吸所就是烟馆,设立售吸所完全是为了扩大税收和更多地推销官土。如江苏省规定:"售吸所非在贫苦烟民众多之处,不得设立。"①其意在于使更多的贫苦烟民购吸官土。按规定,向土膏店购烟膏,每次可购10天的吸量。但贫苦烟民收入微薄,无钱一次购回数日的吸量,每天往购又有不便。售吸所则不同,既售烟膏,也可在此吸食,即使钱很少也能进去吸上几口,且又省去了贫苦烟民在家吸烟所必需的烟灯烟具之费,的确为贫苦烟民吸烟提供了方便,借此也推销了更多的官土。四川省为了推销官土,1937年1月27日由禁烟总局发布"总禁字第1083号"训令:"凡属烟民,除妇女准暂在家吸食外,其余均饬一律入所就吸,违者以私吸处罚。"既然售吸所之设是为了扩大税收、推销官土,那么,限制售吸所家数、凭照购吸的规定也就成了空话。事实上,各地售吸所的设置,都是既多且滥,往往一个县就有几十家。许多售吸所老板就是原先烟馆的老板,售吸所不过是烟馆换个名称。

4. 烟民管理

烟民管理是禁政各环节中最为重要也最为繁难的一环,大致可分为登记、领证、调验、施戒四个方面。

(1) 登记

在六年禁政计划中,烟民登记是最为重要的举措。因为只有统计出烟民的准确人数,设立戒烟院所和分年施戒才能有依据;只有统计出烟民的总吸量,烟土供求的统一管理才能有标准。所以,烟民登记"有关禁烟前途,至为重大"。② 自1933年豫、皖、鄂三省"剿匪"总司令部所颁《厉行戒烟取缔吸户章程》时起,即已开始烟民登记工作。但当时这一工作仅限于局部地区。1935年6月15日,委员长行营根据前项章程复制定《限期办理吸户登记办

---

① 江苏省民政厅:《江苏省禁烟概况》,江苏省政府印刷局1936年印,第48页。
② 军委会禁烟总会编:《禁烟半月刊》第1期,1936年5月,第24页。

法》，开始在全国进行烟民登记工作，要求各地政府于1935年内完成此项工作，并运用清查、奖励告密和连坐的办法，使无遗漏，凡有隐匿规避者，一经查出，勒令登记，并处300元以下50元以上罚金。地方禁政人员敷衍塞责者立即撤职惩办，借端索贿者军法从事。到1935年底，各地报称登记工作完毕，但全国仅登记烟民1665209名，自属不确。广东、宁夏、广西、青海、浙江、山东、河北、察哈尔等省均未上报烟民统计人数。1936年2月8日，禁烟总监蒋介石再次分电各省，饬令继续办理登记，并"不得再有借口展限情事，经此次检举之后，如仍有疏忽遗漏，即以放弃职责论，分别议处。"①2月21日，《检举烟民登记办法》公布实施，要求省市县区乡及保甲组织层层督饬、层层检查、层层具结，务必"破除情面，实事求是"，再次举行为期3个月的登记工作。前次未登记的烟民特许补登，不另处罚。结果，1936年登记烟民3628162名，比上年多出一倍以上。尽管如此，这一数字仍然与实际相去甚远，且广东、广西、浙江、山东、察哈尔等省及西康地区没有上报烟民人数。鉴于两次烟民登记遗漏仍多，1937年2月19日，禁烟总监蒋介石再发训令，要求各省举行第三次烟民登记。1937年登记烟民，共4160285名，为六年禁烟期间登记人数最多的一次。浙、鲁、冀、察四省及西康地区未报数字。此后，1938年和1939年又进行了两次烟民登记，人数分别为2021834和2814682。

从历次烟民登记工作可以看到，作为施禁的基础工作，原计划1935年年底即可完成，然而，连续5年始终未获理想的结果。由于烟民统计始终无法获得一个大致接近事实的数字，其他以烟民人数为依据的施禁工作，如烟土的量为供应、烟民的分期施戒等，都不可避免地受到连带影响。

（2）领证

已登记的烟民，由禁烟机关发给限期戒烟执照，凭照购吸烟土。执照按规定分为普通和贫民二种，普通执照每张5元，贫民执照每张6角，半年一换。各地在执行上有所不同，有的分为甲乙丙三种执照，有的分为富裕、平民和赤贫三种执照。赤贫执照不收费。戒烟执照除载明吸烟者姓名、性别、年龄、住址、职业等事项之外，还要记载吸烟者身体及容貌特征（因当时照相在乡村尚不普遍），以及每日吸量、惯吸何种土质、执照号数及有效期间等等。

---

① 军委会委员长行营编印：《军政月刊》第4期，1936年4月，第47—48页。

烟民领照仅供本人专用,不得转借或一家共用。如烟民有事须往外地,应持照到发照机关换取旅行证,随在吸食。每6个月换领执照时,必须酌减吸量,以达渐禁之目的。

(3) 施戒

按照《禁烟实施规程》及"各省市领照烟民分期戒绝实施办法",各地禁烟机关应按烟民人数及年龄于每一年度中分期分批施戒。40岁以下者及吸量少者先予施戒。凡登记领照烟民,年在45岁以内者,限于1938年12月底以前一律戒绝;年在45岁以上、50岁以下者,限于1939年6月底以前一律戒绝;年在50岁以上、55岁以下者,限于1939年12月底以前一律戒绝;年在55岁以上、60岁以下者,限于1940年6月底以前一律戒绝;年在60岁以上者,限于1940年12月底以前一律戒绝。① 在限戒期内,由禁政机关先期填发通知书,通知烟民按时到指定戒烟院所受戒,届时不到则将其拘戒。发现未领证照的私吸烟民,由禁烟机关依法治罪,并将有瘾者随时拘送戒烟院所勒戒。同时,政府鼓励未至戒期的烟民主动入院投戒,投戒烟民如系贫民,可以减免费用。戒烟医院或戒烟所,原规定是烟民受戒的唯一场所,即所有登记烟民均须依次入院入所受戒。禁烟总监蒋介石1936年曾规定戒烟院所的设备标准,大致是100名登记烟民设一床位,各市县登记烟民满一万者,应设100张床位,满5000者应设50张床位,其余依比例类推。② 这种比例是根据分年分期戒绝办法而定的,每期戒烟时间是15天,依此计算每一床位每年可施戒24人,这样,从1936年到1940年每一床位便可施戒百人。事实上,这个标准在大多数地区都达不到,或虽有规定的床位,但经费、医药和人才俱感缺乏,施戒不易,劳动贫苦烟民要出卖劳力养家糊口,入院施戒,一家的生活来源即告断绝,往往不愿入院受戒,一些有身份地位的烟民,"为顾虑自己身份,及时间经济起见,亦有不愿入院受戒者"。③ 所以在实际的禁吸过程中,政府又不得不根据实际,要求各省除设立戒烟院所外,发售戒烟药品,提倡烟民在家自戒。

---

① 内政部编:《禁烟禁毒工作报告书》,中国第二历史档案馆藏,档案号:四一(2)75。
② 军事委员会禁烟总会编:《二十五年度禁烟年报》,1937年,第29页。
③ 内政部编:《禁烟概要》,中国第二历史档案馆藏,档案号:十二(2)342。

(4) 调验

无论是入院受戒还是在家自戒,期满后均须对其进行调验,检查其是否真正断瘾。调验由戒烟院所(调验室)承担,调验之后出具鉴定书,由院长与调验医师共同签名盖章。凡经调验如期未能戒断者拘所勒戒。此外,有吸毒嫌疑者、无照私吸嫌疑者、戒后复吸嫌疑者,均须送所调验,根据调验结果按有关法律予以处理。

从上述六年禁政的四个主要环节来看,六年禁政并未能够按照原定计划予以实施,无论是产场管理、官收官运、运销管制还是烟民管理,都因为种种因素的影响而一再作出变通,以致由政府垄断专卖的主导思路未能真正得以实现,并由此引发出诸多的矛盾和弊端。影响政府实施垄断最主要的原因,一是对垄断专卖付诸实施的难度和复杂性事先估计不足,实施中又缺乏必要的补救措施,遇到困难便束手无策,只得变通;二是各省尤其是产烟省份基于自身利益的考虑,对中央禁政措施缺乏主动的配合;三是抗日战争的全面爆发打乱了原有的部署和计划,并使已有的若干禁烟成效化为乌有;四是中央"禁税兼顾"的思路,在实践中时常导致重税而不重禁的偏差,以致许多禁烟措施不得不因为保证税收而作出变通,削弱了禁烟措施应有的效力。

三、禁烟经费与烟土税收

为进一步了解国民政府"禁税兼顾"的思想,有必要将六年禁政时期的禁烟经费问题和禁烟税收问题作一个简单的勾勒。

1. 禁烟经费

关于禁烟经费,国民政府采取的是"以禁养禁"的政策,即以禁烟的税收、罚金拨充禁烟经费。按当局的解释,国家财政困窘,如果全靠政府拨款,显然力所不及,势必多派税收,加重民众负担,因此,以禁烟税收和罚金充作禁烟经费,取之于烟民,用之于烟民,是最可行也最合理的方法。

(1) 禁烟经费的来源

禁烟经费的来源,按《禁烟实施办法》的规定共有四项:① 本地方应分拨的烟民及土膏行店执照费;② 禁烟罚金及没收充公的毒品犯财产的变价;③ 禁烟督察处依各省市销土定额代征的补助费;④ 各省市自有资金的特别拨款。

禁烟经费的来源虽有法律规定，但事实上并无可靠的保障。首先，各省市自有经费的特别拨款，在大多数财政支绌、军政费用尚且不敷的省份只是一句空话。禁烟督察处代征的补助费是军政费用而非禁烟专款，这笔经费中能否拨出部分用于禁烟，完全取决于省政首脑对禁烟工作的重视程度。其次，烟民执照，普通照5元，贫民照6角，这笔款项1/5交发证机关，2/5分配县政府或市公安局，余下的2/5才分配到省市拨充禁烟和戒烟费用。土膏行每套证照5000元，土膏店按等级每套证照2400元到100元不等，一半解缴禁烟督察处，一半拨充地方禁烟经费。土膏行缴费高，但数量少，全国最多时也只有186个。县一级的土膏店大多是丙级以下，所以，土膏行店经费，实则数量有限，分一半拨充禁烟经费，为数不多。至于禁烟罚金和没收毒犯财产变价，大多被处以刑法的烟毒犯是平民，油水并不多，且按规定还要扣出40％奖励举报和查缉人员。因此，实际上能拨充到基层真正用于禁烟戒烟的经费是很少的。

自推行六年禁政以来，禁烟经费支绌一直是各省禁烟组织反复呼吁的问题。1937年2月，禁烟总监蒋介石以"禁政字第4931号"训令通饬各省市，自3月1日起，各省市戒烟经费一律由禁烟督察处代收，不许各省市就地自收。所收戒烟经费，每两烟土加收一角，即每担收100元，按月解缴禁烟总会专款保管。令各省市如实编呈禁烟收支情形，根据各省市所办戒烟院所及烟民工厂的多寡，以及经费缺口等情况，由禁烟总会随时拨补。① 这一举措，旨在保证戒烟经费能够专款专用，并防止各省市以筹措禁烟经费为名浮派滥收。

（2）禁烟经费的支出

禁烟经费经常性的支出有：① 省市县政府禁烟行政经费；② 省市县禁烟委员会业务经费；③ 地方缉私机关经费；④ 各地监狱烟毒犯口粮衣被经费；⑤ 戒烟院所经费；⑥ 强民工厂经费；等等。临时性的支出有查禁种烟检举活动费用、临时分派禁政视察督导人员的费用、禁烟宣传费用、巡回戒烟队经费以及制造戒烟药品、培训戒烟医务人员等费用。

虽然1937年中央出台"禁政字第4931号"，以规范禁烟经费的支出，但

---

① 《禁烟督察处所属各监察呈报办理代征戒烟经费情形》，禁烟总会档案，中国第二历史档案馆藏。

各省禁烟经费收支情况及经费缺口,都是各省自行编报的,为了取得拨补款项,其中的水分在所难免。即使由禁烟总会拨下的禁烟款项,到了地方也不会如数用于禁烟。如宁夏上报了禁烟计划后得到中央 20 万元补助,但实际上仅在银川和附近数县设了几所戒烟医院,大多县份的戒烟医院仅仅是宣布了一下,并未成立。① 其他省份,禁烟经费分拨到县一级,多是寥寥无几,所以,县级的戒烟院所为数不少,且多是简陋不堪,医药两缺,不能很好地发挥作用。1937 年 8 月,因抗战军兴,需款孔急,由禁烟总监蒋介石下令,将本年 4 月开征的"戒烟经费"存备拨充抗战急需,"戒烟经费"实际上又成了军费。② 到 1938 年 3 月内政部接管禁烟事务后,经一再要求,始于 5 月将"戒烟经费"的一半划出来,作为补助各省戒烟之用。③ 这样,用作禁烟的经费便更加有限。1939 年 1 月行政院下发"各省市县禁烟经费专款管理通则",要求设立管理委员会对禁烟经费进行专款管理,绝对不准挪移。可见,有限的禁烟经费,分拨给地方政府,也依然常被挪移填补了其他经费缺口,而没有用于禁烟事务。尤其到六年禁政的后期,正是抗战的紧张阶段,各地政府筹集钱粮、壮丁支援抗战,更无余裕经费拨补禁烟,而"戒烟经费"由于是按每担 100 元的固定比例增收,到禁政后期烟土运销数量越少,征收的"戒烟经费"也越少,相反,越是临近禁绝期限,戒烟的任务越加繁重,经费越加不敷。总的来说,国民政府对禁烟经费问题并未予以充分的重视,禁烟经费的奇缺,在很大程度上限制了各地禁烟工作,尤其是烟民施戒工作的开展。

2. 烟土税收

(1) 中央统税

由禁烟督察处(及分处和事务所)代表中央征收的禁烟税目,主要是统税、累进税和戒烟经费。戒烟经费已如前述,1937 年 3 月 1 日起征收,每担 100 元。累进税是 1935 年实施六年禁政时起征,以 1935 年 7 月 1 日至 12 月 31 日为第一期,每担征 50 元,半年一期,每期递增 50 元。1936 年 1 月 1 日后为第二期,每担征 100 元,依此类推,到 1940 年 7 月 1 日后,增加到每担

---

① 赵晋熙:《马鸿逵的"禁烟"》,《宁夏文史资料》(第 8 辑),宁夏人民出版社 1981 年版,第 228 页。
② 内政部编:《禁烟概要》,中国第二历史档案馆藏,档案号:十二(2)342。
③ 内政部编:《禁烟禁毒工作报告书》,中国第二历史档案馆藏,档案号:四一(2)75。

550元。统税是最主要的税目,原先即是两湖特税处所征的正税,1934年改称统税。统税是对产烟省份外销烟土所征的税,1937年前各省外销烟土的统税税率各有不同。1935年,陕甘货内销,每担纳各该省正税270元,外销则每担纳统税320元,加贴统花。川货内销纳川省正税每担300元(下半年改为400元),外销则加征统税500元,附税120元。黔货省税每担100元(后改160元),经湘转汉或湘销一律征统税每担600元。滇货内销收"内运罚金"每担60元,外销收"出口罚金"(即外运罚金)每担160元,经湘转汉或萍乡,每担征统税500元,附税120元。年底,中央曾一度将黔货统税骤增至每捐1250元,但执行时间不长。1936年底,中央复将统税进一步提高,黔货每担收统税900元,其余川、滇、陕、甘各货每担均征统税920元,九五折净。1936年6月1日发生两广事变,蒋介石对广东策动陈济棠部将余汉谋起而代之,对广西则采取封锁云贵烟土入境的办法,摧垮桂省财政,迫使李宗仁、白崇禧屈服。两广事变解决后,应广西的要求恢复烟土运桂,禁烟督察处在年底对运销两广的烟土税率也作了规定,黔货经桂转粤,除收贵州省税每担160元外,加征统税每担1100元,滇货经桂转粤,加征统税每担1120元。粤商由广西购烟运销广东,滇货每担征统税720元,黔货每担征统税700元。①

通过征收高税率的统税,中央政府掌握了烟土税收的主要部分。抗战全面爆发之后,中央政府为筹措经费,进一步调整统税。1937年10月30日,禁烟总监蒋介石核准禁烟督察处所拟调整税率办法,分电各省饬令遵办:"查各省特货,在各产区原收税款,多由各省自收,尚须徐图改善,至备货在销区所收税率,或以接近产区,或因向来习惯,亦多参差不齐。值此非常时期,自应体察实际情形,分别加以调整,借期增加税收,平均税率。"②

具体办法是,自1937年11月1日起,所有川、滇、黔、陕、甘各货,统税一律改为每担1000元,九五折净。累进税和戒烟经费仍照原案征收。陕甘货在河南销售以及滇黔货在湖南销售,暂定征收甲花税每担900元,今后逐渐增加,与统税同一。经过这次调整,统税的税率开始趋于统一。据禁烟督察

---

① 《贵州省特货购运制售征税等项章则》,禁烟总会档案,中国第二历史档案馆藏。
② 《禁烟督察处关于调整川滇黔等省特货税率及征拨手续卷》,禁烟总会档案,中国第二历史档案馆藏。

处的报告,1937年,税款征收达32872685元。① 若将各省所征鸦片税款一并统计,数额更大。此后,中央政府的统税税率每年均有增加。1938年财政部接管禁烟督察处后,将统税增至每担1600元。1939年4月,财政部复以"渝秘特字第14415号密令",令禁烟督察处进一步调整税率,要求自5月1日起,统税和各省内销税一律每担加征200元,内销税以川省每担1100元为准,各省内销税如增加200元后仍达不到这一税率的(如甘货、陕货),调整之后按月每担递增50元,一直加到与川省内销税率相同为止。这样,统税就达到每担1800元,各省内销税每担1100元。② 以往内销税归各省,1938年财政部接掌征税事宜后,各省的内销税改为中央与各省分享,但具体如何分成,限于材料,不得其详,从一些零散材料来看,中央分享的份额在15%至20%。最后一次调整统税是1940年年初,统税税率由每担1800元上调至每担2200元。此后六年禁政结束,统税、累进税和戒烟经费也随之取消。从税率上看,国民政府的烟税,比军阀时期还要高。表14-5是禁烟督察处川康分处1939年8月份的征税表,③通过此表可对国民政府的特税征收有一个直观的印象。

表14-5 禁烟督察处川康分处1939年8月份征税表 单位:元

运销路线	税别							
	统税	累进税	戒烟经费	正税	附加	护运费	统费	总计
川土内销			100	1100	10		100	1310
川土外销	1800	450	100	300	10			2660
滇黔土川销	1800	450	100		10			2360
滇黔土经川转销	1800	450	100			80		2430

---

① 内政部编:《二十六年度禁烟年报》,中国第二历史档案馆藏,档案号:十二(2)1291。
② 《禁烟督察处总监察办公室转发增加内销税、统税及税率表》,内政部禁烟委员会档案,中国第二历史档案馆藏。
③ 资料来源:《禁烟督察处川康分处监察室转发增加内销税、统税税率表》,中国第二历史档案馆藏。

特税的征收,税率如此之高,而戒烟经费却只占很小的比例,与统税和累进税相比微不足道,且既不逐年上调,更不累进,只能随着烟土运销的减少而减少。从鸦片税款的征收到实际使用,并没有兑现国民政府先前所谓的"取之于烟民,用之于烟民"的许诺,绝大部分的禁烟税款并未真正用于禁烟。

(2) 各省税收

国民政府成立后,各省多承袭军阀时代之积习,征收鸦片捐税,税种税额差别很大。腹地十省禁烟时期,军委会开始要求各腹省统一税目,取消各种附税杂捐,使税额逐步统一。1935年实施六年禁政后,又将这一要求扩展到边省。但鸦片税收仍是许多省份的重要财源,无法骤然改变。

就各省的烟税而言,在产烟省份,主要有正税、土膏行店营业税和牌照费及一些附加税捐如印花费、省公债、义捐之类。正税则分为内销和外销两种。由于中央统税大幅度提高,迫使产烟各省按烟土的内销外销分别征收正税,提高内销烟土的正税,降低外销烟土的正税,否则外销烟土税负过重,本省出境烟土势必断绝销路。如川省正税,1936年内销每担征税600元,外销则由每担400元降为300元,此后内销烟土正税一再提高至每担700元、900元、1100元,外销烟土的正税则始终停留在每担300元。

其他省份则主要是土膏行店营业税、牌照费及烟土过境税。土膏行店营业税是按土膏行店销售烟土的数量来计算的,各地税率差别很大且时常调整,限于资料,只得存而不论。此外,因烟土的运销路线不同,经过省份的税额也不相同,如黔土经桂入粤与经湘转粤,征税各不相同,有时为吸引烟土运销,在税负上予以优惠,除降低税率外,还有八五折净、七五折净的办法,即以八五折或七五折计算净重。这样,不同的运销路线,计税的方式不同,税额也有差异。

(3) "分拨"及补助

国民政府征收鸦片税款,影响到产烟及烟土过境省份的利益,经过中央与各省讨价还价,以"统征分拨"或补助的办法作为补偿。采取这一补偿办法,其意义不在于经济方面,而在于政治方面,即由中央政府掌握征税的权力。由中央分拨或补助,各省情况不同,拨补办法和数目也不同。而且,当时除中央政府的税收外,各省还有自己的省税,差别也很大。到1937年之后,由中央征收的税率才渐趋统一。

鸦片税款的拨补,一是分拨,二是补助。1938年1月25日,禁烟督察处在改隶财政部之前,军委会委员长蒋介石曾就改隶问题致函财政部部长孔祥熙,函中言及,"禁烟督察处向因运销特货关系,对各省市皆有补助费,或规定数额支付,或照销额及过境运额分拨",[①]并要求在督察处改隶财政部后,对原先安排的各种拨补斟酌实情,酌予维持。就笔者掌握的若干材料来看,蒋介石所指的各省市,实是指禁烟督察处所能进入的各省市,在全面抗战前有贵州、湖南、湖北、河南、江苏、福建、江西、广东、上海等。在禁烟督察处成立之初,各省担心中央政府侵夺其利益,多对禁烟督察处的进入持消极态度,就连江苏也是如此。补助费是禁烟督察处进入上述各省的一项条件。其实这笔来自烟税的补助费,原本是属于各省自收的款项,禁烟督察处在各省统制运售,接掌征税权力后,只是将各省原收的鸦片税款以补助费的名义返还部分给各省。虽然获得鸦片税款只是形式上有所改变,但这种改变是中央权力逐步强化的反映。其他产烟省份,督察处不能进入,一般也没有这种经常性的经费拨补。

六年禁政之初,中央要求宁夏省取消"烟亩罚款",因宁夏财政困难,每年补助36万元,全面抗战时改为每年120万。统征分拨主要是湖南、湖北和广西等烟土过境省份。这些省份的财政对烟税依赖很大,而其控扼烟土运输要道的地理位置往往又是向中央讨价还价的一个有力的筹码。湖南何键即以此为筹码,在统征分拨上迫使中央一再让步。1935年滇黔货经湘转汉,所收统税滇货每担500元,黔货每担600元,由湘、鄂两省均分,湘省附税不包括在内。滇货经川转汉口,所征统税也由湘鄂均分,但湘省不加附税,1936年湖北改按鄂省销量征拨协款。1937年10月,禁烟督察处进一步改定湘省收税分拨手续,以配合11月1日的税率调整(即除湘豫甲花税每担900元,各货统税均为每担1000元),其办法有四个:(1)黔货湘销,每担收甲花税900元,分拨湘省半数(湘省另收内销附加每担200元);(2)黔货经湘转汉(或萍乡),在湘先贴甲花,征甲花税900元,分拨湘省300元,到汉口(萍乡)后加征统税100元,改贴统花;(3)黔货直运汉口,纳统税每担1000元,分拨湘省300元,滇货直运汉口,则统税分拨湘省250元;(4)各期累进税按原议比例

---

① 赖淑卿:《国民政府六年禁烟计划及其成效》,台北"国史馆"1986年版,第167页。

分拨。① 湖北省1936年改按销量征拨的办法,以每担350元的比例分拨,名为鄂省协款,列入省府年度预算内作为政费之用,1937年1—6月共拨240万元。另外汉口市政府由督察处每月拨给补助费5万元,到1938年10月汉口失陷后取消。② 1936年底平定"两广事变"后,恢复滇黔烟土经桂转粤,又确定了桂省的统征分拨办法,黔土经桂转粤每担征统税1100元,滇土经桂转粤每担征统税1120元,均分拨桂省400元,由广东禁烟特派员公署予以办理。③

这些定额拨补,因情势变化,有时也作临时增加。如河南省原由河南禁烟督察分处在西安运郑州的特货统税中每担分拨补助费100元,1937年6月,河南省主席商震电呈禁烟总会,称豫省旱灾惨重,亟须救济,请在特税项下每两加征"赈灾费"一角,专供赈灾之用,为期一年。经禁烟督察处核议,准在豫销特货项下每担加征赈捐30元,以一年为限。11月1日调整税率时,又将豫省分拨的补助费提高到每担150元,赈捐包括在内,不另加征。④ 1938年9月,河南省政府复电呈内政部,称本省沦为战区,又遭洪水淹没(即郑州花园口破黄河之堤阻挡日军行进),灾情奇重,请求从本年9月起将赈捐续征一年。内政部与财政部会商后,又将豫省补助费由每担150元提高为200元,赈灾费即在增加的补助费中自行划拨。⑤ 除了固定的拨补,禁烟税款也常常根据需要进行分拨。如1937年6月,"武汉各界川灾救济会"电呈禁烟总监蒋介石,以"川灾范围辽阔,非速筹巨款无济于事",请求禁烟督察处在汉口过境烟土项下每担附抽"四川赈款"5元,以5个月为限,按月拨汇成、渝,用惠灾黎。禁烟督察处核准了此项要求,并动员汉口特商运商财务委员会将购献飞机的余款1.2万余元移作川灾赈款,以济急用。⑥ 又如,广东禁

---

① 《禁烟督察处拟呈湘省收税分拨手续》,禁烟总会档案,中国第二历史档案馆藏。
② 《禁烟督察处关于在特税中拨付鄂省政府、汉口市政府协款及补助费事项》,禁烟总会档案,中国第二历史档案馆藏。
③ 《禁烟督察处总监察办公室核示黔货经桂转粤四项办法》,禁烟总会档案,中国第二历史档案馆藏。
④ 《关于在特税项中加征豫省赈灾费问题》,内政部禁烟委员会档案,中国第二历史档案馆藏。
⑤ 《关于在特税项中加征豫省赈灾费问题》,内政部禁烟委员会档案,中国第二历史档案馆藏。
⑥ 《关于从特货中加征赈灾费救济四川灾民问题》,禁烟总会档案,中国第二历史档案馆藏。

烟督察分处自 1938 年 5 月起,每月向粤省政府拨补壮丁训练费 10 万元。①1940 年 2 月,湖北省代主席严立三以经费无着,需款孔急为辞,未经财政部批准,便在督察处老河口办事处辖区内对经过特货征收"动员经费",每担 200 元,至 3 月中旬结束。②

从特税的经常性拨补和临时性支用可以看出,特税的主要用途是做军政费用,虽然也经常用于赈灾,但为数不大。而且由于财政匮乏,从中央到地方,遇有经费支绌,难以筹措时,首先便想到增加特税,似乎特货中有榨不尽的油水,于是特货税率一再提高,由此形成的负担最终自然是落在烟民的头上。

---

① 《禁烟督察处在特税项下核拨广东省政府壮丁训练费用卷》,内政部禁烟委员会档案,中国第二历史档案馆藏。
② 《湖北省政府在特货内筹征动员经费卷》,内政部禁烟委员会档案,中国第二历史档案馆藏。

第十五章 "两年禁毒、六年禁烟"运动(中)

国民政府的六年禁政在各地的执行情况差异较大,考虑到部分地区种烟的实际状况及中央政府的控制力度,国民政府将全国划分为分期禁烟区域与绝对禁烟区域。对禁烟问题颇有研究的国民党元老李仲公曾指出国民政府这样划分的考虑是:"先从腹地以及政令统一的省份禁起,而将人民依赖种烟卖烟为活,政府依赖特税生存的且政令还未统一的西北、西南各省,为留缓冲余地,由逐年递减以期最后之禁绝。"①本章将分别考察六年禁政在不同地区的具体执行情况。

第一节 分期禁烟区域

分期禁烟区域又可分为完全分期禁烟区域与绝对禁种、分期禁运禁售禁吸区域。

一、完全分期禁烟区域

此即所谓的缓禁省份,种贩售吸等施禁环节全部分期渐禁,有云南、贵州、四川、陕西、甘肃、绥远、宁夏等7省,以下分别述之。

1. 云南省

1935年春,云南省禁烟局编发《云南省禁烟实施办法纲要》,在全省范围

---

① 李仲公:《中央训练团党政训练班讲演录》,1940年6月印。

内广为宣传。① 该纲要把禁烟内容分为禁种、禁运、禁吸三个方面。

（1）禁种

云南省为分期禁种省份，其禁种计划自1935年秋季以1年为1期，共分3期，每年减种1/3，至1937年秋季全部禁绝。

第一期于1935年秋冬禁种者：昆明市及昆明、呈贡、嵩明、宜良、罗次、澄江、路南、晋宁、富民、安宁、禄丰、昆阳、易门、禄劝、曲靖、玉溪、江川、武定、元谋、广通、盐兴、牟定、双柏、马龙、沾益、寻甸、陆良、个旧、曲溪、华宁、通海、开远、蒙自、峨山、河西、弥勒、新平等37县，共38属。

第二期于1936年秋冬禁种者：会泽、马关、巧家、鲁甸、昭通、宣威、平彝、西畴、罗平、师宗、丘北、泸西、广南、富州、石屏、文山、屏边、建水、墨江、景东、楚雄、金平、镇沅、元江、景谷、镇南、永仁、大姚、祥云、邓川、宝川、凤仪、大理、剑川、漾濞、盐丰、姚安、永胜、华坪、弥渡、蒙化、洱源、鹤庆等43县及砚山、龙武两设治局，麻栗坡、河口两对汛区，共47属。

第三期于1937年秋冬禁种者：大关、盐津、彝良、绥江、永善、镇雄、保山、龙陵、腾冲、威信、丽江、兰坪、维西、中甸、云龙、永平、缅宁、云县、镇康、顺宁、昌宁、车里、南峤、镇越、澜沧、宁洱、思茅、双江、江城、佛海、六顺等31县及沧源、临江、潞西、莲山、碧江、陇川、梁山、泸水、瑞丽、盈江、贡山、德钦、康乐等13设治局，共44属。②

就禁种成绩而言，昆明市附近38县是第一期禁种县区，该38县市1934年鸦片产量38057500两，1935年产量为38055000两。1935年秋开始禁种后，据第一期禁烟密查员报告，自1935年冬至1936年3月，已有19县境内发现烟苗，私种亩数达38425亩，产量达37万余两。③ 而且这些烟苗均已长成，即将开花结果。省府除将县长及保甲长处罚外，烟苗仍准许收割，但烟亩捐加倍征收。④ 需要指出的是，禁种之前，云南省历届烟亩罚金为军饷之来源，但历年均有积欠。分期分区实行禁种后，省禁烟委员会仍要求，凡已实行

---

① 秦和平：《云南鸦片问题与禁烟运动：1840—1940》，四川民族出版社1998年版，第223页。
② 赖淑卿：《国民政府六年禁烟计划及其成效》，台北"国史馆"1986年版，第72—73页。
③ 《云南各县禁烟近讯》，《拒毒月刊》1936年第107期。
④ 《昆明市38县内之种运贩卖吸食》，《拒毒月刊》1936年第101期。

禁种鸦片各属,旧日之烟亩罚金,尚有积欠者,应收请解交。① 此种政策,一定程度上亦刺激了地方的偷种。

第一期施行禁种后,省禁烟委员会进行履堪复查。根据原有种烟面积及履堪结果,昆明县原有烟地2万亩以上、玉溪县原有烟地1万亩以上,两县县长考核甲等,均予以留任;寻甸、宜良两县原有烟地在7000亩以上,县长考核乙等,给奖金200元;马龙、江川、通海、礼丰等县原有烟地在4000亩以上,考核乙等,县长奖励150元;广通、蒙自、开远等县原有烟地在1000亩以上,考核乙等,县长奖励100元。此外,已卸任个旧县长、昆明市前后任市长、晋宁县县长等人均记功1次。而列入惩罚类的有:弥勒县考核丙等,县长罚俸1个月;昆阳、禄劝、华宁等县考核丁等,县长均记大过1次;双柏、俄嘉、武定、牟定、呈贡、新平、峨山、嵩明、陆良等县,亦考核乙等,县长均记过1次。②

经过这次履勘及奖惩,各地对禁政工作较为重视。1936年,中央派出查禁种烟特派员兼检举烟民登记专员及检举禁毒专员赴滇实施总检举,据报禁种各县属,仅罗次、元谋2县发现遗种野生烟苗案7起,当即铲除,并将地主酌予惩处。1937年4月,禁烟特派员常驻昆明,负责督促办理禁烟事务。③

第二期的禁种较为顺利,经禁烟委员会的抽查和复查,有建水、石屏、永胜等12县发现烟苗,基本得到铲除。在建水、石屏两县元江、红河外土司地方偷种的烟苗,地方政府还派出军队进行强制性铲除。④

但第三期施禁区多系少数民族聚居区,少数县属"或因僻处边陲,划界未清,或因土蛮杂处,獠狇未化,情形均属特殊,施禁较为困难"。⑤ 如盐津、镇雄等县界接四川,丽江、中甸等县连接西康,腾龙沿边各设治局与思普沿边各县则与越南、缅甸毗连,中间还有中缅未定界在内。故1937年秋冬,云南省并未按照计划完成全部禁种。至1937年6月,尚有镇康、澜沧等18处,种烟地亩共6万余亩。基于现实困难,云南省不得不向中央提出展缓禁种期限的要求。禁烟总监曾核准缓禁,但须于1939年以前分年减种。抗战全面爆发

---

① 《云南禁委会令一二两期各县催缴历届烟亩罚金》,《拒毒月刊》1936年第107期。
② 《滇省奖惩第一期禁种各县长》,《拒毒月刊》1937年第108期。
③ 《各省市禁烟禁毒概况》,《禁烟汇刊》1937年第1期。
④ 秦和平:《云南鸦片问题与禁烟运动:1840—1940》,四川民族出版社1998年版,第246页。
⑤ 内政部编:《禁烟概要》,中国第二历史档案馆藏,档案号:十二(2)342。

后，内政部负责禁烟事宜，要求云南省政府将6万余亩之半数于1938年秋季禁种，其余半数限1939年秋季一律禁种。① 1938年7月，省政府发布命令，要求边远展期禁种地区于当年秋季一律禁种。"将昔日种烟田地速改种他项粮食，历年所收存烟籽，一律自动焚毁""敢于违禁偷种，一经查明确实，所有种烟田地，照章悉数充公，其地主及种烟人民，亦须同受处罚，轻则徒刑，重则枪毙，绝不姑息"。② 为此，广南县两任县长因查禁种烟不力分别遭到撤职及申斥警告处分。③

1939年7月，全国分期禁种完成后，内政部成立查禁种烟督察团及禁烟督察团，以加强私种之查禁。派赴云南省之查禁种烟督察团分三组，第一组迤东，第二组迤南，第三组迤西。第二、三组又因区域较宽而各分两路进行，第二组分开广路与思普路，第三组分胜胧路与华永路。④ 虽然检查后，云南省宣布全省完成禁种，但实际情况并非如此，如云南澜沧的卡瓦山、腾越的王子树以及哀牢山等地居住的少数民族，种烟久成习惯，从来不接受政令约束，1939年之后依然种烟如故，当地官员对此不敢过问，对省府汇报则称已经禁绝，边界地带各县属官绅团保，也是互相观望，"农民种烟与否，听其自便"。⑤ 镇沅、景东、蒙化等地的绅团则胁迫农民种烟，完全不理会禁种的法令，甚至省府禁烟委员前来查勘也遭暗杀。

总体而言，云南省的禁种虽然在边境偏远地区不甚理想，但大多数县份的烟苗泛滥情况的确得到抑制，一定时期内取得明显效果。1935年云南全省鸦片种植4502500公亩，产量422107公斤；1937年种植面积569000公亩，产量降至45758公斤；1938年种植面积仅为89100公亩，产量6850公斤。⑥ 1938年后，云南成立农业改进所，中央农业实验所亦在云南设立工作站，配合农业改进所进行烟田转换工作。据中央农业实验所云南工作站1939年呈

---

① 何键：《"六三"禁烟纪念演词》，《新华日报》1938年6月3日。
② 《布告边远各地本年秋季一律禁绝鸦片一案》，《云南省政府公报》1939年第11卷第55期。
③ 《为呈报广南县属去秋违种鸦片谨将核办据处情形呈请核示一案》，《云南省政府公报》1940年第12卷第2期。
④ 赖淑卿：《国民政府六年禁烟计划及其成效》，台北"国史馆"1986年版，第241页。
⑤ 李子辉：《云南禁烟概况》，《云南文史资料选辑》（第三辑），政协云南省委员会1963年编印，第92页。
⑥ 《禁烟统计》，中国第二历史档案馆藏，档案号：十二(2)334。

报,在近两年经调查该省80余县,均未发现有罂粟。过去种烟田地已改种大麦、小麦、油菜及荞麦等作物,地质气候均称适宜,且小麦及菜油为生活日用必需品,而茶油更为战时燃料之要素。此外尚有萝葡子(又名红子)一种,尤宜于干旱瘠薄之土地,可提倡替代种植,其子实亦为制造植物油之原料。以上各代替作物,驻省工作站均协助推广种植。① 云南省的禁烟成效得到国际社会的认可,在国联第22届禁烟会议上,美国代表福勒评价云南的禁种取得"显著成效"。②

(2) 禁贩售

云南省是最早实行统收统购的省份。1935年,六年禁政推行之初,云南省便成立了鸦片统运处,③以官商合股的形式筹资1000万元,由统运处在产烟各地设分处和支处统购烟土,禁止商贩再从事购销烟土的业务。自1935年8月1日起,第一期施禁的38县区内各级烟土字号,向该管县区禁烟委员会登记存土,由该管县区长会同禁烟委员会标封烟土,1936年1月后,由政府备价收买。④ 云南省禁烟委员会根据施禁区域和进度情况,决定官定商贩采购烟土的范围,即施禁的第一年(自1936年1月1日起),只准在第一期禁种区域以外购买贩运;施禁的第二年(自1937年1月1日起),只准在第一期禁种区域以外购买贩运;施禁的第三年(自1938年1月1日起),全省完全禁运。⑤ 从第二年起,改官商合股为完全由官方垄断,实行垄断专卖,并遍设巡卡,厉行缉私。凡私运烟土入滇或将滇土私运出滇者,均没收烟土,以走私论罪。

1935年,六年禁政实施后,汉口烟土市场一度萧条,烟价大跌,直接影响到西部产烟大省的利益。云南省的统运政策实施后,昔日靠贩运烟土之"马锅头"大批失业,一些捎客也处于失业状态。至于贩卖烟土之商民,影响尤为巨大。单只昆明市收店之烟土号,大计516家,烟馆221家,连带影响到钱庄倒闭13家,典当店关门4家。其余37县倒闭之烟土号及烟馆不计其数。而

---

① 赖淑卿:《国民政府六年禁烟计划及其成效》,台北"国史馆"1986年版,第265页。
② 内政部禁烟委员会编:《禁烟纪念特刊》,1939年印行,第39页。
③ 即由南生公司改组而成的特货统销处。
④ 《昆明市38县内之种运贩卖吸食》,《拒毒月刊》1936年第101期。
⑤ 秦和平:《云南鸦片问题与禁烟运动:1840—1940》,四川民族出版社1998年版,第257页。

为此自杀者,报纸上不胜记载,已成为云南一严重的社会问题。① 此后,国民政府调整政策,将云南烟土统税降低,每担烟土经湘时按七五折优惠征税 500 元,到汉口后补征 300 元,以吸引滇土运汉。汉口烟价自然迅速上涨,每担烟价由 1935 年的 1500 余元迅速回升至 2000 余元。1936 年初,汉口烟土市场逐渐兴旺,恢复了往日的繁荣,1936 年 10 月每担烟土又升至 2600 元。

在售卖方面,云南省成立省戒烟委员会及全省公膏局。各地统收的烟土解交总处,加工制造成"云南公货",分汉庄、川庄和广庄三种,分销汉口、四川和两广;内销则制成公膏,分特膏、普膏和干膏二三种,由地方官与禁烟委员垫款购运回去,售与领照烟民吸食。1936 年 1 月始,第一期施禁之 38 县境内所售之烟膏,概由公膏局专卖,分甲乙丙丁 4 种,各县区分别招商承销。大批承销商要想承销专卖,除了缴纳押金,尚有一大笔运动费。一般来说,甲等县需运动费滇币 5 万元(约国币 3500 元),乙等县 4 万元,丙等县 3 万元。此外还有居间撮合运筹费,甲等县 1000 元、乙等县 600 元,丙等县 500 元。承销商在各县成立公膏承销处后,又将各该县之各区承销分处,定价卖给当地土劣分销公膏。由于民间私存烟土较多,开始期间公膏销售数量不多,当局加大缉私工作,以致各县公安局拘留所,几为烟犯占满。试办 4 个月后,公膏数量逐渐增加。但一般烟民对公膏十分不满,一是质量差,究其原因是公膏所含烟灰过重;二是价格高,每两公膏价值,比从前自由吸食时之价贵滇币 5 角 8 钱(约国币 4 钱半)。②

需要指出的是,云南虽实行了统收统运,但垄断专卖之利,均由龙云控制,不入中央府库。1936 年 12 月,禁烟督察处经过详细筹划,拟出一个在缓禁各省统一实行官收官运的计划,由禁烟总监发布"禁秘字第 4080 号"训令,分饬各省迅即筹备,自 1937 年起,一律取消商营征税,改为统收统运。③ 1937 年,缓禁各省除云南外,均按中央要求进行统收统购,其目的则是防杜偷漏,稳定税收。尽管禁烟总会屡派禁烟特派员与龙云交涉,要求将云南统运处改为公栈,统收的烟土交由禁烟督察处管理,但龙云总以云南施禁方案

---

① 《昆明市 38 县内之种运贩卖吸食》,《拒毒月刊》1936 年第 101 期。
② 《昆明市 38 县内之种运贩卖吸食》,《拒毒月刊》1936 年第 101 期。
③ 《禁烟总会核示 1937 年四川烟土统收统运各项章则》,军委会禁烟总会档案,中国第二历史档案馆藏。

系按中央的部署,业经中央核准为理由,不肯把烟土解交禁烟督察处,即使是一小部分也不行。①

(3) 禁吸

云南省禁吸食也分为三个阶段:第一期从 1935 年 7 月开始,第二期从 1936 年 6 月起,第三期从 1937 年 4 月起,分别与禁种及禁运同步。但每一期均有 3 年的缓冲期,烟民的烟膏购买量逐年递减,即 40 岁以上 60 岁以下普通烟民勒限于 1938 年底一律戒断;60 岁以上确有痼疾之老病烟民,发行救济公膏,规定半年为一期,膏量递减,限至 1940 年年底完全戒绝。②

禁止吸食最关键的是掌握烟民的实际数量。事实上,烟民因死亡、迁徙、戒绝等种种因素,烟民实际数量政府并不容易掌握。尤以抗战军兴后,大量的人口迁移流动,烟民登记,要不断厘清,才得以掌握其确实人数,而这一厘清工作,在战乱时期,多不容易顺利进行。因此对禁吸成效,仅能取其大略。这一问题在其他省份也同样存在。云南省的烟民登记也没有按照中央颁布的《检测各省市烟民暂行办法》进行。1935 年 8 月 1 日起,38 县开始实行烟民登记。③ 据相关资料,1935 年登记 54585 名;1936 年登记 176120 名,戒绝 23296 名;1937 年戒绝 47251 名;1938 年戒绝 53602 名;1939 年登记 11242 名。④ 另据云南省禁烟特派员 1936 年 11 月呈报,全省 130 县属,共登记烟民 176128 名。⑤ 对照 1936 年的数据,基本吻合。但这些统计数据肯定只是真实情况的冰山一角,有学者根据云南鸦片的产量及外销情况,大致推论 30 年代初全云南的吸烟人数在 120—130 万。当然,这些人并不都是纯粹的瘾民,依靠鸦片过日子。⑥ 而如此庞大的烟民数量,云南省的戒烟医院数量却并不

---

① 李子辉:《云南禁烟概况》,《云南文史资料选辑》(第三辑),政协云南省委员会 1963 年编印,第 91 页。
② 赖淑卿:《国民政府六年禁烟计划及其成效》,台北"国史馆"1986 年版,第 270 页。
③ 《昆明市 38 县内之种运贩卖吸食》,《拒毒月刊》1936 年第 101 期。
④ Traffic in Opium and Other Dangerous Drugs, Annual Report, 1939, Central Commission of Opium Suppression, Chungking, China, p. 42;内政部禁烟委员会编:《禁烟概要》,中国第二历史档案馆藏,档案号:十二(2)342。
⑤ 《各省市禁烟禁毒概况》,《禁烟汇刊》1937 年第 1 期。
⑥ 秦和平:《云南鸦片问题与禁烟运动:1840—1940》,四川民族出版社 1998 年版,第 282 页。

多,据相关资料,在六年禁政期间,仅 1938 年设立兼职办理戒烟的医院 80 所。① 这远不敷实际之需。

(4) 禁毒

滇省为产烟大省,土价低廉,1936 年中央派赴之特派员实施总检举,未发现吸毒者。②

2. 贵州省

贵州是产烟大省,关于产量情况,1935 年《禁烟年报》所载为 702263 公斤,约合 22472 担。按照禁烟督察处贵州分处处长萧觉天的报告,贵州烟土产量,丰年在 8 万担至 10 万担,1935 年仅就采办商人收购烟土的账目以及督察处收税的数目加以核算,达 61114 担,约合 1909813 公斤。③ 另据报告,贵州省 1934 年种植鸦片 663553 亩,产烟 39813192 两;1935 年种植鸦片 374540 亩,产烟 22472406 两。④ 可见萧觉天的报告是较为可靠的。黔省六年禁政的效果较为明显。一定程度而言,黔省的禁烟运动包含着消除西南军阀的割据及改造社会、建设抗战大后方的双重需要。

(1) 禁种

1935 年 10 月,贵州省拟定了分区分期禁种办法。贵州省政府委员会于 1935 年 10 月 15 日通过《分期分区禁种鸦片办法》,自 1935 年起,以 1 年为一期,分为五期,至 1939 年禁绝。由民政厅督饬各县政府办理,遵照禁烟五年计划分期分区禁种。

第一期自 1935 年 10 月起,第一区属黎平、锦屏、永从、天柱、三穗、青溪、玉屏、省溪、铜仁、松桃、镇远、台拱、黄平、施秉、炉山、岑巩、江口、榕江、下江、丹江、都江、剑河、石阡等计 23 县绝对禁种。

第二期自 1936 年 10 月起,第二区属独山、都匀、平舟、荔波、八寨、三合、麻江、平越、瓮安、余庆、贵定、龙里等计 12 县绝对禁种。

第三期自 1937 年 10 月起,第三区属桐梓、遵义、正安、赤水、仁怀、绥阳、

---

① Traffic in Opium and Other Dangerous Drugs, Annual Report, 1939, Central Commission of Opium Suppression, Chungking, China, p.41;内政部禁烟委员会编:《禁烟概要》,中国第二历史档案馆藏,档案号:十二(2)342。
② 《各省市禁烟禁毒概况》,《禁烟汇刊》1937 年第 1 期。
③ 《禁烟督察处贵州分处成立及移交卷》,禁烟总会档案,中国第二历史档案馆藏。
④ 《鸦片种植情形》,《禁烟专刊》1937 年第 3—4 期。

鳛水、思南、婺川、湄潭、凤冈、后秤、德江、沿河、印江、贵阳、定番、修文、息烽等 19 县绝对禁种。

第四期自 1938 年 10 月起,第四区属毕节、大定、黔西、威宁、水城、清镇、开阳、罗甸、长寨、大塘、广顺、安顺、织金、郎岱、关岭等县绝对禁种。

第五期自 1939 年 10 月起,第五区属普定、镇宁、平坝、紫云、兴仁、兴义、安龙、贞丰、盘县、安南、册亨等县绝对禁种,即告肃清。①

禁种开始后,贵州省规定,缓禁区各县人民,如有种植烟苗应报请该管县政府请领种烟牌照,并出具全甲连环保结,始准栽种。牌照费征收标准定为 1/10,于新烟出市时,由种户依照牌照上所填数量,按当时烟价折缴银圆。但不种烟之户绝对不准摊派,并无论任何机关,亦不得巧立名目,附加分厘,违则从严惩办。缓禁区各县,应对种烟花名、数量,分区张榜揭示,以杜历年区乡长包办之流弊,并呈报民政厅备案。种户种烟须依照牌照规定确实填报。如有隐漏者,除本户应纳牌照费加 10 倍处罚外,其出具连环保结内各加 5 倍处罚。种烟区域因重大灾变致全无收益者,经勘实后,准免纳牌照费。牌照费办理机关在全省为财政厅,各县为县长及区保长。各县办理牌照费得提 5% 为手续费,分配方法县长得 2%,区保长共得 3%。若每一保发生隐漏在 20 户以上,保长撤职究办,每区发生隐漏在 40 户以上者,区长撤职究办,每县发生隐漏在 100 户以上者,县长撤职究办。该方案于 1936 年 2 月经禁烟总监审核同意,但禁烟总监指令贵州省"至缓禁县份,凡沿公路大道两旁各 10 里之地,亦不得播种,免碍观瞻"。②

贵州省的禁种是较为顺利的。各县办理禁种事宜由民政厅分期派员督察或会同县长分期实施履勘,认真督率,以期完成五年禁绝计划。1936 年,全国实行查禁种烟总检举,黔省自行举办,中央未派员参加。省政府特派民政厅视察员 8 人分赴黔东 23 县,严密检查。③ 除松桃县发现烟苗外,其余禁

---

① 马模贞主编:《中国禁毒史资料:1729 年—1949 年》,天津人民出版社 1998 年版,第 1188 页。
② 马模贞主编:《中国禁毒史资料:1729 年—1949 年》,天津人民出版社 1998 年版,第 1116—1117 页。
③ 《黔民厅派员视察黔东烟禁》,《禁烟半月刊》1936 年第 1 卷第 2 期。

种各县无发现偷种情事。① 至 1937 年 6 月,已禁种 59 县。② 抗战全面爆发后,贵州省作为后方地区,为了增加生产,加强抗战力量,于是,1938 年 6 月又颁布《贵州全省厉行禁绝鸦片实施办法纲要》,规定全省禁种缩为四期,剩余 22 县提前到 1938 年 10 月底一律完成禁种。各县以往积欠的种烟牌照一律豁免,先前发放的牌照亦一律作废。③ 1939 年 7 月,全国分期禁种完成后之查察,贵州查禁种烟督察团分五组进行查察,宣布贵州全省完全禁种。

关于烟田改种事宜,贵州省也十分有特色。1938 年,中央实业部部长吴鼎昌改任贵州省主席,特邀中央农业试验所主要负责人之一沈宗瀚博士在贵州建立农业改进所,调查研究"禁烟农业善后事宜"。中央农业实验所亦在黔省设立工作站,配合农业改进所进行工作。

关于改种方法,贵州农业改进所订有《代办禁种鸦片各补助作物种苗实施纲要》一种;又与中央农业实验所贵州省工作站合订有《二十八年度贵州省办理限制多闲加生产实施步骤草案》一种,并选定贵阳附近十县实施区域积极推进,以资补救。贵州省采用小麦和油菜为直接代替罂粟之作物。二者与罂粟同为冬季作物,小麦为食粮,油菜为植物油料,在战时均极为重要。小麦虽生长季节略长,但有早熟改良种子可以补救。油菜农事上则毫无困难,与罂粟同为不耽搁大季庄稼之作物,且油茶籽之价值特高,种菜籽之利益与以前种罂粟相符。间接补助物中,贵州省选择棉麻、甘蔗等厚利工艺作物。这些作物虽然是夏季作物,与罂粟季节不同,不能直接种在禁种罂粟后腾出之地亩上,然因其利厚,且在抗战时期社会需要极为迫切,可补助农民禁种后所受之部分损失。其他如油桐、茶树、果木、柏漆等皆为多年生之植物,须在三四年后方能获得收益,实验所贵州站提倡利用荒地种植,则亦可得间接之补益。④

(2) 禁贩售

贵州省统收统购的过程颇为曲折。在 20 世纪 30 年代初,贵州烟土运销

---

① 《各省市禁烟禁毒概况》,《禁烟汇刊》1937 年第 1 期。
② 何键:《"六三"禁烟纪念演词》,《新华日报》1938 年 6 月 3 日。
③ 马模贞主编:《中国禁毒史资料:1729 年—1949 年》,天津人民出版社 1998 年版,第 1188 页。
④ 赖淑卿:《国民政府六年禁烟计划及其成效》,台北"国史馆"1986 年版,第 263—264 页。

汉口的数量很大，1933年，由湖南洪江入口的黔土将近3万担，此后则大为减少。从1934年到1935年初，往往一连数月没有黔土转运汉口，致使汉口禁烟督察处特税收入大为减少。1935年，红军长征入黔，省主席王家烈连吃败仗。蒋介石乘机以"追剿"红军为名，令薛岳率中央军入黔，赶走了王家烈。于是，贵州由半独立省份变为中央直接控制的省份，禁烟督察处贵州分处也随即在贵阳设立。当时，正值国民党军队对工农红军进行第五次"围剿"，投入兵力达一百万，需款甚急，又将黔土统税由每担600元骤增至每担1250元，于是，转运汉口的黔土更少，许多特商自动歇业，致使贵州本身特税收入骤然减少。

1935年12月3日，贵州省主席吴忠信函呈军委会委员长蒋介石："查黔省财政，以特税收入为主要源泉，乃自新办法实施后，因税率过高，办理未善，正商纷告停业，收入骤形减少，顷据财政厅厅长王澂莹呈称，近两月内，特税未拨分文，收入骤短三十六万元。似此情形，若不迅于设法救济，黔省财政，将来益有不可支持之势。"①贵州禁烟督察分处首任处长萧觉天认为，税收短绌的主要原因在于统税税率过高。黔省地瘠民贫，一向无资金雄厚的特商，税率过高，农业银行又不愿押汇或收期票，特商无力报税。原先贵州湘钞流通很多，现一律改用法币，特商手中多是湘钞，一时兑换不及，缺少法币，也无法购货外运。黔货统税既高，而湘产乙花特货税率很低，每担仅300元，且运汉黔货与湘销黔货税率又相差一倍，因而商民多将烟土私运至湘省分销，以避重税。广西乘此时机减税吸引黔土入桂，于是运汉黔货自然大为减少。另外，黔省特货，一向任自由买卖，漫无稽考，既不按中央布置实行凭照购吸，也不设立土膏行店。为增加税收，萧觉天提出四项办法：一是对黔省特货的散漫状况必须厉行整顿，否则，无以收集中管理之效；二是各省税率应当保持一致，以杜特商侥幸取巧之心；三是充实缉私力量，严杜私运；四是最重要的一项，即对烟土实行官收官运，烟膏实行官制商销。贵州烟土在产地每担价格不到200元，而在汉口公栈办理公买公卖，每担货价在黔省至少可买8担，如能备款20万元在黔省办理官收官运，每月周转两次，即可购货2000担。然后，公运汉口公栈售出后交还货款，纳税后再行购货。"似此循环收运，使货

---

① 《禁烟督察处贵州分处成立及移交卷》，军委会禁烟总会档案，中国第二历史档案馆藏。

畅其流,税收自源源有着。""此项办法如蒙采纳,匪独统制运销,一切困难,迎刃而解。即统制产场,亦易完成。"内销方面,设置熬膏管理所,统销官膏,私人存土存膏一律报税贴花以杜取巧。① 这一建议受到禁烟总会的重视,但萧觉天在按上述办法整顿贵州特货时,采用的方式过火,把特商抓得鸡飞狗跳,以致特商纷纷歇业,特业更加萧条,上百名特商联名向中央控告,请求撤惩萧觉天。鉴于此种情景,禁烟总会只得将萧调回禁烟总会,改由贵州财政厅厅长王潋莹任督察分处处长。国民政府中央惩戒委员会以萧觉天"身为分处处长,徒知设所征税,毫不体恤商艰,处置失当"为由,予以记过处分,②官收官运之事便告搁浅。

如前文所述,1936年年初,汉口烟土市场逐渐兴旺,恢复了往日的繁荣。贵州方面,中央也将统税降低,每担烟土经湘时按七五折优惠征税500元,以吸引黔土运汉,但仍无明显起色。禁烟总会秘书主任李基鸿经考察后认为,原因仍在于"两广税轻而两湖税重",黔省年产烟土60000担以上,销往两湖之数约20000担,多半走私入湘。为解决私运问题,李基鸿提出"疏通黔货计划",同萧觉天所提官收官运计划如出一辙。禁烟总监蒋介石看后,认为"尚属可行",因此,训令禁烟督察处"筹议详晰办法,妥为进行"。③ 1936年12月,禁烟督察处经过详细筹划,拟出一个在缓禁各省统一实行官收官运的计划,由禁烟总监发布"禁秘字第4080号"训令,分饬各省迅即筹备,自1937年起,一律取消商营征税,改为统收统运。④ 1937年,缓禁各省除云南外,均按中央要求进行统收统购,其目的则是防杜偷漏,稳定税收。

贵州省1937年由督察分处和省府拟定《贵州省产土统运暂行办法》,规定当年所产新烟,由禁烟机关以每两2角的价格统收,不许卖给私商或存留家中。所收烟土按贵州督察分处核算的内销量留供全省土膏行店分销,其余均由禁烟督察处运销其他省份。贵州省的统收工作也不甚成功,民间存烟仍然很多,虽然按规定所产烟土不得私自存留,但实际上这一规定实现不了,禁

---

① 《禁烟督察处贵州分处成立及移交卷》,军委会禁烟总会档案,中国第二历史档案馆藏。
② 《禁烟督察处处理所属人员贪污渎职卷》,军委会禁烟总会档案,中国第二历史档案馆藏。
③ 《禁烟总会关于黔货运汉往来函件》,军委会禁烟总会档案,中国第二历史档案馆藏。
④ 《禁烟总会核示1937年四川烟土统收统运各项章则》,军委会禁烟总会档案,中国第二历史档案馆藏。

烟督察处派驻贵州监察叶希崧在给禁烟督察处的报告中便说:"黔省系属产区,情形特殊,种户存货及烟浆各项,在统收统运办法(指中央统一办法)尚未奉颁以前,应听其自由储存,并予以赶场交易之便利,不得无故查搜,致贻骚扰口实。"①1938 年 8 月,据民政厅统计,全省现存烟土 1728039 两。但查禁种烟专员从各特商机关调查,认为最少有 150000 担存土,仅省垣各行栈购存之货即 20000 担左右。② 1939 年 6 月,全国禁种工作结束。为防止民间仍私存烟土,破坏禁政,贵州省成立肃清私存烟土事宜公署,各县设立临时仓库,负责保管存土,再移转禁烟督察处接收。10 月,颁布《督办贵州省肃清私存烟土事宜公署收存运输通则》,规定由各栈库先接收邻存土,再以贵阳、安顺两处公栈为存土解交地点,接收保管督办公署所收存土。这些私土一部分由财政部低价收购,一部分被吴鼎昌代为收买,均外销往广东等沦陷区或越南。1940 年 4 月,贵州省宣布肃清私存烟土办理期满,撤销省县两级的相关机构,视贩运烟土为犯罪之行为,由各属县区联保及驻军等严密查缉,从重打击,宣布禁运工作的结束。③ 由于统收统购不成功,因而,中央统收统运办法也未能出台。

关于烟土烟膏的售卖,自 1936 年至 1938 年,贵州省设立公栈 16 所,土膏行 182 所,土膏店 2930 家。④ 1938 年 1 月,省主席吴鼎昌以土膏行店于税收无益,而于戒烟有害,不免发生私运及骚扰地方情形,呈请禁烟总监准予暂行停办,以便厉行登记,缉查私运。此案由行政院训令照办,却引起禁烟督察处的反对。该处认为设立行店与登记烟民同为渐禁政策中之必要步骤,二者息息相关,不容偏疑。而行店营运售是否合法,则应视其经理是否得人,若有行店发生违章取巧,自应撤销照证,依法严惩,另招新商承充,俾资供给,使整个禁烟计划能依次推行。而贵州省府则以黔省为鸦片产地,虽分年分区施行禁种,但禁种前民间所存私土多,若欲以土膏行店制购吸,因缴照证各费,恐

---

① 《贵州省特货购运制售征税等项章则》,禁烟总会档案,中国第二历史档案馆藏。
② 马模贞主编:《中国禁毒史资料:1729 年—1949 年》,天津人民出版社 1998 年版,第 1186 页。
③ 秦和平:《有关 30 年代中后期贵州禁烟运动的由来及其认识》,《贵州文史丛刊》2001 年第 3 期。
④ 内政部禁烟委员会编:《禁烟概要》,中国第二历史档案馆藏,档案号:十二(2)342;内政部编:《二十六年度禁烟年报》,中国第二历史档案馆藏,档案号:十二(2)1291。

烟民为免缴费,乃多吸家藏之土,故土膏行店实无于黔省设立之必要。而当时黔省已设之土膏行店,多由禁烟督察处贵州分处筹设,并未经省政府核转。内政部对于此案,只得一方面令饬已设土膏行店,先将设立程序,照载纠正外,并令贵州省政府与贵州分虑二者再行和衷商办。①

(3) 禁吸

贵州省关于禁吸办法采立即戒除及分期戒除两项。立即戒除系依省府《贵州禁吸鸦片限期戒绝规程》所订办法,于省会设戒烟医院,县设戒烟所。戒烟院所应制备有效戒烟药品,以供吸户戒烟之用,并得极廉之医药费,但若遇确保穷苦无力缴费者,应酌予减免。分期戒除者,得领取限期执照,准在期内戒除。②

贵州省自1935年7月起迭次办理烟民登记,然均未能确实。1935年登记烟民97904名,1936年登记据省查禁种烟专员呈报,截至1938年6月,全省登记烟民264844名(10余县未呈报),但不无遗漏之处。③ 省政府拟于1938年11月起,利用全省总动员编整保甲时期,举行烟民登记总检查,但至1939年登记烟民数仅为257228。④ 由于查贵州省为产烟区,易取价廉,禁种烟专员邓棠青认为上述烟民数字并不确切,其估计实际情况可能有百万余名。⑤ 其于1938年的报告中指出,虽然贵州省1937年登记烟民为26万余人,但六年禁烟运动已到了第4年,城乡各地依然是"几乎家置烟灯,以为日常生活及供应酬客之必需品"。如此情形之下,登记的烟民人数自属不确,"以职考察所得,十人之中至少有烟民一人,全省有人口千万,即当有百万烟民"。⑥

关于戒烟院所的设立,各项数据略有出入。据台湾"国史馆"档案,自

---

① 赖淑卿:《国民政府六年禁烟计划及其成效》,台北"国史馆"1986年版,第322—323页。
② 张肖梅:《贵州经济》,中国国民经济研究所1939年版,第707页。
③ 马模贞主编:《中国禁毒史资料:1729年—1949年》,天津人民出版社1998年版,第1186页。
④ Traffic in Opium and Other Dangerous Drugs, Annual Report, 1939, Central Commission of Opium Suppression, Chungking, China, p. 42;内政部禁烟委员会编:《禁烟概要》,中国第二历史档案馆藏,档案号:十二(2)342。
⑤ 马模贞主编:《中国禁毒史资料:1729年—1949年》,天津人民出版社1998年版,第1186页。
⑥ 《内政部禁烟委员会密令调查黔省办理禁政情形》,内政部禁烟委员会档案,中国第二历史档案馆藏。

1935年至1939年,贵州省共设立戒烟医院185所,兼办戒烟事宜的医院115所。① 据1937年《各省市禁烟禁毒概况》,截至1937年4月,戒烟院所成立仅40余处。② 另据贵州省查禁种烟专员呈报,截至1938年8月,全省81县除都江、台拱两县,均已设立戒烟所,共有床位3230张。③ 无论取何种数据,对于上述庞大的烟民而言,施戒能力肯定是跟不上的。据统计,黔省1936年戒绝烟民4414名,1937年戒绝24480名,1938年戒绝26564名,1939年戒绝9876名,共戒绝65334名。④ 显然,戒绝成效较低。

另外,贵州省于1939奉行政院加强禁政办法,筹设烟民工厂。由于烟民工厂组织过大,需费较多,非省财力所能担负,乃先行小规模试验,于省会及县卫生院所分附设烟民习艺部,视各该地方之原有特产工艺及其需要,分别教小手工业,以养成该烟民等普通技能,增加社会生产力量,而于烟民管理与训练,亦可兼顾。烟民习艺部之设立原则有如下几点:(一)烟民习艺以贫苦无艺者为原则;(二)习艺期间,以烟民自入院施戒后第八日开始,至完全戒绝后,再延长两个月最高限期;(三)习艺门类,力求简单(暂以木工为主);(四)习艺部开办费及经常费,由戒烟经费项下支付。烟民习艺时所需之原料费及伙食费,先由政府垫款支付,于习艺出品售价项下分期归还。此项出品由各主办习艺部机关,委托合作代管局代销;(五)习艺者完成习艺后,应劝导加入合作委员会所办之生产合作社为社员,其必须返原籍者,准其加入原籍或附近合作社,所有出品,仍得委托合作代管局代销;(六)习艺部先就省会戒烟医院及遵义、安顺等县卫生院试办,如有成效,推广全省各县。上述六项原则,内政部以黔省贫苦烟民较多,若依计划戒绝,则各烟民习艺部之工作及收容范,自应予以扩大,以配合禁政之完成。⑤

---

① Traffic in Opium and Other Dangerous Drugs, Annual Report, 1939, Central Commission of Opium Suppression, Chungking, China, p.41;内政部禁烟委员会编:《禁烟概要》,中国第二历史档案馆藏,档案号:十二(2)342。
② 《各省市禁烟禁毒概况》,《禁烟汇刊》1937年第1期。
③ 马模贞主编:《中国禁毒史资料:1729年—1949年》,天津人民出版社1998年版,第1186页。
④ Traffic in Opium and Other Dangerous Drugs, Annual Report, 1939, Central Commission of Opium Suppression, Chungking, China, p.42;内政部禁烟委员会编:《禁烟概要》,中国第二历史档案馆藏,档案号:十二(2)342。
⑤ 《贵州二十八年度禁烟实施计划》,中国第二历史档案馆档案。

(4) 禁毒

由于黔省为产烟大省,烟价低廉,吸毒者极少。①

3. 四川省

四川省是全国产烟最多的省份,1938年之前,禁烟事宜由川省自办,由禁烟总局主管。各县有禁烟管理所,但摊派烟土事件时有发生,各土膏行店未经章程办理者亦未经取缔。团保部队又从中渔利,包庇贩运烟土。1938年中央政府入川,由省民政厅接管禁烟事宜,禁烟督察处四川分处办理特税。

(1) 禁种

关于四川省的烟土产量及税收,其1936年上报禁烟总监的数据如表15-1:

表15-1　上报禁烟总监烟土产量及税收表(1933—1935年)②

时间	种烟亩数	产量(担)	税收(元)
1933年	65720	85436	6893669
1934年	54750	81175	6274792
1935年	37230	48400	4150067

在以上数据中,种烟亩数有严重问题,且按照亩产量100两左右算,与各年总产量也严重不符。故省主席刘湘再次电禁烟总监蒋介石,指出前电因电码错误,导致数据有误。实际上,1933年,种烟亩数为657200亩,1934年为547500亩,1935年为372300亩。这样,对照产量,亩产约130两。③ 如此,则1933年产烟85436000两,1934年产烟71175000两,1935年产烟48399000两。

四川省禁种分为四期办理,自1935年起,除丰都、涪陵、宣汉、垫江、开县、开江、长寿、邻水、大竹、梁山等10县缓禁外,其余各县一律禁种,至1938年年底禁绝。

第一期于1936年冬季禁种者:开县、开江、长寿、邻水、大竹、梁山等县。

第二期于1937年冬季禁种者:涪陵、垫江县。

---

① 《各省市禁烟禁毒概况》,《禁烟汇刊》1937年第1期。
② 资料来源:《四川省政府复电之一》,《禁烟半月刊》1936年第1卷,第3期。
③ 资料来源:《四川省政府复电之二》,《禁烟半月刊》1936年第1卷,第3期。

第三期于1938年冬季禁种者:宣汉县。

第四期于1939年冬季禁种者:丰都县。①

对于缓禁县市,省政府命令,烟苗下种之前一个月,各市县政府各屯局即先预防,严饬各区保甲长加强巡查、演讲、警告。烟苗下种时期,各地方政府派员轮流巡视辖地人民有无种烟举动,如有发现立即制止,违者报请上级机关缉捕。烟苗出土时期,地方政府派员加强视察,发现烟苗将种户拘送法办,若省政府派员查出烟苗,除严惩种户外,各级负责种烟公务人员亦分别惩处。② 1936年,禁烟特派员赴省实施总检举,于阆中、简阳等县查获偷种烟苗案280余起,并依法惩办种户及查禁不力人员。③

四川省148个县,几乎县县种烟。自从1934年军委会委员长南昌行营发出严厉的禁烟令后,鸦片外销之路大受影响,特别是六年禁政开始后,烟民亏损严重。如重庆之东的涪陵是川东著名的鸦片产区,年产鸦片达2300000余两。政府所收鸦片税(包括亩捐及内销正附税)年达1300余万元,地方军阀及全县政费都依赖烟税作大量挹注。涪陵农村没有一家不是以鸦片为主要农作物的。往年烟价很高,农民收入除了缴纳苛重的烟税,尚足够支付成本。禁政开始后,烟价狂跌,每两烟膏的价格从四角跌至二角、一角,甚至一角以下。时人在涪陵县的大柏镇做了调查,以该镇的一位"头脑清晰的小商人"为样本,调查禁政对于中小烟商烟农的影响。该商人1934年在乡间租田4石从事鸦片种植,④其成本及收入见表15-2、表15-3。

表15-2 大柏镇商人4石鸦片田成本表⑤

时间	工作类别	工作天数	工资/元	伙食费/元	肥料费/元
1934年8月	耕田至碎土	14	1.00	1.3	
9月	下种	3	0.18	0.28	0.30
10月	施肥	2	0.19	0.19	1.85
11月	耘苗	8	0.40	0.80	3.80

---

① 赖淑卿:《国民政府六年禁烟计划及其成效》,台北"国史馆"1986年版,第73页。
② 《重申禁令规定禁种鸦片办法一案》,《四川省政府公报》1935年第56期。
③ 《各省市禁烟禁毒概况》,《禁烟汇刊》1937年第1期。
④ 石是重量单位,此处可能是指生产4石粮食的地亩。
⑤ 李珩:《涪陵大柏镇的鸦片经营》,《东方杂志》1935年第32卷第14号。

(续表)

时间	工作类别	工作天数	工资/元	伙食费/元	肥料费/元
12月	松土	10	0.50	1.08	6.80
1935年1月	半畦	12	0.64	1.30	9.50
2月	满畦	12	0.90	1.43	10.25
3月	割烟至拉烟杆	73	6.40	7.80	
总计		134	10.21	14.18	32.50

以上就工资、伙食费及肥料三项计算，共支出56.89元。

表15-3 大柏镇商人4石鸦片田收入表①

产品类别	数量	价值/元
烟膏	198两	32.7
烟杆	24挑	1.5
烟子	2.6斗	3.2
烟叶		0.5
总计		37.9

根据上两表的比较，该种户已经亏损19元了。当然，除了这些成本，还有农具以及田租和税捐部分，特别是烟税捐的支出是很大的，所以，实际上的亏损更为严重。而1935年大柏镇农户1148户，每家均种植鸦片，还有附近过来租地经营鸦片的22户，合计1170户。全镇耕地面积约11000石，鸦片田约8000石，约占总面积的73%。根据上表种户的收益情况推算，全镇烟农经营鸦片亏损竟达到38000元以上，平均每户承担32元上下，若算上农具及税捐，估计每户亏损在50元以上。

由于禁种使得烟民的利益受损，各地均有程度不同的抵制。禁种的分区分期政策，其实已经考虑到各地原先种植鸦片的数量，因而越到后期，抵制越强烈。1938年，最后一个缓禁县丰都宣告禁绝时，据四川省政府的报告，"该县人民唯利是视，一面以农会名义危词耸听，请求收回禁种成命，一面普遍种烟，造成既成事实，树人镇敖家坝竟有聚众鸣枪抗铲情事发生……嗣将首谋

---

① 李珩：《涪陵大柏镇的鸦片经营》，《东方杂志》1935年第32卷第14号。

逮捕，策动地方士绅自动劝铲，始能贯彻禁令"。① 而实际上，由于四川省幅员辽阔，私种情形始终存在，川西边远地区和西康地区的违禁私种情形更达到十分严重的程度。由于政令不通，清末民初内地普遍禁烟之时，这里依然是"罂花印目，毒卉横生"的景象。宁属地区所产"建土"在民国初年鸦片弛禁时便畅销川陕等地，烟质可与云土媲美，但整个20年代直至30年代初，这里产烟数量并不多。一是因为生产力较为落后，少数民族仍处于刀耕火种的原始状态，铁制农具尚不普遍，大面积种烟颇为不易，只有当地汉人种烟相对较多，但总量有限。二是因为内地大量种烟，尤其四川全省种烟，出产丰裕，川土阻断了建土的销路，所以种烟获益并不高于种粮，农户种烟兴趣不大。尽管年年有人种烟，但栽种不广，产量也很有限。但是自六年禁政实施以来，情况便有了变化，尤其四川省大面积减种后，川康边区的烟土遂找到了广阔市场。于是"夷人遂乘机普种，贪图重利。不肖汉人，或借夷势偷种，或唆使夷人啸聚抗铲，或群起效尤，遂使毒卉潜滋，积重难返"。②

在1936年的总检举中，第5区所辖雷波、马边、屏山、峨边等县，第16区所辖茂县、理县、松潘、汶川、懋功、靖化等县，第17区的宝兴、天全、芦山等县及金阳设治局，第18区的越嶲等县，均发现大面积种烟的情形。③ 对此，川省政府查禁各县私种，便以"夷性剽悍不可理喻，一旦督铲，恐滋事端"为由，呈请中央"体念实情，本年姑予免铲"。④ 禁烟总监蒋介石同意当年免铲，但指示来年绝对不许再种。到1937年，这些地区依然是遍地罂花，无法施铲，川省政府只好"通饬各该夷地县份严密封锁夷烟出口，使其无路可销，不能获利，则不禁自绝"。⑤ 这种办法只是一厢情愿，施行了一段时间，自然"困难重

---

① 《四川省实施提前肃清烟毒计划客观情形报告表》，内政部禁烟委员会档案，中国第二历史档案馆藏。
② 《内政部禁烟委员会视察西康省宁属禁政报告》，内政部禁烟委员会档案，中国第二历史档案馆藏。
③ 《各省市禁烟禁毒概况》，《禁烟汇刊》1937年第1期；《四川省政府提前肃清烟毒计划客观情形报告表》，内政部禁烟委员会档案，中国第二历史档案馆藏。
④ 《四川省政府提前肃清烟毒计划客观情形报告表》，内政部禁烟委员会档案，中国第二历史档案馆藏。
⑤ 《四川省政府提前肃清烟毒计划客观情形报告表》，内政部禁烟委员会档案，中国第二历史档案馆藏。

重,未收若何功效"。① 蒋介石得报后大为震怒,将边区各县局主管官员分别处分,饬令陆军第 47 军军长李家钰派所部会同川省保安团队前往边区严加剿铲,但是,这次军事行动同样劳而无功。"盐边、宁南等县夷酋,竟敢聚众武装抗铲,包围查铲部队,并一度攻入宁南县府,劫夺要犯,致启战衅,互有死伤。"②自此之后,边民更加放胆种烟,毒卉更形滋蔓,到 1938 年,川省政府已无心查铲。照规定,1938 年仅宣汉、丰都两县为产烟区域,但实际上如松、理、懋、雷、马、屏、峨及边地各县始终有偷种情事,烟苗并未肃清。边地政府鉴于施禁困难,只得听其栽种。③"各夷区政令难达,各该县团力薄弱,施禁殊难,乃请中央调派飞机前往各夷地散发汉夷合文传单,切实劝晓,自动铲除"。④

川康边区违禁大种罂粟,对中央政府的六年禁政,不啻是一种直接的挑战和对抗。此时,禁政已转由中央内政部主管,内政部有心查铲,却又苦无良策,时值抗战紧要时期,军队用于前线作战尚不敷用,抽调大军到川康边区铲烟实非易事,即便派军队前来,"各地夷巢,多在万山重叠之中,形势险阻,夷民矫捷,善于登陟,查铲部队不习地形,无法深入。且派队过多,则野无给养,派队过少,则转为夷人所困,纵或侦知烟地所在或侦有烟土过境,而山深林密,此搜彼窜,封锁进剿,均有所难""如派飞机轰炸,则烟亩辽阔,地广人稀,也属劳而无功"。⑤ 最后无计可施,只得按川省政府的请求,派飞机在川康边区上空作了一番"飞巡示威",散发了一些禁烟传单。军队进剿尚不奏效,散发几张传单,其效果自然可想而知。此后川康边区不仅武装种烟,而且变本加厉,屡启边衅,掠地攻城,伤害官吏,时有所闻。国民政府因前方抗战吃紧,害怕后防再迭生变乱,反而不敢在川康边区厉行禁烟,只是要求边区的禁烟应以宣导为主,以不出乱子为前提。这样,川康边区的禁烟工作,仅仅是贴贴禁种告示而已,贴者自贴,种者自种,两不相扰。

---

① 《四川省政府提前肃清烟毒计划客观情形报告表》,内政部禁烟委员会档案,中国第二历史档案馆藏。
② 《财政部训令抄发夷地禁烟治本办法》,内政部禁烟委员会档案,中国第二历史档案馆藏。
③ 《当前的四川禁烟问题》,《四川禁烟月刊》1938 年第 2 卷第 4 期。
④ 《四川省政府提前肃清烟毒计划客观情形报告表》,内政部禁烟委员会档案,中国第二历史档案馆藏。
⑤ 《财政部训令抄发夷地禁烟治本办法》,内政部禁烟委员会档案,中国第二历史档案馆藏。

由于边区种烟利大,不仅内地袍哥土劣蜂拥前往,川省地方军队、官僚也不甘落后。抗战军兴之时,部分官僚和编余军人便以响应政府"动员国民,垦荒种粮,支援抗战"的号召为名,涌入川边大小凉山一带的雷波、马边、屏山、峨边地区,开办垦场垦社,成千上万亩地大种罂粟,在雷、马、屏、峨地区,这种垦社先后建起十余个,均有相当的规模。如同生垦场,1935年年底,由刘湘旧部师长穆瀛洲率数千编余官兵赴边垦荒所组成,垦场创办后率先胁迫种烟,抽收烟税,扩张武力,并帮助边民向内地贩卖烟土。短短几年,垦场扩大到拥有垦民一万余户,枪炮4000余枝,土地纵横200华里的规模。雷、马、屏之间的抗建垦社由国民政府参军长吕超创办,后由其侄川军旅长吕镇华接管。吕超创办垦社,原旨在安置失业贫民,垦荒种粮,支援抗战,建设国家,故取名为"抗建垦社"。垦社创办初期不仅垦荒修路,而且开办学校供垦民子女读书,至吕镇华接任后,一改垦社宗旨,弃粮种烟,并向外扩张,将垦社土地扩大到1万余亩。垦社所有开支,均以鸦片当作现款使用。曾有农技专家以为抗建垦社真是为抗战建国而创设,主动来此帮助改良农业,结果吕镇华却要他们改良烟种,农技人员啼笑皆非,只得离去。除此之外,雷、马、屏、峨地区还有刘湘旧部师长彭光汉等创办的中兴垦社,川省参议员何霁光创办的何家山垦社等。这些垦社创办之初,垦民多是附近地区的贫雇农,但大种罂粟之后,游民、滥兵、流氓、窜匪大量充斥垦民队伍,垦社便逐渐同当地烟匪恶霸打成一片,蜕变为难以诛除的邪恶势力。

1939年7月全国分期禁种完成后,四川省查禁种烟督察分10组进行查察,其前身四川禁烟考察团成立之时,曾呈准国防最高委员会委员长赋予该团特权四项:(一)指挥本省并调遣邻省保安团队。(二)调遣驻防设防军队。(三)审判并执行抗铲案件。(四)撤惩各级军政人员。四川查禁种烟督察团组设时,以《查禁种烟督察团组织简则》所规定之职权,不足以应付四川之特殊环境,故请仍照旧例,予特权三项:(一)指挥本省并调遣邻省保安团队。(二)审判并执行抗铲案件。(三)撤惩各级军政人员。经呈奉国防最高委员会批可,于民国二十九年三月令饬内政部转行遵照。此时四川是由禁烟督办公署主管省内各禁烟禁毒事宜,四川查禁烟督察团虽享有上述特权,但基本上仍需间接受禁烟督公署之影响。①

四川省关于禁烟农事善后事宜,早经积极设法推行,并由该省农业改进所拟具烟田改种调查意见,呈由建设厅于1938年12月间举行初步调查,即就调查结果,分别制成:(1)种植鸦片之面积,(2)鸦片田地轮种法,(3)禁种鸦片后改种之作物,(4)每市亩鸦片及其他作物栽培成本之比较,(5)收益之比较,(6)纯益比较等六种计表。其改种作物为大小麦、菜籽及蚕桑、豌豆等。1939年开始大量推广菜籽栽种。至于技术方面,即由中央农业实验所及四川农业改进所各派人员,分区指导。而菜籽及麦类均市价高涨,其纯利益甚至超过以前之种鸦片也。②

(2) 禁运售

四川是最大的产烟省份和烟土输出省份,统收统运工作更是艰难,可以说是完全失败,典型地反映出六年禁政某些方面的内在矛盾和困难。

中央对川省的控制,是借追击红军的名义将中央势力伸入的。但当时四川防区制尚未结束,每个防区均各自为政。为了控驭川省"诸侯",中央仍委"四川王"刘湘为川省主席、绥靖主任和禁烟督办,禁烟事宜基本上由川省自办,直到1938年中央机构退入四川,禁烟督察处才随之设立,接管川省禁政事务。四川烟土除自销外,绝大多数由长江出省外销,受汉口烟土市场的影响很大。1931年,汉口大水灾,当地汉帮烟商和渝帮烟商破产倒闭者很多,以致汉口和重庆烟土市场顿趋萧条,外销烟土逐年减少。如涪陵在1930年外销烟土四五万担,1931年降为10000余担,到1934年只有6000担。由于销路不畅,产地货价也一跌再跌,涪陵烟价在市况兴旺的1930年,每担价值620—800元,到1934年跌至每担200元以下。造成这种状况的原因,除了汉口烟商倒闭众多,川土外销买主大减外,还有国民政府统税太重。1933年,川土销汉口,统税每担500元,加上各种附税每担共825元。若再加上四川省内的各种税捐,每担则达1262.2元。1934年进一步提高到每担1486元,增加的主要是统税。1933年以来,张群又在湖北省厉行禁烟,川土更加难销。烟土销不出去,特商便无力缴纳税款及偿还购货的银行贷款,于是,汉口

---

① 赖淑卿:《国民政府六年禁烟计划及其成效》,台北"国史馆"1986年版,第255页。
② 赖淑卿:《国民政府六年禁烟计划及其成效》,台北"国史馆"1986年版,第263页。

禁烟督察处对拖欠税款的特业商号处以没收烟土抵偿税款的处罚，以致川商在汉口的"新蜀公司""德成厚""祥兴义"等大商号纷纷倒闭，69家川商的集资股本也随之化为乌有。于是，川土外销进一步衰落，涪陵烟价一度降至每担140元尚无法销出。尽管川省政府为挽救这一局面想了不少办法，如在重庆设立"新亚银行"，专为川帮烟商代扣期票、支垫税款、提供贷款供烟商周转，并将川黔土外销税降低至每担60元，滇土外销税减至每担80元，又制定了《优待滇黔土经川省外运办法》，但局面仍无大改观。

川省政府看到完全由烟商自由贸易的办法已难以维持税收，乃宣布自1935年下半年起实行"禁政改组"。改组的办法即按照中央统一部署的特许采办商制度，给予少数大烟商垄断性的经营地位，并以公运和公栈来防止走私，保证大烟商的业务，借此稳定特业经营，强化对特税的控制。以重庆市为例，重庆为川滇黔三省运输烟土于长江下游各埠之总枢，1935年由禁烟督察处代运出口烟土即有123745000两。其中川土75711000两、云土46492000两、黔土1542000两。故重庆市内土号林立，烟商接踵。1935年之前，由重庆出口之川省烟土，每百两征出口税20元作川省经费。滇黔土在入境时已纳通关税每百两10元，不重复纳出口税，若落地售卖，则纳落地税每百两40元。所有重庆出口之烟土至汉口，每百两按例抽20元。自1935年起，此项出口税概归禁烟督察处驻渝办事处征收，以归划一。1935年4月初，重庆举行各级土商按新订条例重新登记领照营业。共登记各级采办商15家，每户年纳牌照税40000元至60000元不等。各级土膏行39家，每户年纳牌照税12000元至36000元不等。各级土膏店71家，每户年纳牌照税600元至3600元不等，全年收入约1421600元。1935年之前，重庆市有烟馆牌照捐，即红灯捐。自1935年起，严厉取缔烟馆，红灯捐一停止，虽有秘密之烟馆开设，但并不收取牌照税。①

1936年年初，汉口烟土市场逐渐兴旺，许多已经歇业的四川特商重操旧业，其他行商如盐商中资本雄厚者也纷纷转营特业。就川省政府而言，"禁政改组"的目的，主要是稳定禁烟税收，因而1936年4月汉口和重庆烟土市场情况稍有好转，便马上将烟税由先前烟市萧条时期每担川黔土60元，每担滇

---

① 《二十四年度重庆市烟市调查》，《拒毒月刊》1936年第104期。

土80元的优惠税率提高为每担300元,到10月份,又进一步将烟税提高到每担700元,不包括附税。接连的大幅增税直接抬高了烟价,烟价的高涨又刺激了产地烟价的攀升。如涪陵县8月份烟价每担只在300元以下。到10月增税之后猛涨至每担1500元。烟土的大幅涨价又引发了特商及其他行业疯狂购囤烟土,以待增值。据估计,购囤的官土有1万担,商人和民间购囤的烟土则有2万担。如此多的烟土短期无法销出,占压的大量资金无法周转导致银根紧缩,利率猛增。一般囤烟商户无以承受,坚持一段时间后,只得竞相削价抛售,以致各地烟价迅速惨跌。重庆市价每担由1500元跌至800元,汉口市价每担由2600余元跌至1800元,尚难以售出。于是,刚刚繁荣数月的汉口烟市又转趋萧条。1936年12月,禁烟总监蒋介石下令各缓禁省份自1937年起一体实行统收统购,这种统收办法,虽然最初是由萧觉天和李基鸿等人基于贵州省的情况提出的,但最后决定各产烟省份一体实施,则与川省烟土市场的反复波动有关。汉口市场烟土,以川土为大宗,川省烟市波动必然影响汉口,汉口是全国最大的烟土集散市场,市况萧条,则牵动全局。为了防止烟土市场的大起大落,保持禁烟税收的稳定,中央政府决定统一实施烟土的统收官运,旨在通过垄断来保证烟土的供销平衡。因此,贵州省的统收办法一经拟定,禁烟总会便将其转发给川省禁烟总局,饬令参照办理。

1937年5月,川省禁烟总局局长唐华电复禁烟总会,认为川省情况与贵州不同,不便照搬贵州的办法,"在川省而谋统收无遗,非专恃官力所能彻底",理由是:"川省地域辽阔,民情疲玩……产地奸犯走私,为术至巧,防杜尤难……且种户均属小农,一经收获,即须变易现金以谋生计,故收买烟土,尤必须筹储巨量金额作收买之资。"另外,"鉴别土质,拖制成饼,经过手续极为繁难,此均非假手于素营烟业之商人,决不易于成功"。① 但完全将统收事宜委诸商人,则操纵烟价、苛剥烟农乃至烟土掺假舞弊之事恐难避免,因此,决定采取官商合办的形式,招认商分向各产区收购烟土,再交给禁烟总局的"统收处"统一收购。资金方面,原拟禁烟总局与认商各筹500万元,后参照黔省做法,不收商入资本,由禁烟总局与金融界合组"利济财团",以期票500万元

---

① 《禁烟总会核示1937年四川省统收统运各项章则》,禁烟总会档案,中国第二历史档案馆藏。

垫付收购资金。认商将采办的烟土售与"统收处"时,按烟土平均价格每担给予认商 100 元的利益。所收烟土,以川省各县所报烟民 120 余万为准,每一烟民日吸量以 1 钱 5 分计算,月需烟土 4000 担有零,按需量的 80% 安排内销,其余烟土均出省外销。①

从计划上看,川省的统收办法尚属可行,但实施之后,很快便引发了更为棘手的问题。一是种户和囤烟商人认为统购之后,烟价必然上涨,不愿把烟土卖给政府,尽管川省收购烟土每两给价 5 角 5 分至 7 角,比贵州每两 2 角的收购价高出许多,但多数囤商仍不愿售出。二是配额内销的烟土,即按需量的 80% 计算,一年也达 38400 担。由于内销的烟土是已经上税的官土,价格高昂,川康边区的走私烟土则乘机大量涌入,低价倾销,致使官土销路大减,数月之内,官土销量不及配额的 20%,以致税收反而锐减。为了保证税收,只好改用层层摊销的办法强销官土。摊销办法实行后,官土销量有所增加,但官土销后价款又被各专区和县乡保甲层层握扣挪用,迟迟收不上来。三是按川省向上估报的 1937 年产烟数量为 38765 担,以这个估计数为准,则官方所筹 500 万元期票只能购烟 8000 余担,因此,必须保证一面购烟,一面将所购烟土迅速销出,资金回笼后再去收购,如此循环方能维持。但由于私土盛行,官土滞销,资金占压无法回笼周转,统购便难以进行。许多认商拿着"利济财团"的期票不能兑现,或收购了大宗烟土而"统收处"无钱购买,收购无法继续,损失巨大,形成烟土和资金的双重积压,以致怨声四起,禁烟局局长唐华被迫下台。川省政府为了减少积压,一方面大量外运,一方面宣布实行"本产本销",阻止黔滇烟土入川,并实行减税政策,每担减税 300 元,以鼓励推销。到年底,统收统运便告废除,重新恢复商营征税,由认商 40 家自由采办运销,每家每月至少应运销 50 担,多销不限。

1937 年 5 月,四川省颁行《取缔烟土行章程》,规定凡在省内采办烟土者,应依规定领用采办证,凡转运烟土者,无论到达地点为省内各地或省外,均应依规定领用转运证。禁烟局将全川分为 12 区进行缉私,并派定缉私部队,分别驻扎巴县、万县、宣汉、宜宾、成都、绵阳、雅安、灌县、涪陵、合川等

---

① 《禁烟总会核示 1937 年四川省统收统运各项章则》,禁烟总会档案,中国第一历史档案馆藏。

处。① 各级禁烟机关于重要关口、通路、车站、轮埠、邮包局址、飞机场所等处对私贩烟土及私自转运者施行严密检查。烟土行定为区烟土行和县烟土行两类。区烟土行设于督察处驻在地,得自行买卖烟土及代客买卖烟土。县烟土行设于各县,得自行买卖有花烟土及代客买卖有花烟土。凡欲承充区县烟土行商者,应向当地禁烟机关申请,并转呈禁烟主管机关核准,发给注册凭证及营业牌照后,方可营业。注册凭证一年一换,营业牌照一月一换,须缴费换领。烟土行商分为甲、乙、丙、丁四等,其资本额甲等2万元以上,乙等1万元以上,丙等3000元以上,丁等1000元以上。此外烟土行商应按等级缴纳保证金,甲等2000元,乙等1000元,丙等300元,丁等200元。保证金得作为资本额之一部分,在初次请领牌照时一次缴清,营业期满时退还。烟土行商每月须缴纳牌照费,甲等120元,乙等90元,丙等60元,丁等30元。区烟土行定为甲、乙两等,县烟土行定为丙、丁两等。②

以四川省1937年统购丰都、宣汉、涪陵、垫江4县所产烟土之事为例,四川禁烟总局在招商认购烟土的章则中明确规定由40名认商承办,每家认商最低认购额为2000担,即40名认商最低必须购足烟土8万担。禁烟总会得知情况后,责问川省是否违背中央分年递减的禁种政策,明减暗增,否则何来如此大的产量?对此,川省禁烟总局答复说,本年4县产烟量估计为38765担,原拟招商20家,每家认购2000担,与估计产量大致相符,但各家认商由于资金不足,无力认购2000担,故将认商增至40家,但由于"疏忽",未将每家的认购额相应减为1000担,以致出现上述错误。同时又称由于风旱影响,实际产烟量将大大低于估计数量。③ 其实,川省禁烟总局的这番解释是勉强的,既然实际产烟量因风旱影响而大为降低,那么,将原有20家认商的认购额酌为降低,问题即可解决,根本不必再增加认商。从另一方面看,既然因为原有20家认商无力完成认购额才又增加认商数量,然而认购额依然为2000担,那么原来的问题并未解决。禁烟总局在行文中发生"疏忽"的可能固然不能排除,然而,40家认商对于每家2000担这个无力承担的认购额是无论如何也不会疏忽过去的,而且会在签订认购书前作为前提条件提出来,所以,禁

---

① 《全川禁烟局缉私部队派定》,《拒毒月刊》1937年第111期。
② 《四川省厉行禁烟取缔烟土行章程》1937年5月1日,《四川禁烟月刊》1937年5月1日。
③ 《禁烟总会核示1937年四川烟土统收章则》,禁烟总会档案,中国第二历史档案馆藏。

烟总局所说的这种"疏忽",实际上是不可能发生的。据四川鸦片巨商曾俊臣的回忆,仅他自己就为禁烟总局的统收处收购烟土七八千担。① 这其中的矛盾,不言自明。以川省自报的产量而言,1937 年估计产额为 38765 担,已比 1936 年所报的 17918 担高出许多。② 仍以 1937 年 38765 担的产额为例,大约可折合为 1211406 公斤,即使因风旱影响减产一半,仍然达到 605703 公斤,这又比 1937 年《禁烟年报》中公布的 338190 公斤的产量高出 267513 公斤。又据川省禁烟总局在同一份文件中对 1937 年所产烟土的内外销安排,四川全省已登记领证的烟民,每月需烟土 4000 担有零,按八成的比例安排内销,其余外销。③ 以此计算,川省登记烟民 1937 年烟土消费总量为 48000 担,以八成安排内销,也有 38400 担,约合 1200000 公斤。而且按照中央禁烟总会的要求,1937 年川省还应外销 1 万担烟土至汉口。如按照川省禁烟总局所说的 38765 担的产量,则几乎谈不上有余裕烟土以供外销。按照《禁烟年报》公布的产量,即使所有烟土全部留在川省自销,也仅能满足领照烟民需要量的 1/4。实际上 1937 年川省在涪陵成庄外销的烟土便超过 1 万担。统计数字中的矛盾,于此可见。④

1937 年 11 月 1 日,川省禁烟总局通令嘉奖三台县禁烟分局,其中写道:"第三区本月推销公土达四千余两之多,足见工作努力,殊堪嘉尚。第二区本月推销公土竟达四千二百两之多,为该县各区之冠,应予嘉奖。第四区推销公土及组织膏店每月均有增加,足见管理得宜办事有方。"可见四川省禁烟当局的利益所在。

1938 年,禁烟督察处进入四川接管鸦片运销征税业务后,以"便商裕税"的名义,放宽采办烟土的限制,使烟土的采购贩销变得更加自由,于是,汉口和四川烟土市场又趋活跃。四川最大的土行——庆康土行,在省内外各产销区设有 40 多个分庄,改还商营后的一年中便贩销鸦片 2 万多担。

1939 年 7 月,全国禁种工作宣告结束,为防止民间仍私存烟土,四川亦

---

① 曾俊臣:《经营"特业"五年纪略》,《四川文史资料选辑》(第 7 辑),政协四川省委员会 1963 年发行,第 198 页。
② 四川禁烟总局编印:《禁政月刊》第 1 期,附表,1937 年 10 月。
③ 《禁烟总会核示 1937 年四川烟土统收章则》,禁烟总会档案,中国第二历史档案馆藏。
④ 《禁烟督察处贵州分处成立及移交卷》,禁烟总会档案,中国第二历史档案馆藏。

设立肃清私存烟土事宜公署。四川省存土运送,是四川禁烟督办公署依 1940 年 2 月拟订之《四川省禁烟督办公署临时仓库运存土交办法》办理。办法中规定禁烟督察处于郫县、合江、涪陵三县设公栈,所有各仓库收购之土,依交通情形,就近分各公栈验收。财政部原令四川禁烟督办公署于 1940 年 3 月底以前,将各仓所收存土悉数移转完毕,然截至 3 月底,有 14 县停止验收烟土,有 16 县因多在边远地区,交通不便,故至 4 月底才结束收存工作。①

(3)禁吸

六年禁政开始后,四川省首先严令公务员吸食鸦片。1935 年 3 月、6 月、9 月,省政府均曾通令各市县局严禁公务人员吸食鸦片,规定限期具结办法。对于逾期未呈报的县局,县局长记大过处分。②

对于普通烟民,仍采取的是登记凭照售烟的方法。1936 年 6 月 3 日禁烟纪念日,川黔行政会议在重庆开会。四川查禁种烟特派员萧致平出席,担任禁烟组组长,审查禁烟案件。萧本人提出登记烟民、限制土膏店违法滥售、办理戒烟医院等三项议案,均获通过。③

关于烟民数量,据萧致平估计在 200 万以上。④ 但烟民登记工作并不理想。1935 年仅登记烟民 159361 名人,至 1936 年年底,共登记 130 余万人,曾经总检举一次,至 1937 年年底,复兴清理登记烟民一次,人数仍为 130 余万。⑤ 据 1937 年的《各省市禁烟禁毒概况》,截至 1936 年年底,四川省共登记烟民 1295569 名,但部分县份尚未呈报⑥。另据档案资料,1936 年登记 1295567 名烟民。三者基本吻合。而至 1939 年年底,却仍有烟民 732983 名。⑦ 可见戒绝效果并不理想。此外,据相关资料,四川省的烟民登记"任何市县镇乡,从未得一精确可靠之数字"。⑧ 1939 年年初,禁烟视察员贺春渠视

---

① 赖淑卿:《国民政府六年禁烟计划及其成效》,台北"国史馆"1986 年版,第 314 页。
② 《严禁公务人员吸食鸦片限期具结办法一案》,《四川省政府公报》1935 年第 29 期。
③ 《川黔行政会议》,《禁烟半月刊》1936 年第 1 卷第 3 期。
④ 《禁烟问题》,《禁烟半月刊》1936 年第 1 卷第 3 期。
⑤ 《当前的四川禁烟问题》,《四川禁烟月刊》1938 年第 2 卷第 4 期。
⑥ 《各省市禁烟禁毒概况》,《禁烟汇刊》1937 年第 1 期。
⑦ Traffic in Opium and Other Dangerous Drugs, Annual Report,1939,Central Commission of Opium Suppression, Chungking, China, p.42;内政部禁烟委员会编:《禁烟概要》,中国第二历史档案馆藏,档案号:十二(2)342。
⑧ 杜云:《抗战建国与振饬川省禁政纪纲》,《四川禁烟月刊》第 3 卷第 4 期,1939 年 5 月。

察川省第13行政区所属各县禁政后也报告说:"查各县烟民数目,多不确实,县府禁烟室办理瘾民证照,均未遵照法令。在区联保甲,对于禁政敷衍塞责,始则登记不确,继则包庇徇情,即烟民姓名也敢捏造名册。"① 可见,川省登记的烟民数远远少于烟民的实际人数。据曾经参与川省禁政事务的谢藻生的说法,川省禁烟善后督办公署文件记载,川省在防区制时期,烟民占全省人口的 1/19,大致折算,则烟民至少有 310 万名。② 而川省一些社会人士在文章中甚至说川省烟民有 800 万名,虽然这种说法显得夸张,但登记烟民远远少于实际烟民人数,则是显而易见的事实。

禁烟管理局为统制售吸烟膏,集中管理,在各地设立禁烟管理所。灯捐共分六等,特级摆烟具 20 套,月纳捐 160 元;甲级摆烟具 16 套,月纳捐 120 元;乙级摆 12 套,月纳捐 80 元;丙级摆 10 套,月纳捐 60 元;丁级摆 8 套,月纳捐 40 元;戊级摆 4 套,月纳捐 20 元。各地管理所限于 1936 年 9 月底一律成立。全川将有熟膏店 2 万余处。③ 烟膏店为专供持有戒烟执照之贫困流动烟民吸食鸦片而设,无戒烟执照者,不得供给。烟民就所购吸烟膏,须督制其不超过吸量,并严格限制,分期递减。管理所供给烟民之烟膏,准由膏店售卖,但不得掺和杂货。管理所因供贫困流动烟民吸食鸦片,得由膏店设备烟具,但不得超过核定数额。管理所对于就吸烟民,须严加监视管理。如查有未经登记之烟民,及已登记而不依期递减之烟民,均应由该所随时报请当地禁烟机关检举。烟民就吸时间,不得过午后十时。管理所不准容留烟民住宿及赌博饮酒。管理所应将膏店售膏情形数量逐日填表,报请当地禁烟机关查核,当地禁烟机关亦随时派员抽查。④

关于戒烟医院的设立,经禁烟专员督促检举,截至 1936 年 12 月,戒烟医院所成立者仅 39 处。⑤ 禁烟特派员钟可託 1937 年 10 月在四川专员县长会议中发言指出:"各县市报设戒烟院所计一百三四十处,确有成效者凤毛麟

---

① 贺春渠:《十三区各县之禁政》,《四川禁烟月刊》第 3 卷第 4 期,1939 年 5 月。
② 谢藻生:《苦忆四川烟祸》,《四川文史资料》(第 10 辑),政协四川委员会 1963 年发行,第 148 页。
③ 《川省鸦片公卖统制售吸烟膏》,《拒毒月刊》1936 年第 105 期。
④ 《川省鸦片公卖统制售吸烟膏》,《拒毒月刊》1936 年第 105 期。
⑤ 《各省市禁烟禁毒概况》,《禁烟汇刊》,1937 年,第 1 期。

角,大多有名无实,近且半陷停顿。"① 另据资料,自 1935 年至 1939 年,专设戒烟院所 528 所,兼办戒烟事宜医院 5 所。② 1938 年,中央派往川省的查禁种烟专员黄朋豪在视察结束后也报告说:"戒烟院所实同虚设,瘾民登记多属臆造。"③ 由于戒烟医院数量远不敷禁吸之需要,且很多都是有名无实,故戒绝效果亦不佳。据载,1935 年仅戒绝烟民 3723 名,1936 年戒绝 46613 名,1937 年戒绝 58322 名,1938 年戒绝 39006 名,1939 年戒绝 58938 名,共计戒绝 206602 名。④ 这与庞大的烟民数量相比,实在是不值一提。

由于重庆在抗战期间成为国府陪都,其在禁政后期成为绝对禁烟区。重庆自 1935 年 7 月起,实行烟民登记,共登记烟民 86009 名,其中普通烟民 20543 名,每人年纳执照税 5 元。贫困烟民 65409 名,每人年纳税 6 角。旅行登记 57 人,纳税 5 元。其实,据时人估计,重庆市烟民在 15 万名以上。全年禁烟收入 16811445 元。⑤ 1936 年 9 月,重庆市政府取消全市烟民勒戒所,但实际上烟民仍然很多。市警察局无奈向市政府提出报告,即取消勒戒所后,对于烟民是否要勒戒,若继续勒戒,警察局并无设备,无法办理。若一律扭送军法机关法办,在事实上又诛不胜诛。而且以往警察局向军法机关解送烟案,军法机关以监房拥挤为由拒绝收受。若勒戒所撤销,军法机关又拒绝收受,各警察分局是否暂停拿办烟民,或者准予保释,否则拘押烟民数量庞大,每日口食费用无出开支。因社会局对于禁烟设有专员办理,警察局建议今后禁烟事宜应由社会局接办。⑥ 另一方,重庆市的烟膏店不仅继续存在,且还不断开张。就在市政府取消勒戒所的当月,重庆市新开 40 家熟膏店,各附设

---

① 四川禁烟总局编印:《禁政月刊》第 2 期,1937 年 11 月。
② Traffic in Opium and Other Dangerous Drugs, Annual Report, 1939, Central Commission of Opium Suppression, Chungking, China, p. 41;内政部禁烟委员会编:《禁烟概要》,中国第二历史档案馆藏,档案号:十二(2)342。
③ 《内政部禁烟委员会密令调查川省禁政情形》,内政部禁烟委员会档案,中国第二历史档案馆藏。
④ Traffic in Opium and Other Dangerous Drugs, Annual Report, 1939, Central Commission of Opium Suppression, Chungking, China, p. 42;内政部禁烟委员会编:《禁烟概要》,中国第二历史档案馆藏,档案号:十二(2)342。
⑤ 《二十四年度重庆市烟市调查》,《拒毒月刊》1936 年第 104 期。
⑥ 马模贞主编:《中国禁毒史资料:1729 年—1949 年》,天津人民出版社 1998 年版,第 1130—1131 页。

红灯 16 盏,计 640 盏,每盏每月缴款 10 元,每家无不门庭若市。① 而烟膏店收入甚丰,唯每家门前贴有禁止出入会客通名字样。② 蒋介石于 1939 年 5 月 31 日手令,重庆市自 6 月 1 日起划为绝对禁烟区,停发烟民限期戒烟执照及土膏行店执照,6 月 15 日起所有土膏行店一律停止营业,6 月 30 日重庆烟民一律戒绝。③ 而其时,重庆市未戒绝的烟民很多,简单通过行政命令的手段,只能将大量的吸食行为转为地下,反而失去了掌握和控制。

(4) 禁毒

四川省为产烟最大省,烟价颇廉,故本省吸毒者尚少。但常有秘密设厂制造吗啡等毒品情事。1936 年,由禁烟特派员会同省府实施禁毒总检举,破获吗啡厂数起。④

4. 陕西省

陕西省亦为产烟大省,根据呈报,1934 年种植鸦片 430321 亩,产烟 17212840 两。1935 年种植鸦片 360646 亩,产烟 14425840 两。⑤ 1939 年 6 月之前,陕西省由禁烟总局负责禁烟的相关事宜。1939 年 6 月,禁烟总局撤销,由民政厅及各县政府负责禁烟事宜。

(1) 禁种

陕西省为分期分区禁种,自 1933 年冬季起,以两年为一期,共分三期,至 1937 年冬季禁绝。

第一期于 1933 年冬季禁种者:长安、朝邑、高陵、敦化、白水、中部、蓝田、潼关、大荔、三原、泾阳、乾县、永寿、澄城、镇巴、镇坪、华阴、蒲城、醴泉、合阳、平民、延长、佛坪、清涧、吴堡、白河、平利、岚皋、同官、柞水、凤县、临潼、宜君、富平、华县、渭南、榆林、神木、延川、定边、鄜县、肤施、洛川、宁陕、留坝、保安、安定、洵阳、府谷、绥德、米脂、靖边、横山、宜川、葭县、甘泉、安塞等 57 县。上述各县在 1935 年已完成禁种。

第二期于 1935 年冬季禁种者:咸阳、麟游、雒南、沔县、栒邑、商县、韩城、

---

① 《重庆一市烟店四千家》,《拒毒月刊》1936 年第 105 期。
② 《烟客成群收入甚丰》,《拒毒月刊》1936 年第 105 期。
③ Traffic in Opium and Other Dangerous Drugs, Annual Report,1939,Central Commission of Opium Suppression, Chungking, China,p. 8.
④ 《各省市禁烟禁毒概况》,《禁烟汇刊》1937 年第 1 期。
⑤ 《鸦片种植情形》,《禁烟专刊》1937 年第 3—4 期。

略阳、宁羌、汉阴、紫阳、镇安、安康、石泉、山阳、商南等16县。

第三期于1937年冬季禁种者：汧阳、邠县、耀县、凤阳、陇县、城固、盩厔、南郑、长武、武功、扶风、洋县、褒城、鄠县、西乡、郿县、岐山、宝鸡、兴平等19县。①

在缓禁县份，省府严禁勒逼种烟。1934年，西安绥靖公署、陕西省政府联合发布训令，全省分区禁种，缓禁县份，如有种植烟苗，按亩征收罚款，但不种烟地亩，绝对不准摊派。② 1935年8月，省府再次强调，对禁种县份要切实查禁，缓禁县份应征收种烟罚款，但不种烟不得勒罚。③ 但实际上，勒罚现象并不能杜绝。1936年8月，陕西鄠县新阳、兆丰、罗南等10个联保主任上书国民政府，控告查禁委员和县府不顾灾情奇重，勒逼种烟。鄠县属缓禁县份，1935年冬因风霜成灾，烟苗冻毙十之八九，百姓要求改种春粮以资补救，但省府仍强令农民补种春烟，所派查禁委员下乡拣地多烟少之处随便看看，便称所报不实，"竟将空前之重大灾情漠然置之度外，妄定等级，强将去年所领烟照数360顷加至366顷……加后即随令强征"。查禁委员与县府"不特不怜民减灾，反违章于照外多加，以致每亩罚款有摊派七八十元甚至百元以上者，实属有意陷民水火，弃人民生命似草芥"。④

在禁种县份，省府则加强查禁。1935年4月10日，陕西省政府发布了《关于认真查勘府谷、神木等沿边草地人民种烟之训令》，认为陕北各县县长漠视禁政，并未亲履详勘，令榆林、定边、靖边、横山、府谷、神木等县县长遵照先今来令，认真查勘。当此春烟苗苗之际，切要赶速勘察铲尽。若境内再有发现毒卉恒情，定以护庇匪徒论罪。⑤ 但各县反对彻底搜铲，竟然呈电省府，谓麦田内有雨生烟苗，彻底铲烟致将麦苗践踏。省府态度坚决，严令各地务须各自铲治，避过麦苗，将苗混烟苗无论是否雨生，一律铲除净尽，不准存留

---

① 赖淑卿：《国民政府六年禁烟计划及其成效》，台北"国史馆"1986年版，第69—70页。
② 《禁烟纪念特刊》，内政部1935年编印。
③ 《陕西省政府就咸阳等十六县加入第二期禁绝区发布训令》(1935年8月14日)，《陕西省政府公报》1935年8月17日。
④ 《陕西省办理禁烟情形》，国民政府档案，中国第二历史档案馆藏。
⑤ 《陕西省关于认真查勘府谷、神木等沿边草地人民种烟之训令》(1935年4月10日)，《陕西省政府公报》1935年4月13日。

一株。否则依法严办,绝不姑宽。① 第二期禁种开始后,禁烟特派员钟可託将全省分为23路,派出委员23人,前往各县复勘。② 1936年,禁烟特派员前往陕省会同省府实施总检举,先后在高陵等15县查获偷种烟苗233起,均经立即铲除,并依法惩办种户及各县查禁不力之相关人员。③ 抗战全面爆发后,陕西省政府号召粮食增产,担起民众救国的任务,并令各县"依照禁烟法令,凡是旧种烟苗的地亩,在施禁之后都须一律高田低田普种嘉禾……务将原日种烟的地亩,完全改种小麦、豌豆、谷类",并且严令各县长,"不时下乡劝导"。④ 1938年秋季全省一律禁种植。⑤

关于烟田改作,有种麦者,亦有种棉花者。⑥ 而全面抗战前后的禁烟植棉尤其成为陕西省烟田改作的一大特色。早在分期禁种之前,1932年9月,陕西省建设厅即提请省府:"借此厉行禁烟之际,严令各县将种烟用地留作植棉之用。"⑦由于不少农民是举债种烟,在第一期禁种期间,省政府就发布命令:"凡是指烟所借的账,不管立约时利息和期限如何商定,还本时月息均不得超过1分6厘,并缓至本年秋收以后,归还本利;租地种烟各户,烟苗既已铲除,其地租需按照该处的习惯,以该地出产的物品价值为准,核估给租,地主不得以租地种烟时议定的租额为据,并缓至该地铲绝烟苗改种农产收获后给租,其铲烟后,即时还地者,应不给租。"⑧省政府还议定禁烟植棉贷种办法。第一期禁种期间,由建设厅分批购买30余万斤棉籽,发给各县,并以该县本年铲除烟苗亩数为准,每亩按3斤发给,规定贷种1斤于棉收后以3斤归还。省主席邵力子还接洽陇海铁路局,争得将棉花运费减至以7折收取。此外,省府还规定,自1933年10月15日起,"将本省特种消费税中原征棉花

---

① 《陕西省政府关于铲烟致将麦苗践踏电呈之批示》(1935年4月19日),《陕西省政府公报》1935年4月24日;《陕西省政府关于韩谨亭等铲除麦苗呈之批示》(1935年4月19日),《陕西省政府公报》1935年4月23日。
② 《陕省禁烟汇闻》,《拒毒月刊》1936年第101期。
③ 《各省市禁烟禁毒概况》,《禁烟汇刊》1937年第1期。
④ 《陕西省政府关于禁种烟苗的布告》(1937年9月4日),《陕西省政府公报》1937年9月9日。
⑤ 何键:《"六三"禁烟纪念演词》,《新华日报》1938年6月3日。
⑥ 赖淑卿:《国民政府六年禁烟计划及其成效》,台北"国史馆"1986年版,第266页。
⑦ 《陕省禁烟彻底觉悟改种嘉禾,建厅令以烟田植棉》,《大公报》1932年9月20日。
⑧ 《陕西省政府布告》,《陕西省政府公报》1934年4月26日。

三成附加款,照数豁免,以轻人民负担"。① 1935年9月,新棉上市,陇海铁路局为支持陕棉外运,"对新购机车陆续增添"。② 为便利运销,省府还支持推广合作。例如长安县,在铲烟地区成立棉花生产合作社19处,棉花生产运销合作社11处,农业生产合作社4处,信用合作社42处,并向中国银行、上海银行、陕西省银行等各银行先后贷款共20余万元,以融通资金。③

陕西省禁烟植棉取得极好的效果。据陕西省棉产改进所统计,在1933年至1937年间,陕西省鸦片种植亩数从28688公顷减至1525公顷,而棉田面积则从1933年的129434公顷增至1936年的262902公顷,"足见该省改种棉花之成功,亦即政府施行边省渐禁政策有效之证明"。④ 报刊舆论亦认为:"盖罂粟之适,即棉花之良田;少一亩罂粟,即增一亩棉苗。消长互应,此添彼减。近二年来,陕西棉田之激增,实禁绝烟苗之力居多。"⑤

(2) 禁贩售

1936年7月,陕西省禁烟总局拟定《取缔土膏行店暂行章程》,规定各县土膏行店由该管禁烟分局会同县政府察看地方情形,分别限定家数转报禁烟总局核查,一经核定即逐年递减,不得增加。欲开设土膏行店者,向当地禁烟分局申请,并要有三家资本在2000元以上之铺保。土膏行执照分为三等:一等每月征收正款100元,二等80元,三等60元。土膏店牌照分为五等:一等每月征收膏款80元,二等60元,三等40元,四等20元,五等10元。土膏店售卖烟膏时,须验明购吸人之姓名,所持限期戒烟执照、所购质量,凭照发售,不得售予未领限期戒烟执照之人。土膏行店不得买卖未贴陕省印花之私土,不得开灯供人吸食。未经核准发给牌执各照擅自营业者,除勒令补照缴款外,并按应领牌执照等级处以5倍以上10倍以下之罚金。⑥

陕西省自实行禁烟,各药店所售戒烟药品获利极大。省卫生事务委员会为防止药品中含有毒质,曾化验登记,合格者才发给执照,准予售卖戒烟药

---

① 卢徐明:《改烟植棉:近代陕西禁烟与作物替代》,《农业考古》2018年第1期。
② 《陕棉:陇海路增车辆尽量运输出境》,《大公报》1935年9月9日。
③ 赓雅:《西北视察记》,《申报》1935年4月29日。
④ 军事委员会禁烟总会编:《二十五年度禁烟年报》,1937年。
⑤ 刘阶平:《陕西棉业改进之检讨》,《国闻周报》1936年第13卷第26期。
⑥ 《陕西省禁烟总局拟定取缔土膏行点暂行章程》(1936年7月8日),《陕西省政府公报》1936年7月17日。

片。经化验,不含毒质者仅有 10 家。1936 年 6 月份又再次抽查,各药房所售戒烟药品多与原方不合,均含有鸦片或吗啡等毒质。省卫生事务委员会函请公安局查禁各药房,全部禁止售卖戒烟药丸。①

1936 年 12 月,禁烟督察处拟定计划,自 1937 年起,缓禁各省一律取消商营征税,改为统收统运。② 1937 年,陕西省按中央部署实行统收烟土,在南郑、西安等地设制膏厂熬制公膏,先由各县禁烟机关配销,因资金有限,统购烟土不多,未能做到垄断专卖。不久,又改为招商由公膏发售所专卖。③ 陕西的统收不甚成功。

由于施戒迅速,公膏提前停售,而已登记民商存土尚余 173000 余两,未统收完竣。1940 年"六三纪念日",蒋介石对禁烟会议坚决表示绝不统收。于是财政部拒绝拨款收购,只能由陕西省设法处理。但本省别无他用,邻省烟民亦已同时戒绝,未能配运外销。陕西省最后将所有登记未收存土统予焚毁,除时商所存以外,其余不分原存土质种类,一律由省禁烟专款设法筹措,每两发价 1 元,以示体恤。④ 1940 年 7 月,颁布《陕西省消灭私存烟土及整饬各项禁烟工作检查办法》,规定自 1940 年 8 月 1 日至 12 月 31 日,总检查须施行 3 次,各县及省会同时办理。各县局应按辖地面积与人口多寡,及向来产烟情况,组织检查队,会同甲长严密检查。检查项目主要为:有无私存烟土、烟膏、烟灰;有无私存罂粟种子及偷种烟苗情事;有无未戒烟烟民及已戒复吸烟民,并私存各种烟具;有无私制、私售、私运鸦片烟犯;公膏停售后,有无毒品及其他代用品流行;各镇保甲长有无擅自处理烟案或违法渎职情事。⑤

(3) 禁吸

对于公务人员,陕西省采取立即戒绝的方式。1935 年 10 月 17 日,省府

---

① 《陕省禁烟声中怪剧》,《拒毒月刊》1936 年第 104 期。
② 《禁烟总会核示 1937 年四川烟土统收统运各项章则》,军委会禁烟总会档案,中国第二历史档案馆藏。
③ 内政部编:《禁烟禁毒报告书》,中国第二历史档案馆藏。
④ 马模贞主编:《中国禁毒史资料:1729 年—1949 年》,天津人民出版社 1998 年版,第 1235 页。
⑤ 马模贞主编:《中国禁毒史资料:1729 年—1949 年》,天津人民出版社 1998 年版,第 1235 页。

发布训令,至年底,所有公务人员均须戒绝,自 1936 年 1 月,实行调验,如经发觉仍有吸食情事,立予免职,依法严办。① 1936 年 1 月,陕西省高等法院发布有关公务人员戒烟调验之训令,规定各县县政府及各局所公务人员之调验事宜,由各县县长负责办理。各县奉文后十日内,凡公务人员有烟瘾者,应自行报请施戒。果能戒除,仍留原职,倘逾期未报,查有烟瘾以及虽报而不能戒绝者,即予免职。各县奉文两个月内,应由县长出具本县现有各级公务人员确无吸食鸦片事情切结,呈省民政厅备查。自县长具结后,如该县各级公务人员有被人告发或经检举调验属实仍有烟瘾者,除将本人免职法办外,该县长亦应受相当惩处。②

对于普通烟民,仍采取登记分期戒绝的方式。1935 年 10 月,陕西省政府公布《陕西省各县烟户登记细则》,规定"按烟民年龄,均分五年禁绝",在登记期内,"除妓院、旅馆内可吸食鸦片外,其余城乡各处一律戒除"。同时明确申告:"对吸食红丸、白面者,如果属实,先行劝诫,再吸即予以严厉处分,决不姑宽。"但陕西省办理烟民登记的效果并不理想,按照禁烟总监的电令,陕西省应于 1935 年 7 月开始办理烟民登记,至年底办竣,并于 1936 年 1 月之前,将烟民登记的详细数目报核。但截至 1935 年 12 月 20 日,只有 8 县呈报办竣,共登记烟民 9606 名,③见表 15-4。

表 15-4　陕西省登记烟民人数表(截至 1935 年 12 月 20 日)

县名	登记人数	县名	登记人数
大荔	2348	麟游	783
朝邑	1240	澄城	350
平民	45	凤翔	1728
华县	2026	潼关	1086
合计			9606

---

① 《陕西省政府关于调验公务员有无吸烟嗜好之训令》(1935 年 10 月 17 日),《陕西省政府公报》1935 年 10 月 24 日。
② 《陕西省高等法院关于公务人员限期戒烟实施调验办法之训令》(1936 年 1 月 25 日),《陕西省政府公报》1936 年 1 月 25 日。
③ 马模贞主编:《中国禁毒史资料:1729 年—1949 年》,天津人民出版社 1998 年版,第 1110—1113 页。

关于 1935 年的烟民登记人数,各项数据相差较大,据档案资料,1935 年共登记烟民 60891 名。①

经省政府主席邵力子及查禁专员钟可託严令所属各县市机关加强检举,同时又分函各区行政督察专员一律遵办,钟可託还亲赴各县督察,截至 1936 年 5 月底,全省登记烟民 93264 名,此后钟可託在兴平县督促补登记烟民 5000 余名,又在武功县督促补登记数千名,故全省登记烟民超过 10 万名。② 经查禁专员督促检举,至年底,全省除延长、延川、定安、安塞、保安等 5 县因"匪氛未靖"(指红军驻地),无法办理外,其余各县共登记 358979 名。③ 此数据与"国史馆"档案完全一致。1939 年,公布《陕西省最后清查补登烟民实施办法》,自 1939 年 10 月 1 日至 12 月 25 日为补登期限,且已依额征收照费,无法退还。当年共登记烟民 275000 名。④

但登记在册的仅仅是烟民中的少数人。据记载,陕西省办理烟民登记,各县联保主任,以为登记领照,无异变相派捐,遂按所领照数向人民平均摊款,搁置执照不发。致发生吸烟者不必有照,出照费者不必吸烟之现象。而且,各地烟民有势力者未肯依法登记,烟民一家之中有数人吸烟者,亦不过就一家吸烟几人中,登记一人了事。据查禁专员王子骞 1938 年的估计,烟民人数至少应在 50 万以上,比登记在册的烟民数量多出一倍。⑤ 按照派驻陕西的禁烟特派员钟可託 1936 年的说法,陕西"因农民自种自吸,极为便利,烟民亦较腹地为多,以最少限度估计,全省千万人口中,当有烟民二百万人"。⑥

烟民登记之后就是如何戒吸的问题。1935 年年底,陕西省发布《办理最后一次烟民施戒实施办法》,开始对烟民进行施戒,以各级禁烟协会为主办机

---

① Traffic in Opium and Other Dangerous Drugs,Annual Report,1939,Central Commission of Opium Suppression,Chungking,China,p.42;内政部禁烟委员会编:《禁烟概要》,中国第二历史档案馆藏,档案号:十二(2)342。
② 《陕省烟民有十万余》,《拒毒月刊》1936 年第 104 期。
③ 《各省市禁烟禁毒概况》,《禁烟汇刊》1937 年第 1 期。
④ Traffic in Opium and Other Dangerous Drugs,Annual Report,1939,Central Commission of Opium Suppression,Chungking,China,p.42;内政部禁烟委员会编:《禁烟概要》,中国第二历史档案馆藏,档案号:十二(2)342。
⑤ 《内政部禁烟委员会密令调查陕西办理禁政情形》,内政部禁烟委员会档案,中国第二历史档案馆藏。
⑥ 钟可託:《再论决心与毅力》,军事委员会禁烟总会编:《禁烟半月刊》(创刊号)1936 年 6 月 3 日。

关,施戒期限由 1935 年 12 月 1 日起至 1936 年 2 月底止。烟民应当在限期内向当地禁烟协会分支会申请登记候戒,施戒期开始第一个月内为自动申请登记投戒期限,第二个月内为勒令登记受戒期间。勒令登记期间,各级政府责成区乡镇保甲长向禁烟协会检举该管区域内烟民,强迫登记,准备送所勒戒,并发动社会力量普遍检举。经检举之烟民自认不吸烟者,其是否施戒须经过调验程序。施戒开始前各地禁烟协会分支要根据实际需要及交通情况设置戒烟所。如登记烟民不足 50 人者,则委托卫生院办理,不另外设所。如登记之烟民甚多,原设之戒烟所不敷容纳时,得随时增设之,但每所至少须容纳 100 人。烟民由入所之次日起,以 20 日为戒绝期限,如有特殊情况,最多延期一周。烟民在所戒绝烟瘾者,由禁烟协会发给戒绝证明书。施戒药丸采用内政部核准之复方戒烟丸,计三种。烟民服用药丸数量由戒烟所按照各烟民平日瘾量配给,但每一烟民所服三种药丸总量不得超过 250 粒。施戒期间由各专员公署派员分赴各县巡回督导,各县(市)(局)长应随时亲赴各戒烟所实地督办,并指定专人会同禁烟协会分会经常赴戒烟所切实督导。戒烟所办理烟民施戒,须将其原登记日期及烟民入所、出所日期一并翔实填入登记清册,以备查考,并逐日填具施戒日报表,送交当地禁烟协会分会查核。省区两级的施戒经费由本级政府筹垫,事后由收存烟民缴纳之药丸费内拨发归垫。市(县)施戒经费由禁烟协会分会负责筹募,事后公布并呈报市(县)(局)政府查核。施戒期满后,各县(市)(局)应当按照陕西省检举烟毒暂行办法,联合当地党团军政民意等机关及学校法团等,定期发动普遍大检查一次,并将戒绝人严格抽传调验。①

  戒吸并未取得预期效果。直到 1940 年年初,省府还拟定《陕西省限期完成戒烟暂行办法》,内容如下:(一) 1940 年 9 月 30 日全省烟民肃清限期。凡年在 40 岁以下者,限 6 月 30 日前戒绝,自 7 月 1 日起举行调验;41 岁以上者,限 9 月 30 日前戒绝,自 10 月 1 日起举行调验。(二) 凡领普通及贫民戒烟执照烟民,统须依限自戒;领赤贫照者,亦得声请自戒;其余悉由省会及各政府传交戒烟院所施戒。如因人数过多,戒烟院所不能依期完全戒除时,得

---

① 马模贞主编:《中国禁毒史资料:1729 年—1949 年》,天津人民出版社 1998 年版,第 1110—1113 页。

勒令自戒,或呈请拨送其他戒烟院所施戒。(三)未设戒烟院所县份,无论领用贫民、普通或赤贫照烟民,统须依限自戒。其调验事宜,由省组设巡验处分期前往办理。(四)烟民自戒,均得呈请该管县局,免费发给戒烟药品,不请发者,听其自用中西药方,总以脱瘾为是。(五)逾期不戒或戒后复吸烟民,均以私吸论罪,处以徒刑或枪决。(六)各级承办人员如有奉行不力,或借端舞弊情事,予撤职停用或依法治罪。本办法呈奉军事委员会委员长核准施行。

上述办法经呈内政部核示四点如下:(一)烟民肃清期限应照内政部1940年禁种禁吸分期进度表之规定,于3月底以前戒绝二分之一,余限6月底以前完全戒绝;(二)应尽量扩充戒烟院所并勒令烟民自戒,以期普遍;(三)原第五办法,于法不合,应仍照定例办理;(四)原第六条各级承办人员之奖惩,应照《禁烟禁毒考成规则》办理。陕西省政府乃依上核示要点,将《陕西省限期完成戒烟暂行办法》加以修正,以1940年6月30日全省烟民肃清限期,各县局应将登记烟民年幼者先戒,限于3月底以前戒除全数二分之一,其余半数,限6月底完全戒绝,并自4月1日起分期举行调验。除此之外,并就办法中若干细节加以修正,于1940年4月6日由行政院核准备案施行。①

戒烟效果不理想的原因与其他省份类似,最重要的就是戒烟院所不敷所需。1932年陕西省就成立了西安平民戒烟院,邵力子到陕西后,加紧禁烟工作,又陆续在华县、凤翔、绥德、南郑、安康等地设立了6个戒烟分院,但毕竟数量太少,收效甚微,②以至于1936年5月,陕西省举办拒毒宣传周,但40余条标语,没有一条指出戒毒院的所在。当地媒体指出:"一般国民之戒烟不难,但是将向何处去戒,这成了严重问题""可知当局对这一问题的疏忽"。③戒烟院所数量不够,主要是受到经费限制。如1936年9月,肤施县拟设立戒烟所一处,但经费无法筹措,最后竟由城内各售膏馆每月份认洋100元,作为戒烟所经费。此举亦得到省政府认可。④ 至1936年底,全省才成立戒烟院

---

① 赖淑卿:《国民政府六年禁烟计划及其成效》,台北"国史馆"1986年版,第298—299页。
② 朱顺佐:《邵力子传》,浙江大学出版社1988年版,第228页。
③ 《陕西省拒毒运动宣传周》,《秦风周报》第13期第2卷,1936年5月。
④ 《陕西省政府就肤施县戒烟所经费事指令》(1936年10月2日),《陕西省政府公报》1936年10月9日。

所 60 余处，且因经费不足，设备简陋，办理极不完善。① 另据资料，陕西省自 1935 年至 1939 年，共建立专设戒烟院所 197 所，兼办医院 6 所。② 相对于庞大的烟民数量，的确不敷所需，故 1935 年仅戒绝 22180 名，1936 年戒绝 15082 名，1937 年戒绝 2163 名，1938 年戒绝 2083 名，1939 年戒绝 104141 名，禁政 5 年时间全省仅戒绝 154649 名。③

（4）禁毒

陕西省沿陇海铁路一线毒品充斥。1935 年 6 月，陕西省根据《严禁烈性毒品暂行条例》，出台《陕西省立戒毒院暂行组织规程》，以管理全省戒毒事宜及调验公务人员不良嗜好。④ 1936 年，经禁毒总检举，在渭南、武功、潼关、大荔等县均有毒品案件发现。⑤

5. 甘肃省

（1）禁种

国民政府于 1934 年 7 月特派朱绍良为驻甘绥靖主任兼甘肃省政府主席，开始筹拟禁烟计划：

第一期于 1934 年冬季禁种者：皋兰、庆阳、环县、宁县、宁定、正宁、西固、合水、和政、临潭、鼎新、夏河等 12 县，及康乐设治局，共 13 县局。上述各县局于六年禁烟计划开始实施时，亦已完成禁种。

第二期于 1935 年冬季禁种者：定西、通渭、崇信、平凉、静宁、庄浪、隆德、武都、海原、文县、康县、渝中、泾川、镇原、灵台、华亭、化平、固原、会宁等 19 县。

第三期于 1936 年冬季禁种者：临洮、临夏、岷县、西和、两当、渭源、永靖、天水、礼县、秦安、清水等 11 县。

第四期于 1937 年冬季禁种者：陇西、武山、徽县、永登、景泰、漳县、甘谷、

---

① 《各省市禁烟禁毒概况》，《禁烟汇刊》1937 年第 1 期。
② Traffic in Opium and Other Dangerous Drugs, Annual Report, 1939, Central Commission of Opium Suppression, Chungking, China, p. 41；内政部禁烟委员会编：《禁烟概要》，中国第二历史档案馆藏，档案号：十二(2)342。
③ Traffic in Opium and Other Dangerous Drugs, Annual Report, 1939, Central Commission of Opium Suppression, Chungking, China, p. 42；内政部禁烟委员会编：《禁烟概要》，中国第二历史档案馆藏，档案号：十二(2)342。
④ 《陕西省立戒毒院暂行组织规程》(1935 年 6 月 12 日)，《陕西省政府公报》1935 年 6 月 19 日。
⑤ 《各省市禁烟禁毒概况》，《禁烟汇刊》1937 年第 1 期。

成县、金塔、安西、敦煌、玉门、洮砂等13县。

第五期于1938年冬季禁种者：靖远、古浪、山丹、酒泉、武威、张掖、民乐、临泽、永昌、民勤、高台等11县。①

该计划后略有调整。根据甘肃省分期禁种的五年进度表，1935年有皋兰、正宁、庆阳、宁县、环县、西固、宁定、合水、和政、鼎新、临潭、夏河、康乐设置局等13县局禁种；1936年有定西、会宁、通渭、平凉、静宁、庄浪、隆德、泾川、镇原、灵台、华亭、崇信、化平、固原、武都、海源、文县、榆中、康县等19县禁种；1937年有临洮、渭源、临夏、永靖、岷县、天水、西和、礼县、两当、秦安、清水等11县禁种；1938年有洮沙、景泰、陇西、漳县、武山、甘谷、徽县、成县、永登、金塔、安西、敦煌、玉门等13县禁种；1939年有靖远、武威、古浪、张掖、山丹、民乐、酒泉、临泽、永昌、民勤、高台等11县禁种。② 而实际上，原本计划1939年禁种的县份，亦全部提前至1938年1月禁种。③

为保证禁种效果，1935年，省府派出查禁专员赴各县检举，并发布通告，要求民政厅、保安处、行政督察专员和县政府各派委员，随同查禁种烟特派员，前赴各县认真检举查禁，各区长及保甲长应随同襄办一切事务。在检举期间，如向系未种烟县份，由县长出具"如在境内有烟苗出土，愿受死刑"之甘结，免除检举，但须酌情抽查。在其余种烟县份，如发现烟苗，应立即铲除，并将种户拘办，田亩充公，违抗者，准调驻军严拿为首之人，电呈行营核准，立予枪决。对于已经报请禁绝的县份，经检举查出烟苗，该县长、区长和保甲长均连带受处，由特派员报请行营，按照军法分别从严惩处。如查有不肖军警、团队、官吏和土劣等，敢于包庇种烟，或私收捐税，应捉拿主要分子，电呈行营核准，立予枪决。同时，在查禁时，如有军政官吏奉行不力，报请行营惩处，如需驻军参加，应该立即派队协助，不得迟延。各专员、委员带团警实地履堪，在查勘途中，不得苛求供应，滋扰地方。总之，"此次禁烟功令，异常森严，此项检举办法，规定惩处綦重一经查出，定以军法从事，决不宽纵。除分电并布告外，仰我本年厉行禁绝区域之十四县局民众一体凛遵。如有已种未翻犁者，立即铲

---

① 赖淑卿：《国民政府六年禁烟计划及其成效》，台北"国史馆"1986年版，第70—71页。
② 马模贞主编：《中国禁毒史资料：1729年—1949年》，天津人民出版社1998年版，第1179页。
③ 何键：《"六三"禁烟纪念演词》，《新华日报》1938年6月3日。

除,改种嘉禾。万勿观望,自蹈法网,致贻后悔,特此通告"。① 尽管之后并没有严格按上述法令执行,但此法令的出台还是体现了甘肃省政府禁烟的决心。

而禁种效果可以从甘肃省历年的烟土产量中看出,见表 15-5 和表 15-6。1934 年烟土产量 909 万两,1937 年仅 620 万两。

表 15-5　1934 年甘肃省各县烟土产量表②　　　　单位:万两

县名	产量	县名	产量
皋兰	76.8	永靖	5
靖远	121.4	宁定	5
景泰	36	秦安	7
岷县	15	武山	15
洮沙	29	古浪	6
临洮	23.2	武威	118
西固	11	永登	100
通渭	1.8	平凉	2.7
静宁	1	华亭	3
武都	2	安西	3.3
庄浪	1	玉门	15
会宁	25	敦煌	18
两当	1.9	泾川	60
徽县	11.3	酒泉	55
成县	61	民勤	5.4
礼县	11	永昌	10
西和	6	合计	866.8
临夏	4		

---

① 尚季芳:《民国时期甘肃毒品与禁毒问题研究》,四川大学博士学位论文,2007 年,第 105 页。

② 马模贞主编:《中国禁毒史资料:1729 年—1949 年》,天津人民出版社 1998 年版,第 1178 页。

表 15-6 甘肃省历年烟土产销概数表(1934—1938 年)① 单位:万两

年份	产量	运出口	吸耗
1934	909	103	74
1935	800	431	222
1936	700	1022	222
1937	620	482	222
1938	无	97	104
合计	3029	2135	844

需要说明的是,1934 年产量根据《1934 年甘肃省各县烟土产量表》中的总和 867.3 万两,以及 21 县零星出产,每县 2 万两计,共 42 万两推算。1935 年,因皋兰等 13 县局禁种,故比上年短收百余万两。1936 年,因定西等 19 县禁种,继续比上年短收百余万两。1937 年,因临洮等 11 县禁种,故又比上年短收约 80 万两。历年的运出口额都由省禁烟局统计。其中 1936 年运出口量远超产量,因历年积土所致。历年省内吸耗烟土,均根据上述省查禁烟土专员的估计,为 22236242 两。但 1934 年的吸耗只有 4 个月的统计数据,故明显偏低。1938 年全省禁种,无产量统计,该年的吸耗,只统计到 6 月底,且根据实际变化后的登记烟民 178484 名的吸食量估算。根据表 15-6 的产量、运出口、吸耗数据,甘肃省尚余烟土 50 万两。另据资料,甘肃省 1934 年种植鸦片 493315 亩,产烟 14800000 两;1935 年种植鸦片 361047 亩,产烟 10831410 两。② 需要指出的是,上述各项数字虽然都有所依据,但实际上恐怕未必准确。各县烟土产量,全照烟亩捐计算,且不论财政厅征收烟亩捐有无弊病,烟民所报烟亩肯定难以确实。以多报少者有之,既报而多种者有之,甚至穷乡僻壤官差不到之处,偷漏不报者亦有之。因此,历年出产之烟土数量远大于表中所列。但无论如何,自六年禁政以来,甘肃省产量大为减少亦是不争的事实。

1939 年 7 月全国分期禁种完成后之查察,甘肃查禁种烟督察团分五组

---

① 马模贞主编:《中国禁毒史资料:1729 年—1949 年》,天津人民出版社 1998 年版,第 1178 页。

② 《鸦片种植情形》,《禁烟专刊》1937 年第 3—4 期。

进行查察工作。虽然有偷种烟苗情事发现,但的确无大面积的种植罂粟现象发生。可以说,甘肃省的禁种工作,成绩是十分明显的。

关于烟田改作事宜。自厉行禁烟政策以来,甘肃省所有禁烟地亩,大都改种小麦、烟草、麦粟、玉蜀粟等作物,对于食粮生产方面,大有增益,唯于衣被原料稍欠兼顾。抗战全面爆发后,粮价较前仅涨 1 倍有余;而衣被材料,有涨价至 10 倍以上者。考其原因,主要是原料缺乏,其次是各地向无大规模之工厂以及手工业不振。禁种后,省农业改进所指导农民将烟亩改种优良小麦品种,并对大小麦黑穗病、黄锈病有效之防除法指示农民。同时对于植棉极力推广,在皋兰、靖远、陇南各县份,业经试种美棉,颇有成效。1939 年省农改所派技术人员前往河西各县调查植棉及麦作事宜,拟在适当地点设立植棉农场,俾便指导并推广。再如陇南之清水、秦安、陇西、陇东之华亭、化平,河西之金塔、武威、张掖等县之烟亩,大半改种大麻;临泽、岷县则改种药材当归、川芎及亚麻。① 无疑,这些措施均增进了生产,加强了抗战实力。

(2) 禁贩售

禁烟督察处拟定的缓禁各省统一实行官收官运的计划,甘肃省未及举办。1936 年 12 月,甘肃省曾根据禁烟总监训令,批准改正土膏行店规则,分土膏行为三等,土膏店为六等,所有进出口日记及月报表等均详细规定。但省禁烟局并未有改革举动,1938 年 6 月,禁烟特派员公署实地调查兰州土膏行店,竟有五种等级,275 家之多。各土膏行店各月份进出土膏若干,禁烟局不过问,土膏行店亦不汇报。兰州城尚且如此,其他各县就更加难以调查了。省禁烟特派员公署曾三令五申要求存土登记,而关于存土数量,应向种户、囤积家、土膏行三处调查。但种户与囤积家无法查询,而全省之土膏行店又并未遵照法令组织,故调查十分困难。禁烟局奉令后,又只以一张布告限令商民报告登记,逾期而商民不来报告登记,禁烟局亦未有相关执法措施。故省禁烟局不唯不知全省存土几何,即兰州市存土几何,亦并不知矣。查禁种烟专员亦谓"甘肃全省所存之土量,当必数十倍也"。②

1938 年,甘肃省为统制烟土起见,制定了《甘肃省禁烟局特许设立土膏

---

① 赖淑卿:《国民政府六年禁烟计划及其成效》,台北"国史馆"1986 年版,第 265—266 页。
② 马模贞主编:《中国禁毒史资料:1729 年—1949 年》,天津人民出版社 1998 年版,第 1180 页。

行店暂行办法》,但到1940年未公布施行。为了补救,1939年9月又制定了《甘肃省特许设立土膏行店章程》及《甘肃省招商承办各县膏店暂行章程》,规定,设立土行每年应纳牌照费及凭证费甲等5000元,乙等3500元,丙等2000元,均分4期缴纳,每期3个月,且需取得与其所纳资本相同的铺保3家。设立膏店每年所纳牌照费及凭证费分为六等,甲等1200元,乙等800元,丙等400元,丁等200元,戊等100元,己等50元,分四期缴纳,每期3个月,且甲等、乙等应取得资本在600元以上之铺保2家,丙、丁、戊、己四等应取得资本在600元以上之铺保1家。土膏行店不得设立分行支店或代销处,所领照证不得转卖让与租借顶替或朋充。在此基础上,又制定了《甘肃省招商承办各县膏店暂行章程》,提倡商人投标承办,规定各商承办膏店以半年为一期,未满一期须交足半年之比额,承办商人除缴纳比额外,还要缴纳一成义务捐,三成战时特捐,预征四分之一之保证金,每期最后一个半月内平均扣还,押标金按照比额缴纳,比额在2万元以上者交1600元,比额在1万元—2万元者交1200元,比额在6000—10000元者交800元,比额在3000—6000元者交600元,比额在3000元以下者交200元。按上述两章程的要求,必须在10月份之前在全省各县设立土膏行店,实施烟土管制。要求各县尽快于10月份成立土膏行店,改变过去土店林立,烟土来源漫无限制的局面。① 换言之,甘肃省在1939年10月之前没有任何对烟土的管制措施,而此时离烟民登记已经过去5年了,到1940年年底戒绝烟民的期限只剩14个月了。

甘肃省的禁贩售政策,可以说完全失败。全省所有烟民执照均由省禁烟委员会代管,对于各县之领发执照,收官照费,均能认真督率进行。但禁烟局虽掌管土膏行店之许可证,不由取缔土膏行店着手,其采用的公膏制度,乃因循苟且,收取规费,最终导致土膏行店,陋巷通衢,所在皆是。烟民购烟不须照,吸食无限制,行店只要图利,不问是不是烟民,视执照及计数表如同废纸。

(3) 禁吸

1935年8月,甘肃省禁烟委员会发布了《劝告同胞戒烟书》和《劝烟民登记传单》等公告,规定从1935年8月到9月,为宣传劝导登记期,10月至12

---

① 《省政府二十九年各部门行政设施撮要·禁政》,《甘肃省政府公报》1941年1月1日;《甘肃省分期戒烟暂行办法》,甘肃省民政厅编:《甘肃省禁烟总报告》,1940年,第41—44页。

月为勒令登记期。如果逾此期限,则要照章补登,并且处以罚金50—300元。1935年9月27日,《甘肃省勒令吸户登记办法》出台,规定登记烟民领照分普通、贫民和赤贫三种,普通每照5元,贫民6角,赤贫经地方保甲长证明,免收照费,以6个月为有效期,过期另换新照,并另纳照费。如非真正贫民,而冒领贫民执照者,一经查实,除补领普通限期戒烟执照外,并按照普通费数目,处以三倍或五倍之罚金。一人一照,不得二人以上共用,违者各处一年以下有期徒刑,并按照50—300元的罚金加倍处罚。限期戒烟照证,绝对不准设馆供人吸食,违者除没收其财产外,依法从重处刑。① 按照《甘肃省分期戒烟暂行办法》,登记烟民年龄在40岁以下者,必须于1937年年底戒绝,年龄在41—50岁者在1938年年底戒绝,登记烟民年龄在51—60岁者必须在1939年年底戒绝,年龄在61岁以上者必须在1940年年底戒绝。限期一年者分两期戒绝,每次减少原吸量的二分之一;两年者分四期戒绝,每次减少原吸量四分之一;三年者分六期戒绝,每期减少原吸量的六分之一;四年者分八期戒绝,每期减少原吸量的八分之一。②

关于烟民的登记工作。1935年全省仅登记烟民95206名,③但至1936年6月,全省已登记烟民15万名,④至1937年,经查禁专员督促检举,共计登记烟民人数176172。⑤ 根据1938年内政部查禁种烟专员的调查报告,截至1938年6月底,共登记烟民185230人见表15-7。

---

① 尚季芳:《民国时期甘肃毒品与禁毒问题研究》,四川大学博士学位论文,2007年,第113页。
② 《甘肃省分期戒烟暂行办法》,载甘肃省民政厅编《甘肃省禁烟总报告》,1940年,第22页。
③ Traffic in Opium and Other Dangerous Drugs, Annual Report, 1939, Central Commission of Opium Suppression, Chungking, China, p.42;内政部禁烟委员会编:《禁烟概要》,中国第二历史档案馆藏,档案号:十二(2)342。
④ 《甘肃省严饬各县焚毁罂粟种子》,《禁烟半月刊》1936年第1卷第1期。
⑤ 《各省市禁烟禁毒概况》,《禁烟汇刊》1937年第1期。

表 15－7　甘肃省各县烟民数量登记表（截止 1938 年 6 月）①

县名	数量	县名	数量
皋兰	15560	天水	12097
榆中	1412	甘谷	2891
靖远	9021	礼县	4496
景泰	1193	徽县	3079
渭源	1062	成县	3375
洮沙	1121	文县	3994
临洮	2396	武山	3142
定西	1440	清水	1374
会宁	1172	秦安	2286
陇西	965	通渭	2614
永靖	732	两当	1035
岷县	3561	西和	3880
漳县	1705	康县	1329
临夏	972	武威	19674
平凉	6290	张掖	7118
静宁	3596	永登	3978
庄浪	1397	武都	6235
隆德	2581	山丹	2149
泾川	3257	民乐	877
镇原	1435	酒泉	3758
灵台	2100	古浪	1775
华亭	4055	永昌	1395
崇信	1654	金塔	1111
化平	712	民勤	1387
固原	4182	临泽	736
海原	783	安西	714

---

① 资料来源：马模贞主编《中国禁毒史资料：1729 年—1949 年》，天津人民出版社 1998 年版，第 1177 页。

(续表)

县名	数量	县名	数量
敦煌	1993	宁定	60
玉门	1124	和政	238
高台	2264	庆阳	1252
合水	251	夏河	14
环县	778	西固	2518
宁县	1176	康乐	503
鼎新	104	临潭	1241
正宁	861	总计	185230

另据档案资料,1939年又登记烟民69792名。[①]

显而易见,统计到的烟民数据,远远低于真实的吸烟人口。但据内政部查禁种烟专员的报告,虽然甘肃省烟民数量庞大,消耗土膏却为量较省。因为甘肃省烟民喜吸大口烟,且每吸一口烟,必翻灰至十余次,故按上述登记烟民计算,则每年全省须土6670872两。且甘肃民贫,不少贫民每日仅吸用三分烟膏,因此实际消耗烟土应核减为1/3,即22236242两。

就戒烟效果而言,也极不理想。1937年12月,省城成立戒烟医院。外县成立戒烟所的以西和县最早,1935年即成立。1936年成立戒烟所的有清水、华亭、玉门、西固、灵台、渭源、高台、固原、民勤、成县、庄浪、平凉、泾川、张掖、安西、环县、甘谷、崇信、靖远、定西、永登、景泰等22县;1937年后成立的有榆中、洮沙、临洮、陇西、永靖、岷县、漳县、临夏、康县、静宁、隆德、正宁、文县、化平、山丹、民乐、古浪、武威、两当、康县、秦安、通渭、口县、武山、礼县、徽县、海原、天水、庆阳、宁县、酒泉、临泽、金塔、敦煌、鼎新等35县。因经费困难等原因,皋兰、会宁、宁定、和政、临潭、夏河、合水、武都、永昌等9县始终未成立戒烟所。另据资料,1935年至1939年,甘肃省共建立专设戒烟院所173

[①] "Traffic in Opium and Other Dangerous Drugs, Annual Report",1939,Central Commission of Opium Suppression, Chungking, China, p.42;内政部禁烟委员会编:《禁烟概要》,中国第二历史档案馆藏,档案号:十二(2)342。

所,兼办戒烟医院 4 所。①

这些戒烟院所的数量和条件远远不能满足烟民戒烟的需要。按照烟民登记,以武威、皋兰、天水三县最多,各有烟民万余,平凉、武都、靖远三县,亦各 5000 以上。以皋兰县为例,该县烟民共 15000 余人,其未成立戒烟所,只可就近由省立戒烟医院传戒。省立戒烟医院可容纳 200 个床位,但实际床位仅 50 张,仅医生 2 人,1 人系院长兼任。戒烟用西式方法,但设备简陋,药品购买也很困难。按每班 20 天戒断,每年可戒绝 3600 人,须 4 年,至 1942 年方能将皋兰县烟民全部戒绝,超过预定期限 2 年。以省立戒烟医院全部加紧工作,应付皋兰 1 县之烟民,尚且如此,其他各县戒烟所更无从预算。因此各县成立的戒烟所大半有名无实。而分班传戒之烟民,又复多所规避,各地之保甲又不能破除情面,因循敷衍,遂无形停顿。故各县成立戒烟所后,能按期传戒以至依期戒除者,实寥寥无几也,如省立戒烟医院成立一年时间,戒绝出院者,仅八九十人。

关于甘肃省戒绝烟民的数量,各项数据亦有出入,据甘肃省查禁种烟专员的报告,截至 1938 年 8 月,各县戒烟所戒绝出所者,计临洮 36 人、平凉 349 人、庄浪 1 人、隆德 29 人、泾川 124 人、镇原 13 人、灵台 244 人、华亭 444 人、崇信 74 人、固原 322 人、海原 127 人、礼县 43 人、文县 173 人、武山 59 人、清水 358 人、通渭 18 人、两当 6 人、西和 22 人、西固 167 人、永登 118 人、酒泉 504 人、金塔 147 人、民勤 55 人、鼎新 11 人,共计 34444 人。② 另据"国史馆"档案,甘肃省 1935 年戒绝烟民 3310 人,1936 年戒绝 722 名,1937 年戒绝 2158 名,1938 年戒绝 10880 名,1939 年戒绝 9964 名,共计戒绝 28034 名。③ 无论取各种数据,即便以公开统计的 10 余万烟民的数量作为参照,亦可见戒烟效果之一斑。

---

① Traffic in Opium and Other Dangerous Drugs, Annual Report,1939,Central Commission of Opium Suppression, Chungking, China,p.41;内政部禁烟委员会编:《禁烟概要》,中国第二历史档案馆藏,档案号:十二(2)342。
② 马模贞主编:《中国禁毒史资料:1729 年—1949 年》,天津人民出版社 1998 年版,第 1180 页。
③ Traffic in Opium and Other Dangerous Drugs, Annual Report,1939,Central Commission of Opium Suppression, Chungking, China,p.42;内政部禁烟委员会编:《禁烟概要》,中国第二历史档案馆藏,档案号:十二(2)342。

(4) 禁毒

甘肃省因交通不便,故毒祸不深,1936年曾举办禁毒总检举,除了平凉1县破获制运毒品案1起,又吸毒犯3名,其余各县,均未发现毒品。①

6. 绥远省

与云贵川及陕甘等省相比,绥远省并非产烟大省,据呈报,1934年种植鸦片171542亩,产烟3762037两。1935年种植鸦片137700亩,产烟2909629两。② 这是绥远省公开上报中央政府的数字。另据相关人员回忆,全面抗战之前,全省每年的烟土产量480余万两。③ 就三四百万两的产量而言,考虑到绥远省的面积和人口,种植也是相当普遍的。

(1) 禁种

绥远省在六年禁政之前,多数县局都公开征收烟亩罚款,鼓励种植鸦片,全省每年烟亩罚金达百万元以上(见表15-8)。

表 15-8　绥远省烟亩罚征建设专款(1935年)④　　单位:元

县(局)	罚征数	县(局)	罚征数
归绥县	110514.593	东胜县	6454.546
萨拉齐县	101773.845	武川县	59197.11
丰镇县	111059	固阳县	44975.99
包头县	31336.906	安北设治局	21500
清水河县	20414	集宁县	21500
陶林县	20000	五原县	50287.4
托克托县	83000	临河县	118400
和林县	71063.166	准格尔旗	3176.8
凉城县	88000	合计	1046653.356
兴和县	84000		

---

① 《各省市禁烟禁毒概况》,《禁烟汇刊》1937年第1期。
② 《鸦片种植情形》,《禁烟专刊》1937年第3—4期。
③ 吴应禄:《绥远的烟土行》,中国人民政治协商会议,内蒙古自治区委员会文史资料研究委员会编:《内蒙古文史资料》(第19辑),1985年,第201页。
④ 《绥远省专花各款及历年尾款收支数目》(1937年1月11日),《绥远省政府公报》1937年1月合订本。

六年禁政开始后,绥远省亦实行禁烟。1935年,省府颁布《绥远省禁烟大纲》,由禁烟办事处负责全省禁烟事宜,规定自1935年起按五年分绝对禁种区和限制禁种区禁绝烟苗。即将原种烟之归绥、和林格尔、陶林、萨拉齐、丰镇、托克托、凉城、东胜、固阳、清水河、五原、兴和、武川、包头、集宁、临河等16县,及安北设治局,共17县局,于每一县局中,各分五区,自1935年冬季起,每年禁种一区,限于1939年冬季一律禁绝。① 抗战全面爆发后禁烟总监蒋介石致电该省,以栽种烟苗,减收粮食,有碍军需,饬令提前禁种。因此,1938年将每县最后两区一起禁种。

因禁政缘故,绥远省禁烟办事处公布,至1935年12月底,以往全部罚征欠款全部豁免。此外,与《绥远省禁烟大纲》同时颁布的还有《绥远省禁种烟苗办法》。② 根据《禁种烟苗办法》,在绝对禁种区内,各县局长于下种之前,应宣传政府彻底禁烟之决心,责成该管乡镇长出具用不种烟切结。各县局接到切结后,派员勘查有无偷种情事。各县局长应亲自下乡抽查。待烟苗出土时期果无烟苗发现,即由县局长出具禁绝切结,报省备查。每届烟苗出土时,各县局应派铲烟委员,会同省委,并商请当地驻军协助,分赴绝对禁种区域内认真复查。如有偶种情事,应即强行铲除。各县局限制禁种区域内,播种烟苗绝对不准超过下年播种之亩数,并应由各县局长督饬各乡镇长,将该管乡镇种烟花户、水旱亩数及其坐落四至,详开清册,并出具无隐匿切结,呈送县府核办。各县局限制播种区内,水地每亩罚征建设专款11元,旱地每亩罚征6元6角,此外不得浮收分文。专委薪旅费、禁烟办事处及监委总会等经费,由解省专款内开支。县局监委会等办公费,由征起专款内提支3.5%。乡镇长办公费由征起专款内提支1.5%。③

1936年,绥远省自行举办查禁种烟总检举,据报各县禁种区内,尚无偷种情事。④ 但实际上,绥远省的鸦片种植依然较为严重。据1936年时人的旅行通信,绥远的禁烟是从铁路沿线作起,所以第一步是先令铁路沿线5里

---

① 《各省市禁烟禁毒概况》,《禁烟汇刊》1937年第1期。
② 《代电绥远省政府 所呈禁烟大纲等准予备案》,《禁烟半月刊》1936年第1卷第3期。
③ 马模贞主编:《中国禁毒史资料:1729年—1949年》,天津人民出版社1998年版,第1140—1142页。
④ 《各省市禁烟禁毒概况》,《禁烟汇刊》1937年第1期。

内禁种。但在绥东一带,走出铁路一里多地,还是烟花遍地。而在绥西,则一如往昔,火车仍旧穿行于鸦片花的花园里。① 按规定,绥远省于1938年年底完成禁种,但各地偷种极为严重。特别是绥西驻军多,蒙汉杂处,常有勾结军人私种烟苗之事,多次收到禁烟总监的督饬函,为此,绥远省府在绥西榆林设处办公,拟定《绥西禁烟暂行办法》,将禁种展限至1939年年底。1939年4月烟苗下种之时,派禁烟专员分赴各蒙旗、各县局,会同各县局长、蒙旗王公实行履勘,据呈报未发现大宗烟苗,只偶有零星发现,并称为无知穷苦愚民所种,且业经铲尽。② 但1940年1月,蒋介石致电绥省主席傅作义,指出绥远民间偷种烟苗极其严重。绥西准噶尔旗、达拉特旗、杭锦旗等地,竟有烟苗8000余亩。③ 6月,蒋介石又致电指出,地方富户借驻军势力播种烟苗。④ 虽然省府多次重申禁令,甚至在绥西地区规定,如县境内有一株烟苗出土,县长即从严议处,偷种者依法枪决,土地充公。但东胜、托县偷种时有发生,包头、萨县,敌我相持,驻军复杂,军队包庇偷种现象较为严重。清水河县全境均为沦陷区,禁令不能实施。⑤ 据呈报,竟有不少绥西农民前往敌占区种植收割烟土。⑥ 1940年,绥远省又出台《二十九年度禁烟实施计划》,但直到1941年年初,烟苗仍未能肃清,且全省各县多已沦陷,完整者仅五原、临河、东胜3县,禁政实际上已经难以按照计划完成。⑦

(2) 禁贩售

1932年,阎锡山在归绥设立垦业商行,公开做鸦片生意,1935年又成立业记公司,贩卖烟土,实行官卖。⑧ 国民政府对归绥县的"土药业"及"烟膏业"亦进行过调查。该"土药业"以贩运甘州、凉州、宁夏及本地大宗烟土,及代客售卖为主要业务。"烟膏业"则专以零售烟膏为业。"土药业"企业资本

---

① 方大曾:《绥远的鸦片问题》,《申报周刊》1936年第1卷第41期。
② 马模贞主编:《中国禁毒史资料:1729年—1949年》,天津人民出版社1998年版,第1218—1219页。
③ 马模贞主编:《中国禁毒史资料:1729年—1949年》,天津人民出版社1998年版,第1220页。
④ 马模贞主编:《中国禁毒史资料:1729年—1949年》,天津人民出版社1998年版,第1229页。
⑤ 马模贞主编:《中国禁毒史资料:1729年—1949年》,天津人民出版社1998年版,第1225页。
⑥ 马模贞主编:《中国禁毒史资料:1729年—1949年》,天津人民出版社1998年版,第1228页。
⑦ 马模贞主编:《中国禁毒史资料:1729年—1949年》,天津人民出版社1998年版,第1247页。
⑧ 张贵:《阴山集》,内蒙古人民出版社2001年版,第149页。

总额计 24600 余元,企业全年营业总额为 6688000 余元。① "烟膏业"共有 93 家,企业资本总额 5830 元,全年营业总额为 339300 余元。② 企业资本少,而营业额巨大,可见烟土买卖流通速度快,利润丰厚。

傅作义任绥远主席时,亦公然征收鸦片的运售税。那么当时这部分的税收有多少呢?据公开资料,1934 年,部分县局的烟膏烟灯捐总量达 1300 余万元。表 15-9 为绥远省部分地方 1935 年鸦片税收统计表。

表 15-9 绥远省部分地方鸦片税收统计表(1935 年)③

县(局)名	税捐名目	征收标准	征收部门	收数(1934 年)	用途	起征时间
萨拉齐	烟膏公益费		县政府	160 万元	保卫团经费	1933 年
包头	禁烟特捐		县政府	372 万元	警饷	
丰镇	烟膏烟灯捐		公安局	200 万元		1932 年 3 月
五原	烟馆捐	一等收 3.5元、二等收 2.5元、三等收 2 元、四等收 1.5 元	公安局	40 万元	公安局经费	1927 年 9 月
五原	禁烟特捐	特等月收 2.5元、一等月收 1.2元、二等月收 0.5元、三等月收 0.3 元	公安局	360 万元	公安局经费	1927 年 9 月

---

① 杨增之等:《绥远省分县调查概要》,绥远省民众教育馆总务部 1934 年印行,第 120 页。
② 杨增之等:《绥远省分县调查概要》,绥远省民众教育馆总务部 1934 年印行,第 121 页。
③ 资料来源:《绥远通志稿》卷 37"税捐"。武川、集宁、兴和、陶林、凉城、和林、清水河、固阳、东胜、临河、安北设治局等地方税捐中未列入烟捐。

(续表)

县(局)名	税捐名目	征收标准	征收部门	收数(1934年)	用途	起征时间
托克托	膏捐	按托河两县销售烟膏花户月收2.5元	县政府	66万元	补助教育费	1930年1月
	禁烟特捐	按吸食烟户分等抽收甲等月收1元、乙等月收0.5元、丙等月收0.25元	公安局代征	78.3240万元	公安局经费	1933年
	禁烟罚款附加数实款	按正款项下附加二成	县政府	28.2240万元	公安局经费	1926年6月
沃野设治局	烟亩罚款		县政府	30万元		

此外,烟土的过境税也十分庞大。仅甘肃、宁夏的鸦片途经绥远销往京津地区的过境税,每年平均百万元,最多二百万元。① 由于在绥远地区存在双轨制的管理方式,蒙旗不在省政当局的控制之下,故傅作义独吞此项税收,引起德王不满。1936年11月5日,德王给傅作义的电文中指出,己方"仅对于路经百灵庙等处之特税一项,要求劈分",但"乃贵省始而假借武力,变更特税路线,继而曲解明令,百般支吾,时经余年,始末劈给分文""此系贵省消极破坏蒙古地方自治之事实,早为蒙众所最不满者也"。② 故德王派兵在其所辖境内交通要道设立税卡,另行收税。对于鸦片税的争夺,是双方决裂的一个重要因素。据资料,1935年绥远省,禁烟稽查处税收为270万元,禁烟办事处税收为100万元共370万元。而当年全省的财政总收入仅为838万元,鸦片税收占总收入约44%,③可见鸦片税收在地方政治中的作用。

---

① 任秉钧:《德穆楚克栋鲁普与傅作义争夺鸦片过境税》,政协内蒙古自治区委员会文编:《内蒙古文史资料》(第5辑),内蒙古人民出版社1979年版,第19页。
② 卢明辉:《德王其人》,远方出版社1998年版,第134页。
③ 东亚同文会:《新中国现势要览》,见《内蒙古近代史译丛》(第1辑),内蒙古人民出版社1986年版,第246页。

(3) 禁吸

1935年,绥远省禁烟办事处颁布了《绥远省禁吸鸦片办法》。① 规定全省办理禁烟事宜,取逐年禁绝制。公务员绝对不准吸食鸦片,若发现有吸食嫌疑者,照公务员调验规则办理。省会设立戒烟医院,各县局设立戒烟所,各乡镇设立戒烟分所。戒烟机关负研究、指导及实行戒除烟瘾之责,但得酌量当地情形,委托公立或私立医院兼办。各县局烟民,应由县局长派员会同各乡镇长,将所属无论男女老幼凡有烟瘾者一律登记。凡吸食成瘾者经调送戒烟机关戒除,均应收极廉之费用,但贫苦无力缴纳者,经证明属实,酌予减免。凡向不吸食鸦片者,绝对不准吸食,违者依法从严惩处。已经吸食而年在45岁以下者,由县局长随时开会宣传自戒,并督饬各乡镇间邻长于第一年内尽力劝导,令其赴戒烟机关戒除。经劝导而不赴戒烟机关戒除或自行戒除者,应由乡镇间邻长于第二年内开单送县,传令调戒。既经戒断,应取具永不再吸切结,存案备查。烟民既经调戒断瘾后,仍复吸食者,经查确实,除勒令戒除外,并应依法严办,或令服劳苦工役,但不得科处罚金。凡年在46岁以上者,或因疾病吸食成瘾一时不能戒除者,经医师或戒烟机关之诊断证明,准其暂行吸食,但须特别登记,酌限3年以内递年戒绝。凡年在60岁以上,吸食鸦片成瘾者,准予宽立限期自行戒除,但至多不得过5年。无论男女老少烟民,如有呈缴烟具,自动投戒烟机关戒除,情愿出具永不再吸切结者,其戒烟费用酌予减免。②

但绥远省的禁吸政策在实际执行中极不理想。据1935年《绥远各县乡村调查纪实》统计,全省归绥、包头、丰镇、萨拉齐、集宁、武川、兴和、和林、凉城等7县,总人口才102878,吸食人数竟达7751。③ 另据资料,在抗战之前,全省烟民数达70万人左右,占全省人口的五分之一,年消耗资金为1440余万元。④ 可见,绥远省的烟民数量应该是较多的。但据档案资料,1935至

---

① 《代电绥远省政府 所呈禁烟大纲等准予备案》,《禁烟半月刊》1936年第1卷第3期。
② 马模贞主编:《中国禁毒史资料:1729年—1949年》,天津人民出版社1998年版,第1140—1142页。
③ 牛玉军:《近代绥远地区的鸦片烟祸》,内蒙古大学硕士学位论文,2007年,第7页。
④ 吴应禄:《绥远的烟土行》,中国人民政治协商会议,内蒙古自治区委员会文史资料研究委员会编:《内蒙古文史资料》(第19辑),1985年印行,第201页。

1939 年的烟民登记数据始终为 42259 名,没有任何变化。① 而关于绥远的戒烟院所及戒绝人数,亦没有任何数据可供考察。可见,绥远省烟民的登记及戒吸食工作几乎没有展开。

7. 宁夏省

(1) 禁种

六年禁政之前,宁夏省农户无论是否种植鸦片,均按亩征收"清乡费"和"善后罚款",这两项税收占财政收入 1933 年 60% 以上。② 表 15-10 为宁夏省 1933—1935 年上报禁烟总监种烟亩数及税收数据。

表 15-10　宁夏省上报禁烟总监种烟亩数及税收表(1933—1935 年)③

年份	亩数(亩)	产量(两)	征税(元)
1933 年	317500	12700000	1206500
1934 年	298900	11956000	1135820
1935 年	178500	7140000	

宁夏省施禁步骤与其他省份略有不同。其禁种区域,计有宁夏、平罗、中宁、中卫、宁朔、灵武、金积等 7 县,统计该 7 县种烟亩数及产量,规定 1935 年减种十分之四,1936 年减种十分之六,至 1937 年一律禁种。④ 1935 年年末整理田赋,已无烟税名目。需要指出的是,表 15-11 中 1935 年的亩数乃根据 1934 年的基础上减少十分之四而估计的,但是实际种烟亩数与估计亩数不符,因而产量未相应减少十分之四。⑤ 因此,宁夏种烟地亩,在计划施行前达 20 余万亩,占全省粮田十分之一。表 15-11 为宁夏各县原有亩数及减种情况。

---

① Traffic in Opium and Other Dangerous Drugs, Annual Report, 1939, Central Commission of Opium Suppression, Chungking, China, p.42;内政部禁烟委员会编:《禁烟概要》,中国第二历史档案馆藏,档案号:十二(2)342。
② 傅作霖:《宁夏省考察记》,正中书局 1935 年版,第 64 页。
③ 资料来源:《宁夏省政府复电之一》,《禁烟半月刊》1936 年第 1 卷第 3 期。
④ 《各省市禁烟禁毒概况》,《禁烟汇刊》1937 年第 1 期。
⑤ 资料来源:《宁夏省政府复电之二》,《禁烟半月刊》1936 年第 1 卷第 3 期。

第十五章 "两年禁毒、六年禁烟"运动(中)

表 15-11 各县原有面积及减种情况① （单位：亩）

县别	原有土地面积	历年十分之一烟的土地面积	第一期限种十分之六烟的土地面积	第一期限种十分之四烟的土地面积
宁夏县	370567	37056.7	22233.7	14822.4
宁朔县	384442	38444.2	23066.5	15377.6
平罗县	453380	45338.0	27203.8	29135.2
中卫县	215058	21505.8	12903.4	8603.3
中宁县	167347	16734.7	10040.8	6692.8
灵武县	124692	12469.2	7421.8	4982.9
金积县	113260	11326.0	6795.7	4530.4

注：各县烟地面积为 20 万亩，系统计历年种烟之平均数，再按各县丈出面积十分之一比例计算，故得以上之标准数。

1936 年，宁夏省自行举办总检举，据报禁种区内未发现偷种烟苗情事。② 但实际情况并非如此。六年禁政时，中央每月补助宁夏 3 万元，后增为每月 10 万元，令其把"烟亩罚款"取消。结果宁夏一方面接受中央补助，另一方面则把"烟亩罚款"偷偷改为土地税的附税照常征收，而且为了多收税，1935 年又清丈田亩，结果纳赋土地经过清丈，由 80.2 万亩变为 182.875 万亩，多出 100 万亩以上，1937 年核实土地面积，又变为 195 万余亩，土地面积增多，税款自然也大大增加。据当地媒体记载，即便在禁政时期，宁夏的鸦片收入仍在 100 万元以上。③

（2）禁贩售

1936 年 12 月，禁烟督察处发布训令，要求缓禁各省统一实行官收官运。1937 年 5 月，宁夏省开始统收烟土，将当年民间所收获的烟土由省库筹钱，命令各县禁烟委员会以超出市价二三角钱予以收买（如果市价五角，则公家出钱六七角），通过高于市价的方法很快将民间所存的烟土有效集中起来，据《十年来宁夏省政述要》记载，共收购烟土 2625000 余两。到 1938 年时，全省禁种，省县禁烟委员会撤销后，烟价高涨，所以将所收的烟土拨归财政厅，作

---

① 资料来源：《十年来宁夏省政述要》(二)，宁夏省印刷局 1942 年印，第 228—229 页。
② 《各省市禁烟禁毒概况》，《禁烟汇刊》1937 年第 1 期。
③ 涵荣：《西北归来的回忆》，《新青海》1935 年第 3 卷第 10 期。

为整理本省金融及建设等费用。①

宁夏省统收来的烟土全部汇聚于银川西塔烟库。据宁夏省主席马鸿逵的骑兵旅长马光宗回忆,西塔院是千年古寺,内有数百口特制大陶瓷缸专门用来存放烟土。② 省财政厅厅长兼15路军总部军需处处长赵文府与银行行长李云祥被称为马鸿逵的"左右招财童子""负责保管烟土和经销烟土的全部秘密工作"。③ 统收烟土被制成75两一块的砖板,分为"月板货"和"票板货",交由宁夏地方税局推销,再通过"官膏店"专卖。宁夏的烟土除了在省内官卖,还行销包括绥远、陕西、甘肃等省及京津地区。1938年9月,马鸿逵致电西安行营蒋鼎文请其转呈军委会委员长蒋介石,电称"本省财政困难,现金枯竭,军费拮据,现因训练壮丁,急需伙食服装费用",要求将宁夏烟土30万两运陕销售,并希望中央免征税收或仅以货价的三成征税以利推销。中央无款可拨,只能应允其请求,饬令甘肃省政府及甘省禁烟督察分处遵办宁货过境事宜。④

由于垄断专卖,烟土价格暴涨,1938年的收购价是每两6角,而专卖的销售价是每两1.5元。1940年后,每两涨到7元。且宁夏与云南相似,统收专卖之利亦不入中央。因此,马鸿逵得以暴富。他捏造项目开支,"如列项明文规定用100万两烟土作建设宁夏黄河大铁桥的费用,直至他逃离宁夏之时也不见大铁桥的影子,实际是他侵吞了"。⑤

为了保证专卖利益,宁夏省从1937年实行统制政策时,即于全省禁烟委员会及各省禁烟委员会设有缉私马巡队及缉私步巡队,以防止走私。还出台查获私货出入境给奖办法,通令全省,如查获有外来运入本省境内,或本省烟土偷运外省者,即将私货充公,人贩严办,并依法给奖,以示鼓励。此外还对经营分散的土膏店加以整顿。烟民需要凭照购买烟土,但是私下里为解决烟

---

① 《十年来宁夏省政述要》(二),宁夏省印刷局1942年印,第226页。
② 马光宗:《马鸿逵的"禁烟"和"缉私队"》,《近代中国烟毒写真》(下),河北人民出版社1997年版,第608页。
③ 赵晋熙:《马鸿逵的"禁烟"》,《宁夏文史资料》(第1辑),宁夏人民出版社1988年版,第227页。
④ 《甘肃禁烟督察分处办理宁夏土药赴陕求售以维军政经费卷》,内政部禁烟委员会档案,中国第二历史档案馆藏。
⑤ 马光宗:《马鸿逵的"禁烟"和"缉私队"》,《近代中国烟毒写真》(下),河北人民出版社1997年版,第610页。

瘾依旧购买便宜私土。于是省府严加整顿各县零星土店,"限定地点,设立土行店,烟民凭照购买,查有私售或不按照出售,即予以严厉之处分"。① 此后,土膏行店的采购得以控制,私售现象受到一定程度的遏制。

(3) 禁吸

据相关资料,1935 年宁夏省人口为 680153。② 按当年马鸿逵自己的说法,宁夏省有烟民 14 万人,占全省人口的五分之一多。③ 1936 年 7 月,宁夏省开始进行烟民登记工作。其方法是组织烟民登记队,先于省城银川着手办理,后因忙于"剿共",登记工作一度中顿。④ 至 1936 年 8 月底,登记烟民123564 人。⑤ 据《十年来宁夏省政述要》,1939 年补行登记,有未戒烟民24286 人。至 1939 年年底,尚余未戒烟民 5338 人。⑥

关于戒烟院所的设立。1938 年,省府筹款 15 万元,在银川设立戒烟医院 1 所。至 1939 年,平罗、宁朔、中卫、中宁 4 县各设戒烟医院 1 所,金积、灵武两县合设 1 所,宁夏县因在省城附近故未另设。⑦ 全省最终设立戒烟院所10 所,且所需伙食、医药,全部由公家供给,不收分文,每月共开支经费 16658元。⑧ 关于戒绝人数,据档案资料,1935 年戒绝 4117 人,此后年份无统计。⑨据《十年来宁夏省政述要》,至 1939 年共戒除 118234 人。⑩

二、绝对禁种分期禁运禁售禁吸区域

此区域内罂粟种植乃绝对禁止,但各地制定相应条款,鸦片之贩运、售卖、吸食则分期渐禁。属于此区域的有河南、河北、湖南、湖北、江西、安徽、江苏、福建、广东、广西、山西、察哈尔、西康、新疆等 14 个省份。以下分别述之。

---

① 《十年来宁夏省政述要》(二),宁夏省印刷局 1942 年印,第 236 页。
② 叶祖灏:《宁夏的今昔》,(台湾)商务印书馆 1969 年版,第 55 页。
③ 张树林、张树彬:《马鸿逵传》,宁夏人民出版社 2008 年版,第 238—241 页。
④ 国民政府军事委员会禁烟总会编:《禁烟半月刊》第 1 卷第 1 期,1936 年印行,第 136 页。
⑤ 《各省市禁烟禁毒概况》,《禁烟汇刊》1937 年第 1 期。
⑥ 《十年来宁夏省政述要》(二),宁夏省印刷局 1942 年印,第 230—235 页。
⑦ 《十年来宁夏省政述要》(二),宁夏省印刷局 1942 年印,第 231 页。
⑧ 《十年来宁夏省政述要》(二),宁夏省印刷局 1942 年印,第 231 页。
⑨ Traffic in Opium and Other Dangerous Drugs, Annual Report, 1939, Central Commission of Opium Suppression, Chungking, China, p. 42;内政部禁烟委员会编:《禁烟概要》,中国第二历史档案馆藏,档案号:十二(2)342。
⑩ 《十年来宁夏省政述要》(二),宁夏省印刷局 1942 年印,第 235 页。

1. 山西省

从民初时期至30年代,阎锡山始终在山西坚持禁烟。由于周边省份烟禁松弛,导致大量烟毒涌入山西,山西银圆大量流出。故30年代开始,山西的禁政是倒退的。除了在绥西屯军种植鸦片,还公开售卖"戒烟药饼"。

(1) 禁种

山西省为绝对禁种省份,1936年由省政府自行举办禁种烟总检举,在曾种烟之定襄等19县发现少数烟苗,经铲除并依法惩办种户及各县查禁不力之相关人员。①

(2) 禁贩售

1932年,阎锡山再次掌握晋省政权,其一改以往严禁鸦片的态度,在省内公开售卖"戒烟药饼"。以晋城为例,晋城为山西省烟毒入口之一门户。1930年中原大战后,晋城由孙殿英部驻防,孙部军官以售卖鸦片为业,大发其财。孙部撤防后,阎锡山的"戒烟药饼"充斥市场,晋城代售"戒烟药饼"之店铺共42家。1935年,中央开始了六年禁政,而晋城当年的戒烟药饼之消费量达356500两,比1933年及1934年还要有所增加。因戒烟药饼每两1元4角,私土每两市值1元,故晋城私土充斥。1935年破获吸食私土案310件,贩运案77件。② 阎锡山的这种药饼直到抗战初期还没有卖完,故有人讽刺阎锡山的"守土抗战",实乃"守住大烟土抗战"。③

而对于省外烟土,阎锡山则是坚决抵制的。1940年下半年,禁绝期限将近,陕西韩城一带屯有烟土30余万两,商人唯恐焚毁,大肆贿赂不良部队,在晋省河东各县强迫派销。人民不堪痛苦,暴动频仍,甚至将牛具等交给土匪,投入敌区。此情形经阎锡山电告财政部,财政部部长孔祥熙电令陕西省,此批只准运入敌区,不可任其过河,要求陕西省禁烟当局派专员督同商人监运入敌区销售。④

(3) 禁吸

1936年晋禁烟督办公署成立、阎锡山任督办,并发布公告"决遵中央规

---

① 《各省市禁烟禁毒概况》,《禁烟汇刊》1937年第1期。
② 《二十四年度山西晋城县戒烟药饼费调查》,《拒毒月刊》1936年第101期。
③ 戎子和:《阎锡山"二的哲学"运用》,《山西文史资料》(第43辑)。
④ 马模贞主编:《中国禁毒史资料:1729年—1949年》,天津人民出版社1998年版,第1244页。

定期限、由训练宣传着手、限期禁绝"。①

关于山西的烟民数量,各项数据出入较大。据当时报载,1924年有22万余人,1935年则降为207000人。② 另据内政部禁烟委员会资料,1936年全省登记烟民总数,共计207582名。③ 但据山西村政处的统计,1937年5月烟民人数竟达60万以上。④

1937年,太原绥靖主任阎锡山制定《晋省禁烟禁毒实施办法》,规定自1937年至1940年,四年内分期戒绝。1937年内戒退30岁以下者,1938年戒退40岁以下者,1939年戒退50岁以下者,1940年除特准极少数之老病者得以延期戒退外,其余一律戒绝。实行全省禁烟毒总动员,除设禁烟督办公所,执行全省禁烟禁毒事务。各县亦分设县禁烟禁毒委员会,办理县禁烟禁毒事务,计全省共设105个。各村亦设禁烟禁毒事务所,计全省共设11152个。各村组设村民禁烟纠察队。⑤

山西省设立戒烟院所的数量并不少。据资料,1935年即专设106所,⑥至1937年3月,山西省禁烟督办呈准自行举办检举烟民登记时,各县均已成立戒烟院所,但办理不甚完善。⑦ 故戒烟院所的戒绝效果并不理想,1935年仅戒绝7230人,⑧其他年份则无数据。

(4) 禁毒

20世纪30年代之前,山西省严禁鸦片,正因如此,使嗜烟之人而转求向金丹、白面等毒品,毒品日益泛滥,成为山西的一大社会问题。但山西省对查

---

① 《晋禁烟督办署成立》,《申报》1936年9月16日。
② Traffic in Opium and Other Dangerous Drugs, Annual Report, 1939, Central Commission of Opium Suppression, Chungking, China, p.42;内政部禁烟委员会编:《禁烟概要》,中国第二历史档案馆藏,档案号:十二(2)342。
③ 《各省市禁烟禁毒概况》,《禁烟汇刊》1937年第1期;《二十六年度禁烟年报》,第53页。
④ 山西村政处编:《山西村政汇编》,山西村政处1928年校印,第42页。
⑤ 《晋省四年禁毒计划》,《拒毒月刊》1937年第109期。
⑥ Traffic in Opium and Other Dangerous Drugs, Annual Report, 1939, Central Commission of Opium Suppression, Chungking, China, p.41;内政部禁烟委员会编:《禁烟概要》,中国第二历史档案馆藏,档案号:十二(2)342。
⑦ 《各省市禁烟禁毒概况》,《禁烟汇刊》1937年第1期。
⑧ Traffic in Opium and Other Dangerous Drugs, Annual Report, 1939, Central Commission of Opium Suppression, Chungking, China, p.42;内政部禁烟委员会编:《禁烟概要》,中国第二历史档案馆藏,档案号:十二(2)342。

禁毒品一向不遗余力,且由于地方办理自治较早,民间组织机构较密,故禁毒方面成效颇著。1931年出台《山西省惩治制贩毒品暂行条例》,实行切结和连坐处罚办法,历年均查获大量毒品案件。六年禁政期间,1935年查获毒案4863件,①1936年查获毒案1457件,抓获人犯1487名。前述"戒烟药饼"充斥之晋城,仅1935年即破获毒品吸食案603件,贩运案55件。②

2. 河北省

(1) 禁种

河北省为绝对禁种省份,1936年曾自行举办禁烟禁毒总检举,在徐水、邢台两县发现少量烟苗,均经立即铲除,并依法惩办种户及查禁不力之人员。③

(2) 禁贩售

六年禁政开始后,河北各地的禁烟情形并不一致,有些如北平,即成立禁烟委员会,实行较为严厉的烟禁,有些如石家庄,则实际上实行的是公卖制度。石家庄控晋冀两省交通孔道,鸦片来源,公开的由特货采办商领照由绥远、张垣两地贩运而来并批发给各级烟土膏行店销售。1935年度,统计有甲等特货采办商3家,每户年纳牌照税60000元,乙等采办商6家,每户年纳牌照税50000元。各级土膏行22家,每户年纳牌照税2400元至36000元不等。各级土膏店31家,每户年纳牌照税600元至1000元不等。石家庄市内烟馆亦领照开灯营业。1935年度,市内共有各等烟馆78家,每家年纳税140元至360元不等。全市年烟土消费在75万两以上。登记烟民每人年纳税12元。总计禁烟收入948484元。④

不久华北局势变化,冀察政务委员会成立,委员长及河北省政府主席由宋哲元担任。宋哲元在主政察哈尔时,即在察哈尔省成立清查处,土膏行店于每两烟土间贴花若干,实行土药公卖,并向河北平津一带推销。运送时,由29军派士兵保护。平津等地,均有烟土推销机关之设立,29军之军饷,大部分由是项收入拨充。自冀察政务委员会成立后,宋哲元援照察省先例,于

---

① 《各省禁烟概况》,《禁烟半月刊》(创刊号)1936年6月。
② 《二十四年度山西晋城县戒烟药饼费调查》,《拒毒月刊》1936年101期。
③ 《各省市禁烟禁毒概况》,《禁烟汇刊》1937年第1期。
④ 《二十四年度石家庄烟市调查》,《拒毒月刊》1936年第104期。

1936年1月在北平组织平津清查处,并在天津设立办事分处。所有河北及平津两市的禁烟督察处、禁烟委员会、查验处等机关全部撤销,案卷由清查处接管。后平津清查处又改称冀察清查总处,1936年6月由冀察政务委员会财政处长过之翰兼任处长。宋哲元主政察哈尔时,过之翰即任财政厅厅长,是理财健将,其主要靠办理特货解决了大半军费。故改组清查机关,并由过主持,其原因当然不言而喻。①

清查处成立后,先后公布《取缔私贩限制商办施行规则》《禁烟规则》《管理药行药店暂行章程》《征税章程》等四种章则,宣称"暂予实行公卖烟土,使吸毒之人,得资烟土为过渡,其公卖之最高机关,厥为清查处,该处之下,则由各县设立清查分销处"。至1936年5月,清查处在河北全省90余县共设立2000余分销处,规定官土每两2元6角,烟膏每两5元,每月销土达百余万元。② 此处的清查分处,实乃名副其实的"土药店"。

1936年2月间清查处开始招商承办土药行店,凡药行之成立,资本须在5万元以上。药店资本分甲等6000元、乙等3000元、丙等1500元、丁等800元。此外尚须缴纳保证金、特许凭照费、营业牌照费等款项。北平市药行所售土药,多来自平绥、平汉沿线及陕、甘、宁、绥等地。清查处按照各地情形及路程之远近,规定章程,于每两土药间贴花1角至5角,至药店土药则对垄自药行。截至1936年6月,平津两地已成立药行10余处,药店百余处。清查处在北平四郊及各车站、飞机场、邮包检查所等处设卡,派调查、稽查、密查分别驻守,检查往来旅客及邮件,并布告私贩土药商人,限期到清查处登记,贴花卖药。凡有违反定章私售或私带土药者,一经查获,除将土药没收于清查处公库外,并将人犯送往绥靖公署讯办。

值得注意的是,河北省自实行土药公卖以来,因地方环境特殊,日韩浪人设立大规模之私贩毒品之机关,当局无法禁止,土药行店所受影响巨大。按照规章,土药须贴花方准售卖,各行店且不准开灯供客。凡烟民购药,亦须凭照售给。但土药行店因受外人私贩机关之影响,营业不佳,遂有不按规章,阳奉阴违之行为。除贩售私药外,并开室开灯供客吸食,烟民不持照购药,亦照

---

① 《平津烟毒近况》,《拒毒月刊》1936年第104期。
② 《冀省各县普设土膏行店》,《拒毒月刊》1936年第101期。

常售给,以广招徕。清查处为此曾向日方交涉取缔日韩私贩机关,但结果仍属无效。为了自身利益,清查处对于行店阳奉阴违之处,只得假装不知,不加限制。①

(3) 禁吸

清查处成立后,将河北省禁烟分三个步骤:第一步,严厉禁止海洛因、吗啡、金丹等烈性毒品。第二步,鸦片类麻醉性毒品限期禁绝。30岁以下之烟民劝告勒戒,30岁以上之烟民设立戒烟医院,取缔私运土药。第三步,限期届满时,实行严厉禁绝。② 1936年,河北省自行举办禁烟禁毒总检举,至于烟民登记,该省以情形特殊,呈准缓办。③ 此后,抗战全面爆发,则更失去全省统计烟民的社会条件,故关于河北省的烟民数量并没有官方数据。而部分城市的烟民登记工作亦极不理想,甚至根本未及展开。如石家庄市1935年才登记烟民1907名,估计不及十分之一。④ 北平市的情况略好,截至1936年11月,共登记登记烟民4953名。⑤

至1936年,河北省共设立专设戒烟院所247所,兼办戒烟之医院13所。⑥ 据公开数据,从1935至1940年全省共戒绝烟民45368名。⑦

(4) 禁毒

河北省因毗邻东北、热河,环境特殊,禁政工作困难极大。就禁种而言,1936年查禁种烟总检举,由省政府自行举办,烟苗发现不多。但河北毒品之盛行,他省恐难望其项背。日本在东北所行之毒化政策,适以河北为尾闾。"该地所产烟土,多由日本浪人凭借特殊劳力,利用不肖华人,秘密组织大规模私运烟土及制贩毒品公司,华北及内地各省私土毒品之策源地。"⑧此外,

---

① 《平津将取消土药行店税》,《拒毒月刊》1936年第101期。
② 《平津将取消土药行店税》,《拒毒月刊》1936年第101期。
③ 《各省市禁烟禁毒概况》,《禁烟汇刊》1937年第1期。
④ 《二十四年度石家庄烟市调查》,《拒毒月刊》1936年第104期。
⑤ 《各省市禁烟禁毒概况》,《禁烟汇刊》1937年第1期。
⑥ Traffic in Opium and Other Dangerous Drugs, Annual Report,1939,Central Commission of Opium Suppression, Chungking, China,p.41;内政部禁烟委员会编:《禁烟概要》,中国第二历史档案馆藏,档案号:十二(2)342。
⑦ Traffic in Opium and Other Dangerous Drugs, Annual Report,1939,Central Commission of Opium Suppression, Chungking, China,p.42;内政部禁烟委员会编:《禁烟概要》,中国第二历史档案馆藏,档案号:十二(2)342。
⑧ 国民政府军事委员会禁烟总会:《禁烟汇刊》1937年第1期,第13页。

天津租界，华洋杂处，河北禁政多受影响，军警查缉，动辄发生交涉，烟毒查禁工作大感棘手，故河北禁政难与六年禁烟计划配合。

1936年1月21日，冀察绥靖公署主任宋哲元发布清毒文告："查白面毒品，为害最烈，一经吸食，则丧身败家，随之立至，病国弱种，莫此为甚。乃无识之徒，贪图小利，不顾一切，竟敢私行制造贩卖，虽经迭次报告严禁，迄未根本肃清。长此流毒，何堪设想？本主任疾恶如仇，对此贻害社会之辈，定当予以严惩。特再切晓谕，凡我各界商民，自此布告之后，倘再制造贩卖白面等烈性毒品，一经查出，无论多寡，定即一律处以死刑，决不宽贷。其各懔遵勿远为要。切切！此布。"①

1936年，国民政府颁布《禁毒治罪暂行条例》，冀察绥靖主任公署复于6月15日又颁布补充办法二项：（一）凡在1936年内，初犯施打吗啡或吸用毒品者，交由戒毒机关勒令戒除。其戒毒机关经费暨毒犯口粮，即由毒犯中有资产者，酌量情形，科以500元以下50元以上之罚金充之。其无资力者，于毒戒绝后，处以3个月劳役，经戒绝或役满后，交由各该犯家长或乡长具结，永不再吸，违者该家长或乡长佐应负举发之责。（二）凡《禁毒治罪暂行条例》未加补充之条文，仍一体遵照施行。② 6月20日，冀察绥靖主任公署又颁《续订禁毒治罪暂行条例补充办法》三项如下：（一）凡帮助施打吗啡或吸用毒品，其主犯系初犯者，亦依前颁补充办法第一条处500元以下50元以上罚金，其无资力者，易服劳役3个月。（二）凡在《禁毒治罪暂行条例》施行后，施打吗啡或吸用毒品未经确定审判者，不论主犯、从犯，概依补充办法处断。（三）凡依补充办法科处之罚金，专作戒毒经费之用，不得提成充奖。③ 由冀察绥靖主任公署之屡颁禁令，可知河北毒品查禁工作实较其他地区为难。据省政府1936年12月报告，改年全省毒品案件2243件，抓获人犯3482名。而1个月内各县呈报戒除吸食毒品者共1771名，吸食鸦片者仅110名。两者相较，吸毒者多于吸烟，可见毒化情形极为严重。④ 下以北平、天津、石家庄三地分别略述之。

---

① 《清毒文告》，《河北月刊》第4卷，第5期，1937年，第1页。
② 《清毒文告》，《河北月刊》第4卷第5期，1937年，第3—4页。
③ 《清毒文告》，《河北月刊》第4卷第5期，1937年，第4页。
④ 《各省市禁烟禁毒概况》，《禁烟汇刊》1937年第1期。

北平因地理环境特殊,禁政之施行难以悉照中央所示进行,但在禁毒方面,则极为努力。从六年禁政开始后,北平市成立禁烟委员会,执行禁令雷厉风行,曾枪毙包括公安局署长在内的一批毒犯,并创办烈毒人犯审判处、烈性毒品戒除所、戒烟医院、毒贩劳役宿舍等。戒毒所初立时,有毒癖者,自动投戒者多,后则多系缉获送所勒戒,因此各毒犯进所后,于臂上刺一十字,待戒除出所,若再犯,处以极刑。仅1934年10月,北平市烈性毒品戒除所即有142人戒除出所。① 11月,有140人。② 12月份,135人。③ 而1935年5月,在第二劳役宿舍的戒除期满后服劳役的毒犯即有385名。④ 自1935年8月6日至11月底,北平市查获吸毒者1475起,贩毒者21起,自请戒治者418起。抄获韩人贩毒者124起。⑤ 1936年8月至12月,共戒绝烟民378名。而同一期间,戒除毒品的竟有1898人,可见禁毒颇有成效,亦足反映北平市毒氛之烈。⑥ 烈性毒品戒除所最多时收容人犯670余名,自成立至1936年,戒除出所者,不下6000名。⑦ 审判所的判决亦必然有死刑,风闻所及,一般日本浪人遂不敢公然组织贩毒机关。冀察政务委员会成立,取消禁烟委员会。此后,烈性毒品审判处亦归冀察绥靖公署管辖,烈性毒品戒除所亦力求缩减,毒犯劳役宿舍直接宣告解散。⑧

天津市因受不平等约之限制,租界成为毒品蕴生之所,故烟毒之施禁调查,实无从着手。其时根据外人之观察,以天津日租界为鸦片及毒品贸易之大本营,多数制毒工厂由热河、东北及关东租界地移至天津、唐山一带,再以天津为中心,私运至远东各地,并遍及全世界。天津日租界则几乎全为制毒工厂、堆栈、烟馆及洋行所充塞。⑨ 故天津历来吸毒者众多,据估计毒民达

---

① 《北平市卫生局二十三年十月份烈性毒品戒除所戒除毒犯出所人数月报表》,《市政公报》1935年第282期。
② 《北平市卫生局二十三年十一月份烈性毒品戒除所戒除毒犯出所人数月报表》,《市政公报》1935年第284期。
③ 《北平市卫生局二十三年十二月份烈性毒品戒除所戒除毒犯出所人数月报表》,《市政公报》1935年第288期。
④ 《市长在第二劳役宿舍对戒毒期满后服劳役之毒犯训话笔录》,《市政公报》1935年第298期。
⑤ 《严禁烈性毒品》,《市政评论》1935年第3卷第1、2期合刊。
⑥ 《各省市禁烟禁毒概况》,《禁烟汇刊》1937年第1期。
⑦ 国民政府军事委员会禁烟总会:《禁烟半月刊》1936年第1卷第1期。
⑧ 《平津烟毒近况》,《拒毒月刊》1936年第104期。
⑨ 国民政府军事委员会禁烟总会:《禁烟汇刊》1937年第1期,第14页。

6万人。六年禁政开始后,1936年春才成立戒毒所,有病床500,后归属于市第二医院。至1937年11月底,共戒除毒瘾者14621人,占全数毒民之六分之一。市政府为处理烈性毒品案件,组织禁毒案件审判处,1935年1月1日开始办公。其审理之案件,多数为市公安局所捕获者,多数为天津保安司令部移送。至1937年11月底,毒案总数2000余起,罪犯3000余名,其中执行枪决者11人。①

石家庄控晋冀两省交通孔道,商贾云集,日鲜浪人常设制毒机关于当地,以便纵毒贻害三晋。故市内白面之祸,烈于鸦片。毒品来源,大半来自天津租界,小部分来自冀南豫北。1935年,石家庄破获制造毒品案件5起,贩运毒品案件25起,吸食毒品案件77起,吸食人犯132名。②

3. 河南省

六年禁种开始后,1935年10月,河南省政府"依照国民政府军事委员会行营颁发禁烟实施办法第九条之规定,组设河南省禁烟委员会",③并通令各区行政督察专员公署、各县政府、各公安局,按照行政院命令,颁行禁烟禁毒治罪暂行条例,新刑法鸦片章停止施行。④

(1) 禁种

河南省亦为绝对禁种省份。1936年3月,由禁烟特派员赴豫会同省政府实施总检举,经省禁烟委员会议决,派出于硕甫等7人为视察员,先行分赴第一、二、三、四、五、十、十一各行政督察区所属各县,切实查禁。⑤ 查禁过程中,在南台、洛宁、许昌等县发现少数烟苗,均经立即铲除,并惩办种户及各县查禁不力之相关人员。总检举结束后,省政府呈请禁烟总监自行委员办理冬季查禁种烟事项。特别注意原种烟苗之永城等61县,分10路派员分赴指定县份,切实查禁。⑥ 此后,省政府颁布《河南省禁种烟苗告密办法》,鼓励密告种植行为,并按照实际查出亩数给予奖励。⑦ 1939年7月全国分期禁种完成

---

① 《天津禁毒概况》,《拒毒月刊》1937年第109期。
② 《二十四年度石家庄烟市调查》,《拒毒月刊》1936年第104期。
③ 河南省政府民政厅:《河南省六年禁烟总报告》,1941年印,第1页。
④ 《新刑法鸦片章停止施行》,《河南省政府公报》第1495期,1935年11月28日。
⑤ 《豫省禁委会派员赴各县查察烟禁》,《禁烟半月刊》1936年第1卷第2期。
⑥ 《各省市禁烟禁毒概况》,《禁烟汇刊》1937年第1期。
⑦ 河南省政府民政厅:《河南省六年禁烟总报告》,1941年印,第72页。

后,河南省因地临战线,情况特殊,故组织河南省禁烟检查团,择定 70 个安全县份,划为 8 个检查区,分 8 团实行检举。① 检举后,宣布河南省全部完成禁种。此后,河南省农林局函告各县,近五六年来,经省方当局严厉查禁,罂粟早已绝种,所有过去种烟地亩,均经改种小麦、豌豆其他越冬作物。②

(2) 禁贩售

六年禁政开始后,河南省的禁运由禁烟督察处河南办事处统筹,根据省内鸦片消费量,指定采办路线并发给执照。河南省地处中部,故西南的川滇黔土和西北的陕甘土均有路线运入。川滇黔烟土,大多由汉口转运,数量较小。因距离原因,河南省烟土以陕甘土为主。大部分陕甘土以郑州为集散地,少部分通过西峡口运往南阳,故禁烟督察处河南省分处设于郑县,又在西峡口设置事务所。但陕甘一线仍有私土流入,1937 年,郑州福记土膏公司被宪兵搜出私土 1000 余两,据查该烟土由陕甘等处藏入棉花中运来,两年来,经办人已经获利 30 余万元。③

运入河南省之烟土,即卸入公栈,由特设的土膏行提售。禁政期间,土膏行店的设立情形如表 15-12。

表 15-12 河南省土膏行店设立表(1935—1940 年)④　　　　单位:家

年份	土膏行	土膏店	合计	与上年比较	
				增	减
1935 年	9	177	186	—	—
1936 年	14	222	236	50	—
1937 年	13	282	295	59	—
1938 年	12	270	282	—	13
1939 年	5	21	26	—	256
1940 年	—	—	—		26

---

① 河南省政府民政厅:《河南省六年禁烟总报告》,1941 年印,第 5 页。
② 赖淑卿:《国民政府六年禁烟计划及其成效》,台北"国史馆"1986 年版,第 266 页。
③ 《郑州福记土膏公司搜出大批烟土》,《拒毒月刊》1937 年第 108 期。
④ 河南省政府民政厅:《河南省六年禁烟总报告》,1941 年印,第 26—29 页。

河南省土膏行店,截至 1940 年 3 月底全部撤销。另据报告,1934 年全省核准规定设立之土膏行家数为 33 家,但实际上仅有郑县之福记、协昌,开封之华昌、信阳、信丰等 5 家土膏行。1935 年又核准设立土膏行 9 家,故 1935 年土膏行数量实际为 14 家。1937 年,河南省政府以该省禁烟督察处所属各处所滥发分运单,商人任意运售,禁售事宜难以统制为由,乃拟定《河南省各县土膏行数目及营业区域表》《河南省各县局烟民数目及土店等级家数地点一览表》,自 8 月 1 日起实行凭照购售划分营业区域,对私运私售私吸之查禁,成效颇佳。但禁烟督察处对于省府所定办法,以非常时期,呈准暂缓实行。省府则以若不故凭照购售,限制分运单,则一般商人,多借分运单为护符,土膏行店同等营业漫无限制,仍于 1938 年 2 月坚持施行分区营业,凭照购售。①

上述是河南全省烟土运售之一般情形。若考察典型地区则可见土膏行店的一些细部环节。

陕州位于河南省西部,是周召二公分陕之地,也是贾谊所谓"崤函之固"的处所。自陇海铁路通车至此,各类货物集中于此,东出郑州,转达于各大商埠。豫西沿陕西省边地各县种烟,新烟上市后,咸集中于此。故陕州设有豫西禁烟稽查处,隶属于驻洛阳办事分处,有查缉员 24 人。每年由陕西运来烟土,1934 年为 586400 两,1935 年为 578500 两。1935 年 5 月后,依照取缔土膏行条例,分级登记领照营业。全市共有特货采办商 3 家,每户年纳牌照税 40000 元。各级土膏行 7 家,每户年纳税 12000 元至 24000 元不等。各级土膏店 18 家,年纳税 600 元至 2400 元不等。1935 年登记烟馆各级烟馆 54 家,每家年纳税 120 元至 240 元不等。烟馆牌照税自 1937 年停止征收。原公开之烟馆均迁到背街小巷秘密营业。②

周家口为豫省东南各县交通之枢纽,亦为鸦片市场之中心枢纽。1935 年,全市乙丙土膏行共 14 家,乙丙土膏店共 48 家,执照费共计 279000 元。加上烟土入口税 100300 元,烟馆烟民执照税 22901 元,全年收入 402201 元。③

---

① 河南省政府民政厅:《河南省六年禁烟总报告》,1941 年印,第 29 页。
② 《二十四年度陕州烟市调查》,《拒毒月刊》1936 年第 104 期。
③ 《二十四年度周家口烟市调查》,《拒毒月刊》1936 年第 103 期。

(3) 禁吸

根据禁烟总监关于各级党政军服务人员出具不吸食鸦片烟的切结命令，河南省1936年制定《河南省检举行政人员吸食鸦片烟暨毒品实施通则》，规定各级机关行政人员的切结总表限5月20日之前送民政厅。① 普通烟民仍许登记领照吸食。1933年，河南省曾奉军委会之命办理烟民登记，然各县局多未能如期完竣，至1935年六年禁政开始又加紧办理（见表15-13）。

表15-13　河南省烟民登记表（1935—1940年）②

年份	登记领照人数	补登人数	戒绝人数	未戒人数
1935年	89855	48371	3031	45340
1936年	99320	53980	15339	83981
1937年	93915	9934	11227	82688
1938年	100102	17414	39250	61852
1939年	61852	不补登	61755	97
1940年	97	不补登	97	0

关于烟民数量，各项数据有较大出入。据内政部编《禁烟概要》及军委会禁烟总会编《各省市禁烟禁毒概况》，1935年登记烟民92675名，1936年102337人，1939年40104人。1935年戒绝烟民为16974名，1936年为20054人，1937年为2605人，1938年为9446人，1939年为43555人，共计92634人。③ 这其中之差异或许在统计口径，导致有遗漏之无照烟民。按河南省规定，年龄在40岁以下勒令戒除，40岁以上为准领照烟民。1935年准领照烟民仅45371名。④ 此外，部分县市的统计数字也有值得推敲之处。如周家口人口30余万，至1935年下半年，共登记烟民7844人。但该市1934年烟土消费505250两，1935年为501500两。⑤ 按此计算，人均消费量显然过大。陕州市1935年共登记烟民7023名。普通烟民半年纳税5元，贫困烟民半年

---

① 《河南省检举行政人员吸食鸦片烟暨毒品实施通则》，《禁烟半月刊》1936年第1卷第2期。
② 河南省政府民政厅：《河南省六年禁烟总报告》，1941年印，第12—17页。
③ 《各省市禁烟禁毒概况》，《禁烟汇刊》1937年第1期。
④ 河南省政府民政厅：《河南省六年禁烟总报告》，1941年印，第13页。
⑤ 《二十四年度周家口烟市调查》，《拒毒月刊》1936年第103期。

纳税6角,1935年禁烟收入总计384983元8角。① 因没有总消费量的数据,难以对此进行评价。但河南省禁烟委员明确认为本省烟民登记不实,究其原因,是因为各县对此工作并不重视,"一纸公文,责之区长,区长责之联保主任,联保主任责之保长,保长责之甲长,并未派员实施宣传,采取有效办法"。② 由于登记工作中层层敷衍,自然也没有真切的烟民统计数字,"登记之后,各县对于烟民呈报死亡逃户,纷至沓来。其实皆系当日捏报,一至缴款领照,无人交纳,遂不得不以死亡逃户借资搪塞。长此以往,不出半年,原登记之烟民,恐死亡逃户将过半矣"。③ 虽经严饬整肃,而"各县仍多如前敷衍"。

按上述数据,河南省全省共戒绝9万余名烟民。而1936年河南省的各专兼设戒烟院所达到最高,仅124所,④且各院所的条件极差,办理亦不完善。省禁烟委员会曾视察博爱县戒烟所,23个烟民挤在3间小屋中,没有一张床,全是地铺。吃药最多的不过是吃了四五粒该戒烟所自制的戒烟丸。在戒烟所里施戒时间最长的烟民已待了2个月零20天。由于戒烟所条件太差,少数烟民已奄奄待毙,不能行动。戒烟所所长是个警察,毫无医药常识,怕烟民仇视,甚至不敢与烟民见面。⑤ 由此可见,烟民戒绝之效果肯定难以达到理想的状况。

(4) 禁毒

河南省一向毒氛颇炽。根据禁烟总监颁布的《禁毒实施办法》,1935年至1936年为毒品彻底禁绝期。河南省政府规定,制贩毒人员一律处以死刑,并"广设戒毒所,使吸毒者在第一年内,自动投戒,予以自新"。⑥ 此后,至1937年,吸毒人员亦处死刑。河南省禁毒计划有三:一是责成保甲长检举,知情不报实行连坐。二是严查公务人员及地方团警包庇勾结毒贩。三是杜绝主要交通要道的毒料来源。⑦

---

① 《二十四年度陕州烟市调查》,《拒毒月刊》1936年第104期。
② 《河南省禁烟委员会廿六年六月份工作报告》,禁烟总会档案,中国第二历史档案馆藏。
③ 《河南省禁烟委员会廿六年六月份工作报告》,禁烟总会档案,中国第二历史档案馆藏。
④ 河南省政府民政厅:《河南省六年禁烟总报告》,1941年印,第20页。
⑤ 《河南省禁烟委员会廿六年六月份工作报告》,禁烟总会档案,中国第二历史档案馆藏。
⑥ 河南省政府秘书处统计室:《河南省政府年刊》,1935年,第140页。
⑦ 河南省政府秘书处统计室:《五年来河南政治总报告》,1935年印,第73—74页。

省政府及各禁烟机关除严令各县局严禁及令各路禁种委员兼查禁毒事项,专案呈报外,并组织严禁烟毒密查队分赴指定县区严密查拿。1937年3月,省府将全省各县局,依毒化情形之轻重,分为"加紧""注意""普通"等三类搜缉毒品区,严定奖惩,限期5月底肃清全省毒氛。① 对于武装制毒窝点,驻军派出部队围剿。豫北汲县所属塔岗镇,林县所属凤凰山,是华北著名的制毒窟穴。该地位于太行山口,崇山峻岭,路如羊肠,有匪首杨务仁聘请外国工程师密设制毒机关,并购置枪弹,训练党羽,沿山警戒,以防搜捕。邻近各村土劣相率效尤。据1936年上半年调查,尚有正面村、大池山、狮豹头村、猿猴沟等处制毒机关。1936年6月,庞炳勋派部队剿捕,击毙匪徒四五十人,抓获数十人,搜出毒品17大包,枪械马匹甚多,豫北制毒机关遭一网打尽。②

1939年2月,河南省府又以境内毒氛未清,乃规定清毒具结办法如下:(一)限令到之日起实行保甲总动员,作最后清缉运动,先挨户认真检举后,递级详切抽查,分别具结递级呈报,以明责任。(二)规定各专员、各县局长及各级人员清毒结式及具结日期,由1939年3月10日起至4月30日止。专员县长印结,并须由各专员汇报省府。各署县局及各级人员,呈送印结或切结,如逾规定日期,以玩忽禁政议处。(三)清毒具结后,如辖境发现制运售吸毒品人犯,保甲长依规定免职,并处以100元以下之罚金。联保主任以上人员及县长、局长、专员等,依照《禁烟禁毒考成规则》规定议处。③ 经此清查之后,河南省毒氛得到一定程度遏制。

4. 安徽省

(1) 禁种

安徽省是绝对禁种省份,六年禁政开始后,颁布《安徽省禁烟禁毒实施办法施行细则》作为禁政总纲,并且成立各级禁烟委员会。1935年6月查禁种烟特派员钟伯毅赴皖办公,命令各县区组织铲苗队并制定铲苗队组织办法,同时拟定民众分途查勘烟苗奖赏办法。④ 根据禁烟总监要求,安徽省亦实行

---

① 《各省市禁烟禁毒概况》,《禁烟汇刊》1937年第1期。
② 《河南破获毒案》,《禁烟半月刊》1936年第1卷第3期。
③ 河南省政府民政厅:《河南省六年禁烟总报告》,1941年印,第34页。
④ 《皖省烟禁,令各县区组织铲苗队》,《大公报》1935年6月16日。

总检举的方法,并颁布了《安徽省查禁种烟总检举施行细则》。① 在1936年的全省总检举中,尚无烟苗发现。②

但实际上,皖省烟苗并未完全绝迹,特别是抗战全面爆发后,地方行政力量有限,皖北产烟区的偷种现象时有发现。而皖南共辖22县,除芜湖、当涂、宣城、繁昌、铜陵、贵池、东流、青阳、至德等9县,均系一部分沦陷,接近敌伪,对禁政影响较大。皖南非产烟区域,皖南行署于每届烟苗播种时期,除派员密查外,还会同各县履勘,毗连苏浙赣各县,要与邻县会勘,并填具无烟切结。但山区偷种情事时有发生,1940年是禁政最后一年,但至德、贵池等处仍发生偷种烟苗现象。③

(2) 禁贩售

禁政之前,皖北自产鸦片除了当地土膏店就地经销,一般转运蚌埠,再沿津浦路运出。故烟苗收获季节,"津浦沿线如蚌埠、徐州等埠土贩分往贩运"。④ 而禁政之后,安徽的鸦片销售主要通过各大特货公司从陕、甘产地采购回来后批发给各土膏行店,各土膏行店再零售于吸户。全省土膏行1936年有11家,1937年有24家,1938年为20家。土膏店1936年为464家,1937年416家,1938年555家。⑤ 皖北的蚌埠及皖南的芜湖是安徽南北两大烟土集散中心,均有特货公司和土膏行店经销鸦片。

就蚌埠而言,各大特货公司均委派专员在西安、兰州两处坐地采办,由陇海转运津浦运蚌。这些鸦片的就地收购价位每两9角,加以统税和运费1元1角,每两约合2元。到蚌埠后批发给各土膏行店的价格为每两2元4角,土膏店零售于吸户为每两2元6角。蚌埠的特货销路一度畅旺,某军驻蚌埠时曾一次由陕运来土膏20吨,未几即售罄,平均每月销达20万两以上。此后,合肥、宿州亦设有分销处,蚌埠的特货营业受到影响,每月销数额在15万两左右,价值40万元,销数仍属可观。⑥

---

① 安徽省民政厅编:《安徽民政工作纪要》,安庆东方印书馆1935年印,第283页。
② 《各省市禁烟禁毒概况》,《禁烟汇刊》1937年第1期。
③ 马模贞主编:《中国禁毒史资料:1729年—1949年》,天津人民出版社1998年版,第1236页。
④ 《宿县罂粟成熟,土客纷往贩运》,《大公报》1931年6月16日。
⑤ 内政部禁烟委员会编:《禁烟概要》,中国第二历史档案馆藏,档案号:十二(2)342;内政部编:《二十六年度禁烟年报》,中国第二历史档案馆藏,档案号:十二(2)1291。
⑥ 《蚌埠烟民何其多》,《大公报》1936年6月2日。

皖南烟民所需烟土,原由各县土膏行店供给。土膏行向禁烟督察处购运官税土,再批发各土店凭证售卖。芜湖因濒长江南岸,航行沪汉之轮船必停泊于此,皖南及巢湖一带之货物,亦均集中于此,为皖省第一大商埠。芜湖成为皖南各县市之中心烟市。皖省每年烟土消费量,总计在1200余万两。而芜湖一市每年烟土入口即达250万两。故汉口禁烟督察处特在芜湖设立办事分处。自1935年4月后,芜湖市各烟土行均按照新颁布之取缔特货采办商及土膏行店条例,重新登记领照营业。1935年度共有甲等采办商1家,年纳牌照税60000元。乙等采办商3家,每户年纳牌照税50000元。土膏行11家,每户年纳牌照税12000元至24000元不等。各类土膏店22家,每户年纳牌照税600元至1000元不等。自1935年7月起,全市烟馆停业,后领照开业。各类烟馆共84家,每户年纳牌照税140元至600元不等。1935年度全市禁烟税收为446509元8角。芜湖每年入口烟土250万余两,但在境内消费,不过150余万两。①

1939年皖南全年共销烟土743425两。各土膏行店定于1940年6月底一律关闭,剩余烟土及七大土膏行已运到屯之税土90余担,已购存川未运官土150担,已购运至宜昌退回巴东特运税土50余担,合计31万余两。皖南行署拟运销沦陷区,但第三战区长官司令部认为数量太大,易滋流弊,电饬缓运。财政部所派视察员则认为,沦陷区并非外国,敌人之毒化已深,再运烟土前往,增加沦陷区同胞苦痛。此外,沦陷区烟价比内地低,而内地各县缉私组织不严密,难免不回流。根据财政部禁种禁吸分期进度表,统收剩余之土,拨交中央最高卫生机关,供制药品之用。又财政部禁运禁售分期进度表规定,剩余烟土分别焚毁或转移中央麻醉药品经理机关,供给制药品原料。但是禁烟督察处电令,不仅皖南剩余烟土应准外运,即便商人原存吉安及运销芜湖下游经浙转沪之土,均应由屯运销。皖南行署只得遵照规定与休宁稽核员商洽转运办法。除了查验登记、发给护照、派员监运,还规定广德、郎溪、宣城三县为出口地点(后增加南陵一县),他县不得转运。组织缉私机构,严密缉私,防止运至沦陷区烟土转而回销。此外,每两外运烟土征收附加税2元,总计

---

① 《二十四年度皖省芜湖烟市调查》,《拒毒月刊》1936年第103期。

约 600000 元,400000 元解省,200000 元留行署作禁烟费用。①

(3) 禁吸

关于皖省的烟民登记数量,各项数据略有出入,但大体相当,见表 15-14。

表 15-14 安徽省烟民登记数量表(1935—1939 年)②

年份	登记人数	戒绝人数
1935 年	104043	9213
1936 年	223181	10900
1937 年	183289	13543
1938 年	—	—
1939 年	18846	5824
总计	529359	39480

据《各省市禁烟禁毒概况》,1936 年全省登记烟民 223181 名。③ 与表 15-14 数字相比较,似乎表中所列应为当年烟民总数,而非补登数量。另据《安徽政务月刊》记载,1935 年全省登记烟民 104043 名,1936 年 7 月止登记烟民 223417 名。④ 这与表 15-14 数据亦极为吻合。而据档案资料,1935 年烟民登记数为 104050,1936 年为 223181,1939 年为 219798。⑤ 可见,综合几类数据,安徽省的烟民登记人数应该在 22 万左右。

禁烟特派员及省府对各市县的烟民登记工作亦十分重视。1936 年 4 月 23 日,查禁专员钟伯毅协同省禁烟委员丁某乘轮赴京,转道津浦路滁县、凤阳、蚌埠、怀远、宿县、泗县等 10 余县,专门检查烟民登记工作,于 5 月 13 日返回。钟伯毅对泗县、滁县、灵璧等印象较佳,但其余各县或松懈不力,或未

---

① 马模贞主编:《中国禁毒史资料:1729 年—1949 年》,天津人民出版社 1998 年版,第 1238 页。

② 安徽省政府统计室编:《安徽省二十八年度统计年鉴》,1940 年,第 157 页。

③ 《各省市禁烟禁毒概况》,《禁烟汇刊》1937 年第 1 期。

④ 《政务实况·禁烟》、《安徽省办理禁烟情况》,《安徽政务月刊》第 19 期,1936 年 5 月。

⑤ Traffic in Opium and Other Dangerous Drugs, Annual Report, 1939, Central Commission of Opium Suppression, Chungking, China, p.42;内政部禁烟委员会编:《禁烟概要》,中国第二历史档案馆藏,档案号:十二(2)342。

遵照规程实施。5月21日,钟伯毅又赴皖中巡视,历桐城、舒城、六安、合肥、巢县、芜湖等7县局,于5月30返省。其发现桐城人口百万,烟民漏登记甚多,巢县偏重禁种,几乎忘却登记。为此,经钟伯毅电商省府主席刘镇华,大批人员被处分。如凤阳县军法承审员不明法律,判案凌乱,遭撤职,临怀县公安科长玩忽禁政被撤职,局长督饬不严,记过处分,桐城长官被记过处分,巢县长官遭严予申斥。①

已登记烟民,则发给购吸凭证。以芜湖市为例,1935年共登记烟民10000余名,普通烟民每人半年换照费5元,贫困烟民每人半年换照费6角。②

对于烟民的施戒工作,因经济及战争原因,并不理想。安徽各县原各设有戒烟所。1935年有专设戒烟院所61所,兼办戒烟事宜医院8所;1936年有专设67所,兼办23所;1937年有专设67所,兼办23所;1938年有专设49所;1939年有专设18所,兼办3所。③ 1936年,省府还责成各县局将已设戒烟院所加以扩充,以应传戒烟民之需。④ 当时芜湖公安局所办理之烟毒医院,烟民自动投戒者甚多,为各县所不及,刘镇华电令嘉奖。⑤ 而其他各县戒烟院所经费困难,设备简陋,医药两缺,成绩毫无,故1938年底,省府命令各地戒烟院所一律裁撤,并由皖南行署集中财力筹设一个较大的戒烟医院。⑥ 该院直隶皖南行署,于1939年4月16日开始施戒,15日为一期,每期传戒100名,月戒200名。因限期将近,后又增加经费,扩充床位,月戒烟民400名。新建的戒烟医院固然条件颇好,但仅靠这样一个戒烟医院对皖南各县的烟民施戒,又力所不及。1940年4月1日,皖南行署督饬至德、太平、青阳、贵池、南陵、泾县、宣城、宁国、广德、郎溪等10县,恢复成立戒烟所。5月份,戒烟所又增设100调验床位,办理调验自戒烟民事宜,每月调验烟民300名,至

---

① 《皖钟特派员新巡皖北皖中情形》,《禁烟半月刊》1936年第1卷第2期。
② 《二十四年度皖省芜湖烟市调查》,《拒毒月刊》1936年第103期。
③ Traffic in Opium and Other Dangerous Drugs, Annual Report, 1939, Central Commission of Opium Suppression, Chungking, China, p.41;内政部禁烟委员会编:《禁烟概要》,中国第二历史档案馆藏,档案号:十二(2)342。
④ 《各省市禁烟禁毒概况》,《禁烟汇刊》1937年第1期。
⑤ 《皖钟特派员新巡皖北皖中情形》,《禁烟半月刊》1936年第1卷第2期。
⑥ 《内政部派员视察皖南行署禁政工作报告》,内政部档案,中国第二历史档案馆藏。

10月,各县烟民自戒者达3000余名。根据禁烟期限规定,各戒烟所奉令于1940年9月一律裁撤,另筹设巡回戒烟队四队,进行戒烟工作。

烟民的施戒药品原为保元丹、益寿丸等,后因市面上所售卖的此等药品经化验含有吗啡成分,故皖南行署通饬各县严禁售卖。后戒烟药品由宁波、温州、金华、上海等处采购。对于施戒烟民,皖南行署又设立了强民工厂,由征收外运烟土附加项下拨款3万元,先拟成立纺织、针织两部,因针织部采办机件困难,又改设皂烛部。① 尽管安徽当局为烟民登记和施戒工作花费了大量人力及财力,但据公开数字,1935年仅戒绝烟民923名,1936年10900人,1939年5824人。② 这相对于20余万的烟民,显然是极少的部分。

(4) 禁毒

1927年之前,皖南毒品流行,尤以红丸为最甚,后经严厉查禁,逐渐绝迹。③ 30年代后,蚌埠、怀远、嘉山、宿县、凤阳一带,毒品又有蔓延之势,以蚌埠一带较为猖獗,吗啡、海洛因最多。1936年军委会查禁种烟特派员钟伯毅到蚌埠视察之后称该地吸毒者达5000人以上。④ 这一数字略有扩大,可能包含了吸食鸦片的人数。

钟伯毅除了查禁种烟,还兼办皖省的检举烟民登记及禁毒总检举,其规定了各种严密方法,层层督检。为督促各县切实执行禁令,商得省主席刘镇华同意,按照全省10个行政区各派两项检举及督检员1名,负责督检行政区各县办理宣传、检举登记及毒品检举、戒毒医院所等事宜。此10员督检员由钟伯毅与刘镇华会同遴选,并由分别训话,于1936年4月16日分赴各区。此外,钟伯毅会同省政府于4月5日组织成立全省禁毒密检队,专门负责密检毒品。队员20余名,从省府禁烟查缉队查缉员中遴选,并在各公安局女警中考选数名为女密检员。省会安庆戒烟戒毒医院院长张文樵在京沪各地觅

---

① 马模贞主编:《中国禁毒史资料:1729年—1949年》,天津人民出版社1998年版,第1241页。

② Traffic in Opium and Other Dangerous Drugs, Annual Report, 1939, Central Commission of Opium Suppression, Chungking, China, p.42;内政部禁烟委员会编:《禁烟概要》,中国第二历史档案馆藏,档案号:十二(2)342。

③ 马模贞主编:《中国禁毒史资料:1729年—1949年》,天津人民出版社1998年版,第1243页。

④ 《蚌埠烟民何其多》,《大公报》1936年6月2日。

取各种毒品制成鉴别表,详细为密检队员讲授,予以鉴别训练。至4月底,该队已在蚌埠宿县一带查获毒案6件,毒品数量及人犯不少。① 全省共查获毒品人犯1021人,搜获毒品及毒具极多。其中蚌埠一带查获毒贩至536人之多,均经先后依法严办。②

5. 湖北省

1935年9月,湖北省成立禁烟委员会,由民政厅厅长兼任主任,各市县分别建立禁烟委员会分会。③ 省禁烟委员会先后制定了一系列禁烟禁毒法规,湖北省禁烟禁毒工作就此全面展开。

(1) 禁种

湖北省的种烟区为鄂西南与四川(重庆)连接县份及鄂西北与陕西连接的县份。六年禁政开始后,湖北省被列为绝对禁种省份。省政府颁布《湖北省查禁种烟委员暂行规则》,规定烟苗下种前加强禁烟宣传,广发禁种材料,④并要求各县长、区长、联保主任、保甲长等出具禁止种烟的连环切结。此外,烟苗出土时加强查勘,有偷种者处以10年以上有期徒刑乃至死刑。同时,根据《内政部举发种烟给奖办法》,湖北省根据举报亩数给予程度不同之奖励。

禁政期间,湖北省多次派遣人员赴各地开展查勘、铲除烟苗行动,特别是西南及西北的原产烟县份,更是逐亩查勘,发现烟苗立即铲除。1936年由湖北查禁种烟特派员前往鄂省实施总检举。专员检举前,湖北省当局曾在建始、利川、松滋、宜昌、孝感等5县各发现少数烟苗,均经立即铲除,并依法惩办种户及查禁不力人员。仅建始和利川两县就发现并铲除烟苗1100余株,利川县有种千株以上的烟农被处以死刑。1937年2月,省政府再次派委员7人,分赴以往种烟较多之光化等33县查勘。⑤

(2) 禁贩售

1936年,湖北省设立巡缉总队与缉私办公室,专司负责烟土的缉私工

---

① 《安徽省检举烟毒进行情况》,《禁烟半月刊》,1936年,第1卷,第3期。
② 《各省市禁烟禁毒概况》,《禁烟汇刊》1937年第1期。
③ 《内政公报》1936年第8卷第21期。
④ 军委会禁烟总会编:《六三禁烟纪念特刊》1937年第44页。
⑤ 《各省市禁烟禁毒概况》,《禁烟汇刊》1937年第1期。

作,仅1936年,江汉关就缉获私运烟案13起,①全省逮捕烟犯2932名,其中处以死刑2人,有期徒刑1439人,罚金326人,徒刑兼罚金76人。②

抗战全面爆发后,缉私工作受到较大影响。1937年,湖北省制定了《湖北省检查烟民办法》,实施"采办证"及"转运证"制度,以官督商办的形式实施禁运,防止走私。③

在禁售方面,早在六年禁政之前,1933年,湖北省针对开设泛滥、经营无序的各类土膏行店及烟馆等进行整顿,责令各县及其直属公安局查封烟馆共6486家,对已经封闭又秘密开办者严厉取缔,全省56个县市的土膏店均被查封。④ 1937年根据《修正湖北省特许设立土膏行店规则》第三条规定,政府对湖北设立土膏行店者施加了不少限制:"凡设立土膏行店者,须向该管地方禁烟机关,填具申请书,载明营业牌号、地点、申请人姓名、年龄、籍贯、永久住址、连同资产各在五百元以上之二人联保切结,经该管地方禁烟机关查实,转报禁烟督察处,核发特许牌照及凭证后,方准营业。"对土膏行店的等级也做了相关规定:"各土膏行店等级牌照由禁烟督察处制备,发交给各地方禁烟机关转给,每套每年收费分为六等,甲等2400元,乙等1200元,丙等800元,丁等400元,戊等200元,己等100元,分四期平均缴纳,半数解缴禁烟督察处,半数留充该地方戒烟经费。且甲、乙两等土膏行店限于繁盛县市设立,丙、丁两等土膏行店限于普通县市或乡镇设立,戊、己两等土膏行店专限于偏僻乡镇、区内设立,但在同一城区市区或乡镇区内,不得有两种等级之差别。"⑤

禁政期间,湖北全省公栈1936年有1家,1937年有1家;土膏行1936年有8家,1937年有14家,1938年有14家;土膏店1936年有187家,1937年有158家,1938年有238家。⑥

---

① 《二十五年度禁烟年报》,内政部禁烟委员会补印,第61页。
② 《各省市处理烟案暨判刑分类人数统计表》,《二十五年度禁烟年报》,内政部禁烟委员会补印,第48页。
③ 彭韬:《民国时期湖北省的禁烟运动——以国民政府"两年禁毒、六年禁烟"(1935—1940)为中心》,华中师范大学硕士学位论文,2004年。
④ 《湖北省志·民政篇》,湖北人民出版社1994年版,第133页。
⑤ 彭韬:《民国时期湖北省的禁烟运动——以国民政府"两年禁毒、六年禁烟"(1935—1940)为中心》,华中师范大学硕士学位论文,2004年。
⑥ 内政部禁烟委员会编:《禁烟概要》,中国第二历史档案馆藏,档案号:十二(2)342;内政部编:《二十六年度禁烟年报》,中国第二历史档案馆藏,档案号:十二(2)1291。

(3) 禁吸

1935年湖北省政府制定了《湖北省禁烟计划实施办法》，规定对烟民进行登记并发给购烟凭证，同时明确了烟民施戒办法，主要有各地普设戒烟院所、强民工厂，并奖励各地方族长及士绅资助贫困瘾民戒烟等。

据资料记载，湖北全省1935年登记烟民24557名，1936年登记340228名，1939年登记183946名。① 而如此数量的烟民，却没有足够的戒烟院所。1937年2月，省政府派委员7名，分赴以往种烟较多之光化等33县查勘，并令各该委员对于各县查封烟馆有无松懈，登记烟民有无隐漏各情形，一并详查报核。据所派委员报告，至1937年4月，全省戒烟院所设有120余处。② 另据资料，湖北全省1935年专设戒烟院所45所，兼办戒烟院所74所；1936年专设52所，兼办74所；1937年专设23所，兼办118所；1938年专设69所，兼办72所。③ 又据湖北省查禁种烟专员1938年呈报，全省戒烟院所除汉口市戒烟医院设备健全，各县均为县戒烟经费所设立，设备简陋。除行政督察专员所在地各设卫生戒烟院所，各设床位70个，兼办卫生与戒烟考查，全省各县共设有戒烟医院或戒烟所12个，戒烟兼戒毒所46个，兼办戒烟医院72所，统计床位数为1921个，每月能容纳投戒烟民3842名，每年能容纳46104名。省民政厅鉴于鄂西、鄂北各县烟民较多，特组巡回戒烟队两队，第一队轮驻鄂西之利川、咸丰、来凤、宣恩、建始、巴东、秭归、兴山等县，第二队轮驻鄂北之郧西、竹山、竹溪、房县、保康、谷城、光化、均县等县。④ 据上列统计，1940年年底之前，要将烟民全部戒绝，戒烟院所不敷需要。

以上关于戒烟院所的各项数据虽略有出入，但大体相当，即各地各类专兼戒烟院所大致维持在120所左右，主要问题是设备不完善，条件简陋。而公开资料显示，湖北省1935年戒绝烟民48647名，1936年14317名，共计

---

① Traffic in Opium and Other Dangerous Drugs, Annual Report, 1939, Central Commission of Opium Suppression, Chungking, China, p. 42；内政部禁烟委员会编：《禁烟概要》，中国第二历史档案馆藏，档案号：十二(2)342。
② 《各省市禁烟禁毒概况》，《禁烟汇刊》1937年第1期。
③ Traffic in Opium and Other Dangerous Drugs, Annual Report, 1939, Central Commission of Opium Suppression, Chungking, China, p. 41；内政部禁烟委员会编：《禁烟概要》，中国第二历史档案馆藏，档案号：十二(2)342。
④ 马模贞主编：《中国禁毒史资料：1729年—1949年》，天津人民出版社1998年版，第1185页。

62964 名。① 抗战全面爆发后,即没有了相关数据。但两年仅完成全部登记烟民 1/5 的戒烟工作,显然难以在规定时间内将烟民全部戒绝。

(4) 禁毒

湖北省烟毒一向颇炽。1933 年 10 月,即断禁时期,由于烈性毒品较鸦片危害更大,政府规定对暗地偷售吗啡、高根、红丸、海洛因、白面者,一经发现,立即予以重判。② 1936 年经查禁种烟特派员会同省政府办理禁毒总检举,在检举期内,计破获运毒案件 62 起,吸毒案 259 起,均经依法严办。③ 而当年在禁毒案上立案 503 件,逮捕烟犯 522 名,其中处以无期徒刑 23 人,有期徒刑 290 人。④ 此后,除汉口市日租界,各县市毒品渐告肃清。

6. 湖南省

六年禁政开始后,1935 年 4 月 16 日,湖南省成立禁烟委员会,何键任委员长。各县设立禁烟分会,由各县县长任会长。此后,颁布《湖南省限期禁烟办法》等 18 种禁烟规章。1936 年 1 月,湖南省政府令所属各机关,新刑法中关于第 20 章鸦片罪之规定,在适用禁烟总监所订禁烟禁毒法规区域之内,停止施行。⑤

(1) 禁种

湖南省是绝对禁种省份,向来产烟不多,但禁政期间的偷种现象极为普遍,历次检举均有发现。遵照国民政府禁令,湖南省从 1935 年 4 月开始禁种,1938 年秋季以前,系军事委员会及内政部湖南禁烟特派员公署会同湖南省政府办理。1938 年秋季,特派员公署裁撤,禁种事宜转由湖南省禁烟委员会负责。

1935 年 4 月 10 日,武昌行营禁烟处与湖南省政府联合布告,称"严禁种烟,偷种、迫种者枪决"。⑥ 但由于湘西各县产烟颇盛,当年又旱灾奇重,故呈

---

① Traffic in Opium and Other Dangerous Drugs, Annual Report,1939,Central Commission of Opium Suppression, Chungking, China, p. 42;内政部禁烟委员会编:《禁烟概要》,中国第二历史档案馆藏,档案号:十二(2)342。
② 《湖北省志·民政篇》,湖北人民出版社 1994 年版,第 133 页。
③ 《各省市禁烟禁毒概况》,《禁烟汇刊》1937 年第 1 期。
④ 《各省市处理烟案暨判刑分类人数统计表》,《二十五年度禁烟年报》,内政部禁烟委员会补印,第 48 页。
⑤ 《案查全国禁烟事宜》,《湖南省禁烟公报》1936 年第 332 期。
⑥ 宋斐夫主编:《湖南通史——现代卷》,湖南出版社 1994 年版,第 652 页。

准将凤凰等 26 县已种烟苗暂行免铲,事实上湖南省比其他绝对禁种省份迟禁 1 年。1936 年 2 月 19 日,军委会委员长行营湖南省查禁烟特派员黄纪青与省主席何键联合布告,称厉行禁烟,任何县不准发现烟苗 1 株,倘有违禁或贿纵者,以军法惩处。① 3 月 6 日,蒋介石电湖南省政府,限 3 个月内将鸦片种子收尽销毁,逾期查获者,依《禁烟治罪条例》从严惩处。24 日,湘赣两省联合制定《会同检举边区烟苗办法》,随即将全省划为两个视察区,由查禁种烟特派员实施总检举,发现偷种烟苗案多起,除依法立即铲除外,并惩办种户及查禁不力人员。② 6 月 21 日,省二十五年度禁烟计划经省政府核定,严令各县县长转饬各区乡保甲长,晓谕农民,绝对不得栽种鸦片。继续派员前往各县查勘,务使无烟苗发现。③ 1937 年,禁烟特派员公署及禁烟委员会取具各县县长及保甲长以后境内查有烟苗,甘愿枪决切结,并划分全省为 12 个检举区,按区派出查禁委员。④

1939 年 7 月全国分期禁种完成后,湖南省拟具《湖南省查禁种烟督察团组织简章》。查察地区,以湘西原二、三、四、七等四个行政区为主,自 1939 年年冬季至 1940 年春季,分四组进行工作。该团以各区之保安司令兼各该组组长,每组配相当兵力,以利查铲。第一组所辖县份包括华容、南县、安乡、沅江、汉寿、澧县、临澄、常德、石门、桃源、慈利等 11 县;第二组包括大庸、桑植、龙山、永顺、古丈、保靖 6 县;第三组包括沅陵、溆浦、辰溪、泸溪、永绥、乾城、凤凰、麻阳等 8 县;第四组包括黔阳、芷江、晃县、会同、靖县、绥宁、通道等 7 县。其他种烟极少或不种烟县份,同时令县查禁。1940 年 9 月底,湖南省禁委员会彻底完成禁烟任务,并检查各地是否有种售吸等违法情事,乃复组织湖南省禁烟检查团,以每一行政督察区为一组,分十组实施检举工作。⑤

整个六年禁政期间,禁烟特派员公署会同省禁烟委员会一共进行了 7 次查禁。综观历届查禁,禁种县份及烟苗最多为第一届,合计为 42 县,查铲烟苗达 110 余万株,其后二三四届陆续减少,唯至 1939 年春季(第五届)铲除烟

---

① 田伏隆主编:《湖南近 150 年史事日志(1840—1990)》,中国文史出版社 1993 年版,第 166 页。
② 《各省市禁烟禁毒概况》,《禁烟汇刊》1937 年第 1 期。
③ 《湖南省政府核定二十五年度禁烟计划》,《禁烟半月刊》1936 年第 1 卷第 3 期。
④ 《省政府布告一件》,《湖南省政府公报》1937 年第 695 号。
⑤ 赖淑卿:《国民政府六年禁烟计划及其成效》,台北"国史馆"1986 年版,第 257 页。

苗株数又骤增至 200 余万之多,长沙大火之后,湘西匪劣莠民乘机偷种所致。第六届铲除烟苗株数达 70 万株以上,涉及县份 21 县,第七届查得(1940 年 12 月底)全省只发现烟苗一处。① 可见,湖南省的禁种工作较为艰难,但仍获得极大成功。至 1940 年,全省共铲除烟苗 33.5 万市亩,632.2 万株。②

湖南省以往种烟之田,均为良好稻田,水稻收获后,始行种烟,下年烟株收割后,再种水稻。自禁种烟苗后,多数烟田已改植绿肥作物及油菜、荞麦等作物,均甚适合。盖既不与水稻冲突,且能增加农民收益。③

(2) 禁贩售

六年禁政之前,湖南省征收入口烟税和各种营业牌照税列入省库的正项收入。每年川滇黔 3 省的烟土入口税数量不少。1934 年之前,征税机关为特税征收处,以设于洪江的征收处规模最大,那里为滇、黔 2 省入湘的总口,平均每天有 30 担烟土入口,税入在 12000 元以上,故洪江特税征收处为湘省最肥的缺。1933 年、1934 年湘省仅上半年特税收入均在 220 万元以上,从 1934 年禁烟督察处取代特别征收处,湖南又厉行禁烟,上半年税入 1022800 元。各级土栈、烟馆之牌照税,烟枪执照税由公安局征收,1933 年、1934 年上半年分别为 560842 元、566351 元,1935 年上半年为 273243 元。④

六年禁政开始后,禁运仍由禁烟督察处湖南分处办理。禁售方面,1935 年 8 月湖南省禁烟委员还规定"各地方之土膏行由省禁烟委员会限定其家数,土膏店由各县禁烟委员会查照地方情形限定家数,转报省会核定,以后只准递减不准增加。禁烟限期届满,一律停止营业"。⑤ 1936 年 6 月,根据湖南省二十五年度禁烟计划,自 1936 年 7 月 1 日至 1937 年 6 月底,减少土膏行店之家数,管理土膏行店烟土数量之售卖。继续严禁私贩,停发土膏行店及售吸所之牌照凭证。⑥ 为具体实施计划,省禁烟委员会颁布了《湖南省取缔土膏行店批购烟土办法》:各县政府遵省禁烟委员会的规定给土膏行店颁发

---

① 魏其俊:《民国时期湖南禁烟政策研究》,湘潭大学硕士学位论文,2009 年,第 33 页。
② 《湖南省志·政法志·公安》,湖南出版社 1997 年版,第 265 页。
③ 赖淑卿:《国民政府六年禁烟计划及其成效》,台北"国史馆"1986 年版,第 265 页。
④ 《湖南烟祸近况调查》,《拒毒月刊》1936 年第 101 期。
⑤ 《省禁烟委员会限期禁烟取缔土膏行店章程》,《湖南省禁烟委员会法令汇刊·法规》,1936 年,第 26 页。
⑥ 《湖南省政府核定二十五年度禁烟计划》,《禁烟半月刊》1936 年第 1 卷第 3 期。

购土凭证（一式五联）。各土膏行店凭证批购烟土，以估计次月之售量为度。土膏行店批购烟土时，须具申请书，呈请县政府核办。县政府据呈后，根据上月份烟民数目及消费月报表合计境内土膏行店购土数目，如不超过上月份消费总量，则填具凭单第二联（第一联留县政府备核），呈请省禁烟委员会候核。省禁烟委员会审查该县最近月份之烟民数目及消费月报表，认为供应相当，即填发第三联、第四联、第五联，转送省禁烟特派员公署查核签印后，仍送回省禁烟委员会，以第二联存会备查，第三联送特派员公署存查，第四联送督察处存查，第五联发交原县政府，转交请领之土膏行店，以凭向公栈分栈或土膏行购运烟土。公栈分栈或土膏行，于土膏行店批购烟土时，验明凭单，按数计值批货并登账，如无凭单或凭单未经特派员签印，或请求超过原填数量时，均应拒绝之。督监两处非验有特派员签印之购土凭单，不得填发护照或派兵护运。土膏行店购运烟土时，须随身携带凭单，以备检查。1937 年 8 月，禁烟总监发布训令，对湖南省取缔土膏行店批购烟土的办法"尚属周密"，要求各地"参酌地方情形及湖南省政府所订办法""仿照办理"。①

禁政期间，至 1938 年，湖南全省有烟土公栈 4 家。至 1937 年有土膏行 4 家，土膏店 339 家。② 土膏店主要集中于人口密集的城市，如湘潭为交通要道，凡湘水上游之货物，靡不集会于此，以转运长沙汉口，人烟稠密，市肆极盛。至 1935 年下半年，各级土膏行店 31 家，全年各项照税 267826 元。1934 年消费烟土 554700 两，1935 年 547600 两。③ 而各县镇则普遍存在售吸所。据第七区查禁种烟专员报告，各售吸所为招揽生意，竟有用白布横挂街心，大书某某售吸所字样。为此，省禁烟委员会通令，各地售吸所"只准室内悬挂牌照，不准室外树立招牌"。④

由于湖南邻近产烟大省贵州，禁政期间市面上多数私土均由贵州省运来。如 1936 年 12 月，长沙邮政局查获从贵州寄来洋铁箱两口，上书"内书籍

---

① 《陕西省政府奉禁烟总监令检发湖南省取缔土膏行店批购烟土办法训令》（1937 年 8 月 17 日），《陕西省政府公报》1937 年 8 月 21 日。
② 内政部禁烟委员会编：《禁烟概要》，中国第二历史档案馆藏，档案号：十二(2)342；内政部编：《二十六年度禁烟年报》，中国第二历史档案馆藏，档案号：十二(2)1291。
③ 《二十四年度湖南湘潭烟税收入调查》，《拒毒月刊》1936 年第 103 期。
④ 《省禁烟委员会通令一件》，《湖南省政府公报》1936 年第 450 期。

文卷衣服",内有夹层,竟藏有无花烟土 190 两。① 为加强缉私,各地公安局缉获私犯解送省禁烟委员会者,准由罚金或没收私货变价项下提十分之五充奖。1936 年 4 月,这一奖励由省禁烟委员会提高至十分之六。② 1938 年,禁烟特派员公署又会同湖南省禁烟委员会训令各县政府按照烟民总销量责令土庄遵领五联凭单运销烟土,并公布了《修正湖南取缔土膏行店批购烟土办法》,规定"各土膏店非呈奉给有购土凭单不能批购烟土,土膏行店批购烟土时验明凭单按数计值批货并登账,如无凭单或凭单未经特派员签印或请求超过原填数量均拒绝之。监督处非验有特派员签印之购土凭单,不得填发护照或派兵护送"。③

(3) 禁吸

湖南省的禁吸工作分为两部分。一是对于全省党政军服务人员的检举,要求全部勒戒,并于 1935 年年底出具不吸食鸦片及各种毒品切结,并由主管机关汇总至总检举机关(省禁烟委员会)。各级党务工作者亦依照公务员执行禁令。1936 年 10 月,省禁烟委员会批复溆浦县县长的电请,明确党员及党务工作人员吸食鸦片,依公务员论处。④ 但直至 1936 年年底,各机关填送到会者,尚属寥寥。故省政府再次训令催促。⑤ 甚至直到 1937 年元月,省禁烟委员还再次训令常德、绥宁、大庸、湘阴、衡山等县,文到 3 日内,迅即赶办解会,勿再迁延。⑥

事实上,党政军服务人员的吸食情况十分严重,如沣县豪劣乡长段伯奉是个烟鬼,禁政期间,合家仍然大吸特吸,烟具满室。1936 年 1 月,经民众举报,省禁烟委员会密令县禁烟委员会,将段拿获解省,验实照公务人员苛罪。⑦ 1 月 30 日,省禁烟委员会通电沅陵四路军总指挥部、长沙保安司令部、各县县长兼义勇总队长等指出,自 1935 年 8 月 1 日起,各级党政军人员及学

---

① 《禁烟代电》,《湖南省政府公报》1936 年第 603 期。
② 《省禁烟委员会训令一件》,《湖南省政府公报》1936 年第 408 期。
③ 《湖南省政府公报》1938 年 1 月 29 日。
④ 《湖南省禁烟委员会训令一件》,《湖南省政府公报》1936 年第 584 期。
⑤ 《令所属各机关呈报党政军服务人员不吸食鸦片烟及各种毒品切结证明》,《湖南省政府公报》1936 年第 492 期。
⑥ 《省禁烟委员会训令一件》,《湖南省政府公报》1937 年第 628 期。
⑦ 《省禁烟委员会训令一件》,《湖南省政府公报》1936 年第 318 期。

校员生均应限期戒烟,并出具甘结。但近据密报,各地驻军员兵往往于旅馆、饭店或私人住宅,一榻横陈,吸食自若,稍加干涉,即群起以武力对待,致禁烟人员,相戒不敢过问,甚至与禁烟委员相遇,竟敢戏呼禁烟委员同伴吸食。①3月,衡阳县税务局团款监催委员,公然吸食鸦片被当场抓获,但抽验无瘾,省禁烟委员会电令,应以现行烟犯论罪,先行撤职,再行依法惩办具报。② 4月,江华县教育局局长徐敏吸食鸦片,并强令县立最高学校聘请同党烟友何凤林为教员,日聚密室,同吸鸦片,遭到撤职究办。③ 4月28日,省禁烟委员会给桂东县县长的电令中,指出该县公务人员仍多有吸食鸦片烟者。④ 据省禁烟委员会视察员1936年6月报告,各县区区乡保甲长与保安团义勇队官兵私自吸食鸦片者,尚不乏人,长官或昧于察觉,或惮于检举,如绥宁县县长在会议上报告,确有私吸乡长多名,未据检举。⑤

二是对普通烟民的禁吸则按照登记发给凭证并逐渐减吸的办法。根据湖南省政府会议通过《限期禁烟办法大纲》,暂定四年禁绝计划。其烟民登记工作可分五个阶段:1935年6月1日至9月15日为劝导登记;1935年9月16日至1936年2月底止为勒令登记;1936年4月1日至1937年8月为检举登记;1938年5月至1939年3月为整理登记;1939年10月至11月底止为普遍复查登记。省禁烟委员会规定,全省烟民,应于1939年内戒绝,1936年内至少须有登记烟民总数1/4戒绝,其余尚未戒绝者换给执照;1937全省登记之烟民至少有2/4戒绝,1938年有3/4解决,到1939年全省登记之烟民应一律戒绝,执照缴销。⑥

但劝导登记及勒令登记阶段的工作均不理想。勒令登记之结果,总计烟民人数,除赤贫烟民登记未领照者外,仅仅98269人。据1936年1月,省主席兼禁烟委员会委员长何键在给沅陵驻军总指挥的电文中指出,湖南省原定于1935年年底完成烟民登记,委员长行营即日将派员来湘实行检举,但湘省

---

① 《省禁烟委员会通电一件》,《湖南省政府公报》1936年第332期。
② 《省禁烟委员会指令一件》,《湖南省政府公报》1936年第379期。
③ 《省禁烟委员会快邮代电一件》,《湖南省政府公报》1936年第404期。
④ 《省禁烟委员会电令一件》,《湖南省政府公报》1936年第408期。
⑤ 《省禁烟委员会通令一件》,《湖南省政府公报》1936年第453期。
⑥ 《省禁烟委员会限期禁烟取缔吸户章程》,《湖南省禁烟委员会法令汇刊·法规》,1936年第37页。

的烟禁已感困难,除了水灾和匪患,各地军警团队,不能竭力辅助,反而暗中包庇,肆意阻挠。甚至各县会缉获之私土,竟敢派兵劫去,缉获之烟犯,亦复公然干涉,阻力横生,禁政遂无形破坏。① 至1936年4月,登记烟民总数达到220763名。② 至8月份检举登记,登记烟民总数为370671名,为烟民登记之最高纪录。③ 另据湖南省查禁种烟专员呈报,截至1938年6月,共登记烟民373313名,全年所需烟土1337万余两。④ 两项数据差距不大。此外,亦有记载,至1937年2月全省登记领照和无照烟民37万余名。⑤ 可见,湖南省登记烟民最多时达到37万余是比较准确的数字。经过自戒及勒戒,至1939年烟民登记数为22123名。⑥

在戒吸方面,有自戒、勒戒两种方式。据省禁烟委员会公布,自1935年5月至1936年5月底止,全省共20余万吸食鸦片烟民进行登记,其中自戒、勒戒断瘾烟民21200余名。⑦ 显然,这一比例是很低的。据省二十五年度禁烟计划,自1936年7月1日至1937年6月底,普设各县戒烟医院,停发吸户限期吸烟执照,如再有无照烟民发现,一律交戒烟医院勒戒后依法处置。从1936年7月1日起,至1937年6月30日止,务使减少全省登记烟民二分之一。⑧ 据公开资料,全省1935年有专设戒烟院所1所,兼办戒烟事宜医院52所;1936年有专设16所,兼办103所;1937年有专设86所,兼办47所;1938年有专设94所,兼办1所;1939年有专设70所,兼办无。⑨ 另据资料,自六年禁政开始后,全省陆续设立代办戒烟医院72所,戒烟所77所,资助贫苦烟

---

① 《省禁烟委员会公电一件》,《湖南省政府公报》1936年第318期。
② 《各省市禁烟禁毒概况》,《禁烟汇刊》1937年第1期。
③ Traffic in Opium and Other Dangerous Drugs, Annual Report,1939,Central Commission of Opium Suppression, Chungking, China,p. 42;内政部禁烟委员会编:《禁烟概要》,中国第二历史档案馆藏,档案号:十二(2)342。
④ 马模贞主编:《中国禁毒史资料:1729年—1949年》,天津人民出版社1998年版,第1185页。
⑤ 《湖南省禁烟委员会法令汇刊续编》,1948年1月,第121页。
⑥ Traffic in Opium and Other Dangerous Drugs, Annual Report,1939,Central Commission of Opium Suppression, Chungking, China,p. 42;内政部禁烟委员会编:《禁烟概要》,中国第二历史档案馆藏,档案号:十二(2)342。
⑦ 田伏隆主编:《湖南近150年史事日志(1840—1990)》,中国文史出版社1993年版,第169页。
⑧ 《湖南省政府核定二十五年度禁烟计划》,《禁烟半月刊》1936年第1卷第3期。
⑨ Traffic in Opium and Other Dangerous Drugs, Annual Report,1939,Central Commission of Opium Suppression, Chungking, China,p. 41;内政部禁烟委员会编:《禁烟概要》,中国第二历史档案馆藏,档案号:十二(2)342。

民戒烟所251所,因经费关系至1938年多已停顿。① 相对于37万余的烟民数量,如此规模的戒烟院所,显然是远远不够的。

湖南省的戒烟医院不得由私人设立。1937年5月,常德县周国干拟设立杏林戒烟医院,未获省禁烟委员会批准。② 但鼓励民间资金,特别是宗族祠产自办或资助各地戒烟所特别是贫民戒烟所的建设。究其原因还是经费的不足。1936年6月,湖南省规定赤贫烟毒案犯,经县长兼委员长条谕,证明确系赤贫,其伙食费,准每日支给伙食费洋1角。③ 但这些经费从何而来呢?1936年12月,省禁烟委员会指令,各地设立贫困烟民戒烟所,系为补救各县勒戒所之不及,所需经费,应概由各地族姓酌提祠产,或私人捐助。照证费应悉数报解省禁烟委员会,以作各县勒戒所及一切戒烟经费,私立资助贫苦烟民戒烟所之办公费、工资、解费,均不得动支证照费。④ 1936年,湖南一些地方士绅大族如攸县龙氏、醴陵易氏等出资设立戒烟所,帮助同宗族内贫苦烟民戒烟,这一举措受到政府褒奖。此外,祁阳县张氏宗祠,自动设所勒戒,协助政府禁烟,湖南省政府传谕嘉奖,并劝令各族族长均仿照张祠办法促进禁政早告成功。⑤ 一时间不少富绅大族竞相效仿,全省建起戒烟所200余所,禁烟总监蒋介石也通令各省,要求利用我国传统的宗族互助观念,协助政府施戒。⑥

在整个六年禁政期间,全省戒绝人数也很难有一个准确的数字。1936年4月,何键呈报禁烟总监,全省脱离黑籍之烟民达15000余名。⑦ 这一数据比较接近事实。据《国民政府六年禁烟计划及其成效》,1935年戒绝烟民15540名,1936年26913名,1937年64337名,1938年26629名,1939年

---

① 马模贞主编:《中国禁毒史资料:1729年—1949年》,天津人民出版社1998年版,第1185页。
② 《省禁烟委员会指令一件》,《湖南省政府公报》1937年第728期。
③ 《兹规定各县赤贫烟毒案犯伙食费开支造报请领办法四项》,《湖南省政府公报》1936年第438期。
④ 《令宁乡县政府呈报召集各区长议决设立资助贫苦烟民戒烟所办法请核示由》,《湖南省政府公报》1936年第603期。
⑤ 《湖南省禁烟委员会指令一件》,《湖南省政府公报》1936年第438期。
⑥ 内政部编:《二十六年度禁烟年报》,中国第二历史档案馆藏,档案号:十二(2)1291。
⑦ 《湖南已有万余烟民脱离黑籍》,《禁烟半月刊》1936年第1卷第2期。

27892名,共计161311名。① 另据资料,全省传戒勒戒人数为159280,自戒烟民为82182名,合计戒断烟民241462名,若再包括死亡22147人,迁出26410人,则戒除烟民合为290019名。② 虽然这些数据均有一定出入,但基本可确定,六年禁政期间,湖南省自戒及勒戒人数在十五六万,不及登记烟民人数之一半。

(4) 禁毒

据省二十五年度禁烟计划,自1936年7月1日至1937年6月底,继续查禁装运鸦片之代用品,管理各药房麻醉药品之售卖,严禁吸用药品。③ 1936年,曾由特派员会同省府办理禁毒总检举,无发现毒案。④

7. 江西省

江西省星子、宁都、广昌、石城、瑞金、会昌、雩都等7县,在国民党军队"围剿"红军时期,被划为绝对禁烟区。六年禁政开始后,此7县仍为绝对禁烟区,一切种贩售吸等行为均属违法。其他地区则适用于绝对禁种分期禁运禁售禁吸政策。

(1) 禁种

江西省一向较少种烟,六年禁政开始后,江西省被列为绝对禁种省份。1935年10月,江西省主席熊式辉严申禁令,要求各行署专员会同所辖各县县长,督率各区保甲长,认真查禁,"穷乡僻壤,易于偷种地方,尤许严密查禁,并限于本年年底取具各区永不发现烟苗切结"。此外,"另由各县长加具境内如查有烟苗出土,宁处死刑甘结一份"。⑤ 11月,省政府令全省停止施行新刑法鸦片罪之规定,并抄发颁行禁烟禁毒治罪暂行条例。⑥ 1936年,蒋介石任命丘林为江西省查禁种烟特派员,并成立特派员办公署,会同省政府办理总

---

① Traffic in Opium and Other Dangerous Drugs, Annual Report,1939,Central Commission of Opium Suppression, Chungking, China, p.42;内政部禁烟委员会编:《禁烟概要》,中国第二历史档案馆藏,档案号:十二(2)342。
② 赖淑卿:《国民政府六年禁烟计划及其成效》,台北"国史馆"1986年版,第282页。
③ 《湖南省政府核定二十五年度禁烟计划》,《禁烟半月刊》1936年第1卷第3期。
④ 《各省市禁烟禁毒概况》,《禁烟汇刊》1937年第1期。
⑤ 《令各区行政督察专员公署查禁止播种鸦片一案》,《江西省政府公报》1935年第336期。
⑥ 《新刑法鸦片罪之规定在适用前项条例区域内应停止施行等因》,《江西省政府公报》1935年第358期。

检举事务,派员分赴各地施行总检举。① 在1936年的总检举中仅发现少量烟苗。1937年3月,又派员分路查勘。② 江西省的烟苗偷种基本绝迹。

(2) 禁贩售

江西省虽非产烟省,但地处长江中游,一直是烟土的消费和转运区。以吉安县为例,据赣江中流,上通南昌,下接赣州,为江西全省腰脊之地。1934年,吉安消费烟土357500两,1935年消费353800两。全市土膏行3家,每家年纳照税24000元。土膏店32家,年纳照税600至1000元不等。全年照税共计94800元。③ 就全省而言,土膏行1936年有4家,1937年有3家,1938年有4家;土膏店1936年有85家,1937年有68家,1938年有66家。④ 土膏行店有逐年减少之趋势,而据《江西统计月刊》,这一趋势则更为明显,见表15-15。

表15-15　江西省土膏行店统计表(1935—1940年)⑤

年份	土膏行数	土膏店数
1936年	4	141
1937年	4	85
1938年	3	85
1939年	3	67
1940年	3	24

从表15-15可以看出,在1935年至1940年的6年间,江西省的土膏行店均呈逐年递减趋势。1940年10月,江西禁烟委员会宣告全省已登记的烟民全部戒绝,土膏行均已关闭。六年禁政期间,江西省加大私运鸦片的查处力度,并于全省推行鼓励对于私运私吸鸦片行为的检举政策,所谓"禁烟效率

---

① 《电饬查明各县禁种鸦片实在情形》,《江西省政府公报》1935年第166期。
② 《各省市禁烟禁毒概况》,《禁烟汇刊》1937年第1期。
③ 《二十四年度江西吉案烟祸调查》,《拒毒月刊》1936年第103期。
④ 内政部禁烟委员会:《禁烟概要》,中国第二历史档案馆藏,档案号:十二(2)342;内政部编:《二十六年度禁烟年报》,中国第二历史档案馆藏,档案号:十二(2)1291。
⑤ 《江西省历年办理禁烟工作概况统计乙:土膏行店表》,《江西统计月刊》1941年第4卷第2期。

之增进,告密亦其一端"。① 1935年12月,江西省政府颁布《江西省禁烟禁毒告密办法》,以"唤起人民之告密,而利禁政"。该办法从告密要求、检举程序两方面对民众举报做了规定,即民众口头举报时,须详陈事实;采用书面形式告密时,须在书面报告中署名盖章。② 而这一政策取得了明显的效果,六年禁政期间,江西全省"共查获运售烟案1172件,私吸鸦片4145件,处理违法涉案人员多达6695人之众"。③

(3) 禁吸

对于公务人员,江西省亦执行令到戒绝并出具甘结的措施。六年禁政开始后,军委会禁烟总会决议,所有全国党政军服务人员,凡不吸食鸦片和毒品者,亟应按照具结保证方法,办理总检举一次。总检举期间,以命令到达后两个月为限。各级党政军人员,须于开始总检举第一个月内,由每员自具不吸食鸦片及毒品切结,呈请直属最低之上级主管员盖章证明(例如各部科员以下职员,由科长证明,科长由司长证明,司长、次长由部长证明)。第二个月内,由主管机关汇总,转送总检举机关。各级党政军人员于具结之后,如发觉或被举发经验明吸烟或吸毒者,由原机关立予免职,并送交审判机关按照禁烟禁毒各治罪条例从重处断。其予证明之直属最低之上级主管员,若之前未经举发,官吏各按惩戒程序惩戒,非官吏由各该机关严予惩戒。④

江西省根据禁烟总会议决,规定凡公务员吸食鸦片者限1935年1月底之前投戒,逾期不报,虽已经戒绝,仍应禁烟治罪暂行条例处罚,不适用普通烟民检举登记办法。普通烟民未登记者补行登记后仍发给执照,不另处罚。⑤ 公务员如有吸食鸦片烟嫌疑者,向例送省政府验看后,转发卫生处省公安局,会同施行检验。但外县经常将受验人直接送卫生处检验,验无烟瘾,即由处径自饬归。究竟受验者,是否本人,无从查考。为此,1935年7月,省

---

① 《江西省禁烟禁毒告密办法》,《江西省政府公报》1935年第368期。
② 《准禁烟委员会函令各县备置告密箱以利禁政等由令仰遵办具报》,《江西省政府公报》1936年第399期。
③ 江西省公安志编纂委员会:《江西省公安志》,方志出版社1996年版,第28页。
④ 《为举办党政军服务人员吸食鸦片及毒品总检举仰遵照办理等因》,《江西省政府公报》1936年第482期。
⑤ 《兼禁烟总监蒋电解释公务员吸食鸦片治罪办法三项》,《江西省政府公报》1936年第510期。

政府训令各厅、处、署、会、局、县,嗣后所属人员中,如有吸食鸦片嫌疑,经人告发,或长官检举者,应将该嫌疑人监送省府验看后,转发检验,不得径自送交卫生处。① 1936年1月,省禁烟委员会又规定,各县市政府所属戒烟院所对于公务人员犯有吸食鸦片嫌疑应由市县政府先行验看,转发戒烟院所实行检验。其直接送验者,概勿收受。受检人之家属亲朋,如未经特许,强求接见或参观者,无论军警或各机关职员人等,得由该院所送交当地公安机关,通知其本机关长官,予以惩处,以严烟禁。②

此外,区长保甲长等犯禁令,亦以公务员论。③ 根据禁烟总监的命令,省政府训令各县市,保甲人员如吸烟者,必须先撤职,后照普通烟民领照登记。④ 1936年6月,省政府令各区行政督察专员及各县市政府,各属民众团体主席、委员、理监事,及其他职员,在各团体中,应负领袖表率之责,其身份究与普通人民有别,如有被告发或察觉其有吸食鸦片毒品嫌疑,应先由县调验,已经调验属实,迅即就地施戒。⑤

公务人员吸食鸦片被拘拿后,为躲避检验,往往武力反抗。如泰和县第二区第一保联书记兼第一农村复兴委员会主席张序之吸食鸦片被拘,但其族大人众,竟然聚众强暴胁迫逃脱,持枪看守竟被打倒在地。⑥ 又如崇仁县拿获5名吸食鸦片之公务员,拟押送赴省法办,其中人犯甘启殷逃脱。据押送警员称,途中忽遇不相识二人,将警员双手抓住,施以殴打,甘则乘机逃脱。⑦ 为此,省府对于吸食鸦片的公务员除了依法查办,还惩处负有连带责任的长官。如余江县政府第一科科长王肇基吸食鸦片被人告发,县长彭烈武给予长假任其离县,政府认为彭显系有意庇佑,给予彭记过处分一次。⑧ 又如高安县政府书记黄鸿升、办事员刘扶之、检验吏万人杰等,吸食鸦片,验明系最近

---

① 《本省公务员如犯有吸食鸦片嫌疑应监送本府转发检验令仰遵照》,《江西省政府公报》1935年第251期。
② 《省政府训令一件》,《江西省政府公报》1936年第412期。
③ 《兼禁烟总监蒋电解释公务员吸食鸦片治罪办法三项》,《江西省政府公报》1936年第510期。
④ 《省政府训令一件》,《江西省政府公报》1938年第1001期。
⑤ 《省政府训令一件》,《江西省政府公报》1936年第514期。
⑥ 《省政府训令一件》,《江西省政府公报》1936年第406期。
⑦ 《省政府训令一件》,《江西省政府公报》1936年第541期。
⑧ 《余江县政府科长王肇基吸食鸦片案》,《江西省政府公报》1935年第280期。

解决烟瘾,发交保安处讯办。而所有在实际从事公务之员吏吸食鸦片,该官长官均应负查察检举之则,故县长亦疏于察觉,着罚俸1月。①

对于普通烟民,其贫困者采取直接勒戒的方式。1936年2月,省政府令,各地孤贫残疾老民,衣食尚虞不给,自不得更有不良嗜好,故孤贫残疾老民,务必与令到之日,勒限两个月内一律戒除。② 其他烟民则依旧采取登记数量分批戒绝的措施。正所谓绝流尤先清源,诚如《江西省政府公报》所载,"厉行禁烟,首须取缔吸户,确知烟民人数、吸食量质,以便精准禁绝,使无遗漏"。③ 基于此,1935年6月,江西省主席熊式辉严令各禁烟机关限期6个月办竣全省的烟户登记事宜,以"确定禁烟基础"。但实际上,江西省1935年仅登记烟民数99508名,至1936年,总登记人数为137731,至1939年还剩余51603名。④

对于登记领有执照之烟民,江西省采取劝戒及限期勒戒的方式。且在限期内的烟民所用专供吸食鸦片之器具,以一副为限,余则勒令销毁。如本人死亡,或已戒绝烟瘾者,应由家属或本人将烟具随同执照一并缴销,违者依条例以持有烟具论。⑤ 但要戒绝如此数量的烟民,江西省所建戒烟院所的数量明显不足。1935年全省有专设戒烟院所119家;1936年有专设83家,兼办戒烟院所36家;1937年有专设66家,兼办14家;1938年有专设51家;1939年有专设74家。⑥ 据公开资料,全省1935年仅戒绝烟民1550名,1936年30680名,1938年5085名,1939年5034名,共计40339名。⑦ 仅以登记数字看的话,全省13万余烟民,仅戒绝1/3。

---

① 《高安县政府秘书黄鸿升等吸食鸦片县长疏于察觉罚俸一月示儆令仰遵照》,《江西省政府公报》1936年第517期。
② 《各地孤贫残废人民如有吸食鸦片情事务须勒限戒除令仰遵办具报》,《江西省政府公报》1936年第440期。
③ 《限期办理吸户登记办法》,《江西省政府公报》1935年第249期。
④ 《各省市禁烟禁毒概况》,《禁烟汇刊》1937年第1期。
⑤ 《奉禁烟总监蒋电》,《江西省政府公报》1936年第544期。
⑥ Traffic in Opium and Other Dangerous Drugs, Annual Report, 1939, Central Commission of Opium Suppression, Chungking, China, p.41;内政部禁烟委员会编:《禁烟概要》,中国第二历史档案馆藏,档案号:十二(2)342。
⑦ Traffic in Opium and Other Dangerous Drugs, Annual Report, 1939, Central Commission of Opium Suppression, Chungking, China, p.42;内政部禁烟委员会编:《禁烟概要》,中国第二历史档案馆藏,档案号:十二(2)342。

另据《江西统计月刊》,亦可见六年禁政期间的江西省烟民登记数量及戒绝情况,见表15-16。

表 15-16　江西省烟民登记情况统计表(1935—1940 年)①

年份	登记人数	动态				年底尚存人数
		合计	戒绝	死亡	外出	
总计	148669	148669	126211	10815	11643	
1935 年	103063	1432	1304	105	23	101631
1936 年	37441	45961	41598	2071	2292	93111
1937 年	3151	34180	29453	2290	2437	62082
1938 年	—	19166	14627	2375	2164	42934
1939 年	—	23753	19331	2152	2270	19181
1940 年	5014	24195	19898	1822	2475	—

表中所列 1935 年登记人数,是依《限期办理吸户登记办法》所举行之登记工作所得,而该年戒绝 1304 人,实际包括烟民 1933 年及 1934 年戒绝的数量,1935 年因正办登记,仅戒除烟民 245 人。该表中 1936 年以后之登记人数,皆为补登人数,因此至 1937 年,江西省登记烟民达 143655 名,至 1939 年,戒除 106313 人,加上历年死亡外出 18161 人,至 1939 年年底,江西省余未戒民 19181 名。上文江西烟民 137731 人,是 1936 年之统计数字,故江西省烟民登记总数在 13 万至 14 万之间,应该是不差的。至于戒绝人数,上文总计仅 4 万余人。可见,江西戒绝应在 9 万至 10 万人。

8. 江苏省

早在六年禁政开始之前,江苏省就开始了有计划的禁烟运动。据《江苏省限期禁烟办法大纲》,从 1934 年 10 月 1 日至 1938 年 9 月 30 日,全省完成四年禁烟目标,且公开宣称:"本省禁烟以限期禁绝为主旨,不以筹款为目的。"②

(1) 禁种

江苏省是烟土消费大省,但其北部徐州、萧县等地区亦一向产烟,且品种

---

① 《江西省历年办理禁烟工作概况统计甲:烟民动态表》,《江西统计月刊》1941 年第 4 卷第 2 期。
② 江苏省民政厅:《禁烟法令汇刊》,江苏省政府印刷局 1935 年印,第 1 页。

优良。早在1932年,豫、鄂、皖"剿匪"总司令部即颁布了《派员查禁十省种烟办法》,规定"江苏、浙江、安徽、湖北、湖南、河南、江西、福建、陕西、甘肃10省应先行禁种鸦片"。① 江苏被列为"绝对禁种区"。当时江苏省的禁种工作由省民政厅负责,至六年禁政开始时,已经实施查禁1年多时间,各地基本肃清了烟苗种植。

1935年,为配合"两年禁毒、六年禁烟"的运动,江苏省又制定了《江苏省禁烟治罪暂行条例》,规定"制造鸦片或意图供制造鸦片之用而栽种罂粟者,处死刑或无期徒刑,贩卖或运输罂粟之种子者亦同"。② 1935年春季烟苗出土时,省禁烟委员会派员赴各地查勘,均称毒卉殆尽。1936年春,再次派员复勘,虽穷乡僻壤,高山深林,即与邻省毗连各地,均未发现根株寸卉。③ 在当年的军委会禁烟总会派员主持的全国查禁种烟总检举中,江苏省亦无烟苗发现。④ 可见,江苏省的禁种工作取得极大成效。

(2)禁贩售

与其他省份不同的是,为了加强对贩运私土的稽查,江苏省禁烟委员会于1934年9月开设了缉私人员训练班,至1935年1月期满,共培养了77名专业缉私队员,并分赴各地工作。各县查缉力量,"因此而顿形充实"。⑤ 此外,有学者撰文指出,1935年,江苏省开始训练查缉犬,用于对隐匿烟土的查缉,且成效显著。⑥ 若此说属实,则这可能是世界上最早的缉毒犬。

售卖给烟民的烟土是先由禁烟委员会指定的公栈购买存储,再由各土膏行凭证向公栈购买,然后各土膏行分售给各土膏店,最后由各土膏店零售给领照烟民。全省共设有松江区、镇江区、东海区、铜山区和南通区五个烟土公栈。土膏行数量则各县不一,甲等县不超过3家,乙等县不超过2家,丙等县不超过1家,每家土膏行每年牌照费5000元。各县土膏行凭购土凭单向公

---

① 马模贞主编:《中国禁毒史资料:1729年—1949年》,天津人民出版社1998年版,第1028页。
② 江苏省民政厅:《禁烟法令汇刊》,江苏省政府印刷局1935年印,第9—10页。
③ 余井堂:《二年来之江苏禁烟》,《医药评论》1936年第139期。
④ 《各省市禁烟禁毒概况》,《禁烟汇刊》1937年第1期。
⑤ 周厚钧:《江苏的禁政》,《苏衡》1936年第1期。
⑥ 董芙蓉:《南京国民政府"两年禁毒、六年禁烟"运动探析——以江苏省为中心的考察》,《江苏科技大学学报》(社科版)2022年第1期。

栈购买烟土必须有禁烟督察处印花,否则即被视为营运私土论罪处罚。而土膏店除城区外,每一县自治区,只准设一家,对于人口密集处,也可申请并经省禁烟委员会批准后酌量增加,但最多不超过5家。甲等土膏店牌照费2400元,乙等1400元,丙等800元。售吸所则非在贫苦烟民众多之处,不得设立。甲等售吸所牌照费400元,乙等200元,丙等100元。上述照费均分四期缴纳,一半解缴禁烟督察处,一半留作省禁烟经费。① 领有执照的烟民则根据执照所规定的数量向土膏店或售吸所购买限量烟膏用于吸食。截至1935年5月,全省营业的土膏行共计52家,各类土膏店271家,售吸所2165家。根据省府制定的《江苏省限期禁烟取缔土膏行店章程》,土膏行和土膏店的数量要逐年递减,4年期满一律停止营业,②即省主席陈果夫所谓:"对于行店所之日常营业,使其相互监督,一面仍由省府运用行政力量,加以统制。"③但至1936年,除了公栈减少3家,土膏行增至60家,1937年仍为60家。土膏店亦有所增加,1936年有302家,1937年仍为302家。④ 禁政之难可见一斑。此后,抗战全面爆发,省府所制定的目标就更加难以完成了。

(3) 禁吸

自1933年陈果夫主政江苏时,即开始了四年禁烟计划。⑤ 根据《江苏省限期禁烟办法大纲》,从1934年10月1日起,每年减少烟民四分之一,分四年戒绝。⑥ 在此计划之下,江苏省烟民登记分三个阶段:(一)总登记阶段。自1934年6月1日开始,以3个月为限。后因各县烟民多存观望,乃于3个月期满后,举行强迫登记1个月,总共登记烟民184980名。(二)补行登记阶段。总登记截止后,各县旅外回籍烟民,均以登记期限已过,无从领照,纷请补救,乃于1934年11月28日至12月31日通令补行登记,登记烟民12708名。(三)自新登记阶段。因在总登记期间内,各县保甲未办理完竣,穷乡僻壤漏未登记者颇多。故于1936年1月至2月15日举行烟民自新登

---

① 江苏省民政厅:《江苏省禁烟概况》,江苏省政府印刷局1936年印,第49页。
② 江苏省民政厅:《禁烟法令汇刊》,江苏省政府印刷局1935年印,第154页。
③ 陈果夫:《三年来江苏省政要要》,江苏省秘书处1936年编印,第66页。
④ 内政部禁烟委员会编:《禁烟概要》,中国第二历史档案馆藏,档案号:十二(2)342;内政部编:《二十六年度禁烟年报》,中国第二历史档案馆藏,档案号:十二(2)1291。
⑤ 叶秀峰:《述禁烟往事》,《江苏文献》1942年第3期。
⑥ 《苏省毒祸实况及其肃清计划》,《拒毒月刊》1936年第101期。

记,登记烟民 107744 名。合三次登记,共登记烟民 305432 名。① 对于未在规定期内登记的烟民,采取烟民自首和检举两种办法,制定烟犯自首条例,对在规定时间内自首的烟犯,施戒后可从宽免除科刑,对不自首的烟毒犯实行检举。如苏州某县抗传不到之烟民即有 2400 余名,曾出票拘传,依然不到,令公安局实行控名拘捕,两日共拘捕 200 余人。② 截至 1936 年 3 月,共检举烟犯 20058 人。③

对于登记烟民则发给限期戒烟执照。执照分甲、乙两种,均注明个人信息及每日吸量,烟民凭照购烟,一次不能超过 10 日吸量。④ "甲种执照费第一次交纳 6 元,乙种执照费第一次交纳 6 角,每换一次加倍征收。乙种执照专给劳动贫苦之烟民。"⑤所有领照烟民分 4 年戒绝,年龄在 30 岁以下者至迟于第一年度戒绝;31 岁至 40 岁者于第二年度戒绝;41 岁至 50 岁者于第三年度戒绝;51 岁以上者于第四年度戒绝。上项规定如一年度内不足四分之一时,应将次年度应戒烟民提前传戒,凑足四分之一。同年度应予传戒及次年度应予提前传戒之烟民,其分批先后及提前标准如下:(一)年龄较少者在前。(二)年龄相同,以吸量较浅者在前。(三)年龄吸量俱相同者,由县决定之。⑥

对于烟民的施戒主要由各戒烟院所承担。在省会镇江设立戒烟医院,在各县设立戒烟所。据统计,1935 年全省有专设戒烟院所 61 家,1936 年有专设 65 家,1937 年有兼办院所 79 家。⑦ 与其他省份相比,江苏省的戒烟院所数量不算多,但经费充足,办理完善。戒烟院所常用经费每月为 37480 元,占全部禁烟经费的三分之一,比省县禁烟委员会的常用经费还多,足见政府对戒烟院所的重视。⑧ 而省立戒烟医院仅开办费即有 93500 元。全省戒烟所

---

① 陈果夫:《三年来江苏省政述要》,江苏省秘书处 1936 年编印,第 61 页。
② 《苏州县府大捕抗传不到烟民》,《拒毒月刊》1936 年第 105 期。
③ 江苏省民政厅:《禁烟法令汇刊》,江苏省政府印刷局 1935 年印,第 120 页。
④ 江苏省民政厅:《江苏省禁烟概况》,江苏省政府印刷局 1936 年印,第 39 页。
⑤ 江苏省民政厅:《禁烟法令汇刊》,江苏省政府印刷局 1935 年印,第 120 页。
⑥ 陈果夫:《三年来江苏省政述要》,江苏省秘书处 1936 年编印,第 63 页。
⑦ Traffic in Opium and Other Dangerous Drugs, Annual Report, 1939, Central Commission of Opium Suppression, Chungking, China, p. 41;内政部禁烟委员会编:《禁烟概要》,中国第二历史档案馆藏,档案号:十二(2)342。
⑧ 周厚钧:《江苏的禁政》,《苏衡》1936 年第 1 期。

一次可以容纳 4423 人。① 各戒烟院所除了技术戒烟,还注重精神治疗。依据《戒烟院所烟民精神训练方案》,训练的项目包括知识训练、个别谈话、精神讲话、身体锻炼、劳作、反省、自治训练和娱乐,希望能够"感化受戒烟民,矫正其不良之习惯,锻炼其羸弱之体魄,坚其戒绝之决心,祛其复吸之危机,务使戒除之后,永为新民"。②

关于烟民的戒绝数量,依据 1936 年 3 月,江苏省呈报禁烟总监,全省登记烟民 30 万人,已戒烟者截至 2 月底,已达 8 万余人。③ 又据《三年来江苏省政述要》,自 1934 年 10 月至 1936 年 9 月,共戒绝烟民 127935 人;④至 1937 年,戒绝达 181000 余人。⑤

江苏省在施行传戒烟民之际,并辅以烟民抽查调验与救济,以相互配合。在抽查调验方面,1935 年 1 月,制定《江苏省烟民戒除烟瘾后抽查复验办法》,分定期抽查及临时抽查两种,以防戒绝烟民之复吸。⑥ 该项工作主要由各戒烟院所负责,调验之后出具鉴定书,证明已戒除烟瘾的烟民 3 个月后仍要接受县禁烟委员会的定期抽查和省禁烟委员会的临时抽查。若发现有复吸嫌疑,则送戒烟院所重复调验,确定复吸者,移送军法机关严办。据记者调查,1936 年 6 月抽查戒绝烟民 2853 名,其中有瘾者 368 人,均依照复吸罪判处徒刑。⑦

烟民救济工作方面,则分别于 1935 年 4 月及 1936 年 2 月先后在南通、铜山、盐城各区,设立烟民习艺工厂各一所,收容判处 1 年以上徒刑而年在 50 岁以下之烟犯,及贫苦无依之戒绝烟民,入厂习艺,授以生活技能,从事生产毛巾、布鞋、军服等。⑧ 1937 年 4 月,江苏省为使烟毒犯改善习性,培养谋生技能,规定年龄未满 50 岁而无废疾或重病之烟毒犯,编入习劳队,使在监

---

① 江苏省民政厅:《江苏省禁烟概况》,江苏省政府印刷局 1936 年印,第 31 页。
② 江苏省民政厅:《江苏省禁烟概况》,江苏省政府印刷局 1936 年印,第 28—30 页。
③ 《江苏已有 8 万余人戒绝鸦片》,《禁烟半月刊》1936 年第 1 卷第 2 期。
④ 陈果夫:《三年来江苏省政述要》,江苏省秘书处 1936 年编印,第 63 页。
⑤ Traffic in Opium and Other Dangerous Drugs, Annual Report,1939,Central Commission of Opium Suppression, Chungking, China, p.42;内政部禁烟委员会编:《禁烟概要》,中国第二历史档案馆藏,档案号:十二(2)342。
⑥ 陈果夫:《三年来江苏省政述要》,江苏省秘书处 1936 年编印,第 64 页。
⑦ 《苏省戒绝烟民总数》,《拒毒月刊》1936 年第 104 期。
⑧ 陈果夫:《三年来江苏省政述要》,江苏省秘书处 1936 年编印,第 65 页。

外习服劳役。烟毒犯根据刑期不同编为甲、乙、丙三种习劳队,服役种类为浚河、修路、建筑、耕作、植树等,视当地情形酌量支配,但以人犯力能胜任者为限。① 这些措施在促进烟民戒吸和谋生技能两方面均有一定的成效。

(4) 禁毒

江苏省办理禁毒由警备司令部专司其事,查禁工作尤为严厉。1935年内,曾破获吸毒案1891件,贩毒案320件,运毒及制毒案各14件,戒绝毒贩达3128人。② 1936年2月,烟民自新登记办理完竣后,即呈准举行烟毒犯总检举,经禁烟总监委派检举烟民登记及检举禁毒专员,会同省府举行烟毒犯总检举。检举期内,运用保甲组织,令全省各级自治人员及水陆公安人员,全体出动,层层督饬,共查获制运、吸食,及供人吸食毒品犯共2124人,分别依法惩处。此次毒犯检举实施之后,全省毒氛,乃渐绝迹。③

9. 上海市

上海市自1927年作为特别市,从江苏省划出,直属中央政府。作为当时中国最繁华的都市,虽无罂粟之种植,但因其交通便利,人口众多,商业繁盛,复以租界所在,华洋杂处,毒品获得最易,乃成为华东烟毒消费最甚之地区,故此处亦简要述之。

1935年7月1日,上海成立上海市禁烟委员会,并颁布章程。分别聘请虞洽卿、王晓籁、杜月笙、颜福庆、王一亭、俞佐廷、汪伯奇等7人为委员。成立当日及开始着手烟民登记工作。④ 上海市的烟民登记工作由公安局负责,主要参考江苏省四年禁烟办法。但上海与江苏办理禁政有较大差异,江苏实行保甲制度,烟民控制相对较易,而上海民众大都旅居性质,迁移不定,办理禁烟若过于急切,会使烟民趋避租界,增加禁政处理之困扰,然若施之过宽,则计划又难以实现。1935年,公安局规定登记限期为1年,前6个月为自动登记,后6个月则为强迫登记。至于禁绝期限,则照章定为6年。⑤ 1935年7

---

① 《江苏省各县编组烟毒犯习劳队暂行办法》(1937年4月13日),《第六届江苏省政府委员会会议通过法规》(第15辑),第679页。
② 《各省市禁烟禁毒概况》,《禁烟汇刊》1937年第1期。
③ 陈果夫:《三年来江苏省政述要》,江苏省秘书处1936年编印,第66页。
④ 《上海市禁烟委员会七月一日成立》,《医药评论》1935年第7卷第7期。
⑤ 《民国二十五年上海市年鉴》,中华书局1936年版,第F73—74页。

月 25 日烟民登记工作开始，①原定 7 月至 9 月自动登记期限，后又延长 1 月，至 10 月底止，11 月起开始办理强迫登记。凡未登记的烟民，一律加以拘捕，处以罚金，但为使烟民有自新的机会，凡在 11 月内自首者不判处罚金。② 至 12 月底，登记领照人数共计 30844，其中具领普通限期戒烟执照的有 12838 人，具领贫民戒烟执照的有 17995 人，领旅行证的有 11 人。③

1936 年，上海市第二期换领戒烟执照，沪市公安局查缉股全体人员加紧查缉，如查获尚有未领戒烟执照而私吸鸦片者，即行捕拿解送淞沪警备司令部严办。自 1936 年 4 月 1 日至 6 月 23 日，共换领戒烟执照的有 18141 人，5 月 10 日至 6 月 20 日，检举烟民登记期间又补领戒烟执照的有 5295 人。④ 1936 年 8 月，上海市总检举登记烟民达 11285 名，无力登记，请求送戒者每日达五六十人。⑤ 如此，则上海 1935 年登记烟民 30844 名，1936 年达到 42020 名，1939 年尚有 38625 名。⑥

上海市 1936 年有土膏行 12 家；土膏店 1936 年有 73 家，1937 年仍为 73 家。⑦ 而戒烟院所，1935 年有专设戒烟院所 4 家，兼办院所 17 家；1936 年有专设 4 家，兼办 20 家；1937 年有专设 4 家，兼办 20 家。⑧ 据统计，1935 年戒绝烟民数 6886 名，1936 年 11449 名，1937 年 4297 名，共计 22632 名。⑨

上海市的毒品问题一向较为严重。据传仅南汇县大团泥城一带，居民打

---

① 《民国二十五年上海市年鉴》，中华书局 1936 年版，第 F75 页。
② 蔡劲君：《过去半年内本局办理禁烟之概况》，《禁烟专刊》1937 年第 2 期。
③ 《民国二十五年上海市年鉴》，中华书局 1936 年版，第 F76 页。
④ 《上海市禁烟禁毒近况》，《禁烟半月刊》1936 年第 1 卷第 3 期。
⑤ 《本事禁烟工作近况》，《拒毒月刊》1936 年第 103 期。
⑥ Traffic in Opium and Other Dangerous Drugs, Annual Report, 1939, Central Commission of Opium Suppression, Chungking, China, p.42；内政部禁烟委员会编：《禁烟概要》，中国第二历史档案馆藏，档案号：十二(2)342。
⑦ 内政部禁烟委员会编：《禁烟概要》，中国第二历史档案馆藏，档案号：十二(2)342；内政部编：《二十六年度禁烟年报》，中国第二历史档案馆藏，档案号：十二(2)1291。
⑧ Traffic in Opium and Other Dangerous Drugs, Annual Report, 1939, Central Commission of Opium Suppression, Chungking, China, p.41；内政部禁烟委员会编：《禁烟概要》，中国第二历史档案馆藏，档案号：十二(2)342。
⑨ Traffic in Opium and Other Dangerous Drugs, Annual Report, 1939, Central Commission of Opium Suppression, Chungking, China, p.42；内政部禁烟委员会编：《禁烟概要》，中国第二历史档案馆藏，档案号：十二(2)342。

吗啡的即不下 1 万余人。① 1936 年,外交部与上海租界当局商定办法,曾破获毒案 170 余起,缉获毒贩 256 名。② 1937 年,名伶潘月樵之子潘海秋吸食毒品被枪决。③ 潘月樵是革命元老,辛亥期间参加过光复上海和南京的战役,孙中山曾接见,陈其美还委其为上海军政府调查部部长一职。可见,上海方面对于禁毒态度之坚决。

10. 福建省

1935 年 10 月,福建省政府成立禁烟委员会,④并令各区行政督察专员、厦门市市长、省会公安局局长、水警总队队长,新刑法鸦片罪之规定,在适用禁烟总监所订禁烟治罪暂行条例和禁毒治罪暂行条例区域内,停止施行,并抄发各地各局条例一份,颁布实施。⑤

(1) 禁种

福建省虽系绝对禁种省份,但 20 年代末至 30 年代初,全省各地,特别是闽北地区的种烟情况十分普遍,地方军阀的迫种勒捐现象亦极为严重。六年禁政开始后,1935 年,福建省政府派查禁专员、委员等赴全省各行政督察区共 62 县进行烟苗查禁,发现 14 个县有私种情事。⑥ 此后,福建省颁布章程,规定每年烟苗下种时,各级政府加大禁种宣传力度,并由省政府派员会同各县政府分段巡视,县长、各区乡镇公所及保甲长、农户等均要出具甘结。烟苗出土时节,县长、各区乡镇公所及保甲长要随时查勘。若有烟苗发现,户外枪决,且实行连坐,该管县区长及各级人员,也应依法惩办。⑦

1936 年,军委会查禁种烟特派员赴闽实施总检举,会同各行政督察区查禁专员、委员及各地方政府进行烟苗查禁。此次查禁十分仔细,人迹罕至的山区、岛屿等均在查禁范围之内,共有 25 县发现私种烟苗现象,依法立即铲除,并惩办各种户,将查禁不力人员分别惩处。⑧ 1937 年,福建省分别派员继

---

① 《南汇大团泥城毒祸》,《拒毒月刊》1936 年第 105 期。
② 《各省市禁烟禁毒概况》,《禁烟汇刊》1937 年第 1 期。
③ 《潘海秋吸毒被枪决》,《拒毒月刊》1937 年第 109 期。
④ 福建省民政厅编:《福建省禁烟概况》,福建省政府秘书处 1939 年印,第 79 页。
⑤ 《新刑法鸦片罪停止施行》,《福建省政府公报》1935 年第 553 期。
⑥ 福建省民政厅编:《福建省禁烟概况》,福建省政府秘书处 1939 年印,第 8 页。
⑦ 福建省民政厅编:《福建省禁烟概况》,福建省政府秘书处 1939 年印,第 4 页。
⑧ 《各省市禁烟禁毒概况》,《禁烟汇刊》1937 年第 1 期。

续查禁,该年仅10县发现私种烟苗现象,大为减少。① 但至1938年全省仍有18个县发现有私种烟苗现象。② 据内政部提交国联禁烟委员会之报告,福建省1936年查获私种案件35件,1937年78件,1938年22件,1939年72件。1935年查获私种面积1045亩,1936年7650亩,1937年253亩,1938年49亩,1939年46亩。③ 另据福建省民政厅所编《福建省禁烟概况》,1938年私种296亩,1939年私种822亩,1940年私种2456亩。④ 可见,禁政期间,福建省的私种现象的确逐年得到遏制,但国民政府提交给国联的数据仍有所保留,而抗战全面爆发后,烟苗种植现象又开始大幅反弹。

(2) 禁贩售

福建省实行禁烟后,烟土来源可分为税土、本土、私土三类。

税土,即来自四川、云南、贵州及陕西、甘肃等缓禁省份,并由禁烟督察处纳税贴花之烟土,这部分烟土完全实行统运和统售。

在统运方面,上述烟土有两条入闽途径:一是由边省产区直接入闽,由禁烟督察处福建分处贴印花税票;一是产区烟土先运入汉口,经禁烟督察处总处贴印花税票后,再运入闽省。采办商要先向禁烟督察处及其福建分处填具申请书,领取特许采办执照及发给采办证后,才能向边省或汉口采办烟土运入省内。烟土采办路线,均由禁烟督察处规定,途中若有禁烟督察处特设之运输机关,须将烟土交运输机关代运。禁烟督察处沿途设查缉机关,随时对采办商所运烟土进行检查,防止走私。烟土入闽后,应卸入设于福州或厦门的公栈,由督察处派员验明数量,并贴印花核定税款。⑤ 自1937年11月,省府禁烟经费由禁烟督察处福建分处按照福建省认销烟土数量每两附收1角,解缴省政府。⑥

在统售方面,进入公栈之烟土,不能私自售卖,只能由领有特许牌照的土膏行店来承销。土膏行按照行政区域设立,每区特许设立1家。各土膏行至

---

① 福建省民政厅编:《福建省禁烟概况》,福建省政府秘书处1939年印,第14页。
② 福建省民政厅编:《福建省禁烟概况》,福建省政府秘书处1939年印,第17页。
③ Traffic in Opium and Other Dangerous Drugs, Annual Report, 1939, Central Commission of Opium Suppression, Chungking, China, p. 31.
④ 福建省民政厅编:《福建省禁烟概况》,福建省政府秘书处1939年印,第22页。
⑤ 高登艇:《民政法令辑要(禁烟)》,福建省民政厅1935年印,第42页。
⑥ 《禁烟机关向土膏店索补助费》,《拒毒月刊》1937年第109页。

公栈购买印花土膏,再转售给各地方之土膏店。每县设立1家土膏店,或招商承办,或由土膏行兼办。而领有执照的烟民,则向当地土膏店限量购买烟膏。土膏店的办理期限为1年,期满再行换照营业。营业执照则分为四等。甲等为月销5000两以上者,乙等为月销2500两以上者,丙等为月销1800两以上者,丁等为月销1000两以上者。当时承销全省特货事宜的是裕闽公司,1937年因涉及向禁烟督察处福建分处行贿一案而遭解散。自1938年起,为增加战时国防力量,加强特货制运售的统一管理,禁烟督察处福建分处将各土膏行收回官营,设立1家土膏行于福州,并于延平、漳州两地各设办事处,专办税货事宜。① 据统计,禁政期间,福建省1936年有公栈2家,1937年仍有2家。土膏行1936年有6家,1937年有4家,1938年有2家。土膏店1936年有56家,1937年有84家,1938年有87家。②

福建市面上除了税土,还有本土及私土。本土,即禁种之前闽南、闽东栽种烟苗各县农民所存储之旧有烟土,数量仍巨。由行政、军事、禁烟三机关联合组织肃清本产特货委员会将闽东、闽南各县分为四区,每区各派专员前往,会同各县政府及驻军,查明民间收存烟土数量,一律令其纳税贴花,准予6个月内售卖肃清,以后若再有存土发现,即认为私土,除没收之外,并须治罪。而私土,乃皆由香港、澳门、大连从英日两国轮船运输而来。由于利润丰厚,民间有土贩集资10余万元,组织大规模私土公司专门从事私土运销。③

(3) 禁吸

福建省于1935年开始进行烟民登记,1936年6月检举登记,全省烟民为111482名。④ 据《福建省禁烟概况》,至1937年12月,除死亡、戒断、他往外,烟民总数为89056。1936年全省戒除14911人,1937年为18071人,1938年1月至6月为4875人,合计为37857人。⑤ 另据内政部《禁烟概要》及提交国联之报告,1935年登记烟民81384名,1936年22482名,1939年58226名。1936年戒绝烟民2200名,1937年17806名,1938年9271名,1939年8567

---

① 福建省民政厅编:《福建省禁烟概况》,福建省政府秘书处1939年印,第25—26页。
② 内政部禁烟委员会编:《禁烟概要》,中国第二历史档案馆藏,档案号:十二(2)342;内政部编:《二十六年度禁烟年报》,中国第二历史档案馆藏,档案号:十二(2)1291。
③ 《福建限期肃清本土》,《拒毒月刊》1937年第109期。
④ 《各省市禁烟禁毒概况》,《禁烟汇刊》1937年第1期。
⑤ 福建省民政厅编:《福建省禁烟概况》,福建省政府秘书处1939年印,第57、62、66页。

名,共计 37844 名。① 两项数据部分年份有出入,但总计数字基本吻合。

关于戒烟院所的设立。福建省规定在省市设戒烟医院,各县设立戒烟所,区镇设立戒烟分所。1935 年,省会福州设立省戒烟医院 1 所,仅 100 张病床,每月容纳烟民 200 人。对施戒烟民,只收取药费与伙食费,如系赤贫无力者,药膳费亦可免纳。② 1937 年,各地戒烟院所根据当地登记烟民数量设立甲、乙两等戒烟医院、戒烟所及戒烟分所。烟民人数在 4000 人以上者设甲等戒烟医院 2 家,3000 人以上不及 4000 者设乙等戒烟医院 1 家,3000 人以下者设戒烟所 1 家,其余重要乡区设戒烟分所。当时有晋江、龙溪、长乐、同安 4 县设甲等戒烟医院,漳浦、南安、闽侯、安溪、闽清、莆田、惠安、仙游 8 县设乙等戒烟医院,其余 50 县设戒烟所。③ 据统计,禁政期间,福建省 1935 年有专设戒烟医院 1 家,兼办戒烟事宜院所 7 家;1936 年有专设 77 家,兼办 1 家;1937 年有专设 84 家;1938 年有兼办 112 家;1939 年有专设 3 家,兼办 55 家。④

(4) 禁毒

1936 年,军委会福建禁烟特派员邱鸿钧会同福建省政府办理全省禁毒总检举,福清、福安、同安、莆田、仙游、晋江、南安、金门、德化、漳浦、海澄等县均发现有偷运吸食及施打吗啡者。⑤ 此后,福建省针对本省沿海地区毒品流行情况,多次进行查缉,不仅抄获多量毒品,而且陆续破获了若干制毒场所。⑥

11. 广东省

六年禁政中,广东省中山县被划为绝对禁烟区,其他地区为绝对禁种分期禁运禁售禁吸区域。1936 年 7 月,广东政局变化,粤军余汉谋通电拥护南京中央,陈济棠亡命香港,广东省政府改组。9 月 1 日,广东省禁烟委员会成

---

① Traffic in Opium and Other Dangerous Drugs, Annual Report,1939,Central Commission of Opium Suppression, Chungking, China,p.42;内政部禁烟委员会编:《禁烟概要》,中国第二历史档案馆藏,档案号:十二(2)342。
② 福建省民政厅编:《福建省禁烟概况》,福建省政府秘书处 1939 年印,第 53 页。
③ 福建省民政厅编:《福建省禁烟概况》,福建省政府秘书处 1939 年印,第 57—58 页。
④ Traffic in Opium and Other Dangerous Drugs, Annual Report,1939,Central Commission of Opium Suppression, Chungking, China,p.41;内政部禁烟委员会编:《禁烟概要》,中国第二历史档案馆藏,档案号:十二(2)342。
⑤ 《各省市禁烟禁毒概况》,《禁烟汇刊》1937 年第 1 期。
⑥ 福建省民政厅编:《福建省禁烟概况》,福建省政府秘书处 1939 年印,第 75—76 页。

立,省政府主席黄嘉松兼禁烟委员会委员长,王雁榆、钟荣光、陆嗣会等为委员。① 军委会禁烟总会派出黄天民赴粤,9月10日成立禁烟督察处广东分处,10月1日开始办公,分处监督一职由禁烟总会特派广东财政厅厅长宋子良担任。② 10月,广东禁烟委员会开禁烟会三次,议决1936年禁绝毒品,1940年禁绝鸦片。③ 1937年4月,改派禁烟总会委员兼秘书主任李基鸿为广东省禁烟特派员,会同省政府主席吴铁城及绥靖主任余汉谋,积极推行禁政。5月12日,省禁烟委员会议决禁烟办法三条:一是禁烟行政由省府办理,禁烟委员会照章为监察督促机关,以后禁烟行政命令由省府发布。二是全省各市县禁烟经费,由省府统筹支配,不得自由抽收。三是所有各市县土膏行店,一切支配给证事项概由禁烟特派员公署统制办理。④

(1) 禁种

广东省是中国鸦片最早进口之地,直到20世纪20年代,依旧是中国鸦片吸食及走私最为严重的地区之一。但广东省土质并不适宜种植烟土,除梅县、五华、海丰、陆丰、海南等处有种植现象,他处并不多见。即使在20年代军阀统治、烟禁废弛时期,广东省的鸦片种植亦不成规模。1937年省府组织查禁,全省私种案件10件,私种面积仅5.93亩。1939年又发现私种案5起,面积为13.76亩。⑤ 因此,六年禁政期间,广东的禁烟重点主要在禁贩售及禁吸食方面。

(2) 禁贩售

虽然广东省不产鸦片,但全省吸食鸦片之风极盛,需求极大。粤省中、西、南部的鸦片主要来自贵州。东北部地区除了有少部分种植,鸦片大多来自福建。⑥ 故官厅专注于外来鸦片之转运贩卖的收税,粤省烟捐收入为各项杂税之大宗。

---

① 《粤省禁烟会已成立》,《拒毒月刊》1936年第105期。
② 《粤禁烟督察处成立》,《拒毒月刊》1936年第105期。
③ 《粤禁烟会缩短期限》,《拒毒月刊》1936年第105期。
④ 《各省市禁烟禁毒概况》,《禁烟汇刊》1937年第1期。
⑤ Traffic in Opium and Other Dangerous Drugs, Annual Report, 1939, Central Commission of Opium Suppression, Chungking, China, p.31.
⑥ 《東亜同文書院阿片調査報告書》,愛知大学東亜同文書院大学記念センター2007印,第178頁。

广东省因政局原因,禁政开始时间晚于其他省份,禁政期间所需烟土不得不仰给于外处,主要是贵州。这些烟土由省外入口后,再由禁烟督察处广东分处统一运往各处。如潮州、梅州地区的所谓"禁烟局之正牌烟土,几全来自省方,且系由兵舰运载""每于船埠车站,见挑夫肩上累累沉重物而贴有'某某禁烟局封'之封条者,即此也"。① 官运烟土到地方后,亦由各领有执照之公栈及土膏行店负责承销。据统计,禁政期间,公栈 1937 年有 2 家;土膏行 1936 年有 18 家,1937 年有 25 家,1938 年有 30 家;土膏店 1936 年有 616 家,1937 年有 623 家,1938 年有 1503 家。②

由于过分依赖于外省且交通不便,采办的烟土到货往往并不及时。以广东汕头为例,若采办烟土尚未运到时,公膏无可发售,只得由各烟馆自由私制售卖。③ 又如 1937 年,广东省禁政开始不久,因贵州省大旱,广西烟土商乘机居奇囤梧 1800 余担烟土,且每两烟土由 1 元余涨至 4 元,使粤商无大宗买进。后广东方面探得,西安尚存甘货 1400 余担,如由陇海粤汉联运来粤,连税费合 3 元余。故广东禁烟特派员公署电请禁烟督察处,在陕购办甘货 500 担运粤济销。经禁烟总监蒋介石同意,广东方面派员赴陕购办,并由禁烟督察处电令西安办事处负责协助。④ 这种状况因抗战全面爆发后粤省部分地区的沦陷而更加严重。如 1940 年,南海各乡,因鸦片土膏来源稀少,价值突趋昂贵,每两熟膏购价竟达 50 余元。各烟室以物价昂贵,内沾四毫始有交成,一般老板极力搜罗应市,但来货绝稀,恐有绝市之虞。各乡民众有烟癖者多感不能不戒。⑤

广东省很多沿海地区的烟土走私亦十分严重。如南澳岛,孤悬南海东端闽粤两省间,成烟土走私漳、泉、湖、汕等处之一根据地。全县有居民 53800 余户,烟民即有 25457 人。全县有大小烟馆 83 家,年消费公膏 158500 余两。而私土充斥,不能统计。此外,由于地理位置特殊,全县充斥由日本浪人从台

---

① 《鸦片之今昔》,宇宙风社 1937 年版,第 69 页。
② 内政部禁烟委员会编:《禁烟概要》,中国第二历史档案馆藏,档案号:十二(2)342;内政部编:《二十六年度禁烟年报》,中国第二历史档案馆藏,档案号:十二(2)1291。
③ 《换汤不换药之汕市禁烟》,《拒毒月刊》1936 年第 107 期。
④ 马模贞主编:《中国禁毒史资料:1729 年—1949 年》,天津人民出版社 1998 年版,第 1157 页。
⑤ 《广东南海官窑里水各乡鸦片烟有绝市之虞》,《中山日报》1940 年 1 月 3 日。

湾贩运而来的红丸,有麒麟、金龙、孔雀、轮船等品牌,每包 18 粒,2 角钱左右,由于价格极低,故用红丸替代鸦片之现象十分普遍。①

(3) 禁吸

对于公务人员吸食鸦片的,采取立即戒绝的政策。1935 年 3 月,广东省政府根据省参议会提案严禁公务员吸食鸦片禁令,并通令所属机关,凡任用公务人员,须先查明有无吸食鸦片,如发现有吸食鸦片情事,即予以撤职之处分。② 1936 年 9 月,广东省禁烟委员会成立,议决禁绝鸦片要缩短期限,全省公务员限 1936 年 10 月底一律自动戒绝,③并决定于 11 月 1 日举行总检举,11 月底各级党政军服务人员会具切结,12 月底汇总转送总检举机关。④

按照各戒烟院所的规定,调验吸用烟毒多以化验便溺为唯一之方法,但便溺内所含毒质成分往往随时变化。卫生署函称,以千余件之调验经验,吸食者 90% 在停止吸食鸦片 7 日内即不呈吗啡反应,5% 隔一星期后小便开始无吗啡反应。故党政军公务员等吸食鸦片者为规避调验,往往一再延迟调验。广东省禁烟委员会规定,被调验公务员机关之长官在奉到调验令文后,立饬被调验者限于次日起程赴指定调验地点投验,该管长官须将起程日期具报。如被调验公务员起程后一周内未投验则以规避论处,立予撤职,如验明有瘾,则军法机关依法论罪。若被调验之公务员因职务重要或身患疾病,不能即时起程,则由该管长官邀同地方军政机关三人以上监督提取小便装入玻璃瓶交邮递以资化验。⑤

对于保甲人员的规定,亦不同于普通烟民。1938 年 3 月,省政府训令各市县局,若有保甲人员吸食鸦片,必先撤职,始准领照登记。若私吸鸦片或冒领执照,概以公务员吸食鸦片论罪。⑥

对于普通烟民,采取限期戒绝的政策。1935 年 3 月 11 日,广东省参议会

---

① 《广东南澳毒窟近况调查》,《拒毒月刊》1936 年第 103 期。
② 《重申严禁公务员吸食鸦片令》,《广东省政府公报》1935 年第 291 期。
③ 《粤禁烟会缩短期限》,《拒毒月刊》1936 年第 105 期。
④ 《转发检举党政军服务人员吸食鸦片暨毒品办法及切结等表式令仰遵照由》,《广东教育厅旬刊》1936 年第 28 期。
⑤ 《奉省令关于公务员被检举或告发有吸食鸦片毒品嫌疑之调检办法转饬遵照办理由》,《广东教育厅旬刊》1936 年第 34 期。
⑥ 《保甲人员吸食鸦片以公务员吸食鸦片论罪》,《广东省政府公报》1938 年第 400 期。

提出两项议案。一是"请先将贫瘠县份实行禁绝鸦片以树风俗案"。理由为，1935年为厉行禁绝鸦片之期，虽然地税尚未完全实施，库款奇绌，遽行禁绝，税收无从抵补，影响政费岁入，但若迁延时日，则贻民口实，流毒不可胜言。而贫瘠县份，每月该项税收在1000元以下，府库每月不过短少数万，于政费无重大影响。故省参议会请先将贫瘠县份在本省集烟税收项下每月仅千元以下者，剋日命令禁绝，并由省府饬令财政厅设法筹抵该项税收。二是"请撤销戒烟室以期逐渐杜绝烟毒案"。理由为，查戒烟室之存在，乃出于饮鸩止渴之计，为害滋多。参议会并拟定撤销各县市戒烟室及烟民登记等10条办法，提请政府颁行。广东省政府将提案交财政组审查，其结果为，关于现将贫瘠县份每月禁烟税收在千元以下者剋日禁绝的议案无异议，并由省政府设法筹抵该项税收。但关于取消各县市戒烟室一案，审查结果为，体察各县市实际情形分别限制设立吸烟室（戒烟室），凡各县市区人口在3000者准设吸烟室1所，人口6000者准设2所，余照类推，但各县乡村则不准设立。举行烟民登记，详载其地址、年龄及吸烟数量，并附有半身照片。但年龄在30岁以下，如有烟瘾者，限3个月戒绝。因疾病吸食经给戒烟证者，准其在家吸食，但不准招引别人，违者两者俱罚。领膏次数，分每日、每周、每月3种，依证价给，只许递减不许递增。除限期登记外，以后非有特别原因如疾病上之需要或新从国外归来持有执照者，概不给证。① 但此后两广政局动荡，上述措施并未实际执行。

1936年7月省政府改组，9月禁烟委员会成立，11月省政府主席兼禁烟委员会委员长黄嘉松颁布禁烟纲要五则：

一是扩大各属禁烟宣传。由省禁烟委员会通饬各界县市府转饬所属各区乡镇自治机关，随时派员当众演讲及广贴标语。此外，教育厅通饬各县市转饬公私立各学校，组织禁烟宣传队，于假日轮流露天演讲，使各地烟民知所省悟愧奋，从速戒绝。

二是广设各属民立戒烟医院。由禁烟委员会通饬各县市长，函商所属慈善及自治机关团体，酌拨公款或劝捐，依照政府设立戒烟医院章程，广设民立戒烟医院。以助政府财力所不逮，而便当地烟民就近施戒。

---

① 《撤销戒烟室及禁绝贫瘠县份鸦片等案》，《广东省参议会月刊》1935年第1期。

三是注重各县市禁烟考成。各县市长均有协助各县市禁烟委员会禁烟进行之职责,拟转饬所属各自治机关,查明该地烟民登记数,每月造表一次,报由该管县市,汇报省禁烟委员会考核,以烟民戒绝额多少为比例,以定协助禁烟成绩之高下,而资考成。

四是扩充各属正当娱乐场所。由省禁烟委员会通饬各县市令各区乡镇机关团体,设法筹捐款项,增设阅书报社、音乐社、排球场、电影院等,俾人民有正当消遣娱乐,以潜移不良嗜好,使禁烟效果速率增加。

五是充实各属缉私力量。由省禁烟委员会通饬各县市转饬所属各自治机关团体,出具切结,负认真举报及协同禁烟督察查缉之责。如发觉有知而不报及扶同隐匿情弊,分别情节轻重,依法严处,务使杜绝流弊,以绝烟民侥幸之念,使禁烟工作成效加速。①

1939年9月,广东省将曲江、翁源、连县、南雄、始兴5县划为提前禁烟示范地区,所有烟膏局、土膏行、售吸所等一律撤销,停发戒烟执照,实行勒戒。11月,乐昌、仁化、英德、乳源、连山、阳山、清远、佛冈等8县亦划入提前禁烟区。1940年3月,内政部通令全国各省提前于6月底将鸦片禁绝,上述8县亦包括在内。②

广东省1936年才列入禁烟计划,1937年有专设戒烟院所5家,兼办戒烟事宜院所17家;1938年有专设67家,兼办31家;1939年有专设6家。③ 但烟民登记工作一再展延,其原因主要是地方烟膏利益所在。以汕头市为例,自从广东省决定限期禁烟后,其禁烟机关即有禁烟委员会、禁烟督察处广东汕头事务所、禁烟督察处广东缉私专员办事处潮梅检查所、督察处汕头制膏所、土膏行、公膏总销所、戒烟医院等7个。而如此多的禁烟机关,却又产生不同的部门利益。禁烟最关键者乃烟民登记,但1937年汕头禁烟委员会强迫烟民登记之举居然遭到制膏所之反对,原因乃是影响推销烟膏生意。故烟民登记不得以展期进行。④ 如此,广东省直到1939年才报核烟民登记人数,

---

① 《广东禁烟纲要五则》,《越华报》(广州)1936年11月9日。
② 内政部禁烟委员会编:《禁烟概要》,中国第二历史档案馆藏。
③ Traffic in Opium and Other Dangerous Drugs, Annual Report, 1939, Central Commission of Opium Suppression, Chungking, China, p.41;内政部禁烟委员会编:《禁烟概要》,中国第二历史档案馆藏,档案号:十二(2)342。
④ 《汕头禁烟近闻》,《拒毒月刊》1937年第109期。

为 182241。此外,广东省烟民戒绝人数自 1937 年才开始呈报,当年为 8595 人,1939 年为 11178 人,合计 19773 人。① 相比较近 20 万的登记烟民数量,戒绝量实在太少。

12. 广西省

(1) 禁种

广西省的气候及土壤并不适合种烟,虽有部分地区栽种罂粟,但产量不大,且土质不佳。广西省当局主要通过鸦片的过境税及消费税作为省财政的重要支撑。自六年禁政开始后,全省毒卉基本绝迹,经查禁,1937 年私种面积尚不到 1 亩。② 以往少数种烟田亩,均已改种水稻、棉、麦及其他农作物。食粮种子及农业贷款,均经普遍办理。③

(2) 禁贩售

新桂系统治时期,鸦片特税是广西省最大的财政来源。1932 年达 1484.4 万元,1935 年为 1054.8 万元。④ 以龙州为例,该地据左江上游二源之会合点,乃中国之藩篱、入安南之门户,在广西省南防上占有重要地位,故商贾云集,市面繁荣,是广西烟叶中心区之一。市面上鸦片大部分系云土,由云南富州入境,转运而来。少部分系黔土,由百色转运而来。仅 1935 年上半年,即入口鸦片 1595000 两,其中云土 1520000 两,黔土 75000 两。烟土过境税及各等烟土号、烟馆、烟民牌照费合计 430705 元。⑤ 但自 1936 年开始,广西省的特税收入即开始急剧下降,1936 年全省特税 484.6 万元,1937 年为 433.3 万元。⑥ 这与六年禁政开始后蒋介石控制云贵土入桂有极大之关系。

禁政期间,广西省将烟土称为"戒烟药料"。在禁运方面,出台了《广西省运销戒烟药料稽征章程》(1937 年 3 月 10 日),规定除生药、炭药外,熟膏无论出入口,一律禁止贩运。运销路线,以西隆、凌云、百色、镇边、六寨、思恩、富

---

① Traffic in Opium and Other Dangerous Drugs, Annual Report,1939,Central Commission of Opium Suppression, Chungking, China,p.42;内政部禁烟委员会编:《禁烟概要》,中国第二历史档案馆藏,档案号:十二(2)342。

② Traffic in Opium and Other Dangerous Drugs, Annual Report,1939, Central Commission of Opium Suppression, Chungking, China,p.31.

③ 赖淑卿:《国民政府六年禁烟计划及其成效》,台北"国史馆"1986 年版,第 265 页。

④ 郑家度:《广西金融史稿》(下册),广西人民出版社 1984 年版,第 13 页。

⑤ 《广西龙州区烟市与安南烟祸关系调查》,《拒毒月刊》1936 年第 101 期。

⑥ 郑家度:《广西金融史稿》(下册),广西人民出版社 1984 年版,第 13 页。

禄、长安、龙胜、全县为入口,庆远、柳州、南宁、龙州、桂林、宾阳为复入口,梧州、郁林、平乐、贺县、龙虎关为出口,余为经过路线。对于出入口"戒烟药料"须要征收禁烟罚金,内销"药料"还要加征内销证费。运经广西省转运上海、汉口、江西等处的"药料",要征收过境罚金,并加征仓租。此外,在省内开设行店营业,除缴纳规定征费外,还要征收特许牌照费。凡"戒烟药料"运入省内,每缴纳一次罚金,即照贴一次印花。印花分为甲、乙两种。甲种为"药料"入口征收罚金半数之用,乙种为药料出口补完罚金半数之用。如一次缴足应征禁烟罚金,即照贴两种印花。①

在禁售卖方面,根据《广西省取缔销售戒烟药膏章程》(1937年3月10日),凡在省内销售戒烟生药或熟膏,均需开具事项,向当地禁烟局所,或奉委办之机关,请领特许牌照。特许牌照分为特许整销戒烟生药牌照和特许散销戒烟药膏牌照两种。请领牌照应报事项包括商号及营业地点,经理人姓名、年龄、籍贯、住址,年销数量或月销数量,资本金额等。请领整销生药牌照之商店称生药行,只限在有禁烟区分局地方开设,得依照《运销戒烟药料章程》的规定,直接向产地采运生药及代客经纪。年销在100万两以上者每月缴纳照费100元,年销在50万两以上者每月缴纳照费60元,年销在25万两以上者每月缴纳照费40元,年销在25万两以下者每月缴纳照费20元。生药行年销售数量超过原报额一级以上,应于年终补缴照费,并照超出数额换领新照。如瞒不实报,一经查觉即撤销牌照,并按应缴照费2倍处罚。请领散销药膏之商店称药膏店,应设在城市墟镇固定地址营业,不得随处挑运摆卖或开灯供人吸食,否则除没收药膏烟具外,并处5元以上100元以下之罚金。药膏店如在设有专销处地方,其生药应向专销处购入,如在未设专销处地方,得向生药行购买,均以贴足花证者为限,不得私向产地采运。若有买卖未经粘贴内销证之生药,或用以制膏,除撤销其牌照及按禁烟缉私章程惩办外,并处该店经理人6个月以上1年以下之拘押。药膏店月销在3000两以上者每月缴纳照费30元,月销在1000两以上者每月缴纳照费20元,月销在500两以上者每月缴纳照费10元,月销在500两以下者每月缴纳照费5元。药膏

---

① 马模贞主编:《中国禁毒史资料:1729年—1949年》,天津人民出版社1998年版,第1144—1146页。

店配制药膏,不得掺以私药伪料,每次煎制须先报请当地主管机关派员监视下锅。生药行及药膏店所领各种牌照,不得转手或让与,其有效期均定为一个月,期满无效。如仍继续营业,须照章缴费换领。各种牌照费,在有禁烟局所驻地方,由局所直接征解,其余地方由各县政府代征、代解,或委托地方机关办理。各主办机关每月经征照费,均准提扣 1/10 作办公费,并准以 3/10 提拨地方公用,其余 6/10 悉解省库。① 但《广西省取缔销售戒烟药膏章程》实施不久即废止,并被《广西省实施禁吸鸦片办法》所取代。该办法规定,商人运输生药出入本省须报由禁烟机关封箱标明不许拆封,并由禁烟机构专人护送。此外,自 1937 年 4 月 1 日起,各级禁烟机关及各生药行店一律不得在省内买卖生熟土药,生药行店所存之土一律呈请县政府验明并加贴印纸,以便稽查。②

(3) 禁吸

与广东省相似,广西省于 1936 年才开始进行烟民编查等工作。1936 年 12 月颁布的《禁烟实施办法》有如下几个方面的规定:

一是执行机关。在省会桂林及南宁、梧州,分别以省会公安局,南宁、梧州公安局为执行机关。在各县以县政府为执行机关。有区公所、县公安局、公安分局、公安分驻所之地方,各该区局所长须协同或督饬乡镇村街长切实办理。

二是调查登记。各执行机关在奉到禁烟章程 15 日内,办理烟民调查登记。所属乡(镇)长督率村(街)长,发给该管村(街)内住户、商店烟民调查申报表,据实填报。填报不实,或逾期匿不申报者,罚其户主或店主 10 元以上 100 元以下之罚金,或百日以内之罚工。各乡镇长接到烟民申报表后,应会同村街甲长,详细调查确实,呈报执行机关查核办理。执行机关接到申报表后,登记存案,制发登记证。登记证分为第一期、第二期两种,第一期登记证征费法币 2 角,第二期登记证征费法币 3 元。乡镇公所所征登记费,准提四成作为办公经费,其余悉解执行机关汇解省库。

三是分期勒戒。全省分两期勒戒:第一期由 1937 年 4 月 1 日起至 6 月

---

① 马模贞主编:《中国禁毒史资料:1729 年—1949 年》,天津人民出版社 1998 年版,第 1147—1148 页。
② 《广西省实施禁吸鸦片办法》,《广西省政府公报》1937 年第 164 期。

底截止,第二期由 1937 年 7 月起至 12 月底截止。在戒烟期内,公务员及学校生员绝对禁止吸食。其他烟民须领证购膏,开灯自疗。按照证内所列需用数量购吸,不得私自增加。所有烟民皆须逐月减少吸食数量,务于第一期戒断。年龄在 51 岁以上者,在第一期不能戒断时,准换领证登记,延至第二期戒断。每期戒断烟民,应将登记证上缴注销,由执行机关造册呈送省政府备核。每期完了之日,由执行机关举行检查。如有未依期断戒者,照《禁烟治罪暂行条例》第八条治罪,并一律强制断戒。执行机关对于分期勒戒办理不力者,以玩视要政分别议处。

四是缴毁烟具。凡收藏专供鸦片吸食之用具,除经登记烟民尚在治疗期间者外,其余应由执行机关布告,限期执行缴交,该管乡镇公所汇缴执行机关焚毁。执行机关焚毁烟具,应先定期召集当地机关法团协同执行,并列册呈报省政府备案。

五是稽查。各村街长随时稽查住户居民有无违禁私开鸦片烟馆,或私吸鸦片情事,每月以书面报告乡镇公所一次。各乡镇长须 3 个月亲至各村街各甲,稽查住户居民有无违禁私开鸦片烟馆,或私吸鸦片情事,以书面报告执行机关一次。乡村政务督察员或区长,每半年须亲至各村街各甲,稽查住户居民有无违禁私开鸦片烟馆,或私吸鸦片情事,以书面报告执行机关一次。正副县长每季下乡巡视时,须切实稽查各该乡镇村街内有无违禁私开鸦片烟馆,或私吸鸦片情事,并每 3 个月统计该县吸食鸦片烟民数目,报告省政府核办。①

为进一步加强禁政,1937 年 2 月,省政府又颁布《广西省办理禁吸禁种鸦片人员考核办法》,规定了办理禁政人员若宣传有方、调查认真、查禁得力、办理认真、查禁认真、查铲得力等 6 项情节,可照规定分别奖励,反之则有相应的处罚措施。②

但实际上,各项工作均已在展延。烟民登记人数至 1939 年才报核,共登

---

① 马模贞主编:《中国禁毒史资料:1729 年—1949 年》,天津人民出版社 1998 年版,第 1129—1130 页。
② 《广西省办理禁吸禁种鸦片人员考核办法》,《广西省政府公报》1937 年第 162 期。

记烟民 115613 名。① 而在施戒方面亦不尽理想。根据《广西省实施禁吸鸦片办法》,自 1937 年 4 月 1 日起,各县政府按照该县烟民人数每月吸食总量向附近禁烟机关购买生药零售给烟民施戒。每月购买 1 次,每次购买若干,由县政府及售卖之禁烟机关双方各呈报给省政府核查。烟民在施戒期间,先将烟民登记证呈缴该管乡镇公所验明并核发烟民购药证。烟民持购药证向县政府购买生药,每 10 日 1 次。每日吸食烟膏 1 钱者,每次准买生药 10 钱,皆于购药证上书明数量。凡年在 50 岁以下之烟民分为 9 次,每次递减 1 钱,至第 9 次后即不准购买,余类推。② 但由于烟民登记工作滞后,施戒工作自然亦大受影响。根据原规定,1937 年年底全部烟民须戒绝。但根据 1937 年 12 月之检举结果,广西省当局亦承认"未能依期戒断,匿报偷吸者,为数仍多"。故"乃与广西禁烟特派员公署商定,对于 50 岁以下者,仍限令一律戒绝不准吸食;51 岁以上烟民,准照中央六年计划规定,延长至 1940 年 12 月底以前禁绝"。③

值得注意的是,广西省在施戒效果方面是比较突出的。至 1939 年,全省有专设戒烟医院 112 所。④ 为配合烟民的戒烟,1940 年,广西省还在临桂、兴安、全县、柳江、苍梧、宜山、博白、百色、都安、贺县、靖西、融县、河池、桂平等 14 县各设强民工厂一所。虽然迟至 1937 年起才向中央呈报戒绝人数,但在全国各省市中,其戒绝人数与烟民登记人数是最为接近的。其 1937 年戒绝烟民 39719 人,1938 年 313 人,1939 年 93920 人,合计 133952 人。⑤ 据前文,1939 年全省登记烟民才 115613 名。登记人数不及戒绝人数,乃因为 1939 年之前,广西省并未上报登记人数,但已经开始了施戒工作,故 1939 年人数并

---

① Traffic in Opium and Other Dangerous Drugs, Annual Report, 1939, Central Commission of Opium Suppression, Chungking, China, p.42;内政部禁烟委员会编:《禁烟概要》,中国第二历史档案馆藏,档案号:十二(2)342。
② 《广西省实施禁吸鸦片办法》,《广西省政府公报》1937 年第 164 期。
③ 广西省政府十年建设编纂委员会:《桂政纪实(1932—1941)》,1946 年,第 208 页。
④ Traffic in Opium and Other Dangerous Drugs, Annual Report, 1939, Central Commission of Opium Suppression, Chungking, China, p.41;内政部禁烟委员会编:《禁烟概要》,中国第二历史档案馆藏,档案号:十二(2)342。
⑤ Traffic in Opium and Other Dangerous Drugs, Annual Report, 1939, Central Commission of Opium Suppression, Chungking, China, p.42;内政部禁烟委员会编:《禁烟概要》,中国第二历史档案馆藏,档案号:十二(2)342。

非烟民登记人数的最高值。

13. 西康省

自1928年,国民政府就开始西康建省的相关事宜。1935年成立西康建省委员会,由刘文辉任委员长。1939年1月,西康正式建省,除原有的康属地区外,原川省第十七行政区(雅属六县)和第十八行政区(宁属八县)划归西康。

西康省负责禁烟的机构较为复杂,分为四个系统。一是直接隶属省政府的禁烟督理处,掌管全省禁烟之事。二是民政厅下设的禁烟科,第一股主管禁种禁吸,第二股主管禁运和禁售。① 三是建省后成立的省禁烟委员会及各县禁烟委员会,该会对于省执行禁烟机关负有监督、检查、纠正、设计、调查、稽核、建议之责,同时执行内政部禁烟委员会委托之事,亦遵循西康省政府颁布的禁政文告。② 四是在省会康定设立的省禁烟局,下设总务、文书、储运、侦缉、经征等股,主管康属各县的禁政。③ 限于资料,尚不清楚上述机构在职能上是如何划分的。

(1)禁种

西康多山少农,地瘠民贫,军政当局一直以鸦片烟为生命线,以烟养军,以烟系政。据西康建省委员会于1936年呈报禁烟总监:"查西康戒烟事项,曾与去年十月转令各县遵办,旋以'赤匪'窜扰,全境混乱,一切政令推行,因之大受阻挠。迄至现在,西康各县对于办理禁烟禁毒事项,多未呈报前来。本会现正草拟严禁种烟售吸计划,拟限两年半彻底禁绝。"禁烟总监蒋介石指令严促西康建省委员会,将推行禁政情形及所拟计划赶速呈核。④ 但西康省并未能在1938年底完成禁烟,因康定、泸定、丹巴、九龙4县呈请展限,乃与划归西康省管辖之原四川雅宁两属于1940年年底禁绝。⑤

1939年,西康正式建省后,蒋介石即在宁属西昌设立军事委员会委员长

---

① 张汶:《西康省禁烟方案》,《训练月刊》1940年第3期。
② 《西康省禁烟委员会组织规程》,《西康省政府公报》1939年第4期;佚名:《西康省禁烟实施概况》,《四川禁政月刊》1939年第7—8期合刊。
③ 政协四川省雅安市委员会编:《回忆西康》,雅安凌丰印务有限责任公司2006年印,第722页。
④ 《西康拟定禁烟计划》,《禁烟半月刊》1936年第1卷第3期。
⑤ 赖淑卿:《国民政府六年禁烟计划及其成效》,台北"国史馆"1986年版,第241页。

西昌行辕,①一方面是对刘文辉加以节制,另一方面亦是为了督促西康省的禁烟。自四川省禁烟后,因缉私而烟价大涨,很多西康宁属所产之鸦片均流入四川。宁属地处山区,国民政府鞭长莫及,而刘文辉又趁"划宁归康"之机大开烟禁。② 故"西昌行辕"行营的设立即有了政治及禁烟的双重意义。

西康建省之时,在全国其他省份已经是禁政的尾声了,但西康的罂粟种植极为普遍。其种植区主要集聚在雅属(今雅安)各县汉族、彝族、藏族杂居区(即雅安天全、芦山、宝山、荥经一带)及宁属(西昌)各县的彝族聚居区,当时西康种烟的田地占全省耕地面积的48%左右。③ 宁属越西县在1939年种植鸦片的土地面积达28510亩,其中的瓦吉莫乡有400多户人家,种植鸦片者就达到了328户,占总户数的80%。④ 1939年黄炎培曾带领川康建设视察团考察西康,其看到满山遍野的鸦片,为此作诗一首,名《越嶲》:"红红白白四望平,万花捧出越嶲城,此花何名不忍问,我家既倾国且倾。"⑤由此可见西康省境内鸦片种植的盛行及危害。

按中央的部署,1939年全国应一律禁种鸦片,刘文辉建省之后,马上便在富林会议(汉源县富林镇召开)上以"活动地方经济"为名,宣布宁属八县可以普种鸦片一年。⑥ 宁属地区一直种烟,经过省主席的提倡,自然是大种特种。雅属、康属地区的种植也大增,如雅属地区原先是天全、宝兴、芦山3县种烟,雅安、汉源2县种植不多,荥经几乎不种,到1939年3县也开始普种罂粟,而且,荥经出产鸦片质量甚佳,自此以后,年年大种罂粟。自1939年起,西康地区便年年种烟。烟税一直是刘文辉政权的财政基础,而刘文辉也由此成为敷衍中央禁政的传奇式人物,每年汇报禁政工作卓有成绩,而每年大批

---

① 西昌市政协文史资料委员会编:《西昌市文史资料选编:第二辑》,西昌市委员会文史资料研究委员会1985年印,第76页。
② 方远:《宁属鸦片战争之二——坛罐窑之战》,《凉山文史资料选辑》(第9辑),凉山日报出版社1991年版,第53页。
③ 赵长青:《中国毒品问题研究——禁毒斗争的理论与实践》,中国大百科全书出版1993年版,第68页。
④ 宣玉:《陷入鸦片黑漩涡的越西》,凉山州政协文史资料编纂委员会编:《凉山文史资料》(第9辑),1991年,第24页。
⑤ 朱宗震、陈伟忠编:《黄炎培研究文集(一)》,四川人民出版社1997年版,第361页。
⑥ 许成章:《刘文辉和蒋介石在西昌地方的斗争》,《凉山彝族自治州文史资料选辑》(第3辑)。

的西康烟土仍源源输入内地。1939年7月,全国分期禁种完成后要组织种烟区的查察工作,如前所述,西康省之康定、泸定、丹巴、九龙4县呈请展限,故省查禁种烟督察团亦相应分4组进行工作。但实际上,西康省的鸦片种植在六年禁政期间并未禁绝,直至解放之前,罂粟种植现象都较为严重。

(2)禁贩售

1939年9月1日,督办西康省肃清私存烟土事宜公署成立,刘文辉为督办。肃清私土以统制收买为主要方法,要点有二:

第一,宣传。由于地处边荒,文化极为落后,不仅少数民族不通文墨,所居之汉族人亦多系文盲。他们对于政府文告难于了解,故每一县区特设宣传组队,一组分赴汉地,一队深入少数民族地区,通译开导,宣扬禁烟政令之工作。

第二,备武。宁属区域,崎岖险远,驻军寥寥。边民生性狂悍,一般土枭烟贩,大批囤积,携械横行,动辄拒捕,非有相当兵力专司巡缉,不能肃清私存烟土事宜。但实际上这一工作并未完成,公署后来亦未改为禁烟督办公署,按原定期限应于1940年1月结束工作,但因所派各员分赴各地查察,归建不易,后行政院令于3月20日结束公署,然因经费关系,迟至4月底公署才得遣散所属工作人员,而留若干人员处理裁撤事宜。①

(3)禁吸

在六年禁政前后的10余年时间里,西康生产凋敝,人口减少,商业萧条,究其原因虽有种种,但普遍栽种鸦片并吸食鸦片乃症结所在。以泸定县为例,全县普遍栽种鸦片,由于全县每年纳禁烟罚金6000元之包额即可完成义务,故种植愈广,人民老幼莫不吸食。总计全县每年须消耗鸦片十二三万两,值大洋六七万元。20年代中期,泸定全县有4400余户,共17000余人,至30年代中期,只剩3700户左右,13000余。②

西康省于1939年才开始呈报烟民登记数量,共登记烟民69319人。③另

---

① 赖淑卿:《国民政府六年禁烟计划及其成效》,台北"国史馆"1986年版,第186—187页。
② 笑侠:《泸定全县人民之严重危机——鸦片》,《康藏前锋》1935年第2卷第8期。
③ Traffic in Opium and Other Dangerous Drugs, Annual Report, 1939, Central Commission of Opium Suppression, Chungking, China, p.42;内政部禁烟委员会编:《禁烟概要》,中国第二历史档案馆藏,档案号:十二(2)342。

据《西康省二十九年度禁烟实施计划》，全省烟民人数为 61519（不包括流动烟民 1500 人），二者几乎吻合，见表 15-17。

表 15-17　1939 年西康省各县局烟民人数

县局名称	烟民数量	县局名称	烟民数量
荥经	1955	汉源	4315
芦山	856	宝兴	303
金汤	89	天全	2458
昭觉	97	冕宁	13000
西昌	12700	越嶲	3510
会理	12000	盐源	2000
盐边	1400	宁南	600
宁东	120	丹巴	476
泸定	1791	康定	554
九龙	570	雅安	2725
总计		61519	

西康省 1940 年之禁吸工作，是按照上述统计的烟民人数为依据的。内容如下：1. 关外各县之矿夫及流动烟民，限 1940 年 3 月底一律戒绝。2. 关内康定、丹巴、九龙三县烟民，限 1940 年 4 月底一律戒绝。3. 盐源、宁南、昭觉、宝兴、金汤、宁东 7 县局，限 5 月底一律戒绝。4. 天全、芦山、雅安、荥经、盐边、泸定 6 县，限 6 月份戒绝。5. 越嶲、汉源 2 县，限 7 月份戒绝。6. 西昌、会理、冕宁 3 县，限 9 月份戒绝。7.10 月份办理总检查及结束。内政部原限各省烟民于 1940 年 6 月底以前完全戒绝，然亦规定如有特殊情形，得报部酌展，但至多不逾 3 月。故西康之禁吸计划，内政部之规定，原则上并不抵触。①

在施戒方面，1937 年，西康省建省委员会在康定设立省立戒烟医院，但设备简陋，仅配备有 4 名医生，4 间病房，20 张床位。② 至 1938 年有专设戒烟

---

① 赖淑卿：《国民政府六年禁烟计划及其成效》，台北"国史馆"1986 年版，第 283—284 页。
② 冯有志：《西康史拾遗》，巴蜀书社 2015 年版，第 265 页。

医院2家,除省立戒烟医院外,尚有泸定戒烟所1家。1939年正式建省后,西康方面开始扩充戒烟院所,在宁雅烟民较多之雅安、荥经、汉源、西昌、会理、越西、冕宁、盐源等县设立戒烟所。在烟民较少之康属九龙、丹巴,雅属天全、芦山,康北两路,分设巡回戒烟所。① 至1939年底,全省共有戒烟院所13家。② 1940年后,戒烟院所又略有扩充,西昌、会理、冕宁等县份增设第二戒烟所。

西康省直至40年代,戒烟院所最多亦只有10余家,因此远不敷实际需要。据统计,1939年康定省立戒烟医院共戒绝384人,巡回戒烟所在鱼通、金汤等处戒绝烟民200名,泸定戒烟所共戒绝烟民231名,共计戒绝烟民815名。③ 另据内政部呈报国联禁烟委员会数据,1939年西康省共戒绝烟民3688名。④ 这一数字显然有所扩大,但即便如此,相对于6万多的烟民而言,戒绝的仍是极少数。

14. 新疆省

六年禁政期间,新疆正值盛世才主政。从1935年开始,盛世才按照中央部署,成立了新疆禁烟委员会,并制定颁行了一系列具体的禁烟法规,在新疆开展了较为严厉的禁烟行动。

(1) 禁种

因新疆属于绝对禁种省份,故省禁烟委员会规定,从1935年起全省一律禁种,并责成各县长及设治局局长,切实履勘,依法执行。偷种烟苗情节较重者,处10年以上15年以下有期徒刑,必要时得加至20年有期徒刑。各县局于履勘后一星期内应将烟苗肃清情形出具切结,通报备查。禁烟委员会接收各县局报告后,得派调查员复查,以证虚实。各县局境内如经调查仍有烟苗发现时,除将各种烟人犯呈请治罪,种烟地亩没收入官外,该管县长局长应立

---

① 李亦人:《西康综览》,正中书局1946年版,第76页。
② Traffic in Opium and Other Dangerous Drugs, Annual Report, 1939, Central Commission of Opium Suppression, Chungking, China, p.41;内政部禁烟委员会编:《禁烟概要》,中国第二历史档案馆藏,档案号:十二(2)342。
③ 冯有志:《西康史拾遗》,巴蜀书社2015年版,第265页。
④ Traffic in Opium and Other Dangerous Drugs, Annual Report, 1939, Central Commission of Opium Suppression, Chungking, China, p.42;内政部禁烟委员会编:《禁烟概要》,中国第二历史档案馆藏,档案号:十二(2)342。

予革职,该管农约头目人等处以 5 年以下有期徒刑,并科 3000 元以下罚金。

(2) 禁贩售

为防止鸦片等毒品私运入境,禁烟机关责成各边卡附带严密检查,如查获鸦片及关于鸦片一切禁物概行扣留,连同人犯呈送监督,依法惩办。1935年4月,喀什税务局查获印度商人由蒲犁运进的鸦片 3000 余两及麻烟四五千斤,人犯和毒品都被依法处理。此外,省政府通令全省各军政机关严禁员役夹带或贿纵他人寄递鸦片等物,违者除将查获之物与犯依法惩处外,并予该管直属长官以失察处分。

新疆省之禁售分为四期,每一期为三个月,按期征收罚款,以次加重。四期届满后,如查获鸦片或专供制烟吸烟器具,概行焚毁,并将查获人犯从严治罪。

(3) 禁吸

禁吸亦按照禁售计划,分四期查禁,按目征收税银。烟民按年龄及景况分为甲、乙、丙、丁、戊五等。第一期,甲等每月收灯照罚款 5 元;乙等每月收灯照罚款 4 元;丙等每月收灯照罚款 3 元;丁等每月收灯照罚款 2 元;戊等每月收灯照罚款 1 元。第二期罚款按第一期加一倍罚款,第三期照第一期加二倍罚款,第四期照第一期加三倍罚款。吸烟户民未经领照私自偷吸者,除按其等第返征以前费外,按本期征收罚款加三倍处罚。①

15. 察哈尔省

自 1932 年,宋哲元任察哈尔省政府主席后,即在察哈尔省成立清查处,土膏行店于每两烟土贴花若干,实行土药公卖,并向河北平津一带推销。运送时,由 29 军派士兵保护。当时过之翰任察省财政厅厅长,其为理财健将,主要靠办理特货解决了大半军费。冀察政务委员会成立后,宋哲元援照察省先例,在河北省及平津二市成立清查处,仍由过主持清查处工作。②

六年禁政开始后,察哈尔省是绝对禁种区。据公开资料,1935 年,查获私种鸦片案件 1 件,私种面积 0.2 英亩。1936 年,查获私种鸦片案件 2 件,私

---

① 参见周卫平:《盛世才执政时期新疆禁毒述论》,《西域研究》2005 年第 4 期。
② 《平津烟毒近况》,《拒毒月刊》1936 年第 104 期。

种面积 7 英亩,铲除烟苗 80 株,拿获人犯 2 人。① 在禁吸方面,察哈尔省没有进行烟民登记。1935 年专设戒烟院所 5 所,兼办戒烟事宜医院 8 所。至 1936 年,专设院所减为 1 所,兼办院所增加至 12 所。② 而戒绝烟民数据,仅 1935 年戒绝 9 人,③其他年份没有统计。上述各种数字因过于零散而失真,难以考察察哈尔省禁烟之全貌。

在禁毒方面,1936 年 1 月 21 日,冀察绥靖公署主任宋哲元发布清毒文告:"制造贩卖白面等烈性毒品,一经查出,无论多寡,定即一律处以死刑,决不宽贷。"④国民政府颁布《禁毒治罪暂行条例》后,冀察绥靖主任公署复于 6 月 15 日又颁布补充办法二项:(一)凡在 1936 年内,初犯施打吗啡或吸用毒品者,交由戒毒机关勒令戒除。其戒毒机关经费暨毒犯口粮,即由毒犯中有资产者,酌量情形,科以 500 元以下 50 元以上之罚金充之。其无资力者,于毒戒绝后,处以 3 个月劳役,经戒绝或役满后,交由各该犯家长或乡长具结,永不再吸,违者该家长或乡长佐应负举发之责。(二)凡《禁毒治罪暂行条例》未加补充之条文,仍一体遵照施行。⑤ 6 月 20 日,冀察绥靖主任公署又颁《续订禁毒治罪暂行条例补充办法》三项如下:(一)凡帮助施打吗啡或吸用毒品,其主犯系初犯者,亦依前颁补充办法第一条处 500 元以下 50 元以上罚金,其无资力者,易服劳役 3 个月。(二)凡在《禁毒治罪暂行条例》施行后,施打吗啡或吸用毒品未经确定审判者,不论主犯、从犯,概依补充办法处断。(三)凡依补充办法科处之罚金,专作戒毒经费之用,不得提成充奖。⑥

可见,在察哈尔省、河北省及平津两市,由于主政者同属一人,故禁烟禁毒政策较为一致,禁毒明显严于禁烟。但至抗战全面爆发后,由于日本之毒化政策,以毒品作为摧毁中华民族生命之工具,毒品流行情形非但没有改善,反而更成为其毒化之大本营。

---

① Traffic in Opium and Other Dangerous Drugs, Annual Report, 1939, p. 31,"国史馆"外交部档案,档案号:371/7。
② 内政部禁烟委员会编:《禁烟概要》,中国第二历史档案馆藏,档案号:十二(2)342。
③ 内政部禁烟委员会编:《禁烟概要》,中国第二历史档案馆藏,档案号:十二(2)342。
④ 《清毒文告》,《河北月刊》1937 年第 4 卷第 5 期,第 1 页。
⑤ 《清毒文告》,《河北月刊》1937 年第 4 卷第 5 期,第 3—4 页。
⑥ 《清毒文告》,《河北月刊》1937 年第 4 卷第 5 期,第 4 页。

第二节　绝对禁烟区域

此区域内所有种贩售吸等行为均属违法。六年禁政开始时,首都南京市,浙江省,山东省,青海省,广东省中山县,江西省星子、宁都、广昌、石城、瑞金、会昌、雩都等7县被划为绝对禁烟区。至全面抗战时期,绝对禁烟区又有所扩大。

一、南京市

1934年12月5日,南京市党政军警当局召开联席会议,划南京为绝对禁烟区域。因南京市并无罂粟种植,一向为烟土的消费大市,故禁烟任务主要为禁止吸食方面。

早在1934年2月,南京市即成立市立戒烟医院2所,极力查禁烟毒。戒烟警院收容之对象,包括法院转解之烟犯及志愿投戒之烟民。4月,行营颁布《严禁烈性毒品条例》,乃增收及调验吸用毒品之人犯,轮流施戒。① 1936年,禁烟委员会派员视察首都肃清烟毒委员会及戒烟医院概况,提出改善南京市戒烟医院意见三条:第一,戒烟医院设备尚难敷用,似应合其扩充,并将执行人犯划分管理。第二,捐纳戒烟经费执行办法,虽经呈准有案,而捐款分五级,罚工无等差,缴款日期无弹性,事实上不无滞碍难通之处,似应令其修正或补充。第三,警厅补送烟犯暨释放日期,医院验戒暨出院日期,捐款数目及苦工人数,似应令其责成警厅、医院分别列表,按月呈送本会,以备查核。② 但此后,南京市的戒烟医院不仅没有增加,反而从1935年的专设戒烟医院2所,减为1937年的1所。③ 虽然南京市的戒烟医院远不敷用,但从戒绝烟民的统计数字看,并不算少,1935年戒绝34831名,1936年10861名,1937年1116名,合计46808名。④

---

① 《禁烟半月刊》第1卷第1期,第123—125页。
② 《禁烟半月刊》第1卷第2期,第11—12页。
③ 内政部禁烟委员会编:《禁烟概要》,中国第二历史档案馆藏,档案号:十二(2)342。
④ 内政部禁烟委员会编:《禁烟概要》,中国第二历史档案馆藏,档案号:十二(2)342。

在禁毒方面,1936年缉获毒案939件,抓获人犯1484人;1937年缉获毒案217件,抓获人犯335人。①

二、浙江省

1. 禁种

浙江自晚清以来,其温州、台州、处州及其他部分山区自然环境比较特殊,"土性碱,不宜五谷,唯每年所植罂粟,出浆不下数十万石"。② 腹地10省禁烟时,军委会委员长行营将浙江列为绝对禁种地区,经过两年的查禁,浙江省大规模罂粟栽种现象已经绝迹,但偷种情形无所不在。1935年,六年禁政开始后,浙江省制定《浙江省禁种烟总检举实施办法》,规定5月1日至6月30日为各县总检举期限,省政府及浙沪特派员公署会同派员,分赴各区,按县检举,各行政督察专员公署及县政府亦各派一人会同检举。不种烟的县份,由县长出具"如在境内查有烟苗出土,愿处死刑"之甘结,得免于检举。③

1936年,按照禁烟总监要求,浙江全省办理查禁种烟总检举,并订立了实施办法20条,主要机构是浙江省政府暨浙沪禁烟特派员公署,就临海、兰溪、衢县、永嘉、丽水等五行政区加委派各该区行政督察专员为查禁员,负责办理检举事务。各县政府也各派一人共同参与检举工作。检举范围包括各区的栽种烟苗者,聚众抗铲烟苗者,运输、贩卖、收藏罂粟种子者,废弛禁政、查缉不力,包庇放纵及勾结栽种犯之各级公务人员及土劣等。④ 而嘉兴、吴兴、鄞县、绍兴等四区由各县县长出具禁绝切结,准免派员检举。1936年浙江办理查禁种烟总检举情况见表15-18。

---

① Traffic in Opium and Other Dangerous Drugs, Annual Report, 1939, Central Commission of Opium Suppression, Chungking, China, p.42;内政部禁烟委员会编:《禁烟概要》,中国第二历史档案馆藏,档案号:十二(2)342。
② 马模贞主编:《中国禁毒史资料:1729年—1949年》,天津人民出版社1998年版,第200页。
③ 马模贞主编:《中国禁毒史资料:1729年—1949年》,天津人民出版社1998年版,第1098页。
④ 《浙各县实行查禁种烟总检举》,《拒毒月刊》1937年第113期。

表 15-18　1936 年浙江办理查禁种烟总检举情况表①

县名	时间	查获数量	处理情况
定海	4 月	烟苗 3 处	种户 1 名抓获、1 名通缉、1 名拒捕被当场击毙
温岭		烟苗 1 处	种户 1 名缉获法办
东阳	2 月	烟苗 1 处	种户 1 名判处无期徒刑
淳安	2 月	烟苗 1 处，约地 3 分	种户缉获判处
遂安	3 月	烟苗 1 处	种户 1 名判处死刑
永嘉	1 月、3 月	烟苗 2 处	种户 3 名在逃
平阳	3 月	烟苗 2 处	种户 1 名拘县法办
玉环	4 月	烟苗 3 处，约地 1 分	种户 1 名在逃
缙云	3 月	烟苗 3 处	种户 1 名送县法办
义乌		与东阳县接壤处曾经查获烟苗	
江山		东绩地方曾有人栽种烟苗	自行铲除，无踪可寻
乐清		东寮及大台门两处，曾有人偷种烟苗	自行铲除，已经地主传案究办

用浙江省主席朱家骅的话说："每处不过数分或仅数株，但其目的是留籽，有机会再种。"②禁烟总监蒋介石在浙省呈报的检举报告中指出，"义乌县查获烟苗究有几处种户何人？如何处理？江山县东绩地方曾有种烟情要，系据何项报告？何以无迹可寻？乐清县东寮及大台门两处所种烟苗，既经种户自行铲除，并将地主传案，现拟如何处理？均为据详晰叙明，应饬查报察核""临海、海宁、仙居、温岭、东阳、永康、分水、淳安、乐清、缙云等县以前产烟颇盛，此等县份嗣后务须饬由各该县长切实查禁，按时履勘，以免毒卉复萌""桐庐县系红丸流毒区域，义乌县红丸盛行为浙东各县冠。建德向为红丸产销区域，平阳县闽土输入便利。此等县份或为交通口岸，或因毗连闽边，烟土毒品较易输入，应即饬由各该地方机关认真查缉，以肃烟禁""前据绍兴行政区所辖余姚县县民陈霖海等呈控该县县长林泽漠视禁政，经由本兼总监饬据该省

---

① 马模贞主编：《中国禁毒史资料：1729 年—1949 年》，天津人民出版社 1998 年版，第 1129—1130 页。
② 《浙江一年来禁烟禁毒之概况》，《拒毒月刊》1937 年第 113 期。

政府及检举禁毒专员会呈复查,该余姚县曾于本年五月间查获烟苗一处,业将种户杜乾初拘案法办等情……是此等准免检举县份,亦倘有种烟情事发生,自应饬令切实查禁,并随时抽查""该省原系绝对禁烟区域,自不应再有烟苗发现……此次检举结果,各县查获烟苗竟达20余案之多,足见各该主管人员查禁均嫌疏懈。虽已由该省政府分别议处,仍应于年终考核时,汇入考成案内,依照禁烟禁毒考成规则严予惩处"。

面对禁烟总监的压力,浙江省规定每年3月底前完成各地烟苗检查工作。各乡镇长出具永不种植毒苗之甘结,各县长附加禁止种毒苗之甘结,行政专员出具已将毒苗铲除完毕之甘结,上述文件全部转交军事委员会备案。如果检查后发现当地仍有烟苗种植,偷种人被枪决,土地被没收,所有涉及人员一律按照军法严厉处置。①

2. 禁贩售

浙江地处东南沿海,交通便利,烟毒来源除了自产,很多亦来自邻近地区,特别是上海地区。浙江省当局烟毒的查禁工作十分严厉,派遣密探长期驻守车站、轮船附近,负责侦察情况。对于通过外国邮船输运烟毒的情况,也在轮埠附近多派密探警察秘密核查,或者在轮船将入口的时候,派密探随时检查;随时注意对旅馆、妓寮、山蓬、船户的侦察,并且责令当地乡镇保甲长,随时检举密报。如果其中有检查不仔细,甚至知情不报的人,应该给予连坐的处分。②

对于严密的检查,私运者的方法亦是无所不用。如湖州长兴一戒烟所,内有戒毒人员近百名。凡是进入戒毒所的人,除了经过检查员检查,还要经过警犬查缉方可入内。经过警犬反复查验,检查员发现一男子竟将毒品藏于生殖器内,而一女子则将毒品藏于月经布内夹层之中,令人咋舌。③ 对此,查缉人员的工作亦更加不厌其烦。据记载,1936年,杭州一张姓人士,乘车去往上海时遇到搜查,据回忆,其"为一警士所阻,启箧穷搜,衣物凌乱然犹不足,复令宽带解衣,自顶至踵,靡不查遍,即自裤裆,亦搜及之,盖防旅客夹带违禁品,如军火鸦片之类也。君言当局自厉行拒毒以来,旅客不唯不得携带

---

① 《浙江重订禁烟办法》,《拒毒月刊》1935年第89期。
② 《浙江重订禁烟办法》,《拒毒月刊》1935年第89期。
③ 《警犬协助检查烟民趣闻》,《拒毒月刊》1936年第102期。

各种毒品,即戒烟药品,亦属违禁。如有体弱而面瘦之人,则虽所携带者为普通药物,亦将因嫌疑而被解局检验。然验后即无嗜好,所携药品并非违禁品,则至少已有数日之拘留矣。故旅行者,当以不携带药物为是"。①

在1935年浙江查获的私运烟毒案件中,案犯总计629人,运输人犯可谓各色人等,方法巧妙,其中女性85名,占13％。② 可见,浙江烟毒私运现象十分普遍,危害也极大。

3. 禁吸

1935年12月间,浙江省政府订立《限期肃清残余烟毒办法》,限于1936年1月前调查清楚,并于1936年3月底前一律戒办禁绝。为防止警员与烟毒人犯勾结,浙江省还颁布了《查禁烟毒不力人员惩处办法》,对违反者严加惩处。由于浙江省属于绝对禁烟区,法律上禁止所有吸食行为,因而便没有进行烟民登记。而关于各戒烟院所,1935年有专设戒烟院所47家,兼办院所91家;1936年有专设44家,兼办65家;1937年有专设86家;1939年专设2家,兼办3家。③ 按规定,各个县厅筹设一所规模完备的戒烟所,对不同等级的吸食者分别施戒,并且命令他们服劳役,其中年轻力壮者不用药品,直接强迫勒戒。④

限于资料,很难对各戒烟所的情况进行逐个分析。但条件缺乏,不能满足需要应该是不争的事实,如杭州市1935年年底成立戒烟所,仅可容五六十人在所戒烟。⑤ 1936年,其宣布,近3个月市民自动投所戒绝者,连同公安局及杭县地方法院送所者,戒绝者共达四百人左右。⑥ 杭州市戒烟所,给戒除出院者发给证明文件。1936年经戒绝发给证物共计592名。⑦ 而各地因禁政加紧,查获的吸毒者人数大增,以至于"各县戒烟所,以及已决未决烟毒案

---

① 《查烟搜到裤裆里去》,《拒毒月刊》1936年第100期。
② 《一年来禁烟之概况(禁烟总会送达国联之报告)(附表)》,《禁烟专刊》1937年第3—4卷,第62—63页。
③ Traffic in Opium and Other Dangerous Drugs, Annual Report,1939,Central Commission of Opium Suppression, Chungking, China, p.41;内政部禁烟委员会编:《禁烟概要》,中国第二历史档案馆藏,档案号:十二(2)342。
④ 《浙各县实行查禁种烟总检举》,《拒毒月刊》1937年第113期。
⑤ 《杭市戒烟所成立》,《拒毒月刊》1935年第91期。
⑥ 《杭市烟民戒绝四百人》,《拒毒月刊》1936年第96期。
⑦ 《杭市戒烟所戒绝大批烟民》,《拒毒月刊》1936年第105期。

犯之寄禁监狱者,满坑满谷,不敷收容"。① 显然,戒烟所数量无法满足社会需求。据统计,1935年全省戒绝烟民10985名,1936年19947名,1937年4959名,1938年639名,1939年96名,共计36626名。②

4. 禁毒

浙江省向来毒品盛行,蔓延日广,而以临海、兰溪两行政区所辖各县为尤甚。其毒品种类以红丸为主,吸食方法便利,民初即开始在浙江流行。最早是从江西流入,逐渐蔓延到江山、常山一带,随后兰溪等地也出现制造者。红丸的贩运极为方便隐秘,1935年临安查获贩卖红丸犯,结果"旋在裤裆下,抄出红丸360余颗"。③ 红丸的制造简单,据说制造红丸的机器"随身携带甚便,一夜一机,可制数百箱"。1936年,浙江松阳外溪滩破获一起典型的家庭制造红丸案件。由县长亲自率领员警20余人,将房屋包围,敲门闯入。当场获得丸料三四斤,奶糖精粉约5斤,海洛因约4两,制成红丸3000余颗,钞票452元,并账簿戳印及其他物品等件,即将梅观光夫妇,与其佣妇叶章钗等有带案严办矣。④

1936年,禁烟总监派检举禁毒专员前往浙省检举,先后破获制造毒品案37件,贩运毒品案226件,吸用毒品案600余件,合共人犯1479名,均经依法严办。并分别取具各县区乡镇保甲长禁毒连坐切结,及各县人民拒毒誓词。至1936年年底,浙省戒烟毒院所已经普遍设立,历年戒绝毒瘾者计达6000余人之多。⑤

三、山东省

1. 禁种

民初时期,山东省罂粟种植较为广泛,20世纪20年代,仅沂水一县,烟

---

① 《浙江一年来禁烟禁毒之概况》,《拒毒月刊》1937年第113期。
② Traffic in Opium and Other Dangerous Drugs, Annual Report, 1939, Central Commission of Opium Suppression, Chungking, China, p.42;内政部禁烟委员会编:《禁烟概要》,中国第二历史档案馆藏,档案号:十二(2)342。
③ 《浙省临安查获贩卖红丸犯》,《拒毒月刊》1935年第95期。
④ 《浙松阳外溪滩破获制造红丸机关:搜出钞票四百余元,红丸海洛因十余斤》,《拒毒月刊》1936年第105期。
⑤ 《各省市禁烟禁毒概况》,《禁烟汇刊》1937年第1期。

苗面积即达17000亩。① 1930年,韩复榘主政山东,其禁烟态度积极。1933年,因胶县发现烟田数百亩,韩复榘调动军队前往铲烟,并将包庇纵容种烟的数十名区乡长解送济南审办。② 此后,山东省府又多次严令县长仔细勘察。③ 1934年,因禁烟不力,泗水县县长被省撤职,秘书科长等人被记过处分。④ 在省府的严厉督促之下,各县市均能认真办理铲烟。在"两年禁毒、六年禁烟"运动开始之前,山东就基本肃清了烟苗种植,这也是山东省列入绝对禁烟区的原因之一。

2. 禁贩售

20世纪20年代,山东省烟毒泛滥。济南城开烟灯供人吸食鸦片的茶社有300余家,商埠500余家。每年销售烟土达300万两以上,货值600万元。⑤ 青岛被称为"鸦片世界",各式烟馆有400余家。⑥

韩复榘任山东省主席后,一方面,根据各地禁烟成绩,给予各级官员以奖惩。如1934年8月,青岛市第二区公安分局万永寿因办理烟案案件151起,给予记功一次。⑦ 10月,滕县巡官孙冠五因查禁烟毒认真且临财不苟,给予其记功一次。⑧ 1935年10月,因济宁城关烟毒充斥,公安局局长李瑞云被撤职,县长甄光远被降为代理。⑨ 另一方面,加大了对各类涉毒案件的处理和打击。1936年,仅济南一地就破获烟毒案件1649件,抓获烟毒犯1932名。⑩

韩复榘主政山东的前期,禁烟禁毒工作颇有起色,据传两个月内,济南城

---

① 《各省烟祸概述》,《拒毒月刊》1929年第36期。
② 《胶县种烟,县长被撤职,烟苗已铲除》,天津《大公报》1933年6月2日。
③ 《为现届秋令烟苗播种之时应速赴乡严厉勘禁一案仰知照由》,《山东省政府公报》1933年第252期。
④ 《令为奉省政府令为泗水县县长徐衍沂禁烟不力撤任该县府秘书科长科员等各记过一次以观后效一案仰分饬知照由》,《山东民政公报》1934年第210期。
⑤ 《各省烟祸概述》,《拒毒月刊》1929年第36期。
⑥ 《蔓延日广之青岛毒物》,《拒毒月刊》1929年第35期。
⑦ 《呈一件遵将二十二年五月至八月四个月禁烟成绩缮表请鉴核转咨由》,《青岛市政府市政公报》1934年第63期。
⑧ 《呈复核办滕县县长呈以巡官孙冠五查禁烟毒认真临财不苟拟请记功一案情形由》,《山东民政公报》1934年第206期。
⑨ 《为奉省政府令以济宁城关烟毒充斥县长甄光远降为代理实验区长官王绍常并予申斥一案仰知照由》,《山东民政公报》1935年第238期。
⑩ 《济南市公安局破获案件次数暨罪犯人数统计表》,《济南市市政统计》1936年第7—8合刊。

就被肃清得不留一支烟枪、一两烟土。虽然有夸张的成分,但亦可见禁烟成绩之一斑。

3. 禁吸食

山东省烟毒吸食群体数量庞大,据载,30年代初期,全省吸毒者达到80万人。① 当时山东全省人口4000余万,吸毒者占2%左右。而济南市烟民2万余人,占全市人口的3.05%。②

六年禁政开始后,省府对于公务员进行调验,施行断禁政策。但对于一般烟民,未进行烟民登记。究其原因,乃因为山东省属于绝对禁烟区,在禁烟政策上,任何吸烟行为均属于违法行为。而实行烟民登记,就意味着按照年龄分段,部分烟民在一定时间内可以合法吸烟,这显然与绝对禁烟之政策不相符。据相关资料,1932年全省戒烟医院仅14所,③1935年六年禁政开始后,专办戒烟院所增至78所,兼办戒烟事宜医院35所。青岛特别市设专办戒烟院所3所,后1所转为兼办院所。④ 由于未进行烟民登记,政府很难掌握烟民的具体数量,也难以施行有效的监管。加上戒烟院所的数量又远不敷实际之需,故戒烟效果亦不理想。1935年全省戒绝35293人,1936年5263人,合计40556人。青岛特别市,1935年戒绝9243人,1936年戒绝1537人,合计10780人。⑤ 相对于80余万的烟民数量,这仅仅是极少的一部分。

4. 禁毒

山东省流行的烈性毒品种类繁多,吗啡、海洛因、高根、红白丸等均有走私贩售,且规模庞大。如1937年4月,莘县在一次缉毒行动中,即查获毒品600余斤,"值十余万元"。⑥

六年禁政期间,1935年12月,山东省政府针对严重的吸毒形势,宣布自1936年1月起,吸鸦片者处以300元罚金,而吸海洛因者则处以枪决。⑦ 青

---

① 吕伟俊:《民国山东史》,山东人民出版社1995年版,第429页。
② 戴秉衡,周楚材:《两年来全国烟祸概况·山东可说是鸦片和麻醉药品流毒并盛的省份》,《拒毒月刊》1928年第23期。
③ 禁烟委员会:《民国二十一年各地戒烟所及戒烟医院数目表》,《民国二十一年统计汇报》,1934年,第20页。
④ 内政部禁烟委员会编:《禁烟概要》,中国第二历史档案馆藏,档案号:十二(2)342。
⑤ 内政部禁烟委员会编:《禁烟概要》,中国第二历史档案馆藏,档案号:十二(2)342。
⑥ 《鲁莘县破获巨大毒品案》,天津《大公报》1937年4月30日。
⑦ 《山东禁毒严,吸海洛英者枪决》,《拒毒月刊》1936年第98期。

岛市于1935年增设烈性毒品人犯审判处,"于毒品犯中,择其案情实重者数人,处以死刑,以资儆戒"。① 仅1936年上半年,山东全省即处决485名吸毒者。② 此外,对于缉毒亦不遗余力。1935年缉获毒案57件,人犯70名。1936年,毒案2091件,人犯2869名。③

山东省的禁毒形势如此严峻,与日人的涉毒行为有直接关系。首先,日人在当地开设制造毒品的机关。如1937年5月,青岛破获一大规模制毒机关,当场逮捕日本人犯6名,搜获大量的制毒机器及材料。④ 其次,日人参与走私贩运毒品的行动。如1937年4月,德州火车站查获6名运毒的日本浪人,所运毒品计300余斤海洛因。⑤ 此外,日人还直接向中国民众兜售毒品。胶济路沿线"凡是有十数家商店之小镇,亦莫不有日人开设之小药房一二所。表面几瓶利比儿、中奖汤、仁丹等药品为饰,内幕即为出卖海洛因,代打吗啡针之机关"。⑥ 日人制贩售毒品的猖獗,对山东的禁政工作影响巨大。

但山东省禁政之失败,并非全由日人之原因。韩复榘在主政山东的前期,十分重视禁政,故山东禁政成效明显,多次受到国民政府和禁烟委员会的表彰。但至抗战全面爆发前夕,出于筹措军费等多种原因,韩复榘竟然完全放弃禁政,甚至"向全省强行摊派烟土,给山东人民造成无穷后患。韩先禁烟,后卖烟成为街谈巷议的一个笑柄"。⑦

四、青海省

六年禁政开始后,青海省虽然被划为绝对禁烟区,但实际上除1934年实行鸦片禁种外,贩售吸食等均未能严厉禁止。1936年马步芳主持省政以后,召集党政军联席会议,共同决议,自1936年6月1日起至30日止,为禁绝运

---

① 《青市府限期肃清烈性毒品,成立毒品人犯审判处,案情较重者处以死刑》,《拒毒月刊》1935年第86期。
② 《全国烟民登记及执行死刑毒犯统计》,《民报》1936年6月2日。
③ Traffic in Opium and Other Dangerous Drugs, Annual Report, 1939, Central Commission of Opium Suppression, Chungking, China, p.42;内政部禁烟委员会编:《禁烟概要》,中国第二历史档案馆藏,档案号:十二(2)342。
④ 《青岛破获大规模制毒机关》,《新闻报》1937年6月1日。
⑤ 《运毒浪人昨交日警署》,《时报》1937年4月15日。
⑥ 《青岛日人毒害华人调查》,《拒毒月刊》1932年第51期。
⑦ 吕伟俊:《民国山东史》,山东人民出版社1995年版,第429页。

售吸时期,彻底实行,收效较大。自1936年9月起,青海列为绝对禁烟区。①

1935年,青海全省设专门戒烟医院5所,此后禁政期间未有增加。②1935年戒绝烟民250名。1939年12月,马步芳呈报中央,称拟订《搜查烟户暂行办法》,分为初查、抽查、复查三时期,积极推进,总核结果,运户绝迹,除少数年老有病限期戒绝者外,并未查得复吸烟民,故未举办烟民登记。但另据资料,1939年,青海省登记烟民1554名。③

绝对禁烟区在抗战期间续有增加,如广东曲江、翁源、连县、南雄、始兴等县;皖南之旌德、石埭、黟县。由于重庆在抗战期间成为中国战时政治之重心,故蒋介石于1939年5月31日手令,重庆市自1939年6月1日起划为绝对禁烟区,停发烟民限期戒烟执照及土膏行店执照,6月15日起所有土膏行店一律停止营业,6月30日重庆烟民一律戒绝。④

---

① 《禁烟汇刊》第1卷第1期,第16页。
② 内政部禁烟委员编:《禁烟概要》,中国第二历史档案馆藏,档案号:十二(2)342。
③ 内政部禁烟委员编:《禁烟概要》,中国第二历史档案馆藏,档案号:十二(2)342。
④ 内政部禁烟委员编:《禁烟概要》,中国第二历史档案馆藏,档案号:十二(2)342。

第十六章 "两年禁毒、六年禁烟"运动(下)

1940年12月31日,国民政府通电全国,宣布六年禁烟运动期限届满,所有善后工作均交由行政院督饬主管部门和省市政府筹划办理,并寄希望于全国人民认识烟禁为民族复兴之基础,相与督察规勉,以竟全功。军委会委员长蒋介石也于同日通电全国:"值此禁政期满之最后一日,凡我全国同志同胞,均应一致深切警惕。认定此为我全民族人格除旧布新之最大枢纽。我四万万五千万同胞之精神体力,均应从三十年(1941年)元旦起益显雄伟之光辉,迈进复兴之大道。因此凡我全国同胞,无论男女老幼,对于残余烟毒之铲除,必须更加努力,毋隳前功。继今以往,日日皆为厉禁之时,处处皆为禁绝之地,检举决不间断,嫌疑必予彻究。无论种、运、售、吸,苟有犯者,皆服上刑,巨室编氓,悉无例外,恃势包庇,罪更加等。官吏凭是以为考成,人民借兹以判良莠。尤其各地沦陷区域,所有同志同胞,务宜以抗战杀敌同样之精神,粉碎敌寇毒化吾民之鬼蜮,务期失地收复之时,全国禁政步骤,得以齐一完成。作新民之规范,进国运于康强。"

那么,这场颇具声势的六年禁烟运动,其总体成效究竟如何呢?我们仍从禁种、禁吸、禁运禁售及禁毒四个方面分别予以考察。

第一节 禁种成效考察

一、各省禁种成绩概况

禁种是治本之举,在六年禁烟计划中,禁种工作最受重视。按禁烟总监蒋介石的说法,禁烟非难于贩、售、吸,而难于禁种。禁种非难于腹地,而难于边省。① 边省地瘠民贫,农民以种烟为生计,政府以烟税为挹注,如此情形之下,骤施禁绝,无疑是将边省一亿多人的生计弃之不顾,因此,只能采取渐次推进的方法,将全国分为绝对禁种地区和分年禁种地区,根据两类地区的不同情况,分别予以推进。

1. 绝对禁种省份

1935年,禁种计划实施后,各省纷纷开始禁种。河南、湖北、湖南、江西、安徽、江苏、浙江、福建、广西、广东、山西、山东、河北、察哈尔、青海、新疆、西康17省和地区,被划分为绝对禁种省份,各省组织力量逐县清查,厉行禁种,取得明显成效。在1935年内,河南、湖北、安徽、江西、江苏、浙江、福建、山东、河北、山西10省,均上报已肃清烟苗。其他省份的禁种工作也取得了一定成效。到1937年,各省在中央督察之下,禁种工作尤为努力,成绩也较往年更为突出,"不论绝对禁种省份与分年禁种省份,设若发现野生或私种烟苗,无不尽量铲除"。② 到1938年,据内政部禁烟委员会报称,绝对禁种省份"除战区外,查禁均甚严厉,尚无种烟情事"。③ 虽然在说法上有些夸大,但总体上仍然符合事实。可见,绝对禁种省份的禁种工作是颇有成效的。

2. 缓禁省份

缓禁省份陕西、甘肃、宁夏、绥远、四川、贵州、云南,先前一直是鸦片的主要产地,缓禁省份的禁种工作直接关系到六年禁政的全局。1935年,为了贯彻中央的渐禁方案,各缓禁省份都从种烟相对较少的县份开始,实行分年减种。④ 陕西省分期禁种从1933年腹省禁烟时即已开始,至1937年实行全省禁种;甘肃省1934年开始禁种,全省于1937年年底全部禁种;宁夏省原拟1936年完全禁种,后改为1938年,最后提前至1937年完全禁种;四川省、贵州省于1938年实施全省禁种;绥远省从1935年冬季起分期禁种,拟于1939年完全禁种,后提前至1938年完成禁种;云南省因边界划界不清,土蛮杂处等原因,施禁困难,于1939年才完成全省禁种。

---

① 内政部编:《禁烟禁毒工作报告书》,中国第二历史档案馆藏,档案号:四一(2)75。
② 内政部编:《二十六年度禁烟年报》,中国第二历史档案馆藏,档案号:十二(2)1291。
③ 内政部编:《禁烟禁毒工作报告书》,中国第二历史档案馆藏,档案号:四一(2)75。
④ 内政部编:《禁烟概要》,中国第二历史档案馆藏,档案号:十二(2)342。

上述缓禁省份实施禁种后,由内政部遴派视察官员分省督促,并组设查禁种烟督察团分赴各缓禁省份督促禁种工作。对于种烟人犯,概行严拿法办。到1939年,全国一律禁种,所有地区均为绝对禁种地区。为具体说明缓禁省份的禁种成效,兹据内政部禁烟委员会有关报告,将缓禁省份逐年种烟的面积与产量情况,与1934年的情况做比较(见表16-1)。

表16-1　各缓禁省份种烟面积及产量比较表①

省份	种烟面积/公顷					烟土产量/公斤				
	1934年	1935年	1936年	1937年	1938年	1934年	1935年	1936年	1937年	1938年
四川	36500	24820	18410	16277	无	2536718	1512500	559937	338190	338187
云南	62208	45024	未报	5690	891	583201	422107	未报	45758	6850
贵州	44237	24969	10236	2311	无	1244162	702263	185953	27191	12468
陕西	28688	24043	19026	1525	无	537901	450807	356741	285941	无
甘肃	32887	24070	20036	无	无	462500	338481	281753	193750	无
绥远	11436	9180	6928	未报	未报	117564	90926	65307	未报	未报
宁夏	19927	11900	5934	无	无	373625	223125	162007	未报	无
总计	235883	164006	80570	25803	891	5855671	3740209	1611698	890830	357505

从表16-1可见,在六年禁政期间,各缓禁省份在禁种方面的成效是相当显著的,按官方公布的数据统计,种烟面积已由1934年的235883公顷降至1938年的891公顷,烟土产量也相应地由1934年的5855671公斤降至1938年的357505公斤,较之以往漫无限制的种烟情形,有了根本性的改观。

3. 查禁私种

在推行分年减种的同时,国民政府对各省查禁私种的工作严加督促,每年烟籽下种季节由查禁种烟特派员会同各省查禁委员分赴各县,督饬县区乡镇及保甲长广泛宣传禁令,清缴罂粟种子,预防罂粟下种。烟苗出土时节再

---

① 资料来源:《禁烟概要》,中国第二历史档案馆藏,档案号:十二(2)342;《禁烟统计》,中国第二历史档案馆藏,档案号:十二(2)334;《禁烟纪念特刊》,内政部1939年编印。(说明:云南省1936年、绥远省1936年与1937年未据报告;甘肃、宁夏两省于1937年年底完全禁种,故表中未列种烟面积,是年甘肃省产量系上年下种次年收割之缘故,宁夏未报1937年产量;陕西省亦于1937年年底禁种,但因气候关系,烟苗春种秋收,故表内仍有该年的面积产量;全国于1939年完成禁种,不再有官方统计。)

由查禁委员会同县长下乡切实履勘,发现烟苗立即铲除,并将种户拘送法办。凡属禁种地区,从保甲长、区乡镇长到县长,都要层层具结,保证所管境内没有私种情事。

根据若干省份不完全统计,1935年豫、皖、鄂、闽、湘等9省共查获私种案件110起,1936年豫、鄂、皖、赣、川、黔、粤、桂等13省查获私种案件289起,1937年豫、鄂、川、陕、浙、赣等11省查获私种案件313起。① 对于私种现象较为严重的四川、西康、云南、贵州、陕西、甘肃和福建7省,由内政部组设查禁种烟督察团,选派行政院和军委会大员充任正副团长,分赴各省督促查禁工作。督察团权力很大,可以调动当地军警团队协助查铲,对武装抗铲者可以调用军队前往剿办。据一些老人的回忆,许多地方查禁私种工作进行得颇为认真,如陕西一些地方,种户为了躲避查缉,将烟苗种在背篓里,风声一紧便把烟苗背进山里,即便如此,还是逃不过去。这样,7省各地"在查禁种烟督察团及地方政府的严禁之下,禁种工作亦能顺利推进"。② 除上述7省外,其他一些省份也自行组织查禁,如湖南省组设查禁种烟督察团,河南省组设禁烟检查团。③ 就查禁私种的情况来看,多数省份查禁甚严。查禁不力的省份虽所不免,但为数不多,如福建省虽属绝对禁种省份,但直至1938年尚发现18个县有私种现象。④ 其他查禁成效不尽人意的省份主要是原缓禁省份,因原先历年种烟,农民狃于积习,所以贪利偷种之事也相对较多。但总的来说,国民政府的查禁私种工作是有一定成效的。

4. 烟田转作

全国分期禁种宣告完成后,为维护禁政成效,国民政府在1939年到1940年的最后两年里,一直将查禁私种作为禁种工作的重点,除了扩大禁烟宣传,限期清缴罂粟种子、奖励人民举报私种,还特别提出要搞好烟田转作,从根本上解决边省农民因贫困而种烟的问题。

烟田转作,在《禁烟禁毒五年进度表》中即已做了规定,但当时施禁工作全面铺开,未能顾及于此,随着禁种区域日渐扩大,烟田转作问题就显得越来

---

① 见历年《禁烟年报》。
② 内政部编:《禁烟概要》,中国第二历史档案馆藏,档案号:十二(2)342。
③ 河南省民政厅编:《河南省六年禁烟总报告》,1941年印,第28页。
④ 福建省民政厅编:《福建省禁烟概况》,福建省政府秘书处1939年印,第28页。

越迫切。因为原先种烟地区,民众生计和地方财政均赖种烟,一旦禁种,必须选择适宜的农作物和经济作物作为抵补,否则,民众生计无着,地方财政不支,即使强令禁种,也难以维持。1937年,禁烟总会与内政部、财政部及经济委员会选派人员组设了禁烟调查团分赴边远省份实施调查,着手进行这一工作。但为时不久,这项工作便因战争趋紧、形势恶化而趋于停顿。① 1938年,前中央实业部部长吴鼎昌改任贵州省主席,特邀中央农业试验所主要负责人之一沈宗瀚博士在贵州建立农业改进所,其后四川、湖南、湖北、陕西、云南、甘肃等省也先后成立农业改进所,由中央农业实验所在这些省份设立工作站,配合农业改进所进行工作。农业改进所的主要任务之一便是调查研究禁烟农业善后事宜,如根据土壤气候等条件选择适宜的作物替代罂粟种植,进行罂粟种植与替代作物种植的成本比较和收益比较,指导和推广农业技术。农业改进所利用荒地因地制宜,发展多种经济作物,提供辅助作物种苗,等等,通过这些办法抵补农民因停止种烟而形成的经济损失。这项工作虽然不能立刻显现成效,但从长远来看是十分有益的。当时抗战正值紧张,粮棉需求迫切,价格也大幅上涨,弃烟种粮种棉,其收益或与种烟相差不大,或者超过种烟。因农民放弃种烟损失不大,所以禁种工作也就减少了阻力。

二、存在问题分析

总体上看,六年禁烟期间,在禁种方面取得的成效最为显著,主要标志是1939年全国分期禁种基本完成,同时还表现为各省查禁私种也取得不少成效。这些都是难能可贵的。不过,禁种成效虽然很大,但仍然存在若干严重的问题。

1. 统计数字的真实性问题

官方公布的统计数据并不能完全真实地反映禁种工作的情况。这些统计数据都是基层禁政人员层层上报的,其中有一些并未经过切实的统计,而只是一般估计,并不准确。再则,基层禁政人员和各省在呈报禁政成绩中普遍存在的虚报夸大倾向也影响到统计数据的真实性。有些数据,可以说就是根据中央下发的限种计划调整过的,一则为了邀功,二则为了保护地方利益。

---

① 内政部编:《二十六年度禁烟年报》,中国第二历史档案馆藏,档案号:十二(2)1291。

就国民政府本身而言,既无法到各地实际核实,也不愿真正下去核实。每年编具的《禁烟年报》是要送交国联鸦片委员会备案的,为了维护自我形象,避免再遭国际舆论的抨击,自然也要刻意渲染禁烟成效。所以,国民政府编定的统计数据,自然也经过了官方政治板斧的砍削。

以四川省为例,1937年统购丰都、宣汉、涪陵、垫江4县所产烟土。川省禁烟总局上报禁烟总会,4县产烟量估计为38765担。① 而据四川鸦片巨商曾俊臣的回忆,仅他自己就为禁烟总局的统收处收购烟土七八千担。② 这其中的矛盾,不言自明。38765担的产额大约可折合为1211406公斤,即使因风旱影响减产一半,仍然达到605703公斤,这又比1937年《禁烟年报》中公布的338190公斤的产量高出265713公斤。又据川省禁烟总局统计数字,四川全省已登记领证的烟民1937年烟土消费总量为48000担。按照中央禁烟总会的要求,1937年川省还应外销1万担烟土至汉口。如按照川省禁烟总局所说的38765担的产量,则几乎谈不上有余裕烟土以供外销。按照《禁烟年报》公布的产量,即使所有烟土全部留在川省自销,也仅能满足领照烟民需要量的1/4。统计数字中的矛盾,于此可见。再以贵州省烟土产量为例,1935年《禁烟年报》所载为702263公斤,约合22472担。按照禁烟督察处贵州分处处长萧觉天的报告,贵州烟土产量,丰年在8万担至10万担,1935年仅就采办商人收购烟土的账目以及督察处收税的数目加以核算,达61114担,约合1909813公斤。③ 这比《禁烟年报》公布的数量高出1207550公斤。

不仅中央编具的数字有所修正,各省上报的数字存在浮夸不实,而且基层对各省政府上报的情况也不尽真实,如川省禁烟总局1936年11月15日发布的"禁字第1029号"指令也说:"产区各县种烟农民,一届播种之期,每多假词报灾,以预为地步,希图将来收获时少报产量,借便私运私销,已成历来惯弊。"④ 禁烟统计层层失实,因此,看待禁种成效时必须对此有所认识,否则,便会得出失实的结论。

---

① 《禁烟总会核示1937年四川烟土统收章则》,禁烟总会档案,中国第二历史档案馆藏。
② 曾俊臣:《经营"特业"五年纪略》,《四川文史资料选辑》(第7辑),政协四川省委员会1963年发行,第199页。
③ 《禁烟督察处贵州分处成立及移交卷》,禁烟总会档案,中国第二历史档案馆藏。
④ 四川禁烟总局编印:《禁政月刊》第2期,1937年11月。

2. 私种偷种现象时有发生

在全国禁种工作积极推进的同时,私种偷种现象时有发生,而且随着禁种区域的扩大,局部的私种现象甚至有增多的趋势。虽然如前文所述,政府对查禁私种工作不唯不力,且亦取得一定效果,但"禁令日严,则产出来源渐减,烟价日趋腾贵,奸民嗜利,仍多违禁偷种。如河南、湖北、湖南、江西、安徽、浙江、福建、河北、西康、广东、广西等省,及分期禁种之陕西、甘肃、四川、云南、贵州等省应行禁种地方,不时发现烟苗"。①

尤其全面抗战之后,乘机偷种的现象更多,在一些政府力量所不及的地区,偷种变成公开的栽种。1939年国民政府宣布全国鸦片均已一律禁绝,实际上许多地区仍在继续栽种,尤其云南、四川、西康等省的边远地区,种烟更多。如云南少数民族居住地区,种烟久成习惯,从来不接受政令约束,当地官员对此不敢过问,边界地带各县属官绅团保,也是互相观望,甚至胁迫农民种烟,暗杀前来查勘的省府禁烟委员。由地方绅团策动的抵制禁种的情形,在贵州及四川二省也曾出现。而川康边区的违禁私种情形,更达到十分严重的程度。这里地处边陲,峻岭相连,交通阻塞,生产落后。宁属地区所产"建土",质量上乘,但直至30年代初,产量并不多。自六年禁政实施以来,四川省其他地区大面积减种后,川康边区的烟土找到了广阔市场,内地烟贩不辞劳苦,纷纷前往边区购烟换烟,以致川康边区烟土销路大开。当地少数民族的头人、土司以及汉人中的土劣恶霸竞相庇护种烟,川省内地的袍哥恶霸和贪利冒险之徒,也大批涌入川南川西边地,进行武装种烟和走私贩运。据中央派驻川省查禁种烟特派员萧致平的报告,1936年,雷波、马边、屏山、峨边、茂县、理县、松潘、汶川、懋功、靖化、宝兴、天全、芦山等边区县份烟土产量达10万余担,超过3300吨。② 萧致平的报告可能估计过高,但由此可以看出当时川康边区种烟已非常盛行。

少数民族种烟虽多,但吸烟者少,所产烟土(时称夷土)主要是运出销售,他们同内地汉人很少经济往来,销售烟土不收国民政府的法币,只要白银和枪弹用作交换,铁制农具也可以换烟,但数量很少。白银稀少,不容易搞到,

---

① 内政部编:《禁烟概要》,中国第二历史档案馆藏,档案号:十二(2)342。
② 《财政部训令抄发夷地禁烟治本办法》,内政部禁烟委员会档案,中国第二历史档案馆藏。

但枪械弹药比较容易获得,于是"一般不肖汉籍军民,更与'夷人'互相勾结,持械前往'夷巢'换取烟土"。① 在重庆,当时一支步枪约 200 元,私运到川康边区可换烟土 400 两上下,而重庆当时烟土价格在每两 2 元左右。因此用 200 元钱买枪换烟,回到重庆烟土脱手便可净赚 600 元,精良新式的武器换烟更多。因此,不仅内地烟贩私商和袍哥组织私运武器去边区换烟,边区附近驻军也时常做这种交易,起初是以替换下来的坏枪换烟土,到后来则是以坏枪替下好枪,用好枪去换烟土。川西川南边区"遂渐成为烟土、白银、枪弹之交易市场"。② 产烟越多,换得的武器越多,而且,武器越换越精良,在川康边区各县,土司头人或土劣恶霸拥有百余条枪乃至数百条枪是常见现象。据四川省民政厅禁烟科科长孙石生 1938 年年初的查报,"夷地"私枪多达 20 余万支。③

种烟者掌握了武装,自然就能以武力对抗政府的铲烟之举。如前文所述,不仅地方政府无能为力,甚至蒋介石派出的正规部队的铲剿亦劳而无功。最后只得应川省政府的请求,派飞机在川康边区上空作了一番"飞巡示威",散发了一些禁烟传单,其效果自然可想而知。

由于边区种烟利大,部分川省地方军队、官僚竟以响应政府"动员国民,垦荒种粮,支援抗战"的号召为名,涌入川边开办垦场垦社,成千上万亩地大种罂粟。这种垦社先后建起十余个,均有相当的规模。如前文所述,穆瀛洲部的"同生垦场"、吕超部的"抗建垦社"、彭光汉部的"中兴垦社"、何霁光的"何家山垦社"等,均为典型。这些垦社创办之初,垦民多是附近地区的贫雇农,但大种罂粟之后,游民、滥兵、流氓、窜匪大量充斥垦民队伍,垦社便逐渐同当地烟匪恶霸打成一片,蜕变为难以诛除的邪恶势力。如拓边垦社首领廖旭龄,素有小霸王之称,"擅种鸦片,收购枪弹,扩张势力,坐大边隅,积案如鳞"。④ 于是川康边区"烟毒、'夷患'、匪祸相因滋长",⑤俨然成为化外的烟匪世界。

---

① 《财政部训令抄发夷地禁烟治本办法》,内政部禁烟委员会档案,中国第二历史档案馆藏。
② 内政部禁烟委员会编:《禁烟专刊》第 29 期。
③ 《财政部训令抄发夷地禁烟治本办法》,内政部禁烟委员会档案,中国第二历史档案馆藏。
④ 内政部禁烟委员会编:《禁烟专刊》第 29 期。
⑤ 内政部禁烟委员会编:《禁烟专刊》第 29 期。

1939年1月,西康正式建省,省主席刘文辉以鸦片烟为生命线,宁属、雅属、康属地区的鸦片种植大为增加。雅属地区原先是天全、宝兴、芦山三县种烟,雅安、汉源两县种植不多,荥经几乎不种,到1939年三县也开始普种罂粟。自1939年起,西康地区便年年种烟,烟税一直是刘文辉政权的财政基础,而刘文辉也由此成为敷衍中央禁政的传奇式人物,每年汇报禁政工作卓有成绩,而每年大批的西康烟土仍源源输入内地。

1939年7月,内政部为解决川康边区种烟问题,曾拟定《"夷地"禁种暂时治标办法》(七条),主要内容是对边区所产烟土,准予一定期限内报请登记,由财政部拨款统购,以杜私销;种烟田亩由中央经济部会同川省政府贷给种子资金,改种粮食;派遣部队驻守冲要之地封锁"夷土"外销;严禁汉民运送枪械前往"夷巢"换取烟土;烟苗下种和出土时节派队深入,普遍勘铲;①等等。内政部并进一步设想屯殖边地开发边区计划,将战区各省逃亡难民移往川康边区,垦荒种粮,开发资源,整理交通,实施教化,作为边地禁烟治本办法。② 从发展边区经济文化的角度解决川康边区的种烟问题,思路虽然正确,但这是一项长期复杂的工作,牵涉到诸多方面的问题,何况值抗战时期,庶务繁多,无暇顾及,计划几经讨论,终究停留在纸面上,无法付诸实行。除了川康地区,川陕边界、川黔边界、湘黔边界等省与省的毗连地区,山深林密,"历年股匪盘据,庇农种烟,县府力薄,无法查铲"。③ 从这些情况来看,虽然国民政府1939年已宣布全国一律禁种,但罂粟种植仍然为数不少,尤其在四川西南边区、西康省等广袤的地区,仍大面积栽种罂粟,并向内地输入烟土,这对于内地的禁运禁售和禁吸工作,势必带来不利的影响。

3. 沦陷区的毒化政策

禁种面临的最大问题是抗战全面爆发后东部大片地区的沦陷。到1938年10月汉口失陷时,国民政府所能控制的区域只有川、陕、甘、青、宁、新、滇、桂等省以及赣、湘、鄂、豫、粤、闽等省的一部分地区,其余地区均沦陷于日军之手。在沦陷地区,不仅国民政府的禁政法令尽遭废弃,而且"在各省沦陷区

---

① 《财政部训令抄发夷地禁烟治本办法》,内政部禁烟委员会档案,中国第二历史档案馆藏。
② 《财政部训令抄发夷地禁烟治本办法》,内政部禁烟委员会档案,中国第二历史档案馆藏。
③ 《四川省政府实施提前肃清烟毒计划客观情形报告表》,内政部禁烟委员会档案,中国第二历史档案馆藏。

内,敌寇为实施毒化政策,不惜多方诱胁,甚至分发罂粟种子,张贴布告,强迫我国民众种烟,据报鄂、皖、苏、豫等省毒卉遍地,产土充斥,我国政府以前禁种成绩破坏无余"。①

日军在中国占领区内推行毒化政策由来已久,1931年,伪满洲国成立后,便鼓励人民种烟,推行鸦片专卖制度。1933年侵占热河后,把热河作为伪满鸦片生产基地,用飞机散发传单,倡导栽种罂粟,以致热河地区种烟面积急剧增加。吉林、奉天等省也相继种植罂粟。1937年,日军全面侵华战争爆发后,为了缓解沉重的军费开支,削弱中国民众的反日力量,日军所到之处便积极推行毒化政策。② 据国民政府内政部禁烟委员会的调查统计,在日军占领的东北、华北、长江中下游以及华南地区,鸦片栽种面积达1500余万亩。③ 国民政府在上述地区实施禁种的成就全部化为乌有。

第二节 禁吸成效考察

一、烟民登记

1. 烟民登记之成绩

禁吸是六年禁烟计划的最终目标。按照国民政府分年分批戒绝的办法,在全国范围内举办烟民登记工作是禁吸工作的前提。因为掌握了烟民的确切人数,才便于分期分批进行传戒和调验。在腹地十省推行渐禁办法时,江苏省等少数省份便已开始自行举办烟民登记。④ 1935年,六年禁政在全国推行,颁布《限期办理吸户登记办法》,将烟民登记作为实施禁政的首要工作之一,饬令各省认真登记,勿使遗漏。原定计划在1935年年底便全部完成此项工作,以登记烟民人数为准,每年分期每批戒绝1/5烟民,至1940年年底将

---

① 内政部编:《禁烟概要》,中国第二历史档案馆藏,档案号:十二(2)342。
② 关于日本侵略军在中国推行毒化情形,请参阅朱庆葆、蒋秋明、张士杰:《鸦片与近代中国》,江苏教育出版社1995年版,第八章。
③ 《内政部关于路透社记者所拟问题之答案》,内政部禁烟委员会档案,中国第二历史档案馆藏。
④ 江苏省民政厅:《江苏省禁烟概况》,江苏省政府印刷局1936年印行,第3页。

烟民全部戒绝净尽。各地应按每 100 名登记烟民一个床位的比例设立戒烟所或戒烟医院,以每一床位每月戒绝 2 名烟民计算,每年戒绝 24 名,4 年便可戒绝 96 名,剩余烟民则在规定的最后期限内绝戒。

应当说,国民政府对烟民登记工作是相当重视的,不仅多次饬令各省认真对待,不得玩忽懈怠,而且在全国进行了几次广泛的宣传和动员。从 1935 年至 1939 年,在全国共举办了 5 次烟民登记工作,历次登记情况如下表 16-2 所示:

表 16-2　各省市烟民登记统计表①　　　　　　单位:人

省市名称	1935 年	1936 年	1937 年	1938 年	1939 年
四川	139361	1295569	1458964	716060	732983
湖南	136119	207582	285942	122322	111122
陕西	60891	358979	268597	281105	275000
贵州	97904	97904	264844	264844	257228
安徽	104050	220763	223181		219798
山西	207582	182012	207582		207582
甘肃	95206	176172	185302	88635	66793
湖北	114557	223181	183946	183946	183946
广东			182242	100000	182242
云南	54585	176120	176120	11242	11242
江西	99508	137731	137731	143655	51603
宁夏		123564	123564		110000
江苏	303546	122934	122934		93364
福建	81384	111482	111482	69921	58226
广西			72524		125613
河南	92675	102237	62547	40104	40104
绥远	42259	42259	42259		42259

---

① 资料来源:历年《禁烟年报》;内政部编:《禁烟禁毒工作报告书》、《二十八年禁烟统计》、《禁烟概要》。(说明:表中未列数字者,系尚未办理登记或未向禁烟总会具保。若某省市所报数字前后几年相同,则是该省市未办理新的登记,后年仍采用前一年数据。)

(续表)

省市名称	1935年	1936年	1937年	1938年	1939年
青海		1554	1554		1554
浙江					
山东					
河北					
察哈尔					
西康					
上海	30844	43020	43020		38623
北平	4593	4953	4953		4594
天津	145	146	146		146
威海卫			851		660
总计	1665209	3628162	4160285	2021834	2814682

2. 烟民登记之问题分析

《限期办理吸户登记办法》的计划固然较为周密，但是由于对全国范围登记烟民的困难和复杂性估计不足，以登记的烟民作为逐年施禁的标准在现实中显然难以实施。1935年，全国烟民登记总数仅有1665209人，与烟民实际人数相差太远。即便1937年登记烟民较多，达4160285人，但这一数字依然远远小于烟民的实际数量。当时一些社会人士指出烟民统计未能反映实际，连国民政府禁政人员对此也不否认。高层禁政人员认为烟民实际人数在1000万以上。如果仅以烟民登记数字作为分年施戒的标准，禁吸工作不啻自欺欺人。即使将上述登记烟民全部戒绝，也仅是烟民中的一小部分。然而，从施戒工作本身而言，又不能没有计划，掌握烟民的确切人数仍是有效地管理烟民、分期施戒的前提，于是，只好一边按原定计划分批施戒，一边继续举办烟民登记。

据军事委员会禁烟总会所编《二十五年度禁烟年报》反映，烟民对于登记有抗拒的倾向，不愿前往登记：(1)年老者畏缩不前，深恐一经登记，到限期将予勒戒；(2)绅士与商人阶级担心公开登记后丧失社会身份和业务地位；(3)工人为生活而做工，往来无定，事实上不能受登记后种种法规的限制，因而逃避登记；(4)私烟充斥，随时随地均可购用，视登记领照吸烟为不必要之手续。① 此外,烟民登记工作还受到局势动荡变化的影响,尤其是"抗战以来,各地烟民迁徙靡定,影响登记不小"。② 不仅战区因军事行动频繁,人民大多逃亡,登记工作难以进行,后方省市涌入大量难民,也使登记工作陷于混乱。因为难民来自不同地区,游离于基层组织之外,自身也没有什么组织,因此在难民中进行烟民登记,比登记当地烟民难得多。地方长官对烟民登记工作主观努力不够,基层经办人员敷衍塞责,对烟民登记工作也有很大影响。登记烟民,基层经办人员为保甲长,地方上有权势的官绅不去登记,保甲长不敢依法强令其登记。一般烟民不愿登记,也往往会向保甲长送礼求情,保甲长乐得敷衍,借以图利,编造些烟民姓名向上交代,到缴款领照时瞒不过去时,则谎报死亡逃户予以搪塞,省市禁政机关明知有假,无力彻查,只能多发几道"切切此令",如此而已。因而从省府到县府办理登记均较为认真的省份,统计出来的烟民人数就多一些,反之则少。以四川为例,登记烟民,"任何市县镇乡,从未得一精确可靠之数字"。③ 1938年,中央派往川省的查禁种烟专员黄朋豪在视察结束后也报告说:"戒烟院所实同虚设,瘾民登记多属臆造。"④ 又如陕西省办理烟民登记,烟民一家之中有数人吸烟者,"亦不过就一家吸烟几人中,登记一人了事"。据查禁专员王子骞1938年的估计,烟民人数应在50万以上,比登记在册的烟民数量多出一倍。⑤ 再如,贵州省1937年登记烟民为26万余名,但据内政部禁烟委员会派往贵州的查禁专员邓棠青1938年的报告,"十人之中至少有烟民一人,全省有人口千万,即当有百万烟民"。⑥

通过数省办理烟民登记的情况可以看出,由于主客观方面的种种原因,烟民登记工作虽然取得了一定成绩,1937年登记人数达到416万余,但相对于实际存在的烟民人数来说,登记领照的烟民人数则又显得过少,登记工作

---

① 军事委员会禁烟总会编:《二十五年度禁烟年报》,1937年,第29—30页。
② 内政部编:《禁烟禁毒工作报告书》,中国第二历史档案馆藏,档案号:四一(2)75。
③ 杜云:《抗战建国与振饬川省禁政纪纲》,《四川禁烟月刊》第3卷第4期,1939年5月。
④ 《内政部禁烟委员会密令调查川省禁政情形》,内政部禁烟委员会档案,中国第二历史档案馆藏。
⑤ 《内政部禁烟委员会密令调查陕西办理禁政情形》,内政部禁烟委员会档案,中国第二历史档案馆藏。
⑥ 《内政部禁烟委员会密令调查黔省办理禁政情形》,内政部禁烟委员会档案,中国第二历史档案馆藏。

并未达到预期的目的。由于登记领照的烟民人数远远少于烟民的实际人数,因此,作为分期施禁的前提工作,烟民登记工作并未起到应有的作用,每年施禁 1/5 烟民的设想,在第一次烟民登记之后便无法按计划实施,只能一面施戒一面根据新的烟民登记人数调整计划。由于 1936 年、1937 年登记的烟民比首次登记人数高出许多,而施禁计划的调整又受到经费和人力物力诸多方面的限制,事实上很难做大的调整,因此,只能在分批传令烟民入所施戒的同时,提倡烟民在家自戒作为补救。自戒由烟民主动到禁烟机关声明,定明期限,届时调验。既然自戒主要是靠烟民的自觉性,那么,施禁计划便不能不大打折扣,很难预先确定本年戒绝的人数,只能是戒多少算多少。

总的看来,由于禁吸计划整个建立在烟民登记的基础上,烟民登记工作未达预期效果,于是,禁吸计划在不断调整中便陷于混乱,无法按部就班分期分批戒绝烟民。到 1939 年,统计烟民仍有 280 余万人,比 1938 年又多出 80 余万人,无论怎样调整计划,也无法如期完成禁吸,所以,最后期限的烟民施戒工作只能是草率从事。

二、施戒工作

1. 施戒成绩之分析

就具体的施戒工作而言,国民政府就其能力所及,的确做了不少工作,按照政府的要求,各省市设立戒烟医院,县设戒烟医院或戒烟所,区镇设戒烟分所,作为烟民施戒的主要机构。财力不足或烟民较少的地区,由省戒烟医院组织巡回戒烟队,前往施戒。

六年禁烟期间,全国共设戒烟医院及戒烟所数量如表 16-3:

表 16-3 全国戒烟院所统计表①

年份 项目	1935 年		1936 年		1937 年		1938 年		1939 年	
	专设	兼办	专设	兼办	专设	兼办	专设	兼办	专设	兼办
	964	299	1036	463	743	417	712	252	447	96
总计	1263		1499		1160		964		543	

---

① 资料来源:历年《禁烟年报》《禁烟统计》,中国第二历史档案馆藏,档案号:十二(2)334,十二(2)342。

戒烟方法,当时有所谓发泡法、递减法、注射疗法、安眠戒烟法等,以发泡法和递减法最为普及。发泡法是以一种药品混合剂敷于瘾民胸部,使皮肤发出一块约一寸见方的水泡,然后以针抽取泡内液体,注射入该瘾民的身体内。据说经此治疗,瘾民的烟瘾便会大大减少。递减法是使用鸦片酊,逐渐减少服用量,直至戒绝,使用烟膏、可待因之类也可。烟民在家自戒,基本上采用递减法。安眠戒烟法就是使用安眠药物,使瘾民终日处于昏睡状态,不感到戒断的痛苦,以达断瘾的目的。还有一种方法叫干戒,就是不给任何药物,强制其戒断,这种方法很干脆,戒断率非常高,但瘾民在戒断过程中由于烟毒瘾发作无药缓解,非常痛苦,烟瘾重者有时会因此发生意外。

六年禁政中许多法令规定对戒后复吸或逾期不戒的烟民予以勒戒。大多数勒戒即用干戒的方法。一般烟民对干戒都比较害怕,所以,戒烟院所除对于明令勒戒的烟民外通常不用这种方法。在条件较好的戒烟医院,烟民受戒期间,除依照正常戒烟方法受戒外,还要锻炼身体与接受思想教育。"锻炼其身体,使烟民之抵抗力,不知不觉增益于工作之际,一面举行精神讲话,唤起烟民内心之觉悟。"① 为了解决戒烟经费的不足,救济贫苦烟民,江苏、河南、湖南、贵州、四川等省按行政院的要求先后组设烟民工厂,收容贫苦烟民。为防止烟民戒后复吸,各地对已戒烟民进行抽查和检举,违者依法从重惩处。

总之,在禁吸工作上,国民政府从中央到地方都作了相当大的努力。在举办烟民登记,设立戒烟院所,开展烟民训练,筹划烟民救济等方面投入大量的精力和人力物力,收到了一定的成效。六年禁政期间,全国戒绝烟民的数量,根据国民政府官方公布的有关资料,列表如下,并将历年烟民登记人数列入其中作一比较,见表16-4:

表16-4 烟民登记人数与戒绝人数比较表②

年份	烟民登记人数	烟民戒绝人数
1935年	1665209	339198
1936年	3628162	339046

---

① 内政部禁烟委员会:《二十四年禁烟年报》,1936年印,第47页。
② 资料来源:历年《禁烟年报》,内政部编:《禁烟概要》,中国第二历史档案馆藏,档案号:十二(2)342;《禁烟统计》,中国第二历史档案馆藏,档案号:十二(2)334。

(续表)

年份	烟民登记人数	烟民戒绝人数
1937 年	4160285	319024
1938 年	2021834	181518
1939 年	2814682	386591

从表 16-4 可见,5 年内共戒绝烟民 1565377 人,表明禁吸工作取得了一定的成效。由于烟民登记数量自 1936 年起,每年均包含上年的登记积存人数,因此不能将 5 年登记烟民人数简单相加作为登记总数,与戒绝烟民人数进行比较。如果以 1937 年登记的 4160285 人为烟民登记的最高数,那么 5 年内戒绝的烟民总数约占登记烟民的 37.62%,就是说,经过 5 年的禁吸,登记烟民中不到一半人完成戒绝。至于戒绝烟民人数占整个实际烟民总数的比例,虽然无法统计,但可以想见其比例更低。东部诸多省份抗战期间被日军占领,烟禁重开,战前的禁吸成绩也随之付诸东流。在日本占领区,先前业已戒绝的烟民转而复吸者肯定为数不少,如果将这一因素考虑进去,戒绝烟民在登记烟民中所占比例当会更低。就各省的情况而言,对于施禁工作的主观努力程度不同,禁吸成效差别也很大。如江苏、湖南等省的禁吸工作是颇有成效的,其他如宁夏、贵州、甘肃、四川、西康、福建、广东、安徽等省,施戒成效就不尽理想。

抗战全面爆发后,随着大片国土沦陷于日寇的铁蹄之下,日本侵略军不仅将满蒙和华北地区的烟土大量运销占领地区,而且所到之处便大开烟禁,诱迫民众种烟。国民政府控制的地区,禁吸工作仍无很大进展,在这种情况下,内政部认为倘不加快禁吸步伐,厉行禁吸,不仅大批烟民沉沦黑籍,意志消沉,而且对征发壮丁补充兵源大有影响。更有甚者,日寇在占领区大肆推行毒化政策,后方禁种工作已届尾声,产烟很少而烟民众多,若不加紧禁吸工作,敌占区的烟毒势必通过各种途径涌入后方,通过烟毒的输入吸取后方有限的财力,削弱抗战力量。因此,1938 年 4 月拟定了《各省市领照烟民分期戒绝实施办法》,7 月 14 日公布实施,要求各省在 1938 年 12 月底以前将 45 岁以下的烟民一律戒绝,50 岁以内者 1939 年 6 月底之前一律戒绝。虽然内政部要求加快禁吸工作在当时的情形下显得很必要,但 45 岁以内的烟民在各地的烟民总数中都占 2/3 以上,要求在半年之内一律戒绝,这显然超出各省实际施戒工作的能力,不仅各地戒烟院所无法容纳大量施戒烟民,即便要求烟民在家自戒,由于缺乏戒烟药品,也没有多大效果,徒滋流弊,因而,各地只得请求中央酌予变通。

2. 影响施戒工作之原因分析

整体上看,禁吸工作的成效不如禁种成效,其原因之一已如前述,即烟民登记不实以致影响施戒计划的实施。除此以外,还有以下几个因素也极大地影响了禁吸工作的成效:

(1) 戒烟院所经费缺乏,设备过于简陋,施戒效果不佳。大多数基层戒烟院所由于拨助经费太少,缺乏必要的条件。有的戒烟所连最起码的戒烟药品也没有,只好用酒掺和烟膏当作戒烟药品,逐渐减少酒中的烟膏,以此办法施戒,或者因陋就简地用一些廉价中草药掺入鸦片做成戒烟药丸,施戒效果不理想。

许多戒烟院所由于缺乏经费,事实上形同虚设。如四川各县市报设戒烟院所计一百三四十处,大多有名无实,且近半陷停顿。[①] 河南省博爱县戒烟所,23个烟民挤在3间小屋中,没有一张床,全是地铺。吃药最多不过是吃了四五粒该戒烟所自制的戒烟丸。在戒烟所里施戒时间最长的烟民已戒有2个月零20天。由于戒烟所条件太差,少数烟民已"奄奄待毙,不能行动"。[②] 又如安徽省皖南各县均设有戒烟所,"唯以经费困难,设备简陋,医药两缺,成绩毫无",只好于1938年年底全部撤去,由皖南行署集中财力筹设一个较大的戒烟医院。[③] 新建的戒烟医院固然条件颇好,但仅靠这样一个戒烟医院对皖南各县的烟民施戒,又力所不及。1938年,内政部派员分赴川、黔、湘、鄂、陕、甘等省调查禁政情况,各省基层戒烟院所也大多如此。由于基层戒烟院所设备缺乏,正常的调验工作往往也难以进行。限于条件,当时鉴定是否吸食烟毒的最主要的检验办法就是化验小便,但烟民只要有七八天停止吸食,便很难化验出来了。

(2) 贫苦烟民施戒不易。一是"内地穷乡僻壤之区,经费人才,俱感缺

---

① 四川禁烟总局编印:《禁政月刊》第2期,1937年11月。
② 《河南省禁烟委员会廿六年六月工作报告》,禁烟总会档案,中国第二历史档案馆藏。
③ 《内政部派员视察皖南行署禁政工作报告》,内政部档案,中国第二历史档案馆藏。

乏,设立医院,更属非易";①二是贫苦劳动烟民从事重体力劳作,由于体质较弱,营养不良,为生计所迫,不得不靠烟毒激发气力,离开烟毒,连做劳力的资格也没有了;三是大多贫苦劳动烟民家全靠每日劳作养活家小,一旦入所受戒,即便免费施戒,半个月时间无法做工,也会使得家小陷于生计无着的困境。所以劳动烟民大多认为"鸦片烟吸得起戒不起",不愿入所受戒。有些省份为使劳动烟民能够安心入所受戒,按其受戒天数为其家小提供口粮,这种救急措施虽有若干省份实行,但并不普及。至于由中央政府统一颁布的《贫苦劳动烟民戒烟时期生活救济办法》,迟至1940年1月才出台,规定三项救济办法:入强民工厂、贷给5元至10元资金做小生意、介绍工作,除第一项入强民工厂外,其余两项都不甚切合实际。而强民工厂除江苏设立较早,其余如川、黔、豫、湘等省设立均较晚,而且也只有少数省份开设了强民工厂。救济贫苦烟民的经费来源,该"救济办法"规定是募捐和地方公益慈善经费,实际上这种没有保证的经费来源落实到地方上,大多成了空话。到1939年10月只有豫、湘、黔、川4省编制了经费预算。为弥补戒烟院所之不及,政府又提倡烟民在家自戒,自戒是很不容易成功的,需要相当大的决心和毅力,这对于每日靠吸烟毒激发气力做苦工谋生的劳动烟民来说,当然更不容易。应当说,对于贫苦烟民的施戒工作,政府重视不够,相应的救济措施流于表面化,因而,施戒成效也不理想。

(3)施戒工作还有一个相当大的困难,是大多烟民吸食烟毒是从治病开始的,为抑制病痛而长期吸食烟毒。上海市立沪北戒烟医院对1000名施戒烟民的成瘾原因进行调查,结果起于疾病而吸烟者高达88.3%。这些疾病包括胃病、腹痛、腹泻、痢疾、痔疾、咳嗽、咯血、哮喘、花柳病、疟疾及失眠体弱等。② 因病吸烟成瘾者比例甚高,这为施戒工作带来了极大的困难,因为在施戒过程中许多原先被烟毒抑制的疾病很快暴露出来,甚至变得更加严重。

根据1936年8月颁布的《戒烟医院章程》第十一条的规定,"受戒或调验烟民如发生与烟毒无关之疾病,得由戒烟院所兼施治疗。如所染疾病非长期疗养不易痊愈者,得准其觅具妥保,出外医治,俟病愈后应即自行投戒"。但

---

① 内政部编:《禁烟概要》,中国第二历史档案馆藏,档案号:十二(2)342。
② 严需章、梅卓生:《上海市立沪北戒烟医院一千烟民成瘾原因统计》,《禁烟专刊》1936年第2期。

事实上戒烟院所主要是为戒烟而设的,一般都不具备综合性的医疗条件和设施,对这些既需要戒烟又需要治病的烟民往往束手无策,顾此失彼。至于按规定取保外出就医,大多烟民没有足够的经济能力,承担不起医疗费用,仍然靠吸烟抑制病状。即使再回戒烟所受戒,情况仍和先前一样。像上海沪北戒烟医院,这样条件较好,免费施戒的医院对这些情况尚难以应付,一般基层戒烟所的情形更可想而知了。

不仅如此,由于戒烟所地方狭小,烟民拥挤,卫生条件差,兼之医药两缺,烟民之间相互传染疾病的情况很普遍,尤以疥疮、脓疱、湿疹、湿毒等皮肤病最多。在戒烟所能够始终不病而脱瘾的只占一小部分。有鉴于此,一些从事施戒工作的医务人员认为,现者尽管禁令森严,然而,禁者自禁,吸用烟毒的人依然有增无减,一个非常重要的原因就是对于因病而吸用烟毒之救济问题缺少关注。由此,他们认为解决烟民吸用烟毒的问题,非从普及卫生教育入手不可,对于施禁机关一旦查获吸用烟毒者,不分有无疾病,一律拘捕勒戒的做法持保留态度。① 医务人员的看法未尝没有道理,但在当时十分贫穷落后的情况下,普及医药卫生教育,发展现代医学均非短期所能奏效,禁政工作又不可能停下来等待医疗卫生条件的改善,这种矛盾在实际中很难解决。从施戒的角度上看,比较现实可行的方法就是增加戒烟院所的经费投入,改善医疗设备条件,建立戒烟院所与一般医院的业务联系,尽量做到施戒与治疗疾病同时进行,但各地政府对此并未予以重视。

(4) 施戒之后的复吸率高。尽管各地向中央汇报施戒成绩时,经过抽查烟民的复吸率均比较低,但这种汇报的真实性如何,颇值得怀疑,至少有两类烟民戒后复吸率是很高的。第一类是因病吸烟的烟民,由于戒烟院所限于条件,难以兼治疾病。烟民断瘾后所患疾病一旦复发,又无力承担正规治疗的费用,为了驱赶病痛,只有重吸烟毒。第二类是劳动烟民。"各省市烟民,大都贫苦劳动者居多,若辈终日勤劳,全家赖以为生,一经戒绝出所,其不良之环境如故,孱弱之体力依然,迫于生计,计唯有再乞灵于毒品",② 生计所迫,不得不出卖体力,到无法支撑之时,即"绳之以峻法,加之以监视,亦难保其不

---

① 严需章、梅卓生:《上海市立沪北戒烟医院一千烟民成瘾原因统计》,《禁烟专刊》1936年第2期。
② 内政部编:《禁烟概要》,中国第二历史档案馆藏,档案号:十二(2)342。

故态复吸,明知犯者必死,而亦不暇顾惮"。① 考虑到因病吸烟者与劳动烟民比例甚高,因此,戒后复吸者为数自然不少。另外,一些烟民戒绝后受环境影响,自制力不强,戒后复吸也在所难免。

吸食烟毒成瘾,不仅身体对烟毒有很强的依赖性,精神上对烟毒也产生深深的依赖,往往从身体上戒断毒瘾容易,从心理上断绝对烟毒的依赖却很难。当年林则徐曾说过,吸食鸦片者"非难于革瘾,而难于革心"。过去一些瘾民戒烟时也有"一年吸烟,一辈子想烟"的说法,指的就是这种心理依赖。国民政府六年禁政时期,虽然分批对烟民施戒,但领证的待戒烟民和私吸烟民大量存在,私存烟毒无处不有,烟民戒断出所后,仍置身于这种环境中,要抵制这种环境的影响十分不易。至于产烟省份,民间存烟非常多,在这样的环境之下,要保持较低的复吸率是不可能的。

烟民戒而复吸是个复杂的问题,戒烟院所限于人力物力,也不可能对戒绝烟民进行反复普查,至多只能在近期戒绝的烟民中抽取少数进行一次复查,烟民很容易逃脱。这种抽查措施的震慑作用大于实际作用,而且,抽查结果也不能真实反映烟民戒绝后的巩固率。对于复吸者比例高这一事实,基层禁政机关并非不知,真要严行查拿,事实上也力所不及,而且一次复吸、二次复吸、三次复吸,量刑均不相同,详加查实又相当不易,即使将复吸犯尽行判罪坐牢,影响烟民戒而复吸的种种社会因素无法改变,复吸仍不可免,所以,基层禁政机关对此也多抱敷衍的态度,每年抓获几个贫民复吸犯重惩一下,也只是杀鸡儆猴而已。

(5) 整个禁政工作对于烟税的过度追求也影响了禁吸工作的绩效。宁夏、贵州、四川、云南等产烟省份,禁烟工作往往是雷声大、雨点小。一方面是由于产烟省份民间散藏烟土极多,民众吸烟久成习惯。且人力物力不敷,施戒难度较大。另一方面与烟土税收不无关系。因为"禁烟特税,出自烟民,吸少税绌,理极显明"。禁吸与征税确是一对矛盾。宁夏、云南省垄断烟土,主要目的在于掌握专卖厚利,自然不会认真戒吸;川、黔等省尽管未能垄断烟,但内销税一再提高,从中也获利不小,一旦戒绝烟民,税款也便无从征收了。

不仅这些省份有此想法,中央政府也如此。抗战全面爆发后,军事费用

---

① 军事委员会禁烟总会编:《二十四年度禁烟年报》,1936年,第47页。

大增,尤其是富裕的东部地区被日军占据,国民政府被迫退入落后贫穷的大西南地区,筹集经费更为艰难,要厉行禁吸,便不能顾惜特税损失,当时,国民政府确实也没有这样大的决心。1938年4月,内政部提出要加快禁吸工作时,行政院的态度便比较消极,因而,内政部提出禁种工作已将完成,禁吸工作滞后,需多供少,将导致敌占区烟毒内销、后方有限资财源源流出的恶果,正中敌寇的毒化阴谋。因此,禁吸工作不容迟缓,至于税收问题,应以统收专卖的方法加以解决。"欲于禁烟财政并顾兼筹,舍本部前拟之统收烟土制膏专卖计划外,实无良策。盖分期戒烟,需要虽减,而专卖大利,足裕财源。如不断行专卖,寓税于价,唯墨守近世禁烟各国多废弃之从量征税办法,计似非宜。"①由此可看出,中央政府内部存在着既要坚持禁烟又不忍舍弃烟税的矛盾态度。

垄断专卖本是六年禁政的主要目标,但由于民间散存烟土太多,无法统制,因而一直无法实现垄断专卖。六年禁政前期的实践已经证明,统而不能尽统,则垄断专卖非但难获大利,反为民间私土提供一个暗中畅销的机会。内政部虽想以垄断专卖办法解决吸少税绌的问题,但垄断无法彻底确立,厚利无以保证,因此,禁吸与税收的矛盾仍未解决。另外,中央政府平抑烟价的措施,虽然目的在于防止烟商重利盘剥,保证税收,但是,防止重利盘剥的另一面就是维持烟价稳定,便于烟民吸食。在汉口烟土市场,由禁烟督察处总公栈评价委员会分别评定各种烟土价格,要求各土膏行按所定牌价划一出售,不得抬高市价,致使官土滞销,影响税收。1938年8月,汉口特业公会全体特商暗中串通抬价,受到严厉查处。超过限价部分的价款一律被迫缴公,并由督察处拟定"取缔特商涨价办法四项",规定特商只许在评定价格的5%幅度内自定价格,超过此限即予追究。② 10月汉口失陷后,行政院又饬令川、黔、陕、甘各省府及重庆市府调查烟价,规定1938年11月7日市价为最高价格,以后土膏行店不得暗中抬价,违者军法从事。将来税率如有增加,则价格依照税率上浮。平抑烟价说穿了就是要保证官土销售,以免领照烟民因商人操纵烟价而少吸或不吸。然而,如果厉行禁吸,烟民日渐减少,烟价不论如何

---

① 赖淑卿:《国民政府六年禁烟计划及其成效》,台北"国史馆"1986年版,第202页。
② 《禁烟督察处查处汉口特商私议暗盘抬高烟价扰乱市面危害税收卷》,内政部禁烟委员会档案,中国第二历史档案馆藏。

平允,销量也要下降。这样政策取向上的分歧和矛盾必然影响到禁吸工作的成效。既然中央政策有分歧,那么,各省基于自身的利益考虑,在禁烟与收税上有所轻重,自然是不可避免的。

第三节　禁运与禁售

六年禁政的工作重心虽在禁种与禁吸,但禁种禁吸能否同步推进,则有赖于鸦片运售方面的管制,这就是禁运与禁售工作。

一、禁运

1. 公运制度与特许采办商制度

就禁运而言,原先的计划是要统收统运,按烟民登记人数及其烟土需求总量,由官方统一制膏,量为供应。如前文所述,由于1937年的统收工作未获成功,因而,公运制度与特许采办商制度便一直沿用下来,作为烟土运输的管制措施。

特许采办制度将以往"无商不土"、大小商人漫无限制的采办运销的状况,变成少数特许商家在官方监督控制下的采办运销,未经特许的商人一概不得采办烟土,这样易于监督烟土的购运。实行公运或监督下的领照自运,以公栈联接运销环节的办法,防止了运输中的舞弊以及销商和运商的通同舞弊行为。应当说,公运和公栈制度,对于特许采办商是颇有约束力的。采办商人数少,并经过特许登记在案,每次采办烟土还需申领采办证,遵照核定的采办区域、数量和运输路线采办烟土,易于监督。

2. 走私与缉私

（1）走私

六年禁政期间,走私活动极为频繁。如四川省1937年推行统收统运时,曾按本省登记烟民所需烟土数量的八成安排内销,然而,数月时间,官土销量不及配额的二成,足见烟土暗中私销的猖獗。① 走私活动不仅源于烟土价高利厚,也与六年禁政的渐禁方法有关。

第一,由于全国划分为绝对禁种省份与分年禁种省份,产区烟土又无法做到统收无遗,烟土的供需在地区之间便出现了明显的不平衡,因而导致烟土价格上的差异。比如1935年一担黔土在贵州产地只要200元,到了汉口售价便在1000元以上,走私烟土有几倍的厚利,而且,随着税率的不断提高,走私之利愈加丰厚。所以,在分年禁种期间,不仅种烟省份向禁种省份走私烟土增多,在缓禁省份中,也有相互偷运烟土的现象。云南省1935年实行统收统运后烟土价格较高,因而,一些滇商也常到贵州将黔土走私运入云南。据贵州禁烟督察分处兴义事务所所长姚公望报告:"现值滇省货价高涨之余,各滇商每遇场期,即暗中收购特货,藏匿店中,乘机偷运。数量多则携带武器,掩护出走。缉所员警有限,屡缉无效。"②四川叙永缉私事务所所长黄惜光曾报告说:"叙永、古蔺等县皆位于滇黔边境,地方流痞及无识乡民以越境贩私为业者,不知凡几。"③由缓禁县份向禁种县份偷运烟土的事例更多,在所有分年渐禁省份均属常见现象。四川1936年秋只准许涪陵、宣汉、垫江、丰都四县种烟,1937年初夏收烟后,除官收烟土外,民间私存的烟土多以达县为中心向邻近各县走私偷运。④ 到禁种后期,由于产烟愈少,烟土走私增多。

第二,由于各产烟省份原先均普种罂粟,鸦片产量高,官方无法统收,因而,民间散存烟土极多。这些烟土储存在家并不违法,官方无法监督,很容易便转成走私烟土。禁烟督察处陕西南郑缉私专员李秉中考察当地缉私工作就说:"民间存土甚多,过去缉私只缉运售者,此种存于人民家中之土多未过问,此中弊端极大,如听其如此下去,则流弊何可胜言!"⑤禁种后期即有一些

---

① 《禁烟总会核示1937年四川烟土统收统运各项章则》,禁烟总会档案,中国第二历史档案馆藏。
② 《禁烟督察处处理贩运吸食毒品案犯卷》,内政部禁烟委员会档案,中国第二历史档案馆藏。
③ 《禁烟督察处处理贩运吸食毒品案犯卷》,内政部禁烟委员会档案,中国第二历史档案馆藏。
④ 《川陕等地特货走私路线及建议设卡卷》,禁烟总会档案,中国第二历史档案馆藏。
⑤ 《禁烟督察处南郑缉私营员呈报禁烟缉私弊端及建议事项》,内政部禁烟委员会档案,中国第二历史档案馆藏。

烟贩专门在乡村收集民间存土,积零为整进行走私,烟农不敢自己犯禁走私,则将烟土暗售与烟贩。这样,民间存土便成为走私偷运的重要货源。

第三,由于禁政前期各省烟土税率差异很大,促使一般烟商借机取巧,偷逃税款。陕货在1936年年底以前,外销统税一直是每担320元,湘货每担300元,而川货、黔货的税率则高出一倍以上。在1935年对黔货初征统税时,税率曾一度高达每担1250元,比湘货高出4倍以上。所以,当时一些商人为偷逃税款,以川货冒充陕货,以黔货冒充湘货。湘省按规定1936年之后不准再出产烟土,在此之前所产烟土特制禁字乙种印花并加盖"湘产"印戳,以便与其他贴用统花的黔滇土相区别。"唯该省(湖南)毗连黔境,往往有奸商偷运黔货混称湘产,冒请贴用,殊属影响税收。"①对于烟商而言,辨别货质比较容易,"黔货黄而带白,湘货黑而兼黄,黔货独具一种异香,而湘货则燥气逼人",但对于一般缉私人员,则"鉴别货质,须具有相当经验,是项人才,至感缺乏"。②尤其一些烟商将滇黔土包裹在湘产烟土中以避重税,缉私人员往往更难识别,当时以此办法偷税者也为数不少。陕西朝邑等地烟土走私,先在朝邑沿黄河东下,然后,登岸由陆路进入山西永济等县,这种走私皆是人力运输,"每人背负二三百两,常有一二百人以上,往来不绝"。③这种人力运输不受交通工具的限制,灵活性大,运输路线可以随时改变,比起车船走私,往往更难以查缉。黔土运湘,指定必须由贵州麻江县下司乘船沿清水江(沅水南源)至湖南洪江,这一线路在湘黔境内均有关卡进行查缉,被定为公运路线,但烟商为了避税,大多绕道镇远、铜仁,进入湖南凤凰,然后冒称湘产。这种绕避关卡的私运现象颇不少见,尤以1936年上半年为多,以致禁烟督察处派驻湖南监察吕公来认为:"若不力图整顿,则公运路线之上,行见商贩绝迹,公家税收损失之巨,更无论矣。"④虽然经过整顿,但仍有私贩放弃水路,翻山

---

① 《湖南监察呈报大批黔货冒充湘产派员鉴别贴花征税卷》,禁烟总会档案,中国第二历史档案馆藏。
② 《湖南监察呈报大批黔货冒充湘产派员鉴别贴花征税卷》,禁烟总会档案,中国第二历史档案馆藏。
③ 《禁烟督察处查处烟土走私卷》,禁烟总会档案,中国第二历史档案馆藏。
④ 《湖南监察呈报大批黔货冒充湘产派员鉴别贴花征税卷》,禁烟总会档案,中国第二历史档案馆藏。

越岭绕越关卡把烟土运至湖南常德等地。①

值得注意的是,在禁政时期,法令森严,敢于犯禁大量走私烟土的,往往具有相当的势力,或以武力护运,或层层勾结庇护,查缉机关力量有限,无法查缉的情况也很多。如军人运烟,地方查缉人员往往无可奈何。抗战时期驻广东的一些川军将士便暗中进行包庇私运的勾当。一般不肖退伍官兵及荣誉军人亦每多利用过去权威,勾结土劣,包庇制运。②据陕西汉中禁烟视察员林占梅1938年8月的报告,川土走私入陕,先由川军包运至四川万源县,在川陕交界处由陕西地方团队接运,一路经镇坝至西乡,转运陕东陕南,每月数十担,凡过境各县禁烟局均暗中合作,收取过境费、出口费等等。这一路私贩有四川帮、河南帮、湖北帮等,湖北帮人数最多。另一路由万源至安康,每次也至少数十担,转销鄂北、豫西等地。这一路的私贩"都是红帮大爷,并有军队团队与之合作"。③

(2) 缉私

官土价格较高,其销售完全有赖其垄断性的地位,如果无法杜绝走私烟土的涌入,官土销售必然大受影响。不仅领照烟民分期戒吸难以做到,禁烟税收也将大量流失。因此,在实行特许采办和公运制度的同时,查缉私运成为禁运工作中更为重要的一环。为此,禁烟督察处特设缉私主任办公室,负责缉私。他们在边远产烟省份运入腹省销区的水陆交通要道布置巡缉部队,查缉私运烟土和毒品。又在各省设立缉私专员事务所,办理各该省的缉私事务,并由禁烟总会责成各地方机关对缉私事务予以协助,各铁路、公路、轮船码头、海关、邮区等交通网点紧密配合,厉行缉私。其目的在于将所有的烟土采办运销纳入管制的轨道。这样,特许采办制度、公运制度和缉私便成为禁运工作的主要措施。

尽管烟土私运无处不有,严加查缉也难以完全防杜,但大宗走私烟土由产区远销腹省的可能性大大减少了,因此,缉私制度在总体上控制烟土采购和运输环节取得了不小的成效。根据内政部的有关资料,六年禁政期间全国

---

① 《川陕等地特货走私路线及建议设卡卷》,禁烟总会档案,中国第二历史档案馆藏。
② 《四川省实施提前肃清烟毒计划客观情形报告表》,内政部禁烟委员会档案,中国第二历史档案馆藏。
③ 《川陕等地特货走私路线及建议设卡卷》,禁烟总会档案,中国第二历史档案馆藏。

共缉获私运烟毒数量如表 16-5：

表 16-5　六年禁政期间全国查获私运烟毒数量总表① 　　单位：公斤

种类	1935年	1936年	1937年	1938年	1939年	1940年	合计
生鸦片	167550.64	91153.278	18495.979	26066.877	15016.882	6274.206	324557.862
熟鸦片	398.060	4009.7	834.678	650.141	438.446	250.686	6581.711
烟灰		4141.297	204.214	102.025	249.399	88.642	4785.577
杂料	4813.04	1814.8	895.986	3.692	11.977	0.156	7539.651
假土		1270.066	354.837	376.495	1024.972	275.989	3302.359
罂粟籽	14	26.53	60	764	2351	50.070	3265.6
罂粟谷			120			150	270
吗啡	479.57	304.921	11.195	2.013	192.347	4.243	994.289
海洛因	483.52	704.538	181.833	68.971	38.639	25.357	1502.858
可待因	5.44	1	0.297		0.18		6.917
高根	85.13	12.163	22.179	1.5	0.64		121.612
毒丸	11108.88	3539.577	1117.127	27.343	15.938	0.377	15809.242
毒粉	188.29	647.655	8.693	0.002			844.64
含毒药剂	280.79	81.142	1239.827	17.116	21.058	3.262	1643.195
制毒原料	736.77	952.783	389.96	5.655		0.066	2085.234
其他（鸦片酊）	103.23	1811.053	928.36	1003.217	37.258	0.002	3883.12
总计	186247.36	110470.503	24865.165	29089.047	19397.916	7123.876	377193.876

从 1935 年至 1940 年的 6 年中，全国共查获私运烟毒总量为 377193.876 公斤，为数相当可观。其中生鸦片一项有 324557.862 公斤，约占查获烟毒总量的 86％。在各类查缉机关和协缉机关中，以各省市查获数量最多，达 191083.422 公斤，禁烟督察处次之，共查获 139305.587 公斤，其余分别为各海关、铁路和邮区查获。② 从查获的私运烟毒案件数量来看，1935 年共达

---

① 资料来源：历年《禁烟年报》、《禁烟统计》，中国第二历史档案馆藏，档案号：十二(2)334。
② 军事委员会禁烟总会编：《二十四年度禁烟年报》，1936 年，附表。

15390起,其中禁烟督察处查获7482起,其余为各省市、铁路、海关和邮区查获。① 1936年至1940年,各省市、海关、铁路和邮区查获烟毒私运案件总数为115554起(不包括禁烟督察处查获的案件)。

缉私工作虽取得若干成效,但并不意味着当时的烟毒走私活动已经受到了有效的遏制。事实上,防遏烟毒走私难度甚大,由于烟毒走私隐蔽性强,奇计百出,查获的案件在实际的走私活动中只占少数。

就缉私工作本身而言,存在以下几个方面的问题:

一是缉私人员有限,不敷使用。如汉口缉私团是禁烟督察处辖下最大的缉私机构,有员兵3802名,团长邱开基说:"本团分驻鄂属担任缉私勤务,唯以防地辽阔,兵力不敷分配,在执行缉务时,事实上颇多顾此失彼之虞。"② 限于人力,只能在交通要口和主要运输路线上设卡盘查。这种查缉的效用是有限的,对许多绕越关卡的走私无能为力。地方上负责某一区域缉务的机关,人力不敷的情形往往更为严重。驻黔交际员周绍阳1936年在给禁烟督察处的信函中谈及黔省近来走私情形严重,他认为,缉私不力的原因就是不能形成网络,"缉私机关尽管多,但走私商人更广""缉私虽严,不过大市场及省会县城而已"。③ 查缉力量所不及的广大乡村地区,烟土私运实际上路路可通。有些禁政官员到各县视察后认为,只要离开县城20里,走私便无查拿之虞。

二是缉私力量常常不如走私力量势大。如前所述,走私力量往往具有相当的势力,查缉机关力量反而有限,无法查缉。如川土走私入陕均经万源县境,而万源县即设有缉私派出所,隶属于达县缉私专员事务所。按理应对走私烟土严加缉拿,但缉私派出所本身武力有限,下设的巴中、南江、城口等办事处,寥寥几名缉私人员更是"均系徒手",而"此地走私者又均持有武器",④ 查缉力量远远不及走私贩私的力量,所以,缉私工作只能做做样子而已,以致

---

① 军事委员会禁烟总会编:《二十四年度禁烟年报》,1936年,第27页。
② 《禁烟督察处关于缉私给奖事宜给巡缉团的训令》,禁烟总会档案,中国第二历史档案馆藏。
③ 《湘黔等地特货产销及征税情形卷》,禁烟总会档案,中国第二历史档案馆藏。
④ 《禁烟督察处川康分处达县事务所整顿公土运销卷》,内政部禁烟委员会档案,中国第二历史档案馆藏。

万源县境内同样是"贩运私土者异常充斥"的景象。① 地方上烟土的私贩私销,往往有当地豪绅土劣的暗中包庇,他们与本地烟土的私贩私销往往存在着利益关系,对当地缉私机关的缉私活动也颇多阻挠,这种情况在地方势力强大的四川省尤为突出。许多边远县份,"地方绅粮权势极大,政府以及缉私机关如不斟酌情形,决不能贸然缉私"。② 1939年6月,禁烟督察处川康分处在涪陵设立缉私派出哨卡,该哨卡自执行缉务伊始便遭到地方势力的阻挠,以致缉私工作坚持2个多月便不得不停顿下来。据该哨卡报告:"该县人民团体积弊成性,视政府禁令如具文,四乡区署、联保团队,以及土豪劣绅、贪图渔利者,莫不加以庇护。屡以民间疾苦、保护民众生产、增加后方抗战力量等名词相呼吁,从中渔利,阻挠禁政。无理限制,抗拒缉私,一遇本哨人员缉私,联保甲百般留难,甚至指鹿为马,诬为土匪,引起误会,纠集武装人民出而抗拒。围击缉私人员,事后反要缉私人员赔偿消耗子弹者,屡见不鲜。"③在这样的情形之下,缉私工作便很难进行。

三是缉私人员自身素质低下。烟毒价格高昂,转手便获厚利,对一般不吸烟的人也颇有诱惑力。缉私工作要求机动灵活,致使缉私人员有较大的行动自由,难以对其监督,因而,缉私人员利用职权,枉法营私之事层出不穷,尤其是地方上的缉私人员,多为临时招募,自身素质更为低下。四川省叙永缉私派出所督缉员李元恺,不仅不查缉私贩,"所用之查缉员,皆为叙永著名走私之流痞,若辈领得缉私证件,即在外横作威福,各自引用党羽十数人或数十人不等,分驻各要镇,阳奉李元恺意旨,暗与各地私贩串通一气,朋比为奸",而李元恺不仅"接受贿赂,包庇走私之事层见叠出",而且"常假解缴缉获私土之名,亲身贩运大批私土至宜宾销售"。④ 一项对四川达县烟毒状况的调查表明,查缉人员无不借禁敛财,以致当地民众视查缉人员为一帮不良分子。

---

① 《禁烟督察处川康分处达县事务所整顿公土运销卷》,内政部禁烟委员会档案,中国第二历史档案馆藏。
② 《禁烟督察处川康分处达县事务所整顿公土运销卷》,内政部禁烟委员会档案,中国第二历史档案馆藏。
③ 《禁烟督察处处理贩运吸食毒品案犯卷》,内政部禁烟委员会档案,中国第二历史档案馆藏。
④ 《禁烟督察处处理所属人员贪污渎职卷》,内政部禁烟委员会档案,中国第二历史档案馆藏。

有的地方查缉人员四出滋扰,以致民众无法忍受。缉私人员的舞弊枉法更为普遍,如1938年2月陕西潼关巡缉第五中队捉到烟贩阎其恕,交潼关事务所拘押候审,阎通过熟人进行"疏通",交300元保证金后谎称生病,予以保外就医。过一阵子阎的家属前来,报称阎已因病死亡。于是经办此事的缉查人员便销案了事。后来一些不知内情的查缉人员看见该犯并未病故,向上报告,事情才露了底。① 湖南省政府也屡次承认,这些为查缉烟毒而设的缉私队、密缉队之类,在实际的查缉工作中却"失去原来之作用,反成为害民病商之机构""袪弊反变为滋弊"。缉获私贩,常常是自行处罚了事,截获的烟土也往往括入私囊,转手抛入黑市。暗中营业的私烟馆只要定期奉送"陋规",不仅没有被查拿的危险,反得到其暗中的庇护。湖南省禁烟委员会在一项"切实整顿密缉员兵"的训令中指出:"各县市密缉员兵,能奉公守法,推行禁政,热心工作,虽或有几,而假公营私,敲诈瞻徇,包庇贿纵,招摇撞骗者实居多数。"②

综上,从查缉走私的实际工作来看,六年禁政的禁运工作尽管成绩颇为可观,但其中的漏洞和弊端也很多。由此观之,禁运工作并未达到理想的效果。

3. 肃清私存烟土

1939年6月,云南省最后完成禁种,全国的禁种工作宣告完成。为了肃清民间散藏烟土,彻底断绝烟土走私的来源,国民政府开始部署消灭民间存土的计划。1939年7月10日,行政院颁布《肃清私存烟土办法大纲》,饬令四川、西康和贵州三省设立督办肃清私存烟土事宜公署,由三省民政厅与禁烟督察分处共同负责办理收缴民间私存烟土事宜,限5个月内办理完毕。同时,各地采办商在该"办法大纲"颁布后一概取消,严禁再行采办。正在采办的特商也一律停止采办,将业已收购的烟土运入公栈封存,听候官方给价收购。四川、西康、贵州按中央的部署分别制定具体办法,并组设临时仓库保管收存的烟土。1940年3月,行政院又颁发《消灭各省私存烟土办法》,饬令康、黔之外未设肃清私土督办公署的陕西、甘肃、湖南、福建、绥远、宁夏和云南7省遵办,其他省市也参照办理,限5月底之前办理完毕,从6月份开始进

---

① 《潼关督察事务所犯人保释逃潜案》,内政部禁烟委员会档案,中国第二历史档案馆藏。
② 湖南省禁烟委员会编:《湖南禁烟月刊》第4期,1939年4月。

行总检举,家中仍有存土即以私论,烟土没收,人犯治罪。肃清烟土的具体办法,川、康、黔三省按《肃清私存烟土办法大纲》的规定,采取作价收购的办法,收购烟土的费用由中央统一核拨。其他省份按《消灭各省私存烟土办法》办理,由各省自定办法,以限期收缴为原则。在规定期限内自行呈缴者免予论罪,匿不呈缴者,经查获即按《禁烟治罪暂行条例》治罪,并没收财产的一部分或全部。

肃清民间私存烟土的工作进展并不顺利,主要是因为烟土价格高昂,被人们视为乌金。由于全国业已一律禁种,根据以往禁烟的经验,烟土价格必将大幅度上涨,一般民众对家中积存的烟土都抱有很高的获利期望,故不愿将烟土交给政府。川康政府收购民间存烟的工作尚未开始,民间已得到消息,烟价迅速上涨,于是,特商、金融界纷纷出动,抢先暗中收购烟土,囤积待涨。据军委会转交财政部的情报,川省土行、银行均积极派员携款分赴泸定、冕宁、德昌、会理、宁南等地收买,且勾结驻军代为收囤烟土。重庆方面,并有集体经营之举,计重庆银行四十万元,裕昌号四十五万元,元崇德号十五万元,合计投资一百余万元,所购烟土拟运西昌密屯土商邓秀廷处,不向政府登记,以便设法向外密运,以致财政部部长孔祥熙连电西康刘文辉及西昌行辕主任张笃伦,饬令就近详查,勒令银行和特商将所购烟土交公栈封存,听候官收。① 一般商人也往往到乡下向原来种烟的农户收购烟土秘密囤积。这种普遍的囤烟看涨的投机心理无疑加大了肃清民间存土的难度。四川收购民间存土,官价定为每两4元5角,但民间认为定价太低,无利可获,指责政府此举是"官夺民利",因而一连三四个月,收购数量不多。在一次会议上,各县报告收购烟土困难很多,四川禁烟特派员公署专员兼督察处川康分处主任张静愚大为不满地说:按理私存烟土,不仅应当没收,而且应依法治罪,现中央宽大为怀,不咎既往,且以重价收购,人民理应感念政府的恩德。农民种烟时,每两售价不过三四角,现中央以4元5角的重价收购,仍说无利可图,真是岂有此理!② 当时川省内地的一般烟价原在每两2元上下,收购存烟的办法公布后以及大小商人竞相购囤烟土,很快使烟土价格涨至每两4元左右,

---

① 《财政部命令制止特商及银行投资收买宁属夷土卷》,内政部禁烟委员会档案,中国第二历史档案馆藏。

② 《四川禁烟月刊》第3卷第10期,1939年11月。

尽管官收价格定得不低,但人们对所囤积的烟土抱有很大的获利期望,且货币在战争时期已在不断贬值,因此仍然很少有人愿把烟土卖掉。贵州以每两4元的价格收购民间存土,到1939年11月,仍不断有烟商运烟入广西私销,可见存土收购工作也不尽理想。① 川、康、黔之外的各个省份,由于以限期收缴为原则,执行起来自然比作价收购阻力更大,尤其是原先的产烟省份。如甘肃省天水缉私事务所按照甘省所定办法,先限期办理民间存土登记,讵料在此期间,竟无一人向事务所登记。实行限期收缴在存烟不多的省份或许可行,而在原缓禁省份,因长期种烟,民间存烟极多,很难办到限期收缴。即使是作价官收,各省也难以筹措这笔款项。甘肃省拟定的办法是作价集中收购,"费用统由省府呈请中央核拨"。② 当时,陕西省所拟办法也与甘肃省大致相同,要求国民政府核拨收购烟土专款。但陕甘等省要求国民政府拨款收购的办法上报后,并未获得批准。国民政府因时值抗战艰难之关头,财政早已入不敷出,难以下拨购烟专款,要求陕甘等省尽量采取限期收缴办法。既无款收购民间存烟,又没有力量在基层逐户清查,强行收缴,于是,肃清私土工作不得不陷于停顿。原定1940年5月底前完成此项工作,陕甘等省到期限,尚无多大进展。

1940年6月3日,内政部禁烟委员会召开第一次会议,陕西省政府和甘肃省政府便提出请中央备价收买民间存土的提案。甘肃代表提出,由于交通阻塞,外销有限,民间存余烟土很多,民众向来视烟土为财产的一部分,且烟土时价高昂,每两已涨至11元5角,"果由政府无代价收毁,以本省情形,不但(民众)隐匿不交,弊端倍出,且恐纠纷蜂起,仍难达肃清之目的"。因此欲肃清民间存土,必须由中央备价收买,如中央经费支绌,购烟用款可以一半法币,一半救国公债。③ 经过讨论,会议采纳了陕甘代表的提案,决定由限期收缴改为作价收购。但原先绝对禁种省份的民间存土,不在收买之列。可见,陕甘代表提出的困难具有普遍性。从六年禁政结束后私贩私吸仍大量存在这一事实来看,民间的私存烟土远未肃清。

---

① 《禁烟督察处核办桂省收购黔土卷》,内政部禁烟委员会档案,中国第二历史档案馆藏。
② 《甘肃省廿九年度禁政计划纲要》,内政部禁烟委员会档案,中国第二历史档案馆藏。
③ 《内政部禁烟委员会第一次常会会议记录及提案》,内政部禁烟委员会档案,中国第二历史档案馆藏。

二、禁售

1. 土膏行店之数量

关于禁售工作,主要是土膏行店的管理和严禁私售。禁售的含义有两层:一是禁止出售未税私土,二是推销官土。土膏行店经政府特许设立,经售业已上税的烟土烟膏,即官土,供给领取限期戒烟执照的待戒烟民吸食。未经特许的烟土商店和烟馆概行取缔。据内政部不完全统计,从 1936 年至 1938 年各省市共设公栈及土膏行店数目如下表 16-6:

表 16-6 1936—1938 年各省市共设公栈及土膏行店数目表①

省市	公栈			土膏行			土膏店		
	1936 年	1937 年	1938 年	1936 年	1937 年	1938 年	1936 年	1937 年	1938 年
江苏	2	2		60	60		302	302	
河南				15	15	14	220	326	386
湖北	1	1		8	14	14	187	185	238
安徽				11	24	20	464	416	555
江西				4	3	4	85	68	66
福建	2	2		6	4	2	56	84	87
广东			2	18	25	30	616	623	1503
湖南			4		4			339	
陕西	1	1							
四川			5		70				
贵州	1	3	3		5	5	9	114	95
汉口	1	1		23	20	23	34	40	
常德			1						
上海				12	12		73	73	
宜昌			1						
总计	8	10	16	157	186	182	2046	2570	2930

---

① 资料来源:《禁烟概要》,中国第二历史档案馆藏,档案号:十二(2)342。

除土膏行店外,各地还设有售吸所。售吸所之设,原属一时权宜,陕甘地区在六年禁政之初以烟馆的形式经售烟土。1937年,陕西统收烟土在西安、南郑等地设厂制膏,取消烟馆,改设公膏发售所经售烟膏。甘肃本省未设公栈,因交通阻塞,外运烟土不多,产烟大多留存民间,抗战后统收工作又告搁浅,烟土管理工作不严,售卖烟土的仍多是烟馆或由一般商户兼营,1938年之后才设土膏行店,故上表中统计土膏行店未有陕甘二省。绥远省起初也是以烟馆经售烟土,抗战时沦为战区,设立土膏行店的工作便搁置下来。另外,上表中未统计四川省土膏店,实际上四川省的土膏店为数非常之多。据1938年8月的一项调查,一个大竹县即有土膏店97家。① 一般每县均有土膏店数10家,多者如三台县达189家。所以,表中统计各地土膏店总数为2930个,并不能全面反映确切的情况。

2. 推销官土

由于六年禁政的指导思想是禁税并重,所以,在禁售工作中,推销官土便成为最重要的工作。由于烟民登记时已经统计了烟民的吸量,一个地方烟民需要烟土的总量是明确的,而烟民登记人数总是少于烟民的实际人数,所以,能否将登记烟民所需的烟土总量如数销出,便成为考察地方禁政机关工作是否得力的一个最低的量化指标。官土销得越少,表明该地方私土暗销的情形越严重,禁烟机关在杜绝私售私吸方面的工作便越无成效;反之,官土销得越多,则表明该地方禁售私吸的防杜工作有成效,禁烟税款的征收自然也越多。所以,上级禁政机关向基层部署禁售的任务,除了工作要点,还要根据登记的烟民人数和吸量统计,下达一个销售官土的定额,并据此计算出应上缴的税款。能否如数销出定额官土完成税款任务,就成了判别禁售成绩的标准。

1936年8月,禁烟督察处统计1935年1月至7月和1936年1月至7月长江中下游地区的公运数量,发现1936年反而明显下降。如九江1935年1—7月为186546两,1936年同期为103758两;南昌1935年1—7月为870874两,1936年同期为553549两;其他沿江各埠的情况分别是:安庆由332469两降为257378两,大通由162917两降至95364两,芜湖由935606两

---

① 《禁烟督察处川康分处调查员造报大竹县土膏店数量表》,内政部禁烟委员会档案,中国第二历史档案馆藏。

降为 618820 两,蚌埠由 124496 两降为 44865 两,上海由 5192395 两降为 3704636 两。于是,禁烟督察处即向上述各地所属办事处和事务所发出训令:"查该处(所)本年1月至7月运销数目较之上年同月运销数目短差异巨,足见私货仍多,督销不力。现吸户登记已经期满,此后核实购售,销量当能激增。各该主任(所长)负有督销之责,仰即随时加意查察,认真督饬运售,借杜私销而肃禁政为要!"①督察处派驻陕西监察吴和孚1938年11月报告南褒禁烟分局局长匡友之施禁不力时说:"查推行公膏,为陕西目前办理禁政唯一之要务,库收裕绌亦戚赖焉。南郑尤系汉区首县,乃闻月余以来,熬土不及四千两,核与每月定额一万五千两相差甚巨,究其所以,则因乡间分售所熬私售私斯然。"②匡友之对此不管不问,自然有渎职之责。川省第六行政区禁烟局1937年3月17日训令所属各县认真督销官土也强调,"摊销公土,为统制售吸、抵制私土之唯一工作"。超额完成派销定额的基层禁政机关时常受到嘉奖。短销的禁政机关,除了要受上级训诫,常常还要在定额之外再增加若干,"以示薄惩而儆愚顽",短销过巨则要受到处分。所以,禁售工作主要就是推销公土,以公土抵制私土。

3. 问题分析

经销官土的土膏行,其管理办法已在前文作过交代。从整体上看,特许土膏行店制度,在官方制膏统售办法未能实现的情况下,作为禁售工作的主要方法,对于统制售吸,推销公土供给待戒烟民,保证官方禁烟税收,所起的作用是很大的。但在当时的情形下,土膏行店制度又不可避免地存在着诸多的问题:

(1) 土膏行店经营的好坏,推销公土的成绩,主要取决于缉私工作的成效。由于缉私工作的成效不尽理想,私售情形严重,因而,土膏行店推销公土也受到很大影响。以登记领照而言,民间走私烟土很多,烟民不担心无烟可吸,所以,匿不领照者为数众多,即领照者,亦短报吸量,希图购吸私土。在烟民登记时自报的吸量统计中,"甚至有每人每日平均不足一分(约0.3克)者,

---

① 《禁烟督察处饬令所属认真督销公土卷》,禁烟总会档案,中国第二历史档案馆藏。
② 《禁烟督察处总监察室处理所属人员贪污渎职卷》,内政部禁烟委员会档案,中国第二历史档案馆藏。

其为希图购吸私土,毫无疑义"。① 官土从采办到制膏销售,层层加税,价格高昂,根本无法与逃税的私土竞争。不能有效地查禁私售私吸,土膏行店的经营难以维持。湖南省查缉私售较为认真,六年禁烟期间查获私售案件3443 起,抓获私售烟土人犯 3692 名。② 尽管如此,仍然不能杜绝私售私吸现象。一些地区缉私不力,私售盛行,公土推销便十分困难。1938 年 6 月,四川广安县广利土膏行向督察处川康分处广安事务所汇报经销公土之苦:"私土充斥,公膏滞销,营业困难,达于极点。若不设法维持,势须休业。"③川康分处达县事务所因辖境内官土严重滞销,1939 年 4 月也派出调查人员分赴巴中、通江、南江、万源等县进行切实考察,结果发现官土滞销同样缘于私土充斥。南江县,"瘾民之表现,大有无人不吸鸦片之慨",但该县视禁令如具文。公然普种鸦片,私烟众多,官土自然滞销。万源县设有达县集昌土膏行的公膏推销室,原估计每月可推销官膏 5000 两以下,因走私情形异常严重,虽经努力推销,实际销售额每月尚不及两,且"近因土价高涨,公私土价悬殊太大,该推销室营业更一落千丈矣"。④ 这种私土以价格优势抵制公土的情形,在产烟的缓禁省份尤属常见,以致官土销售长期处于疲滞状态,严重影响到税收的稳定。四川省政府为改变这种被动局面,1938 年曾经下令,要求烟民除妇女外,均须到土膏管理所吸食,在家吸烟以私吸论。这实际上也是推销公土的一种办法,即监督瘾民吸食公土,把瘾量吸足,使其没有余量再去吸食私土,借以保证税收。所以,如果官方不能保证土膏行店垄断性的销售地位,销售公土便难以进行。

(2) 承销公土的商人,目的在于盈利,总要想方设法规避管理,舞弊的手法自然是多种多样的,主要还是销售私土。私土易获得,购售均不记账,一般都不会败露,或在烟土煮膏时把印花揭下来重贴于私土之上冒充官土。1939年 7 月,湘南沅陵巡缉人员在西南土膏店查出移花私土 22 件,混在贴花税土 83 件中。以贴花税土掩护移花私土,并在店员身上搜出已经贴用过的统税

---

① 内政部编:《二十六年度禁烟年报》,中国第二历史档案馆藏,档案号:十二(2)1291。
② 湖南省民政厅编:《湖南省六年禁烟总报告》,1941 年,第 151 页。
③ 《禁烟督察处川康分处广安事务所饬令调查大竹等县瘾民膏店数量卷》,内政部禁烟委员会档案,中国第二历史档案馆藏。
④ 《禁烟督察处川康分处达县事务所整顿公土运销卷》,内政部禁烟委员会档案,中国第二历史档案馆藏。

印花30张。① 土膏店煮膏,必须报请当地禁政机关派员监视,生烟土若干、掺入烟灰若干、熬出烟膏若干,都须详加记录,以备查核,但若买通了监视人员,熬制烟膏中便大有文章可做。广东琼山县土膏店与查禁委员有暗约,每月至少7次熬膏,每次熬膏给查禁委员"茶水费"50元,另送一茶杯纯烟膏给查禁委员供酬宾之用,条件是查禁委员在熬膏监督中予以方便。烟土掺假也属常见现象。1938年12月,长安公膏发售所出售掺假公膏被警局查获,欲以诈欺取财论罪。然而,该所经理蔡祥符却振振有词地列举了四项理由论述掺假的必要性:一是陕省烟民多系贫苦小户,财力拮据,纯烟膏价昂,烟民无力购吸,自然转为私吸。酌量掺配次膏,减低成本售价,才能适合一般烟民之需要。这样不但可使税收畅旺,也可杜私吸之风。二是根据分期戒吸的禁烟原则,出售纯膏势必导致烟民积瘾过深,戒绝困难,掺配次膏可使烟民在不知不觉中减轻瘾量,逐渐戒绝,于贯彻禁政有利。三是公膏中所掺配料由面筋、猪皮、冰糖、花生油等制成,营养丰富,于烟民身体有利。四是本所烟膏有四等类,三种掺料较多,优质特膏只掺料十分之一,足见本所尚有兼顾公膏信誉之意。② 既然掺假的理由如此充分,此案的查处当然最后也不了了之。陕西各界抗敌后援会同官县分会,呈控本县同官公膏发售所不仅出售公膏不问烟民有无执照,一概售与,而且在公膏中掺入烈性毒品,以致烟民欲戒不能,越吸越多。③

(3) 地方禁政机关及禁政人员因循敷衍甚或玩法营私,也使得土膏行店的管理往往流于形式。推销公土,如数解缴税款是基层禁烟机关的硬任务,而推销公土主要依靠土膏行店,为了完成税额,基层禁政机关对土膏店不按规定向无照烟民售烟,往往视而不见。这与各地所办的售吸所一样,按规定必须凭照购吸,实际则等同于烟馆,对所有烟民一体开放。基层禁政机关对售吸所的经营采取放任态度,原因仍在于推销公土,与其任无照烟民私吸,不如使其吸食公土,以裕税收。另外,地方禁政人员为了牟取私利,也常常将管

---

① 《禁烟督察处处理土膏行店违章舞弊卷》,内政部禁烟委员会档案,中国第二历史档案馆藏。
② 《长安公膏发售所次膏案》,内政部禁烟委员会档案,中国第二历史档案馆藏。
③ 《禁烟督察处处理所属人员贪污渎职卷》,内政部禁烟委员会档案,中国第二历史档案馆藏。

理权力用作交易。1939年11月,甘肃固原禁烟事务所所长陶果人呈称,此地烟商土行,宁可送款通融,不愿请领执照。每月送给禁政官员"陋规"600余元,免领执照。陶接任禁烟事务所所长后,"土店营业执照,历任空白移交,未曾一用。固原既有代客买卖特货之店,何以未用执照,弊端可知"。① 福建禁烟督察分处泉州事务所、厦门缉私办公处等,1935年,由闽南各土膏公司、土膏店按月补助缉私费用,如泉通土膏公司每月补助泉州事务所缉私经费900元。② 既然缉私经费由土膏公司拨助,那么,查缉工作对这些出资的土膏公司、土膏店自然要网开一面。土膏行店为营业上的便利,对基层禁政官员也百般拉拢,往来既多,管理便松懈下来。1937年6月,河南省禁烟委员会督察员李树荣到沁阳县考察禁政,到了县里便听说该县土膏店是公务员的俱乐部,上级人员来县也都到土膏店消遣。于是,晚饭后便赶往一家土膏店切实考察。"既至,果然有人正作方城之戏,内有商号经理三人,县党部职员一人,见职前往,遂叫妓女郭秀芳、王淑青、王秀青等作陪,并开灯吸食。职睹此情景,悉与所传相符。"③有些地区,地方势力强大,本地土绅土劣包庇烟土经营,借以取利,对设立土膏行店,指责为掠夺本地金融,横加抵制。抵制不了,则把持土膏行店,贩私售私以垄断厚利。1939年4月督察处川康分处仁寿事务所报告:"井研、荣县、威远三县,营土业者多为当地土劣,颇有相当潜势力,各县政府大都因循敷衍,遇事搪塞,且有勾结土商相与图利者。"县长受当地土劣的操纵,不仅对当地土劣无照营业不敢过问,对仁寿事务所派员前来推销公土也加以阻挠。就连查封后存放县府的私土,当地土劣也不允县长解缴事务所。④ 另外,陕、甘、宁、滇等省,原先因种种情况,未按国民政府统一部署设立土膏行店,1938年,陕、甘两省开始设立土膏行店,但原有的一些经销烟土的机构又未尽行撤销。陕西有土膏行店,又有烟土经销行,还有公膏发售所。公膏发售所既有招商承办的,还有县禁烟分局自办的。1939年4

---

① 《禁烟督察处处理所属人员贪污渎职卷》,内政部禁烟委员会档案,中国第二历史档案馆藏。
② 《禁烟督察处处理昕属人员贪污渎职卷》,内政部禁烟委员会档案,中国第二历史档案馆藏。
③ 《河南省禁烟委员会计六年六月工作报告》,禁烟总会档案,中国第二历史档案馆藏。
④ 《禁烟督察处川康分处荣县富昌土膏行违章购烟案》,内政部禁烟委员会档案,中国第二历史档案馆藏。

月,陕西禁烟督察分处南郑缉私专员李秉中呈请在南郑统一实行土膏行店,取缔其他经销烟土机构,尤其禁烟分局自办公膏发售所,更为不妥,亟应取消。"南褒城禁烟分局设有公膏发售所,专门熬膏售卖,即由禁烟分局长任土膏发售所经理,除买公土熬售外,每遇变卖私土,也买去熬煮,故公膏发售所实系禁烟分局经营之副业……以堂堂正正之禁烟主管长官,而公开经营烟业,殊觉不甚妥善。"①这种各类经售机构并存的混乱局面,对统制售吸也颇有影响。

(4)除了土膏行店、售吸所,还有非法开设的私烟馆,秘密经售烟土。这些私烟馆之所以能够存在,一是选择的地点比较隐蔽或偏僻,不易查缉,二是向当地查禁人员暗送红包,寻求庇护。只要后台靠得住,私烟馆的营业也是半公开的,如河南镇平第一区长苏少卿包庇私烟馆,"私设烟馆十有九家在区署卧榻之下,公然开灯供客"。②在六年禁烟严禁私售的情形下,这样的私烟馆为数仍然不少。如重庆市在抗战时期成为中国战时政治中心,烟毒弥漫有碍观瞻。1939年5月31日,军委会委员长蒋介石手令重庆市市长贺国光,自6月1日起,重庆市划为绝对禁烟区,所有土膏行店于6月15日前一律停业,烟民于6月30日前一律戒绝。③但是,经过这次雷厉风行的扫荡,并未廓清渝市的烟毒。据禁烟督察处川康分处1939年8月的调查,土膏行店取缔后,"私烟馆充斥全市,瘾民戒烟者数甚寥寥,各私烟馆多由半公开转入完全秘密,公务员、绅商、上层阶级等吸户,咸由枪手(即打烟泡者)煮熟烟泡,按时随带烟具,挨户轮流递吸。私吸者既感便利、迅速,且可不蹈危险。供给一般中层阶级吸食之私烟户则多在各中下层旅馆辟设秘密房间,非有熟识引导,不易进入。此外,专为下层份子吸食之私烟馆则多在茶肆饭店、栈房、轿铺、杂院内及河边坐家船上设榻供吸"。④战时政治中心的所在地重庆,经过严厉的扫荡之后,情形尚且如此,其他地方的施禁情形,自然可以想见。

1939年8月,内政部禁烟委员会颁布《土膏行店分期抽减办法》,饬令各

---

① 《禁烟督察处南郑缉私专员呈报禁烟缉私弊端及建议事项卷》,内政部禁烟委员会档案,中国第二历史档案馆藏。
② 《河南省禁烟委员会廿六年七月份工作报告》,禁烟总会档案,中国第二历史档案馆藏。
③ 内政部编:《禁烟概要》,中国第二历史档案馆藏,档案号:十二(2)342。
④ 《禁烟督察处川康分处派员调查渝市私烟馆及其营业方式》,内政部禁烟委员会档案,中国第二历史档案馆藏。

省政府于1939年9月起分期递减土膏行店的数目,在完成禁吸工作的同时全部取缔土膏行店,并分饬粤、桂、苏、湘、川、黔等开设售吸所的省份,限文到一个月内撤销售吸所。1940年春、夏,由财政部定颁《各县市烟土管理所暂行规则》,下令将各地土膏行店一律停闭,停止商售制度,改由各县市政府暂设烟土管理所,以便在烟民施戒的最后阶段对售吸事宜进行严格管理。所有待戒烟民所需的烟土,统由各县市的烟土管理所直接向公栈按量领取,凭照购吸。在1940年6月禁吸工作完成时予以撤销,少数特殊情况可以延长至8月底撤销,并将剩余烟土全部送交中央卫生机关收存,供制药之用。至此,禁售工作正式完成。

第四节 禁毒工作成效

一、禁毒成绩之分析

1. 烟与毒之区别

这里的"毒品"指的是鸦片之外吗啡、海洛因、高根、红白毒丸等麻醉品。从医学角度上看,鸦片与上述各种被称为"毒品"的麻醉品并无本质差别,"烟"与"毒"的区分只是法律上的划分。其理由:一是吗啡、海洛因等麻醉品对人体危害比鸦片更大,必须严加禁绝。二是此类麻醉品体积甚小,携藏吸食均很便利,若不严加禁绝,而与禁绝鸦片同等对待,势必驱使烟民舍鸦片而转吸海洛因、吗啡等以躲避查缉。正因如此,在腹地十省禁烟时,法律便将鸦片同吗啡、海洛因、高根、毒丸等区分为"烟"与"毒"两类。在分期禁烟的同时,对毒品则严加禁绝。国民政府六年禁政沿用这种方法,分别对待,规定两年禁毒、六年禁烟,计划在1935年和1936年两年之内以严刑峻法禁绝毒品。自1937年两年禁毒期届满后,按《禁毒治罪暂行条例》,凡制、运、贩、售毒品之人犯,不分主犯和帮助犯,概处死刑,凡吸用毒品者概处死刑或无期徒刑。

2. 缉毒案件数量统计

在两年禁毒期间,各地对禁毒工作基本上能认真办理。各地上报到禁烟总会的禁毒成绩,尽管有些浮夸,但整体上看,许多省市的禁毒工作的确是声

势浩大,成绩相当可观。根据内政部历年公布的资料,现将1935年至1940年全国缉毒案数量列表如下表16-7:

表16-7 1935—1940年全国缉获毒案数量统计表① 单位:件

缉获机关	1935年	1936年	1937年	1938年	1939年	1940年	合计
各海关	405	143	149	59	33	36	825
各省市	575	13091	3115	383	109	366	17639
各铁路	164	182	125	1			472
各邮区	111	50	43	2	3	5	214
总计	1255	13466	3432	445	145	407	19150

表中的数据,均由各省自报,但该表数据与前文所引若干省市汇报的禁毒成绩相差甚大,其原因一是各省市汇报成绩时,有夸大的倾向或将某些烟案也统计进去。二是各地抓到吸用毒品的犯人后,监狱容纳能力和囚粮供应有限,往往交医院勒戒后便登记释放,只对复吸犯处刑。这样就使抓获的罪案与实际送交军法处置的罪案数不相符合,因而,最后上报的毒案数小于最初上报查获的毒案数。三是禁烟督察处缉获的毒案数未包括在表中。

从表中反映出的毒案数量来看,远比烟案要少。六年禁政时期全国缉获的烟案总数为104412件(不包括禁烟督察处缉获的案件),②毒案总数则为19150件,约占烟毒案件总数的18.3%。考虑到毒案隐蔽性强,查缉难度大,六年缉获19150件毒案,为数也相当可观,若再加上禁烟督察处缉获的毒案,总数则超过20000件。由于对毒品案件的惩处远比烟案严厉,因而,死刑案件主要集中在毒案上,1935年枪决烟毒犯1018名,毒犯占994名;1936年枪决烟毒犯1294名,均系毒犯;1937年若干省市报告枪决烟毒犯355名,其中烟犯仅占5名。③ 这种严惩毒品犯罪的举措,对遏制毒品的蔓延,确实起到一定的震慑作用。各地上报的统计数字中,一个明显的变化就是制毒案件的减少。1935年,据苏、浙、川、鄂等9省与津、沪2市的报告,查获制毒案件81

---

① 资料来源:《各省市禁烟禁毒概况》,《禁烟汇刊》1937年第1期。
② 根据历年《禁烟年报》数据累加。
③ 内政部编:《禁烟概要》《禁烟禁毒工作报告书》,中国第二历史档案馆藏,档案号:十二(2)342,四一(2)75。

件,制毒犯 228 名,①至 1937 年若干省市上报缉获的毒案中则没有制毒案件,这表明在严刑峻法之下,制毒行为有所收敛。此外,从全国缉查毒品的总数来看,六年中共缉获吗啡 994.289 公斤、海洛因 1502.858 公斤、毒丸 15809.242 公斤,可待因、高根、毒粉、含毒药剂及制毒原料共计 4701.598 公斤。② 成绩是比较突出的。

3. 麻醉品的管理

在严缉毒品的同时,国民政府也加强了对麻醉药品的进口管理。原先由各海关发放的麻醉药品进口凭照,收归内政部核发,1935 年 7 月转由卫生署核发,除中央卫生试验所的麻醉药品经理处以外,任何机关及个人均不得请领此项凭照。麻醉药品的输入口岸,只限定上海一处,凭中央卫生署核发的麻醉药品进口凭照运入上海,由上海转运至南京的麻醉药品经理处,则须持中央卫生署所发的另一种护照进行转运或邮寄。这样,从外国输入麻醉药品,先由输出国政府将输出麻醉药品的凭照中的一联寄交中国卫生署,在审核登记之后,如果允许进口,方核发进口凭单,由麻醉药品经理处转至国外的输出机构,这种办法比以往海关的管理严格得多。1936 年 7 月,中国政府又签署了《防止私贩麻醉药品公约》,由禁烟总监通令公布施行,该公约的宗旨主要是规定各国缔约,对各种私制私贩以及持有麻醉药品及其原料的犯罪行为应当严惩,与国民政府当时严禁毒品的立法精神颇相符合。

4. 对在华侨民贩毒的查处

在两年禁毒及禁毒善后阶段,国民政府每年都多次查获外国在华侨民的烟土和毒品走私。就走私毒品的案件而言,1935 年主要有:1 月 10 日与 15 日,在山海关火车站查获由日本人和朝鲜人走私的海洛因 12.80 公两;2 月 9 日,在胶海关"泰山丸"日轮上查获日本人走私海洛因 14.18 公两;4 月 14 日又在一艘日轮上查获日本人町田走私海洛因 70.88 公两;4 月 5 日,天津海关在一艘日轮上查获朝鲜人走私毒品 10.45 公两;5 月 2 日,胶海关查获日本人尾崎的走私毒品 17 公两;5 月 27 日,胶海关又在来自日本的邮件内查获大阪太田商店寄往日商开设的济南药房海洛因 27.22 公两;7 月,山海关

---

① 根据《二十四年禁烟年报》统计。
② 根据历年《禁烟年报》数据累加。

车站查获朝鲜人走私毒品 57 公两。① 1936 年查获外国人走私毒品的主要案件有：6 月 24 日,江海关在一艘日轮上查获一名叫李客门的美国人私带的盐酸吗啡 112 公斤;7 月 19 日,东海关在一艘日船上查获一对朝鲜夫妇走私海洛因 240 公两,两天后,该海关又在一艘英船上查获一对朝鲜夫妇走私海洛因 900 公两;12 月 1 日,厦门海关在一艘中国船上查获日本生产的吗啡 65 公两。② 1937 年查获外国人走私毒品的案件主要有：1 月 22 日,烟台东海关在一艘英轮上查获一朝鲜旅客私带的吗啡 910 公两;同一天,上海江海关在一艘中国船上,查获一名日本人伙同两名中国人走私海洛因 1 公斤又 820 公两;3 月 31 日,平汉路北段警备司令部在当日列车上查获两名朝鲜人走私红丸 128 包;4 月 11 日,津浦路德县车站查获 5 名日本人私带的烟土 50.5 公斤,吗啡与海洛因共 78.5 公斤;6 月 8 日,北宁路天津东站查获一名俄国人私带红丸,毛重 19 斤 8 两。③

二、禁毒工作问题之分析

禁毒工作本身难度很大,尽管从 1937 年至 1940 年的四年中禁毒的善后工作持续不断地进行,仍然无法做到禁绝。这主要是由于毒品比鸦片体积更小,携带、藏匿便利,且吸食便捷,难以查缉。"虽有严刑峻法,而偷运进口及私制私售私吸,在所难防。"④

1. 毒祸概况

（1）吸食

就毒品吸食而言,20 世纪 20 年代末至 30 年代初,人数已颇多,据中华国民拒毒会的调查,晋、陕、冀、察、绥、热等省吸用鸦片代用品（即毒品）者,"其数实超过于五百万"。⑤ 30 年代初,制毒方法已被我国毒贩所掌握,毒品供应数量越益增加。国民政府实施两年禁毒后,一些瘾君子无法再过一榻横陈的生活,又不愿戒断烟瘾,便转而改吸毒品。内政部禁烟委员会所编《二十

---

① 军事委员会禁烟总会编：《二十四年度禁烟年报》,1936 年,第 29—36 页。
② 军事委员会禁烟总会编：《二十五年度禁烟年报》,1937 年,第 22—28 页。
③ 内政部编：《二十六年度禁烟年报》,中国第二历史档案馆藏,档案号：十二(2)1291。
④ 内政部编：《禁烟禁毒工作报告书》,中国第二历史档案馆藏,档案号：四一(2)75。
⑤ 《申报》1931 年 7 月 2 日。

六年度禁烟年报》中,也坦言"我国之烟民吸瘾问题,年来确有一显著之趋势,即沾染此习者,往往舍烟而取毒品以代之"。

吸用毒品虽然要受到严厉的惩处,但吸毒的隐蔽性强,一般不易发现。吸食鸦片需要一整套的工具,还要熬膏、做烟泡才能吸食,很耗功夫,且吸烟的时候气味弥漫,很容易被发现。毒品则不一样,既可吸,又可服食,异常方便快捷。如烟民常用的吸食海洛因的方式是把海洛因置于锡纸上,下面燃一根火柴,待海洛因气化时用纸卷迎头一吸便完事了,前后不过燃烧一根火柴的时间。如果口服,则更为便捷。要当场拿获吸毒,非常困难。正是基于这个原因,吸用毒品与私吸鸦片相比,被缉获的可能性大大减少,因而,一般不愿断瘾的烟民自然要改吸毒品,如四川省政府曾报告:"因吸毒较吸烟简便,一般瘾民,多改吸食毒品。"①

(2) 贩售

就毒品的贩售而言,既然有为数众多的烟民吸用毒品,自然也有冒险逐利的毒贩从事毒品的运售。尽管两年禁毒期间缉获了不少走私毒品,枪毙了2288名毒犯,但是到1937年,"毒品私运之风,仍未稍戢""自平津战起,北方毒品因交通断绝,运输困难,贩毒者乃诡计百出,由天津乘船到青岛,转车至河南濮县,改由黄河商船运入豫省,或由胶济铁路运入济南,再南下辗转运入内地"。② 全面抗战后,随着东部大片地区的陷落,华北、华中和东北等地毒品走私更加泛滥,向国民政府控制地区输入毒品的路径更多。

就国民政府控制区内的情形而言,贩售毒品和制毒的情形也很严重,主要集中在川东地区。这里是四川省鸦片的主要产地,20世纪30年代初制毒情形即相当严重,两年禁毒期间经过严厉查禁,制毒情形稍有收敛,但并未绝迹。自1935年以来,川省查禁种烟特派员萧致平、川省第九区行政督察专员程懋型、川省禁烟特派员钟伯毅及四川省府、川省禁烟委员会均向中央报告过川东制毒盛行的问题,并由川省政府在万县设立了川东缉毒专员办公处,由万县警备司令兼任专员,派员分赴各县查禁。但查禁工作并未取得实效,抗战军兴后,川东一带毒风又炽,"地方蒙强与不肖军人、莠民土匪互相勾结,

---

① 《四川省政府实施提前肃清烟毒计划客观情形报告表》,内政部禁烟委员会档案,中国第二历史档案馆藏。

② 内政部编:《二十六年度禁烟年报》,中国第二历史档案馆藏,档案号:十二(2)1291。

利用产区烟土,以极秘密之方法,偷制毒品"。加上一些不肖军人和袍哥组织的私运,以致省内省外,销量日增,川东一带吸毒蔓延。① 1939 年年初,川省政府将下川东万县、垫江、梁山、邻水、大竹、忠县、丰都、达县、宣汉、云阳、奉节、巴县、开江、涪陵、江津等 23 县作为"毒区",电请内政部禁烟委员会派大员前往督察办理。4月,军委会委员长蒋介石又电令川康绥靖主任邓锡侯前往川东严加剿办,并会同禁烟委员会拟定川东禁毒具体办法。经过一番考察,川省党政军负责人贺国光、邓锡侯、潘文华、王缵绪等联名电呈中央行政院,称"川东烟祸,情形复杂,查禁为难",要求中央特设禁毒大员主持川东禁毒事宜,并设法管制烟土和制毒药品。7月份,军委会为配合川东禁毒,在万县设立军委会军法执行总监部和下川东各县毒犯审判处,以便对毒案进行迅速审判。虽经如此措施,仍未有理想效果。② 直到抗战结束后,由重庆行辕派员至毒区严查,枪毙毒犯若干,"制运之风稍形敛迹"。③

2. 租界毒祸与治外法权

另外,由于国民政府外交主权的部分丧失,在华外侨及租界拥有超越中国法律的特权,禁毒工作缺乏外部条件的配合,推行时也颇受阻碍。

(1) 租界

1935 年,国民政府以军事手段推行六年禁政时,租界方面则以军委会所颁各项禁烟法令未经正当立法程序为理由,拒绝承认其效力,所以,许多毒贩为躲避法律惩罚,以租界为避难所。对租界中外国侨民和中国毒贩制毒或走私毒品,租界当局也往往视而不见,于是,"制毒以此为窟穴,贩毒以此为总汇,销毒以此为闾尾"。④

六年禁政推行之后,中国地方官厅便不断与租界方面进行交涉,要求租界当局配合中国政府禁烟禁毒。英、美、法等国基于政治上的考虑,对中国地方官厅的要求予以响应。1937 年,上海法租界与公共租界同上海市政府议定租界禁烟三项办法:(1) 由上海市政府在租界内设立专门机构,负责办理

---

① 内政部编:《禁烟概要》,中国第二历史档案馆藏,档案号:十二(2)342。
② 内政部编:《禁烟禁毒工作报告书》。中国第二历史档案馆藏,档案号:四一(2)75。
③ 《四川省政府实施提前肃清烟毒计划客观情形报告表》,内政部禁烟委员会档案,中国第二历史档案馆藏。
④ 军事委员会禁烟总会编:《二十四年度禁烟年报》,1936 年,第 10 页。

烟民登记和发照;(2)实行凭照购吸,领照烟民所需烟土由中国禁烟机关核量供应;(3)厉行缉私,租界捕房查获私土、毒品,送交中国禁烟机关处理,中国禁烟机关获得密报租界内居户有制贩或私藏烟毒者,租界应会同查缉。① 这三项办法虽然显得过于简单,但英、美、法租界转变态度,愿意配合中国政府禁烟禁毒,自然是一个好的开端,只是抗战全面爆发后,上海很快成为主要战场,后被日军占领,中国地方政府与英、美、法租界合作禁毒之议,只得中止。

汉口日租界和天津日租界,自30年代以来一直是两个最大的毒窟。汉口日租界是华中地区的主要毒源,租界内有多家制毒工厂,许多日侨从事贩毒行为,租界内的日本军警却不予取缔。中国官厅虽然进行了多次交涉,但是毫无结果,汉口日租界当局这样答复:麻醉药品之出售,除医生、牙医、兽医、化学师、药剂师、持有日本领事发给采购证的合法侨民,以及登记的药商外,其余一概禁止。② 如此宽泛而含糊的规定,实际上就是搪塞敷衍。按此规定,大多数日本毒贩皆可划入允许之列。直至抗战全面爆发,日侨退出汉口租界,中国政府接管后,仍在新小路4号、11号、13号,中街94号、96号、100号、138号、140号,同安里14号、16号,重阳里6号,福顺里4号、6号、12号,康强里3号、5号,太和街89号等较大制毒场所内抄获大量制毒机器及吗啡、海洛因等毒品。③ 在此之前,中国政府对汉口日租界的纵毒情况,除报告国联以及同日租界领事交涉外,无计可施,只能在"相当距离处"进行"严密监视"。

天津日租界制毒贩毒规模更大,据美国著名作家马库斯·麦文(Marcus Mervine)在华的观察,从1935年至1936年,"多数制毒工厂已由热河、满洲及关东租借地,移至天津及唐山一带,再以天津为中心,私运至远东各地,并遍及全世界。故今日之天津日租界,几全为制毒工厂"。④ 国联秘书厅禁烟组主任罗素爵士1936年也指出:"天津日租界,现为世界制造海洛因之中心。区区四方哩之市区,有售吸所一千家以上,制造厂二百家以上,新厂仍如雨后

---

① 内政部编:《二十六年度禁烟年报》,中国第二历史档案馆藏,档案号:十二(2)1291。
② 内政部编:《二十六年度禁烟年报》,中国第二历史档案馆藏,档案号:十二(2)1291。
③ 内政部编:《二十六年度禁烟年报》,中国第二历史档案馆藏,档案号:十二(2)1291。
④ 内政部编:《禁烟概要》,中国第二历史档案馆藏,档案号:十二(2)342。

春笋,逐日增加。此种海洛因制造厂,工作完全公开,故天津一隅毒化之害,不仅及于中国人而已,即世界各国,亦受莫大影响。"① 由上海转运至北美、埃及、欧洲等地的毒品,追溯其来源,往往出自天津日租界。在1936年的国联第21届禁烟会议上,与会各国代表对日租界纵毒的行径进行强烈抨击,国联禁烟会议就此作出决议,要求日本政府采取切实措施,制止其臣民贩毒。为搪塞国际舆论的指责,日本政府故作姿态,特派官员到天津租界"肃毒",不料却揭开了租界军警与毒贩表里为奸的黑幕。如杜门青帮"白面大王"陈坤元在天津日租界的康昌洋行被搜查时,发现一个账本,记载着贿送日租界军、警、特、宪的"特别费",仅有名有姓的记载,每月便有4万余元。"肃毒"之后的几个月中,天津日租界制毒贩毒略有收敛,但抗日战争全面爆发后,租界的制毒贩毒再次猖獗。在1938年国联第23届禁烟会议上,美国代表福勒引据调查说,天津日租界中仅一家贩毒机构在15个月内便向美国偷运纯海洛因655公斤,足够一万瘾民一年的消耗,而类似的贩毒机构在天津日租界为数极多。

(2) 外国侨民的制贩毒品

外国侨民制贩毒品,按1934年国联第18届禁烟会议所定的办法,中国官厅只能将其驱逐出境。由于中国法律无权管理,所以外侨在华进行毒品经营也就无所顾忌。禁政期间,"各地日韩浪人,以其私制毒品供给当地莠民毒犯,勾结铁路轮船员工运输毒品,预约地点,抛包接受,及通同邮局员差,寄递原料,捏造商号,冒领配制,仍复时有发现"。

1935年,国民党陆军军官学校学生丛立中利用假期去威海卫考察新生活运动,在威海卫发现朝鲜浪人"公然沿街叫卖白面,依户劝售""下乡劝售白面,天晚则寄宿于就近之公安分局或派出所,翌日依然出卖白面如故"。丛立中将所见的情景郑重其事地写成报告寄交禁烟总监蒋介石。② 中国地方官厅害怕招致"国际纠纷",对外侨贩售毒品往往不敢严加缉拿。1937年起,不少中国毒贩为了安全也高价雇佣外国浪人运送毒品,外国侨民运送毒品相当安全,除非有十分确凿的密报,否则,码头、车站、海关的缉查人员均不敢轻易

---

① 《英国议员 Reginald Fletcher 在英国国会所作关于远东毒化情形的演说》,转引自《禁烟特刊》1939年6月,专载,第11页。

② 中国第二历史档案馆藏。

搜查。即使查出，也只能通知该国领事处理。有些中国毒贩也伪造证件，蒙称加入外籍，以逃避查缉。如1937年毒犯林学天在福建被缉获，谎称已入葡籍，葡萄牙领事便要求引渡，由于林犯执有葡国护照，中方只能依中葡条约予以引渡，尽管证照内容与林犯完全不符，且按中国国籍法施行条例，林犯并未丧失中国国籍，但为避免争端，只得应允葡国领事的要求。①

1935年，各海关缉获的走私烟毒的轮船共835艘，中国轮船230艘，外国轮船则达605艘，比1934年缉获的外国走私轮船331艘还要多出274艘。②在605艘外国轮船中，英国最多，为402艘，日本次之，为158艘，其余为法国、挪威、美国、荷兰、德国和葡萄牙船只。查抄外国船只，一般在得到确凿举报后才能进行，即使查抄出毒品，也只能逮捕涉嫌的华籍人犯。如果是外国兵船，中方查缉人员往往被拒绝登船，只能由外轮自己进行。1936年1月，英国兵船"甘地"号夹带毒品经举报被海关查出，经查夹带毒品系船上华人仆役所为，当中方查缉人员要求逮捕人犯和没收毒品时，船长詹姆司拒绝交出人犯，毒品也不许提走，只允许在船上将毒品焚毁，中方人员屡经交涉，毫无结果，最后只得"以敦睦邦交，避免纠纷起见"，派员监督将毒品焚毁了事。③由于无法行使权力，查缉外国侨民和外国轮船贩运毒品非常困难，查获有贩毒行为的外侨，送交该国领事，多罚款开释，偶有判处徒刑的，刑期不过两三个月。总之，"治外法权一日不能取消，毒品贩卖即一日不能终止"。④ 这是30年代侨居天津的美国人马库斯·麦文目睹了英、美、日、法等外国人，尤其是日本人在华大肆从事毒品贸易的现实之后得出的结论。

---

① 内政部编：《二十六年度禁烟年报》，中国第二历史档案馆藏，档案号：十二(2)1291。
② 军事委员会禁烟总会编：《二十四年度禁烟年报》，1936年印，第27页；1934年海关缉获外轮走私烟毒，见国民党中央执委会宣传部编：《禁烟宣传汇刊》，1935年印，附表。
③ 《江海关等缉获英、美、法舰轮私运烟毒案》，禁烟总会档案，中国第二历史档案馆藏。
④ Marcus Mervine：《天津日租界与毒品贸易》，军事委员会禁烟总会编《禁烟汇刊》第1期，专载，第20页。

第五节　六年禁政的若干缺失

国民政府领导的这场为时六年的禁烟运动，可以说是中国近代历史上规模最大的一次禁烟运动。国民政府为此做出了很大的努力。综观六年禁政的成效，虽然未能按计划肃清烟毒，但在禁吸、禁售、禁毒尤其是禁种方面，取得的成效也相当可观。公开的种、贩、售、吸活动在绝大多数地区已无法存在，社会风气也随之改变，不再有以往的那种"出城则罂花遍野，入城则烟馆林立，瘾民成群"的景象。尤其是抗战全面爆发后，在半壁河山陷于敌寇的艰难处境下，国民政府的禁烟运动仍然坚持不懈，更属难能可贵。中国国民政府的禁烟举措，也受到国际舆论的称赞，在国联第 22 届和 23 届禁烟会议上，与会代表对中国政府勤力禁烟尤其在战争状态下坚持不懈均表示支持和同情。

客观地看待六年禁政，应当承认，如果没有日军侵华战争的影响，其成效会更为显著，至少东部地区的禁烟不会因日军的占领而废弛。但是，如果像国民政府官员那样，认为没有日军的侵略，在中国流行百年的烟毒便可以在六年禁烟运动中扫荡净尽，则又夸大了六年禁烟的作用。通过对六年禁政具体实施情况的叙述，我们可以看到，除日军侵华的因素外，六年禁政本身也有若干重大的缺陷，足以影响整个禁政的成效。

一、禁政计划不尽符合实际

国民政府将先前的断禁政策改为渐禁政策，表明国民政府开始以冷静务实的态度对待禁烟。问题在于国民政府虽然采取渐禁的思路制订六年计划，但依然带有很强的主观色彩，对计划在实施中的困难估计不足，因而也不尽切合实际。

首先，在推行六年禁政之前，对于全国的罂粟栽种面积、烟土产量、种烟农户以及瘾民人数等前提性的问题未能进行准确的调查。禁烟对各省财政及农村经济的影响在决策时虽有考虑，但也未能预先设计出一套切实可行的抵补措施。可以说，对于推行渐禁方案的复杂性和难度，国民政府的认识并不充分,因而,六年禁政的推行也显得准备不足,在中外舆论的交相指摘之下匆匆宣布"两年禁毒、六年禁烟",待具体方案拟定出台时,六年禁政差不多已过去一年。

其次,从禁政计划本身来看,整个计划像一个算术等式,写在纸上很好看,但事实上国民政府并无相应的能力排除各种阻碍,保证各个施禁环节按照计划同步推进,于是,计划一旦付诸实际,便成了不切实际的空想。从产场管理、运销管制,到土膏行店和烟民的管理,均未能按照计划严格实施。尤其是政府制膏垄断专卖,作为六年禁政中一项主要的施禁办法,自始至终停留在纸面上。烟民施戒工作也同样如此。由于烟民登记从未获得确切人数,每年施戒1/5烟民的设想自然也无法做到。1939年7月登记烟民仍有281万余人,比1935年至1938年4年中戒绝的烟民总和117万余人多出2倍以上,按照计划要在1940年6月施戒完毕,显然力所不及,但为了适应计划,只能加快速度,走走过场,发给戒绝证明书了事。在1940年6月召开的内政部禁烟委员会第一次常会上,与会代表便指出各地为了如期戒绝烟民,大都上下相欺,敷衍了事,"对于未脱瘾出所者,亦予发给戒绝证明书""照例调验,医师员丁亦多通同舞弊,滥发脱瘾证"。有的地方对于大批自戒烟民甚至标价出售戒绝证明书,以致烟民排起长队,争相购买。①

最后,由于禁政计划不尽切合实际,实施中便不得不时常予以变通。如戒烟院所力量有限,传戒变通为自戒。统制运售也经常酌为变通,以"便商裕税"。湘省是绝对禁种省份,但湘西地瘠民贫,为体念民生,湘西26县所种鸦片免铲一年。川西边县属禁种县份,1936年仍遍地罂粟,本应严加铲除,但"夷情剽悍,不可理喻,一旦督铲,恐滋事端",因而也报请中央,"本年姑予免铲"。中央时常将计划变通,地方政府擅自所作的变通更多。如有的地方政府为征收税款,对逾期未戒的烟民不依法勒戒,而是罚款换照,逾期仍未戒除,则再罚款再换照,反复拖延。各种变通增多,计划在实际执行中也就走了样。

---

① 《内政部禁烟委员会第一次常会会议记录及提案》,内政部禁烟委员会档案,中国第二历史档案馆藏。

二、"禁税兼顾"导致重税不重禁

禁税兼顾的指导思想,在实践中常导致重税而不重禁的倾向。六年禁政中,产烟省份和烟土过境省份的财政仍在相当程度上依赖鸦片税款,中央政府为拨补各省财政及支应其他用途,对鸦片税款也十分重视。因此,从中央到地方,往往自觉或不自觉地将征税视为禁政的首要工作。当时,许多有关禁售的训令,开头一句便是"查摊销公土,为抵制私土、统制售吸之唯一工作"。既如此,公土摊销越多,禁政便越有成绩。

1937年11月1日,川省禁烟总局通令嘉奖三台县禁烟分局,其中写道:"第三区本月推销公土达四千余两之多,足见工作努力,殊堪嘉尚。第二区本月推销公土竟达四千二百两之多,为该县各区之冠,应予嘉奖。第四区推销公土及组织膏店每月均有增加,足见管理得宜办事有方。"禁政成绩既以推销官土的多少来衡量,基层禁政机关为多销官土,对土膏行店或售吸所向无照烟民售烟,一般也不去过问。有些地方禁政机关,为了征收税款,仍沿用过去军阀时代的勒逼手段,强征滥罚,置人民的死活于不顾。1936年8月,陕西鄠县新阳、兆丰、罗南等10个联保主任上书国民政府,控告省委和县府不顾灾情奇重,勒逼种烟。鄠县属缓禁县份,1935年冬因风霜成灾,烟苗冻毙十之八九,百姓要求改种春粮以资补救,但省府仍强令农民补种春烟,所派查禁委员下乡拣地多烟少之处随便看看,便称所报不实,"竟将空前之重大灾情漠然置之度外,安定等级,强将去年所领烟照数360顷加至366顷……加后即随令强征"。查禁委员与县府"不特不怜民减灾,反违章于照外多加,以致每亩罚款有摊派七八十元甚至百元以上者,实属有意陷民水火,弃人民生命似草芥"。① 又如宁夏省,原种烟征收"烟亩罚款",六年禁政时,中央每月补助宁夏3万元,后增为每月10万元,令其把"烟亩罚款"取消。结果宁夏一方面接受中央补助,另一方面则把"烟亩罚款"偷偷改为土地税的附税照常征收,而且,为了多收税,1935年又清丈田亩,结果宁夏纳赋田亩经过清丈,由80.2万亩变为182.875万亩,多出100万亩以上,1937年核实田亩,又变为195万余亩,田亩增多,税款自然也大大增加。

---

① 《陕西省办理禁烟情形》,国民政府档案,中国第二历史档案馆藏。

不仅许多地方政府希图鸦片税款,中央政府同样如此。禁烟督察处是中央统制运售和征税的机关,它对征税的重视也往往超过对统制运售的重视。1938年年初,贵州省主席吴鼎昌认为黔省为鸦片产地,民间私存烟土极多,烟民多吸家藏烟土,因而设立土膏行店实无必要,不如撤去,以便严查私运私存,厉行戒烟工作。这一建议由行政院讨论通过,但禁烟督察处则坚决反对,理由是设立土膏行店与烟民登记施戒同为渐禁政策的必要步骤,不容偏废,实则是为了鸦片税款。在禁烟督察处的反对下,黔省撤销土膏行店、厉行戒烟之议遂告搁浅。① 河南省办理禁政比较认真,但与禁烟督察处河南办事处及南阳西峡口等地督察事务所之间颇有分歧,经常指责督察处妨碍禁政,"督察处对于各县局所送违章运售案件,如系税货,均一律释放""以致本省各县局每有查获未领证照之普通商人,持此分运单违章私运税货,以及违章营业之土膏店案件,均未能依法惩治"。② 按照规定,普通商人未经特许注册并发给执照,一概不得采运烟土,督察处向普通商人发放分运单以替代特许采办证照,任其运输烟土是违背规定的,其所以如此,目的即在于多征税款,可见,禁烟督察处的工作重点在"征"而不在"禁"。

客观地看,国民政府在财政匮乏,许多省份军政开支尚需取给于鸦片税款的情况下,采行"禁税兼顾"的思路,有其不得已之处。如1938年9月,宁夏省主席马鸿逵致电西安行营蒋鼎文请其转呈军委会委员长蒋介石,电称"本省财政困难,现金枯竭,军费拮据,现因训练壮丁,急需伙食服装费用",要求将宁夏烟土30万两运陕销售,并希望中央免征税收或仅以货价的三成征税以利推销。中央无款可拨,只能应允其请求,饬令甘肃省政府及甘省禁烟督察分处遵办宁货过境事宜。③ 但是,从禁烟的角度上看,既然以禁断烟毒为目标,那么,在禁与税之间,就应当区分手段与目的,或分清主次轻重,不能以税收妨害禁政。对此,国民政府及其各省当局在思想上均有认识,但在行动上,以征代禁、重税而不重禁乃至因征税而变通法律的种种做法却又相当普遍,表明国民政府并未将禁烟的重要性置于征税之上。再者,国民政府禁

---

① 赖淑卿:《国民政府六年禁烟计划及其成效》,台北"国史馆"1986年版,第323页。
② 河南省政府民政厅:《河南省六年禁烟总报告》,1941年,第28页。
③ 《甘肃禁烟督察分处办理宁夏土药赴陕求售以维军政经费卷》,内政部禁烟委员会档案,中国第二历史档案馆藏。

税之重,是前所未有的。沉重的税负,通过烟土价格,最终要转嫁到烟民头上。为救济烟民,所征的禁烟税款应当首先用于烟民的施戒,在保证烟民施戒工作所需经费的前提下,适当拨付其他用途,这样才能兑现国民政府关于征收烟税"取之于烟民,用之于烟民"的许诺。事实上,国民政府所征禁烟税款,远远超过烟民施戒的需要,但真正用于禁烟的经费少之又少,以致救济无力施戒的贫苦烟民,其经费也要求靠地方慈善经费拨充和募捐的办法来解决。禁烟税款既然主要未用于禁烟,那么,这种税收便是以禁的名义向烟民进行的搜刮。烟民从自己的切身感受,指责国民政府的禁烟是"民吃官膏,官吃民膏",揆诸实际,这八个字的概括确是十分精当的。

三、法律执行宽严不一

法律的执行宽严不一,未能充分发挥威慑作用。六年禁政对违犯禁烟禁毒法令的人犯予以军法审判,并且禁烟禁毒的治罪法律也规定得异常严厉,意在发挥严刑峻法的震慑作用,使人不敢轻犯。但由于各省执行法律宽严不一,法律的作用未能得到充分发挥。

从1935年和1936年各省市处理烟毒案件的情况来看,1935年,全国审判烟毒案件28343起,以河北、山西、山东、北平、青岛、江苏的案件较多,其中河北省6823起,约占案件总数的24%,其余山西4863起,山东3780起,北平3171起,青岛1438起,江苏2557起。案件较少的四川4起,陕西6起,绥远和安徽各8起,江西12起。1936年,全国审判烟毒案件48462起,以江苏省最多,达9976起,其次为湖南9966起,山西5612起,山东4729起,浙江3742起,南京1415起,等等。案件较少的省份,绥远1起,察哈尔2起,甘肃30起,陕西47起,安徽384起,贵州359起,云南528起等。①

从审判案件数量上看,各省之间差别甚大,烟毒案件较少的省份主要是缓禁省份。这种烟毒案件数量上的差别,其主要原因在于各省执法的宽严尺度相差较大,一些省份执法过宽。从执法本身的角度上看,有四方面的阻碍因素:

一是绝对禁绝省份与缓禁省份情况差别很大,统一执法很困难。在缓禁

---

① 内政部编:《禁烟禁毒工作报告书》附表,中国第二历史档案馆藏,档案号:四一(2)75。

省份,尤其在产烟地区,民间私存烟土很多,这在绝对禁绝省份均属犯罪,在缓禁省份只要不私运私销,则只能承认其合法。既然家藏烟土很多,取吸甚便,便不可能杜绝其不私吸。在这种情况下处理私吸案件便很困难,因为私吸太多,法不责众。又如川西边县种烟,动辄抗铲,按治罪条例,首谋或指挥抗铲者处死刑,但实际上无法执行。

二是烟毒犯罪情形复杂,认定犯罪和适用法律相对困难。虽然法律规定了种、贩、售、吸、持有、制造等各罪,但由于烟毒犯罪行为较为隐蔽,或某些犯罪行为不易区分,在认定犯罪上便比较困难。如贩运烟毒和持有烟毒界限时常难以区分,尤其在产烟地区,当捉到私运烟土者时,他们便说是赶场交易。赶场交易则是合法行为。在吸食烟毒方面,这种认定上的分歧更多。一般而言,吸烟的人犯,勒戒后复吸才判罪,而吸烟时当场被捉的情形是不多的,主要是靠调验结果来作决定。依照调验结果同样存有分歧:有瘾无毒、有毒无瘾、有瘾有毒、无瘾无毒四种调验结果。对第一、第二两种情况的定罪,各地军法机关仍然莫衷一是。1937年4月15日,军委会曾以"法丑字第5325号"训令,专门对此规定四项处理办法:1. 当场拿获吸食烟毒人犯,有具体事实足以证明其吸食者,虽经调验无瘾,应予论罪;2. 被告发吸食烟毒,经调验有毒无瘾,而不能举出足以证明被诬或已自动施戒之事实者,虽非当场拿获,亦应酌予论罪;3. 吸食烟毒在被发觉前已自行施戒,经调验有毒无瘾,如无其他事实足证其施戒后确有继续吸食行为者,不应论罪;4. 吸食烟毒,经投戒或勒戒戒绝后,经复验有毒无瘾,如无其他事实足证其确有复吸行为者,不应论罪。①

三是各地执法经费不足,执行法律有困难。在1940年6月内政部召开的禁烟委会员常会上,广西、江苏等省代表便提出监禁管理烟犯困难重重,军政各费,需款孔亟,烟犯囚粮耗费过多,有碍库款。各地监狱多极湫隘简陋,无法收容。依法既不能枪杀,徒刑又不能执行,因之拿不胜拿,罚不胜罚。加长刑期,除将有用之人力不能从事生产,有用之囚粮作无谓之消耗,刑期越长,国家之人力财力损失越大。基于这些困难,各省在对吸食犯治罪上多采变通执行的办法。在这次会议上,代表们便提出变通执法的办法,对复吸犯,

---

① 内政部禁烟委员会编:《禁烟专刊》第1期。

勒戒之后,年在18岁至45岁之间的送交军事机关责服兵役,补充抗战兵源,其余送交生产机关责服劳役,从事生产。① 如此变通虽属情势需要,却改变了法律惩罚的性质,大大削弱了法律的严厉程度。

四是一些有权势者违反禁令,执法人员无法或不敢对其依法惩处。在六年禁政期间,法令森严,敢于顶风犯禁的,多属有势力或有背景之人,如当地驻军、帮会组织、基层官员等。执法人员怕招致报复,往往不敢依法惩处,即使不得已依律论罪,也往往"从轻发落,任意开脱,甚至徒科罚金而忽略徒刑",②与对平民烟犯的惩处大不一样。在各种因素的影响之下,法律的执行大打折扣,尽管"禁烟、禁毒治罪条例"量刑特重,但由于执行中的变通,许多地方并没有感受到这种严厉。如甘肃省"对于禁烟案件,往往仅将烟土没收,人犯保释。处理失之于过轻,致人民习久生玩,轻视禁令"。1939年2月,省府通令各县,对烟案一律以军法严办,"旋以人犯充斥,经费所限,未便一一绳之以法"。③ 于是又松懈下来。法律在执行中既已软化,自然也不能发挥其应有的作用。

四、腐败导致禁政受阻

腐败严重,禁政的推行受到重重梗阻。国民政府为防止官员借禁营私,规定凡官员违犯禁烟禁毒法律,皆从重惩处,并专门制定了规范公务人员的法令,但这一问题依然未得到很好的解决。

以禁止官吏吸食烟毒而言,1932年9月2日在豫、鄂、皖"剿共"时便首先制定了《党政军服务人员及学生限期戒烟办法》,限吸食烟毒的党员、官吏、军人和学校公教人员两星期内报名限期戒除。凡隐匿不报,日后查出吸食烟毒者一律枪决。六年禁政实施后,《禁烟实施办法》第五条又规定:"党政军服务人员及在校员生一律绝对禁止吸食鸦片,其已经吸食成瘾者,准其报明限期戒绝,其有匿不申报或报戒后复吸者,概依军法处以极刑""党政军学各机关

---

① 《内政部禁烟委员会第一次常会会议记录及提案》,内政部禁烟委员会档案,中国第二历史档案馆藏。
② 湖南省禁烟委员会编:《湖南省六年来禁烟总报告》,1941年印,第148页。
③ 《内政部禁烟委员会第一次常会会议记录及提案》,内政部禁烟委员会档案,中国第二历史档案馆藏。

之首长及各级主管长官,应负层层监察及举办调验勒戒之责"。1936年4月8日,禁烟总会又拟定《检举党政军服务人员吸食鸦片烟暨毒品办法》四项,通令颁行,规定全国各地自命令到达后两个月内对党政军学人员实行总检举。第一个月由每人自具不吸烟毒切结,交直属主管官员盖章证明。第二个月进行总检举,凡具结之后被发现或被检举吸食烟毒者,一经验明,立予免职,送交军法机关从重处断,其出具证明的直属主管官员依惩戒程序严予惩戒。应当说,这些措施是相当严厉的。据一些老人回忆,在一些认真执行的地方,这些措施是起到一定作用的,有的官员在被人举发吸食烟毒后,无法躲避调验,害怕调验查实后即予严惩,因而在调验之前便自杀了。有些消息灵通的官员得知自己被举发后,不等上级机关采取措施便弃官远逃。但从整体上看,作用并不十分显著,以1936年4月通令举行的总检举来看,规定此后两个月内完成这一工作,到8月下旬,全国总共仅呈送33883人所具的切结,呈送不吸烟毒切结的主要是中央机关,地方政府除山西、青海两省呈送了若干切结外,其他省份均未报送。① 事实上,各地官员吸食烟毒的很多,如四川在防区制时期,机关公务人员吸烟者很多,以致每天上午各机关人员稀落已成常例。1934年国民党中央参谋团入川后为改变这种状况曾发起"守时运动",要求各机关公务人员上午8点上班,12点下班,下午2点上班,6点下班,但因吸烟人众,积习太深,结果也只是一句空话。边远县份,天高皇帝远,县府工作人员吸烟更是毫不避讳。不仅一般官员中吸烟者不少,主持禁烟的官员中同样也有不少吸烟者,这种事例举不胜举。如陕西省第八区行政专员公署1938年4月调查华潼禁烟局局长高月轩,"高局长于局内公开吸食鸦片,为人所共知共见,设赌抽红比如家常便饭""高局长之禁烟局,华县民众呼为吸烟局或麻将局"。② 禁止官员吸食烟毒的法令如此严厉,大多省份则以敷衍的态度加以对待。官员们敢于以身试法,原因也在于此。

撇开官员吸烟的问题不论,在这种态度之下,禁政的其他方面也颇受阻碍。河南省禁烟委员会1937年5月曾致函省政府,要求对各县局长厉行禁

---

① 《检举党政军服务人员吸食鸦片烟及毒品办法四项》,禁烟总会档案,中国第二历史档案馆藏。
② 《禁烟督察处总监察室处理所属人员贪污渎职卷》,内政部禁烟委员会档案,中国第二历史档案馆藏。

烟考成,函中说道:"禁政乃现时中心工作……然考其实际,言登记则遗漏甚多,官运售则私土充斥,而红丸白面亦不能依限肃清,推原其故,虽云积习已深,非旦夕能见好转,而各县县长暨警察局局长,漠视禁令,漫不注意,实为一最大原因……势非厉行考成,恐不足以振疲玩。"①漠视禁令是一种普遍现象,并非豫省独有。湖南省1938年秋进行第五届查铲烟苗,这次查铲较为认真,于是发现以往历次查铲,各县县长"多虚应故事""始则疏于宣传查禁,继则蒙报铲尽,敷衍塞责,终至毒卉蔓延,无法禁绝"。② 到六年禁政快要结束的1939年3月,湖南省禁烟委员会发布"沅岳禁一字第122号"令,督促基层加紧推行禁政工作。该令文指出:"各县市努力禁烟工作者虽有,而敷衍塞责者实多""殊不足以示政府拒毒之决心。"③其实,"敷衍塞责"之类只是官方辞令,地方大小官员不仅敷衍塞责,而且借禁营私,当时一些社会人士便直截了当地指出:"上至政府机关人员,下至保甲长无不借烟渔利",④"法令虽极严厉,实不过为彼辈所凭借,纵其贪婪,为渊驱鱼而已"。⑤ 最具讽刺意味的是,上海黑社会首领杜月笙依靠与国民党上层官员的广泛交往,在六年禁烟运动中居然当上了上海禁烟委员会的三常委之一,杜门青帮则把持了江苏禁烟局的全部要职。通过对上海和江苏禁烟机构的控制,苏沪地区的禁烟变成了当局与黑社会的合作。借助这种特殊地位,杜月笙可以相当公开地从事他的鸦片经营。海关缉获的烟毒按规定交给禁烟委员会,然而其中大多数都未按规定焚毁,只是在禁烟委员会转一下,马上又通过杜的门徒投放到非法买卖之中,黑社会的烟毒业在禁烟的招牌下反而越做越大。⑥ 杜的鸦片经营甚至还得到最高当局的支持,如1935年8月5日,蒋介石亲自致电汉口农民银行:"接上海杜镛(即杜月笙)函,以汉沪金融枯窘,影响特业甚巨。请由汉农民银行借一百万元,俾沪特商承作押汇,由镛代为经手支配。"⑦把禁烟事宜交由

---

① 《河南省禁烟委员会廿六年五月份工作报告》,禁烟总会档案,中国第二历史档案馆藏。
② 湖南省禁烟委员会编:《湖南省六年来禁烟总报告》,1941年印,第18页。
③ 《湖南禁烟月刊》第3期,1939年3月。
④ 《四川禁烟月刊》第3卷第4期,1939年5月。
⑤ 《四川禁烟月刊》第3卷第9期,1939年10月。
⑥ 参见[澳]Brian G, Martin:《青帮和国民党政权:杜月笙对上海政治的作用(1927—1937)》,《历史研究》,1992年,第5期。
⑦ 农民银行档案,中国第二历史档案馆藏。

黑社会操持,禁断烟毒自然是一句空话。除此之外,一些身负禁烟之责的省政大员也视禁令如具文,甚至带头犯禁。如川省主席刘湘,身兼禁烟督办之职,在禁烟期间仍动用军舰将二十一军以前囤积的 7000 担烟土运至宜昌出售。云南省主席龙云本人即是瘾君子,抗战之后全国疏散到昆明的人很多,其中不乏瘾民,于是,龙云指令部下将积存的 2000 箱烟土提出变卖,牟取暴利。宁夏省主席马鸿逵一面以禁烟的名义统收烟土垄断专卖,一面又将烟土作为军饷或行赏,发放给属下军政人员,任其变卖或换购土地房产。

省政高层官员已然如此,当然也不能指望属下官员恪遵禁令。即以禁烟机构而言,由于油水丰厚,多为地方上有势力的人把持,即使上层对口机构已撤,基层机构也常常不肯撤去,与其说是为了禁烟,不如说是为了争夺烟毒利益,为地方头目提供更多营私的机会和名目而已。"区区一个县区的禁烟室主任,还有许多人百计千方从事钻营,足见此中有大利可图。"[1]1937 年,四川禁烟总局局长高显镒在与特商谈话中也坦言,禁烟总局简直是个"黑暗机关","黑化的程度可以说是达到极点。此所谓黑化,乃是就个人之行为而言,闹得来几乎是无官不贪"。[2] 中央派驻四川的禁烟特派员钟伯毅向禁烟总局职员训话时也说:"凡是洁身自好的人,大抵绝对不愿意进禁烟机关的。"[3]禁烟机构直接与烟毒、瘾民打交道,营私机会无所不有。1938 年 8 月,老河口监察室报告,郧县缉私专员赵潄 6 月缉获私土 54 两,上报 36 两,7 月缉获私土 380 两,只上报 22 两,"其他所有罚款,概未上报"。[4] 这种查获私土隐匿不报或以多报少的现象非常普遍,川省一些社会人士甚至认为缉私人员上缴的烟毒数量,最多只占实际缉获的三分之一。其他各种机构也都有自己的营私舞弊方法。如戒烟所、调验所,收受贿赂后,有瘾变成无瘾,未戒变成戒绝,也均属常见现象。1935 年 12 月 15 日西安联运所公运特货到潼关,在西关由缉查人员点验件数时,查出私带烟土 9 件。禁烟督察处认为"公运机关竟借公运便利,遂其贩私企图,此端一开,行见缉无从缉,防不胜防",要求严加查处。

---

[1] 《四川禁烟月刊》第 3 卷第 10 期,1939 年 11 月。
[2] 四川禁烟总局编:《禁政月刊》第 1 期,1937 年 10 月,第 78 页。
[3] 四川禁烟总局编:《禁政月刊》第 3 期,1937 年 12 月,第 4 页。
[4] 《禁烟督察处总监察室处理所属人员贪污渎职卷》,内政部禁烟委员会档案,中国第二历史档案馆藏。

陕西禁烟总局则答复,此事系无知兵士贪图微利所致,押运员疏忽失察,并无其他情弊,小事一桩,因此"似应从宽销案"。① 不仅地方公运机关舞弊,汉口监运所作为全国公运总机关,也是"流弊百出,纪律荡然"。押运员兵和司机不仅借公运之便夹带私土,向特商勒索规费,而且挥霍公款,"狂嫖浪赌,动辄千金"。② 公栈是统制运售的中心环节,有极严格的管理制度,然而烟土入栈也非绝对安全。如1940年9月川省烟毒总检查团到涪陵公栈检查,在商土仓库中查出伪土120件及被盗烟土18件。在白岩洞官土仓库,"略事抽查,除烟土成色较之收进时大减特减,证明为经手人员层层掉换盗卖外,并有被盗秀山烟土一箱,计重320余两""该库全在石洞内部,显系内贼所为"。③ 由此可见,在禁政的每道环节,均存在着大量的营私舞弊的机会。

官员违反禁令,由于关系网的保护,即使受到呈控,最后也大多是不了了之。如1938年8月13日,重庆缉私专员事务所缉私人员根据举报,在前任中国银行重庆分行行长周宜甫家查出私烟膏630余两,于是连人带私烟解回事务所讯办。结果禁烟督察处四川分处副处长贺之刚向缉私专员黄道根说情,黄即将周宜甫取保开释。过几天,周宜甫又找到中国汽车公司经理为其说情,结果被缉获的私烟膏也如数发还,案件就此了结。④ 又如1938年4月15日,禁烟督察处四川分处查缉人员在四川公路局局长魏军藩家中查出云土800余两,烟膏120余两,准备将烟土解回,"魏之家人即出面阻止,不许将土膏携去,并拔出手枪威吓,谓如携去即开枪射击"。同时又给督察处四川分处处长张静愚、副处长贺之刚打电话,请他们从中说项。于是张、贺二处长立即派人前往魏局长公馆为其说情,查缉人员无奈,只得将烟土烟膏交还。⑤ 众多的官员漠视禁令,甚至借禁敛财、营私舞弊,禁政的贯彻自然梗阻重重,雷声大,雨点小,有的地方甚至空雷无雨。

---

① 《禁烟督察处处理所属人员贪污渎职卷》,禁烟总会档案,中国第二历史档案馆藏。
② 《禁烟督察处处理所属人员贪污渎职卷》,禁烟总会档案,中国第二历史档案馆藏。
③ 《禁烟督察处处理贩运吸食毒品案犯卷》,内政部禁烟委员会档案,中国第二历史档案馆藏。
④ 《禁烟督察处总监察室处理所属人员贪污渎职卷》,内政部禁烟委员会档案,中国第二历史档案馆藏。
⑤ 《禁烟督察处总监察室办理查获四川公路局长魏军藩私土发还卷》,内政部禁烟委员会档案,中国第二历史档案馆藏。

乡村一级,历来是中央政治权力难以渗透的"冻土层",各地乡镇保甲长及团队几乎毫无例外地由当地士绅土劣把持,而国民政府事实上没有能力控驭这些基层权威。蒋介石曾历数乡镇保甲长假公济私、营私舞弊、倚势招摇、勒索穷户等种种弊端,对待禁政也同样如此。"上焉者文过饰非,敷衍以从,期在塞责;下焉者非唯不照案而行,反借此为营私舞弊,公报私仇之凭具""对禁令多搁置不问,反而包庇走私,包庇红灯以图取利"。① 1940年2月,四川督办公署一份禁烟文件也称:"各联保甲,以查缉私土为名,四出滋扰,缉获私土则中饱私囊。"1935年湖南省推行禁政查铲烟苗时,发现各地乡镇保甲长多有庇种情事,因而在查铲过程中,乡镇保甲长判刑19人,撤职46人,记过66人。另外还有申诫、罚金、拘禁多人。② 湖南省尚不是违种鸦片很严重的地区,在滇、黔、川、甘及西康,乡镇保甲庇种之事更多,分年减种办法,在各地都遭到暗中的抵制。乡镇保甲由于中饱机会甚多,被当地士绅土劣竞相把持,成为地方势力的典型代表,虽然政治地位并不高,然而这些地方实力人物根基很深,与地方官员有着盘根错节的关系,具有相当大的能量。尤其在边远地区如西康、川西、川南、滇南等地,更是地方士绅土劣横行的天下,武装走私贩运烟土如同家常便饭,缉私人员未弄清走私烟土的来路,绝不敢贸然缉私,轻启祸端。县长也要视地方士绅土劣的脸色行事。如四川南江县属禁种县份,事实上仍然普种罂粟,地方士绅土劣组织"保烟委员会",以武力护卫种烟。县府铲烟只能与其好言相商,于道路两旁显眼处略加铲除。③ 通江县也属禁种县份,但也普种鸦片,"公务人员如上山,须得地方人士许可,否则性命难保,尸亦不见,查无可查,究无可究"。④ 查禁人员根本不敢去冒险查铲。禁政在这些地方势力强大的地方,根本无法推行。

由此,我们可以看到,由于六年禁政在总体计划上未能切合实际,推行中各个环节不得不相应变通,而各个环节的变通又未能相互协调,以致出现相互的脱节和矛盾。禁政的法令虽然极为严厉,但各地执行情形不一,加之客

---

① 《湖南禁烟月刊》第19期,1940年8月。
② 湖南省禁烟委员会编:《湖南省六年来禁烟总报告》,1941年印,第18页。
③ 《禁烟督察处川康分处达县事务所整顿公土运销卷》,内政部禁烟委员会档案,中国第二历史档案馆藏。
④ 《禁烟督察处川康分处达县事务所整顿公土运销卷》,内政部禁烟委员会档案,中国第二历史档案馆藏。

观经济状况的制约,惩治措施也多所变通,软化了法律惩罚的严厉性,使原本极为严厉的法令难收"火烈民畏"之效,反启奸民轻玩之心。更重要的是,国民政府实行"禁税兼顾"的指导思想,既要施禁,又要保证税收,这在理论上容易自圆其说,但实践中则是"禁难而征易",很容易走上重税而忽略禁的老路上去,事实上很多基层禁政机关均将征税视为第一要务,其上级也以征税来衡量禁政成绩,而把真正的施禁工作抛诸脑后。不仅如此,在官吏的腐败无法得到有效遏制的状况下,禁税兼顾的做法无疑给腐败的官吏开启了一条生财之路,以致大小官吏无不思染指灶鼎。"故禁政之坏,不在民间,而在奉办之人员""乃使救国利民之善政,一变而为百弊丛生之渊薮"。① 这是在1940年6月内政部禁烟委员会召开的常会上,与会代表对六年禁政所作的一个检讨和反思,应当说,这个反思的结论是实事求是的。问题在于,尽管意识到禁政中的种种弊端,由于上述种种因素的制约和影响,尤其是缺乏对基层政治组织的控制力量,国民政府却无法加以改变和革除。

---

① 《内政部禁烟委员会第一次常会会议记录及提案》,内政部禁烟委员会档案,中国第二历史档案馆藏。